Über dieses Buch

Der Begriff *to stalk* wird von Jägern benutzt. Er meint das pirschende Einkreisen einer Beute. Unter *Stalking* versteht man das vorsätzliche, böswillige und wiederholte Verfolgen oder Belästigen einer Person. Die Täter sind hauptsächlich Männer, die Opfer meist Frauen. Ihre Sicherheit ist ernsthaft in Gefahr. Panikartige Angstgefühle, Misstrauen gegenüber der Umwelt und schließlich die selbst gewählte Isolation sind häufige Folgen von lang andauerndem Stalking. Wandten sich die Opfer an die Polizei, so stießen sie lange Zeit auf Unverständnis und erhielten keine Unterstützung. Mittlerweile hat sich die Situation allerdings verändert: Stalking-Opfer können sich bereits an mehrere Stalking-Beratungszentren in Deutschland, Österreich und der Schweiz wenden.

Über die Autorin

Ellen Singer (Pseudonym) wurde in Windsor geboren und wuchs in Detroit auf, wo sie auch studierte, als Journalistin arbeitete und mit ihrer Familie lebte. Mit ihren beiden Töchtern floh sie zunächst nach New York. Heute lebt sie mit einer neuen Identität an einem unbekannten Ort in den USA.

Ellen Singer

Geliebt, gequält, gehetzt

Stalking – eine Frau flieht vor ihrem Exmann

Aus dem Englischen von
Andrea Panster

BASTEI LÜBBE

BASTEI LÜBBE TASCHENBUCH
Band 61 558

1. Auflage: Januar 2005
2. Auflage: März 2005

Für meine Töchter:
In Liebe für die Menschen, die sie sind.
In Bewunderung für das, was sie erreicht haben.
Und in großer Hoffnung für die Möglichkeiten,
die sie nutzen werden.

Bastei Lübbe Taschenbücher in
der Verlagsgruppe Lübbe

Die Originalausgabe erschien unter dem Titel
Quicksand bei HarperCollins Canada,
einer Tochter von HarperCollins Publishers, Inc.

Lizenzausgabe: Verlagsgruppe Lübbe GmbH & Co. KG,
Bergisch Gladbach
Titelbild: Mauritius Images/age fotostock
Umschlaggestaltung: Gisela Kullowatz
Satz: EDV-Fotosatz Huber/Verlagsservice G. Pfeifer,
Germering
Druck und Verarbeitung: Ebner & Spiegel, Ulm
Printed in Germany
ISBN 3-404-61558-1

Sie finden uns im Internet unter
www.luebbe.de

Der Preis dieses Bandes versteht sich einschließlich
der gesetzlichen Mehrwertsteuer.

Inhalt

Einleitung

Hier, am Strand, massiert das aufgewühlte Wasser meine Füße und die ersten Sonnenstrahlen zaubern neue Sommersprossen auf meine Nase, die viel zu stolz auf ihre irische Abstammung sind, um mit dem gleichmäßigen Braun auf meinen Wangen zu verschmelzen. Ich tanze zwischen Seetang umher und flirte mit den salzigen Wellen, die unter meinen Rock spähen, und für kurze Zeit vergesse ich, wer ich bin, und welche Hölle mich in dieses Paradies geführt hat. In diesen Augenblicken, wenn die ersten Sonnenstrahlen – zart wie das Fruchtfleisch einer Dattelpflaume auf dem Ebenholzschwarz der Nacht – das Heraufziehen des Tages ankündigen, fühle ich mich wie jeder andere Urlauber, der zwei Wochen hier verbringt und vor dem Frühstück einen Spaziergang macht. Doch mit der Ebbe kehrt auch die Realität zurück; Seetang greift nach meinen Knöcheln und ich verstricke mich in Erinnerungen.

Irgendwo in einem Keller, irgendwo in einem Gepäckfach, das im Voraus bezahlt wurde, irgendwo in der Ecke des Gepäckraums eines Hotels, sind die Schätze meiner Vergangenheit verborgen: die Babypuppe, die ich meiner Tochter zum ersten Schultag schenkte. Ihren grünen Cordrock und die Satinbluse hatte ich aus den Überresten des Kostüms genäht, das ich bei meinem ersten Stepptanz-Auftritt trug. Ledergebundene Dokumente, die von sechs Jahren an der Universität zeugen. Warme Flanelldecken mit Entenmuster, in die ich meine beiden Babys gewickelt hatte, doch trotz meiner ungeschickten Bemühungen war es ihnen immer gelungen, die losen Decken mit Händen und Füßen fortzustrampeln. Meine Singles (in gelben Plastikhüllen), die ich in eine Tragetasche aus Pappkarton mit Zebramuster steckte, wenn ich auf Pyjama-Partys ging. Die vergilbten, schimmligen Seiten meines ersten Stücks, meiner ersten Kurzgeschichte und meines ersten Zeitungsartikels. Ein Topflappen in Lila und Rosa, noch immer auf den Webrahmen gespannt, weil ich niemals herausfand, wie man die Ränder versäubert. Der Schraubenschlüssel für die Rollschuhe, der gleichzeitig als Markierung für unsere Himmel-und-Hölle-Spiele diente. Ein Wäschekorb voller Plaketten und Trophäen, mit denen meine Mädchen spielten, als sie noch klein waren.

Wenn die Flut kommt, wenn die Wellen meine Fußspuren verwischen und die Nahrung suchenden Eichhörnchen von ihrem Platz ganz oben auf einer Sandburg verjagen, stelle ich mir vor, alles, was ich zurückgelassen habe, würde ans Ufer gespült. Ich sehe die ersten Zeichnungen meiner Töchter, die zusammengerollt in den Milchflaschen stecken, die der Milchmann auf der Treppe vor meinem Elternhaus zurückließ, als die Firma seine Route auflöste. Ich sehe meine Lieblingskinderbücher und die Shakespeare-Bände, die in der mit Gummibändern und Kreppband sicher verschlossenen Styropor-Kühlbox noch immer trocken lagern. Ich sehe eine Möwe, die von der Futtersuche zurückkehrt. Aus ihrem Schnabel baumeln die Ohrringe meiner Urgroßmutter aus 24-karätigem Gold, die passende Brosche ist an ihre Brust geheftet, und ich weiß, unter jedem Seestern steckt ein Talisman, der mir helfen wird, die fehlenden Teile meines Lebens zu finden. Doch es ist leichter, Alben in Kellern und die Spuren meiner Vergangenheit in Umzugskartons zu verstecken, als die Erinnerungen an meine Ehe mit einem Psychopathen und meine Flucht vor ihm auszulöschen.

Mit siebzehn lernte ich Roger kennen, mit vierunddreißig floh ich vor ihm, und mit vierzig verschwand ich mit meinen beiden Töchtern. Im Juni 1997 wünschten wir dem Portier unseres Appartementhauses in Manhattan einen schönen Tag und nahmen ohne ein Wort Abschied von unserer Familie, unseren Freunden, einem festen Arbeitsplatz, Kreditkarten und Videotheken. Nachdem ich sechs Jahre lang gefleht und gefordert hatte, dass die Regierungen zweier Länder, dreier Staaten und einer Provinz meine Familie vor einem Stalker und Internetfreak beschützten, der das Geld besaß, einen mutmaßlichen Killer anzuheuern, blieb mir nur noch eine Wahl: Roger zu töten oder für immer zu verschwinden.

Heute lebe ich sehr einfach. Wenn es hell wird, verneige ich mich vor dem Seetang und durchkämme den Strand nach Muscheln oder Treibholz, aus denen ich leicht verkäufliche Souvenirs bastle. Mit dem Geld kaufe ich, was wir zum Leben brauchen. Später suche ich auf Müllhalden nach Möbeln, die ich restaurieren und verkaufen kann. Am Ende des Tages bin ich erschöpft, aber nicht unglücklich. Ich kann meine Kinder in den Arm nehmen, ich kann Sonnenaufgänge beobachten. Und ich habe die Chance bekommen, das zu tun, worüber frustrierte Manager und enttäuschte Liebende nach dem dritten Martini lediglich reden: Einen neuen Anfang zu wagen, der Mensch zu werden, der man sein will, nicht das zu tun, was andere von einem erwarten. Und obwohl ich es lieber gehabt hätte, wenn der Weg zu meinem neuen Ich etwas einfacher gewesen wäre, bin ich dankbar dafür, dass ich mein Ziel erreicht habe.

Dort, wo ich lebe, ist es wunderschön – die perfekte Kulisse für biblische Geschichten über die Versuchung. Doch es ist nicht die Landschaft, die meine Heimat zu einem Paradies macht. Mein Eden ist ein Garten der Entscheidungen, und keine davon ist verboten. Ein Garten, in dem ich die Frucht des Friedens vom Baum der Erkenntnis pflücke und mit jedem Bissen von der Hoffnung koste.

Das Böse in meinen Armen

Feuchte Hemden

Wir hatten immer feuchte Hemden im Kühlschrank. Manchmal ging uns die Milch oder die Mortadella oder das Bier aus. Aber feuchte Hemden konnte man in den Kühlschränken der Häuser rund um Detroit, in denen ich in den sechziger Jahren aufwuchs, immer finden. An den Sonntagen quetschte das Dutzend Hemden den Senf und die Tupperdosen fast vom untersten Fach. An manchen Samstagabenden waren nur noch ein paar Hemden übrig, aber ganz gingen sie niemals aus. Diese Hemden waren wichtig. Sie dienten als Wegweiser. »Mama, wo ist die Mayonnaise?« *Hinter den Hemden.* »Im untersten Fach?« *Nein, im mittleren Fach. Links vom Ginger-Ale.*

Die Hemden erweiterten unseren Wortschatz. »Würdest du mir bitte ein paar Hemden bringen, Ellen? Nein, nicht drei Hemden – drei sind einige, zwei sind ein Paar.« Die Hemden lehrten uns Respekt. Es war verzeihlich, einen Krug mit gefrorenem Orangensaftkonzentrat beiseite zu schieben, um an das C-Frisch heranzukommen. Den Hemden einen solch kurzen Ortswechsel zuzumuten war jedoch ein schwer wiegendes Vergehen. »Mama, ich komme nicht an den Thunfisch heran. Die Hemden sind im Weg. Was soll ich machen?« – »*Schieb sie beiseite, wenn's unbedingt sein muss. Aber pass auf, dass sie in der Hülle bleiben und sich nicht aufrollen. Sonst trocknen sie aus und dann bekomme ich die Falten nie heraus.*« Aber die wichtigste Lektion, die die weißen Baumwollhemden – französische Manschetten, Kragenweite 39, Ärmellänge 88 – uns lehrten, war: *Thomas sein ist alles.*

Thomas, das war mein Vater, und dass er so eine wichtige Rolle in unserem Haushalt spielte, war zu jener Zeit normal. Frauen bügelten Hemden – oder richteten Lunchpakete – für ihre Ehemänner und fügten sich ihnen in allen wichtigen Fragen. Mütter küssten aufgeschürfte Knie; Väter verteilten das Taschengeld für die Woche. Arbeit und Macht waren klar verteilt, und diese Aufteilung wurde in allen Familien, die ich kannte, akzeptiert. Die Strukturen der Familien glichen dem Einheitsdesign der Häuser in unserer Nachbarschaft.

Ich wuchs in einem Backsteinhaus mit drei Schlafzimmern auf. In unserem Viertel in Windsor, im kanadischen Ontario, war unser Haus eines der wenigen mit einem Stellplatz für den Wagen. Eine Garage hatte niemand. Im Winter wurde ich oft von dem Geräusch geweckt, wenn mein Vater das Eis von den Scheiben kratzte. Die Sommermorgen waren ruhig, selbst wenn alle Fenster geöffnet waren – bis auf die Samstage, wenn die Männer den Rasen mähten. In meiner Straße wohnten vier Mädchen in meinem Alter, und bis meine Familie in dem Sommer, bevor ich in die dritte Klasse kam, in die Vereinigten Staaten umzog, waren wir fünf unzertrennlich. Wir trugen die Schraubenschlüssel für unsere Rollschuhe als Kettenanhänger um den Hals und benutzten sie nicht nur dazu, die mit Rollen versehenen Metallschienen an unseren Laufschuhen zu befestigen, sondern auch, um die Felder beim Himmel-und-Hölle-Spielen zu markieren. Gemeinsam standen wir auf dem Campingtisch, der unsere Bühne war, und sangen die frühen Songs der Beatles, und jede von uns bettelte ihre Mutter um eine Barbie-Puppe an, denn die war unser gemeinsames Ziel. (Drei Mütter schenkten ihren Töchtern die ganze Barbie-Skipper-Ken-Familie. Eine weitere nähte Barbie einen Overall, bevor sie sie ihrer Tochter gab. Meine Mutter weigerte sich, eine Puppe mit Brüsten zu kaufen, und mein Vater verbot mir, mit den Ken-Puppen meiner Freundinnen zu spielen.) Wir gingen gemeinsam in die katholische Schule vier Straßen weiter, und wir waren alle in der ersten Klasse und saßen im gleichen Klassenzimmer, als wir erfuhren, dass Präsident Kennedy erschossen worden war. Wir gingen gemeinsam zur Erstkommunion, und wir weinten gemeinsam, als ich im darauf folgenden August fortzog.

Mein Vater hatte eine neue Stelle angenommen, und wir zogen nach Westland, einem Stadtteil im Nordwesten von Detroit, und wieder wohnten wir in einer geraden Straße mit fein säuberlich angeordneten Häusern mit drei Schlafzimmern. Die meisten davon hatten noch eine frei stehende Garage und bei manchen war noch ein halbes Badezimmer an die Küche angebaut. Als wir einzogen, hatte unser Haus das nicht, aber wir hatten eine Garage, eine betonierte Auffahrt und eine Klimaanlage – die Art von Neuerungen eben, auf die Nachbarn achteten und die sie verglichen. Damals war es eine große Sache, wenn man einen eigenen Geschirrspüler besaß, und die Anschaffung eines Farbfernsehers sorgte längere Zeit für Gesprächsstoff.

In unserem typischen Mittelklasseviertel trugen nicht alle Männer weiße Hemden. Der Vater meiner besten Freundin Beth hatte einen roten Parka an, wenn er in den frühen Morgenstunden die örtliche Tageszeitung ausfuhr, und Mollys Vater ging in gemusterten Hemden und Jeans zur Arbeit als Werbegrafiker. Aber alle Väter und nur sehr wenige Mütter arbeiteten. Abends sahen wir in den Nachrichten, wie Frauen ihre BHs verbrannten, doch *unsere* Mütter lehrten uns, die »Unaussprechlichen« mit der Hand zu waschen und sie zum Trocknen hinter dem Duschvorhang aufzuhängen. Wir sahen junge Männer, die ihren Einberufungsbefehl zerrissen, doch *unsere* Brüder sammelten Baseball-Karten. Dort, wo wir wohnten, gab es nur eine schwarze Familie und keine Scheidungen. Die ganze Welt war in den sechziger Jahren im Umbruch, aber die Familien in unserem Viertel hielten an den Traditionen der Fünfziger fest.

Als Beth sechzehn wurde, kauften ihre Eltern ihr einen Wagen und gaben ihr ein großzügiges Taschengeld, das die Kosten für ihre ausufernde Garderobe und ihre Make-up-Sammlung deckte. Aber als Beth sagte, sie wolle aufs College, antworteten sie, sie solle sich lieber einen Mann suchen. Mollys Mutter war eine glühende Feministin. Sie bot mir sogar an, sie beim Vornamen zu nennen, und drängte Molly, ein Stipendium an einer Tanzschule in Trinidad anzunehmen. Wenn sie erst verheiratet wäre, wäre es ohnehin vorbei mit den aufregenden Möglichkeiten. Molly war auch von allen häuslichen Pflichten befreit, denn »wenn du erst verheiratet bist, musst du jeden Tag kochen und putzen«. Ich wusste schon mit zehn, dass ich Schriftstellerin werden wollte, aber mein Wunsch fand keine Gnade vor den Augen meiner Eltern. Mein Vater bestand darauf, dass ich Stenografie und Maschine schreiben lernte, *darauf kannst du zurückgreifen, solltest du jemals selbst für dich sorgen müssen.*

Mein Vater, Thomas Singer, kam vierzehn Monate vor dem Schwarzen Dienstag der Weltwirtschaftskrise zur Welt. Seine Mutter war bereits über vierzig. Anders als seine älteren Geschwister wuchs er ohne jeden Luxus auf. Er hatte kein Pony, bekam keine Klavierstunden, und obwohl er zwei Klassen übersprang, ehe er mit sechzehn Jahren die Highschool verließ, ging er nicht aufs College. Das Elmwood, das Tankstellen-Restaurant seines Vaters, an dem Frank Sinatra viele Jahre später regelmäßig auf seiner Tour durch die Nachtclubs Halt machte, ging bankrott. Sein Vater hatte den Hof der Familie behalten, wurde vom Unternehmer zum Schwarzbrenner und ernährte seine Kinder von selbst geschlachteten Hühnern, die in besseren Zeiten nicht einmal mehr in die Suppe gekommen wären. Thomas' traurige Kindheit nahm ein düsteres Ende. Es war kurz nach seinem achtzehnten Geburtstag, als er seinen sechzigjährigen Vater für den Gang zur Sonntagsmesse wecken wollte, aber Singer senior war im Schlaf an einem Herzinfarkt gestorben. Vielleicht ausgelöst durch die lautstarke Auseinandersetzung, die er am Abend zuvor mit dem gewalttätigen Freund seiner Tochter gehabt hatte.

Von diesem Tag an sorgte Thomas für die Familie. Seine Schwester Myrna lebte zu Hause, arbeitete Vollzeit, gab aber ihr ganzes Geld für Make-up und eine Garderobe aus, mit der sie hoffte sanftmütigere Männer anzuziehen. Sein Bruder Michael war ein erfolgreicher konzessionierter Wirtschaftsprüfer, aber er hatte eine Frau, eine Familie und seine eigenen Pläne. Und so machte Thomas Überstunden, obwohl ihm die Arbeit im Büro der Ford Motor Company nicht wirklich gefiel. Doch die Arbeit – oder zumindest die Partys, die seine Kollegen an den Wochenenden veranstalteten – erhöhten seine Möglichkeiten, junge Frauen kennen zu lernen. Besonders die Angestellten der Telefongesellschaft, die immer auf der Liste der Eingeladenen standen. Eine von ihnen war Margaret Marie Kelley, ein Wuschelkopf mit blauen Augen, deren rotbraune Locken beim Foxtrott wunderbar unter Thomas' Arm passten. Sogar wenn sie Absätze trug, musste sie zu ihm aufblicken, wenn sie den gut aussehenden Thomas sehen wollte, der die mahagonifarbenen Augen und das fast schwarze Haar der Ute-Indianerin geerbt hatte, die vor langer Zeit in die überwiegend irisch-englische Familie eingeheiratet hatte.

Margaret war das jüngste von elf Kindern irisch-kanadischer Eltern, die ihr Geld vor der Weltwirtschaftskrise mit Immobilien verdient hatten. Danach lebten sie von der eigenen Landwirtschaft. Der Not gehorchend, lernte Margaret, zu teilen, Opfer zu bringen und auf ihre Nichten und Neffen aufzupassen, ohne dass sie einen Penny dafür bekommen hätte. Margaret hasste die Schule und liebte Kleider, die sie sich nicht leisten konnte. Nach der elften Klasse ging sie von der Schule ab und nahm eine Stelle als Telefonistin an, die ihre ältere Schwester ihr besorgt hatte. An jedem Zahltag eilte Margaret in den Stoffladen und kaufte die Seiden-, Organza- und Gabardinestoffe, von denen sie die ganze Woche geträumt hatte. Dann lief sie geradewegs nach Hause, schnitt zu, nähte, säumte und verzierte, und bald hatte sie ein trägerloses Kleid, um am Samstagabend das Interesse des Mannes zu erregen, mit dem sie verabredet war, und ein Kostüm mit Faltenrock, um am Montag darauf ihre Kolleginnen zu beeindrucken. Ob es nun mehr an ihrer Art, sich zu kleiden, oder an ihrem Temperament lag, die Männer waren von Margaret hingerissen. Einer davon war Fred, der Margaret zwar genug liebte, um ihr einen Antrag zu machen, aber nicht genug, um die Finger von anderen Frauen zu lassen. Nach einem Jahr Verlobung begrub Margaret ihre Hochzeitspläne, packte die Aussteuer in den Schrank und erklärte ihren Freundinnen, sie würde gern zur nächsten Ford-Bell-Party mitkommen. Sie ging zu sechs dieser Partys, ehe sie Thomas kennen lernte, und zu fünfundvierzig davon, ehe sie ihn im Juni 1952 heiratete. Nachdem die Flitterwochen in Mexiko vorüber waren, führten sie eine Ehe, wie sie für jene Zeit typisch war. 1954 wurde mein Bruder James geboren, ich kam drei Jahre später zur Welt.

Bis zu jenem Tag im Jahr 1972, als es nirgendwo mehr Wäschestärke zum Selbstanrühren gab, hatte Margaret zwanzig Jahre lang jeden Sonntag (zusätzlich zur, aber getrennt von der übrigen Wäsche) vierzehn Hemden gewaschen und gestärkt. Davon bügelte sie zwei noch am selben Abend (Vater benötigte zwei Hemden pro Tag – eines für die Arbeit und eines *für den Fall,* dass er abends zum Essen ging) und zwei weitere an fast jedem anderen Tag der Woche. Außerdem bügelte sie zehn Jahre lang die Unterhosen und die Bettwäsche meines Vaters, doch die Rückkehr in ihren Beruf als Telefonistin (bis auf die allein erziehende Mutter, die außerdem ein Playboy-Häschen war, ging sie als Einzige in der Nachbarschaft einer bezahlten Arbeit nach) forderte Abstriche bei den häuslichen Pflichten, und schließlich wurden ein paar ihrer Aufgaben mir übertragen. Aber nur Mutter bügelte die Hemden meines Vaters – kräftig gestärkt, besonders am Kragen und den Manschetten.

Solange feuchte Hemden in unserem Kühlschrank lagen, war Vater mit seinen bretthart gestärkten Manschetten uneingeschränkter Herrscher über sein Reich. Erst die Erfindung der Sprühstärke brachte seine Position ins Wanken (er verlor seine Anstellung als leitender Angestellter in der Führungsetage), und an dem Tag, als Mutter ein bügelfreies Hemd aus Baumwolle mit Polyester nach Hause brachte, brach sie endgültig in sich zusammen (er hatte als selbstständiger Geschäftsmann versagt, daraufhin war er über zwei Jahre arbeitslos gewesen, bis er eine sehr viel schlechtere Anstellung als Einkäufer ergatterte). Natürlich gab niemand den Hemden die Schuld, doch mein Bruder trägt bis heute bei jedem Verkaufsgespräch ein frisch gebügeltes und gestärktes weißes Hemd, und nach meinem Collegeabschluss erstand ich zuerst zwei Hemden mit Button-down-Kragen. (Dem Bügeleisen, das mir meine Mutter zum achtunddreißigsten Geburtstag schenkte und das ich wegwarf, ohne es auszupacken, kam in etwa die gleiche Bedeutung zu.)

Meine Eltern fragten mich nicht, warum ich die Hemden gekauft hatte, sondern nur, wie viel ich dafür bezahlt hatte. (»Viel zu teuer, Ellen – vergangene Woche gab's die gleichen Hemden im Ausverkauf.«) Überhaupt stellten sie mir nur wenig Fragen. Sie machten sich über Eltern lustig, die mit den Leistungen ihrer Kinder prahlten, und ihre Anteilnahme beschränkte sich auf den Tag der Zeugnisausgabe, wenn sie die Zwei in der sonst makellosen Reihe von Einsen mit einem Stirnrunzeln quittierten. Freundinnen und Lehrer fragten mich nach meiner Meinung, doch meine Eltern wollten nur eines wissen: »Bist du mit dem Abwasch fertig?« Oder: »Hast du den Müll rausgebracht?« Oder: »Bringst du mir mal ein Bier?« Sie fragten nie, was ich mochte und was nicht, ob ich glücklich oder traurig war, oder warum ich nachts immer das Licht brennen ließ. Das mussten sie auch gar nicht. Sie *wussten* es einfach.

»Rosa ist deine Lieblingsfarbe«, verkündete mein Vater jedes Mal, wenn er mein Zimmer im neuesten Roséton strich, einen rosafarbenen Teppichrest ergattert hatte oder die Wände mit einer pink-weiß gestreiften Tapete beklebte. »Rosa steht dir einfach am besten«, behaupteten meine Eltern jedes Jahr im Dezember, wenn ich an Weihnachten Strickjacken in zartem Kirschblütenrosa, Nachthemden in einer Farbe wie Zuckerwatte und lachsfarbene Hütchen auspackte. »Ellen interessiert sich nicht für Jungen. Die Schule ist ihr wichtiger«, sagte mein Vater James' Freunden, noch bevor sie überhaupt Gelegenheit gehabt hatten, Interesse zu zeigen. Als sie es dann doch taten, fügte er hinzu: »Ellen wird nicht heiraten. Sie macht einmal Karriere als Geschäftsführerin.« Wenn meine Mundwinkel nach unten sanken, ermahnte mich meine Mutter: »Lächeln! Du hast keinen Grund, unglücklich zu sein.« Wenn ich einmal die Stimme hob, sagten meine Eltern: »Hör auf, dich aufzuführen. Du übertreibst.« Aber wenn unsere Gäste die Ohren spitzen mussten, um mich zu verstehen, sagte mein Vater: »Das macht Ellen nur, um Aufmerksamkeit zu erregen«, und wies mich an: »Mach den Mund auf, Ellen. Mrs. Simmons möchte wissen, was ihr heute in der Schule gemacht habt.«

Manchmal fragte ich mich, warum beinahe völlig fremde Menschen wie Mrs. Simmons sich mehr für meine Noten interessierten als meine Eltern, aber ich stellte die Frage nie laut. Ich schob die meisten dieser Gedanken beiseite, weil ich Angst hatte, die Autorität meiner Eltern in Frage zu stellen. Ich fragte meinen Vater nie, warum niemand auf seinem Stuhl sitzen durfte, warum er am Sonntagabend das erste und größte Stück Rinderlende bekam (und meine Mutter das letzte und kleinste), warum James und ich nur die Zeichentrickfilme ansehen durften, die er sehen wollte, oder warum er meine Mutter als *dämlich* beschimpfte, meinen Bruder einen *Schwachkopf* und mich eine *Dumpfbacke* nannte. Ich fragte meine Mutter nie, warum sie aufgehört hatte, zur Kirche zu gehen, nachdem mein Vater die Predigt des Pfarrers gegen Verhütung kritisiert hatte, oder warum sie in der Abtreibungsfrage klein beigegeben hatte, nachdem mein Vater erklärt hatte: »Aber natürlich würde Ellen abtreiben lassen, wenn sie schwanger würde.« Ich fragte nicht, warum ich die Schlafzimmertür nie länger als fünf Minuten schließen, warum ich nie länger als fünfzehn Minuten telefonieren und warum ich nie länger als zwanzig Minuten in der Wanne liegen durfte. Und ich wäre niemals auch nur auf den Gedanken gekommen zu fragen, warum meine Mutter, die auf Ausflügen auf dem Vordersitz Cocktails mixte, und mein Vater, der sich weigerte, einen Martini zu zahlen, wenn er den Wermut schmecken konnte – »Ich sagte extra trocken« –, weit mehr als ein gelegentliches Glas tranken. (Schließlich war der Mann ein paar Häuser weiter, der während der Arbeit in der Whiskey-Destillerie an den Destillierkolben nippte, *ein Alkoholiker*, und der Nachbar, der jeden Samstagabend die Musik laut aufdrehte, *ein widerlicher Säufer*. Aber meine Eltern tranken *nur in Gesellschaft*.) Vielleicht hätte ich gefragt, wenn nur einer von ihnen Abend für Abend zu viel getrunken hätte. Aber da sie gemeinsam einen Cocktail nach dem anderen tranken und mir erzählten, es wäre normal, glaubte ich ihnen. Ich wuchs in dem Glauben auf, auch in anderen Familien wäre man stolz darauf, die Regel »kein Alkohol vor dem Mittagessen« einzuhalten.

Abgesehen von den ersten Tagen der Fastenzeit oder in der ersten Woche einer neuen Diät, war Alkohol das Getränk ihrer Wahl, und ich war ihr bevorzugter Cocktailmixer. Ich begrüßte die Erfindung des Drehverschlusses bei Bierflaschen, denn ich hatte den Umgang mit dem Flaschenöffner nie gänzlich gemeistert. Dafür wusste ich bereits mit zehn Jahren, wie man Limetten achtelte und den Rand eines Gin-Tonic-Glases mit den Stücken abrieb. Zwei Gläser Whiskey – randvoll, nicht nur bis zum Strich gefüllt – kamen jeden Abend in die ersten vier Ginger-Ales mit Whiskey. Danach ging meine Mutter gewöhnlich zu Cocktails mit nur einem Glas Whiskey über. Mein Vater mochte drei Eiswürfel in seinem Drink, und um ihre Getränke nicht zu verwechseln, gab ich nur zwei Eiswürfel in den meiner Mutter. Wenn ich Erdnüsse servierte, musste ich jedes zweite Mal die Gläser waschen. Wenn ich Käse und Cracker servierte, musste ich nur die Eiswürfel und das Obst austauschen. Ich machte meine Hausaufgaben in der Küche, um in der Nähe der Theke zu sein, und ging zu Bett, »gleich nachdem du uns noch einen Drink gemixt hast – es wird langsam spät«. Am Wochenende durfte ich so lange aufbleiben, dass ich die letzte Runde servieren und meinem Vater sein Betthupferl bringen konnte – ein Glas Milch und ein Stück von dem Kuchen, den ich eben erst mit Zuckerguss bestrichen hatte. Damals kam ich niemals auf den Gedanken, die mir zugedachte Rolle könne irgendwie merkwürdig, falsch oder nicht rechtens sein. Ich spielte sie einfach und hatte sie gespielt, seit ich alt genug war, das Bier zwischen den Hemden im Kühlschrank zu finden. Viel mehr störte mich, dass ich mit Beginn der sechsten Klasse unter der Woche sowohl für das Kochen als auch die gesamte Hausarbeit zuständig war. Ich versuchte Streit zu verhindern, da kleine Reibereien wegen verschiedenfarbiger Socken oder verlegter Schlüssel zumeist in lautstarkes Gebrüll ausarteten. Aber den Barkeeper zu spielen war für mich ebenso normal, wie den Müll rauszutragen, was ebenfalls zu meinen Pflichten gehörte. Eigentlich war es James' Aufgabe, aber er drückte sich darum und um die meisten anderen Arbeiten im Haushalt, indem er sich so dumm wie möglich anstellte.

Nur ich wollte meinen Eltern alles recht machen und verschnürte die Müllbeutel mit zwei Bändern, wenn eines zu kurz war. Nur ich glaubte, die Anerkennung meiner Eltern gewinnen zu können, wenn ich nur perfekt wäre. Meine Mutter und mein Vater mochten mich am liebsten, wenn ich gehorsam, unauffällig und still war. Also verhielt ich mich so. Außerdem mochten sie es, wenn ich ein *braves Mädchen* war. Und so war ich eines.

Wie es sich für ein braves Mädchen gehörte, zog ich ein rosa Kleid an und polierte meine Lederschuhe mit Vaseline, wenn Verwandte zu Besuch kamen. Meist waren das Myrna, die Schwester meines Vaters, und ihr Mann Hugh. (Mein Vater konnte nur eines der zehn Geschwister meiner Mutter leiden, und folglich sahen wir sie nur selten.) Ich brachte die gewünschten Getränke und reichte die Cashewnüsse und den Käse herum. Dann saß ich drei Stunden oder auch bis zum Abendessen still neben den Erwachsenen, die Hände in den Schoß gelegt. Mein Bruder war ebenfalls angewiesen, sich ordentlich anzuziehen und am Tisch zu sitzen, aber als Junge war er von den Gastgeberpflichten befreit. Doch wenn wir bei unseren Tanten und Onkeln zu Besuch waren, litten James und ich gleichermaßen. Selbst wenn jemand da war, mit dem wir spielen konnten, war unsere Spielzeit vorbei, wenn es dunkel wurde. Dann ordnete Vater an: »Setzt euch zu uns, damit wir später nicht auf euch warten müssen, wenn wir gehen wollen.« Ungefähr eine Stunde später, gegen neun oder zehn Uhr, bat Vater unsere Mutter, unsere Mäntel und Hüte zu holen, schließlich würden wir »gleich gehen«. So saßen wir eine Stunde oder länger und kamen vor Hitze fast um, während unsere Eltern noch zwei oder drei »Gläschen für unterwegs« tranken. Irgendwann sagte Vater (gewöhnlich auf einen Hinweis unserer Mutter hin), dass wir unsere Mäntel noch einmal ausziehen könnten. Dabei ermahnte er uns: »Aber legt sie nicht weg.« Gegen halb zwölf mussten wir die Mäntel dann wieder anziehen. Wenn wir Glück hatten, brachen wir gegen Mitternacht auf und waren dann gegen ein Uhr morgens zu Hause. Auf dem Heimweg hielten wir an, um Donuts zu kaufen (»Wach auf, Ellen, wir haben dir deine Lieblingsdonuts mitgebracht – mit Schokoglasur«), und noch einmal an der Grenze zwischen Detroit und Windsor (»Mach den Mantel zu, James. Man sieht deinen Bauch. Und verschränke deine Arme, damit man die Rettungsringe nicht sieht«).

James hatte den Großteil seiner sechsundvierzig Jahre damit zugebracht, wütend auf unseren Vater zu sein und ihm gleichzeitig nachzueifern. Als mein Bruder die Grundschule besuchte, war meine Mutter in Sorge, das Geld könne nicht reichen, um James, der laut Intelligenztest und der Meinung seiner Kindergärtnerin ein Genie war, eine entsprechende Ausbildung zu ermöglichen. Vater löste das Problem – auf seine Weise. Bei jeder Gelegenheit setzte er ihn herab, bis nichts mehr von dem Wunderkind übrig war. In der fünften Klasse wetteiferte James voller Freude mit seinem besten Freund um die besten Noten. In den ersten Jahren auf der Highschool wurden seine Noten rapide schlechter, später widmete er sich dann dem Studium von Drogen, Knutschflecken und der Haarpflege. (Wenn er seine Afromähne kämmte, blockierte er jedes Mal stundenlang unser einziges Badezimmer. Er hatte sich die Haare wachsen lassen, um in unserem Viertel, in dem nur Weiße wohnten, seine politische Einstellung zu demonstrieren.) Als Vater enttäuscht war, weil ich nur vierundachtzig Prozent der Fragen in einem naturwissenschaftlichen Test richtig beantwortet hatte, lernte ich für den nächsten zweimal so viel. Mein Bruder reagierte auf Vaters ununterbrochene Demütigungen (»Du bist nicht mal ein Dumm*kopf* – du bist nur dumm.«) mit dem Umzug in die letzte Reihe. Wenn es einen guten Grund gab, setzte James seine Kräfte durchaus ein. Er organisierte den Boykott der Schulcafeteria, mit dem Erfolg, dass frisches Obst und Joghurt auf die Teller kamen und ungenießbare Gerichte wie Bohnen- oder Gemüseeintopf für immer vom Speisezettel gestrichen wurden. Aber er brachte nicht eine Seminararbeit zu Ende.

Vaters Urteil war durch Alkohol und Ängste getrübt, denen er sich nie gestellt hatte, und so entging ihm das wahre Ausmaß des Schadens. Er erzählte allen, James sei gewitzt, rechtschaffen und würde einmal ein großer Anwalt werden – nur nicht seinem Sohn selbst. Trotz der nachlassenden schulischen Leistungen und des mangelnden Interesses meines Bruders (James sagte niemals direkt, dass er nicht Anwalt werden wollte, sondern vergaß einfach, die Aufnahmeprüfung zu machen) verfolgte unser Vater das Vorhaben weiter. Er forderte bei den Universitäten Bewerbungsunterlagen an und bat Moms Schwester, für die sieben Jahre Studium aufzukommen. Die Bewerbungsunterlagen kamen, unsere Eltern füllten sie aus (James zögerte so lange, bis die Bewerbungsfrist verstrichen war), und Tante Ida, die unverheiratet geblieben und mit Arbeit und klugen Kapitalanlagen zu Geld gekommen war, willigte ein, in meinen Bruder zu investieren. James war hin- und hergerissen zwischen der Ehrlichkeit eines Ministranten und der Angst vor unserem Vater. Also sagte er, er wolle das Geld lieber sparen, auf das Privileg verzichten, eine Eliteuniversität zu besuchen, und die ersten beiden Studienjahre am örtlichen College absolvieren. Er schrieb sich für Kurse ein, die er fast nie besuchte. Anschließend gestand er mir, dass er bis auf Sport in allen Fächern scheitern würde. Meine Mitwisserschaft wurde dadurch bestraft, dass ich seine Zeugnisse vor unseren Eltern verstecken musste, denn James meinte: »Es würde Dad umbringen, wenn er es wüsste. Seit er arbeitslos ist, trinkt er sowieso so viel.« Doch als das College im zweiten Jahr Tante Idas Scheck zurückschickte, weil die Zahl der Tage, an denen James gefehlt hatte, inzwischen im dreistelligen Bereich lag und sie ihn rausgeworfen hatten, überlebte Dad die Enttäuschung, und James nahm einen Job als Schulhausmeister an. Er wischte ein paar Jahre lang Böden und zog mehrmals zu Hause aus und wieder ein. Anschließend verkaufte er Isolierschaum (das Produkt verursachte zum Teil tödliche Gesundheitsschäden und enorme Schadensersatzklagen, ehe es vom Markt genommen wurde) sowie Rasenpflegeprodukte (ich glaube, auch die waren krebserregend) und investierte in ein paar geschäftliche Schnapsideen. Außerdem sorgte er dafür, dass ihm die Drogen niemals ausgingen, indem er sie verkaufte.

Doch James hörte nie auf, sich nach Dads Anerkennung zu sehnen, und schließlich nahm er eines von Dads zahlreichen Hilfsangeboten an, ihm »einen ordentlichen Job in der Verkaufsbranche« zu verschaffen. Er ging zum Friseur, der seinen Afrolook in einen kurzen Lockenschopf verwandelte, kaufte sich eine rote Seidenkrawatte, einen grauen Schurwollanzug und ein weißes Baumwollhemd mit Umschlagmanschetten. Er lieh sich Dads Manschettenknöpfe, die ihm Glück bringen sollten, bestellte Wodkatonic zum Mittagessen und las in seiner Freizeit Krimis. Er fing an, Dad zu fragen, was man beachten musste, wenn man eine Gehaltserhöhung bekommen, einen Kredit aufnehmen, Tapeten kaufen oder einen Fisch filetieren wollte. Sie haben sich niemals umarmt oder zugegeben, dass sie einander gern hatten, aber wenn wir gemeinsam aßen, hatten sie zwischen Vorspeise und Dessert das Bier und die Geschäfte gemeinsam. Dad legte sogar das Kreuzworträtselbuch weg, wenn James am Tisch saß. Wenn ich am Tisch saß, legte er das Buch in den Schoß und füllte die üblichen unbehaglichen Pausen damit, über die Hinweise nachzudenken und die leeren Kästchen auszufüllen.

In unserer Familie und besonders in der Beziehung zu meinem Bruder war ich diejenige, der Geheimnisse anvertraut wurden, und ich musste mir zahlreiche Beichten am Telefon anhören. James rief mich mittags oder nachts an und erzählte mir von Verlobung, Trennung, Abtreibung, Sterilisation, Verhaftung oder irgendeiner Absprache. Er wusste, dass alle seine Enthüllungen unter die »Schweigepflicht zum Schutz unserer Eltern« fielen. Er wusste nicht, welche Last er damit seiner kleinen Schwester aufbürdete, die bereits im zarten Alter von zehn Jahren die Pubertät und die Verpflichtungen einer Erwachsenen bewältigen musste. Ich musste nicht nur sauber machen (mehr schlecht als recht), kochen (ordentlich) und backen (hervorragend), sondern war zudem dafür verantwortlich, den Frieden zu wahren, Gewohnheiten zu verändern und Egos zu streicheln. Und alle meine

Bemühungen waren zum Scheitern – und ich zu Schuldgefühlen – verurteilt. Es überrascht wohl kaum, dass ich als Kind immer wieder träumte, mein Kopf würde jeden Augenblick explodieren.

Als meine Mutter herausgefunden hatte, dass Dad *weniger* schrie, wenn ich mit im Zimmer war, bekam ich die Oberaufsicht bei allen Renovierungsarbeiten im Haus und musste bei Meinungsverschiedenheiten vermitteln. Zugegeben, ich lernte dabei einiges über das Klempnerhandwerk und die Kunst des Schlichtens. Aber ich lernte auch, mir dumm vorzukommen, wenn ich Dad die Zange statt des Schaubenschlüssels reichte, und das Gefühl zu haben, ich mischte mich ein, wenn ich die lautstarken Auseinandersetzungen zu beenden versuchte, die meine Leute als »angeregte Diskussionen« bezeichneten. Als Mom es leid war, dass Dad sie für sein Übergewicht verantwortlich machte, beauftragte sie mich mit der Zusammenstellung der Menüs, dem Wiegen und dem Überwachen, so dass es meine Schuld war, wenn die neueste Diät versagte. Auf diese Weise bekam ich außerdem die Klagen zu hören, derer sich meine Mutter entledigt hatte: »Es ist mir egal, wie du es anstellst, aber sorg dafür, dass ich diese Diät einhalte ... Würdest du mir ein Stück Kuchen bringen? ... Ich bin dein Vater, zum Donnerwetter, und jetzt bring mir den Kuchen ... Nichts passt mehr! Warum hast du mir nicht geholfen abzunehmen?«

Dad hingegen machte mich für Moms Verhalten verantwortlich. Wenn sie traurig war, musste ich sie trösten, wenn sie wütend war, besänftigen, wenn sie tobte, beruhigen. Vielleicht lernte ich mit der Zeit, immer besser mit dem Chaos zurechtzukommen. Ich entwickelte die Fähigkeit, die endlosen Konflikte und den Schmerz in einer Alkoholikerfamilie zu ertragen. Ich lernte, schlechte Erinnerungen und Enttäuschungen zu verdrängen und nur zu sehen, was meine Eltern wollten. Statt zu trauern, dass meine Eltern nicht zu den Aufführungen der Schultheatergruppe kamen, klammerte ich mich an die schöne Erinnerung, dass mein Dad mir zu Ostern ein Kleid gekauft hatte. Statt zu fragen, warum ich einerseits mit Sylvia Plath mitfühlte, mich dieses Gefühl aber gleichzeitig beunruhigte, tauschte ich auf einem Bücherflohmarkt *Die Glasglocke* gegen zwei seichte Romane. Vielleicht ahnte ich sogar, dass meine Eltern einander wirklich liebten, obwohl sie nicht in der Lage waren, Gefühle auszudrücken, die keines Gebrülls bedurften. Sie waren co-abhängig, in guten wie in schlechten Tagen, einer des anderen bester Freund. Nur wenn die Arbeit oder ein Krankenhausaufenthalt es verlangte, ertrugen sie es, voneinander getrennt zu sein. Vielleicht war ich zu dem Schluss gekommen, dass mich meine Eltern so sehr liebten, wie es ihnen eben möglich war, wie kümmerlich diese Liebe auch erscheinen mochte. Oder vielleicht überlebte ich nur, weil ich einen Fluchtplan hatte.

Ich verurteile meine Eltern nicht, weil sie tranken, und ich glaube auch nicht, dass ihre Sucht mich in eine unglückliche, gefährliche Ehe trieb. Aber durch den Anschein von Normalität, den sie sich gaben, wusste ich nicht, wie eine gesunde Beziehung auszusehen hatte, und ich lernte, meine Gefühle zu unterdrücken und meine Probleme zu verheimlichen. Akademische Erfolge feierte ich auch ohne ihre Hilfe. Aber mein Umgang mit anderen Menschen war davon überschattet, dass meine Eltern mir beigebracht hatten, die Bedürfnisse anderer Menschen über meine eigenen zu stellen. In der Tat gelang es mir nicht, dafür zu sorgen, dass auch meine Bedürfnisse in einer Beziehung erfüllt wurden. Ja, ich wusste nicht einmal, welche Bedürfnisse ich hatte. Ich glaubte, es sei selbstsüchtig, etwas zu *wollen*. (Jedesmal, wenn ich meine Mutter fragte, was sie sich zu Weihnachten wünschte, antwortete sie: »Aber ich habe doch alles.« Wenn sie sich nicht einmal einen Pulli wünschen konnte, wie konnte ich dann um eine Umarmung bitten?)

Irgendwann glaubte ich dann, weil ich gut in Mathe war, wäre ich auch gut in der Liebe. Die meisten meiner Freundinnen glaubten ebenfalls an diesen Mythos, und ich wurde zur Ratgeberin in Beziehungsfragen. Problematisch war nur, dass ich diese Einsichten nicht in meinem eigenen Liebesleben umsetzen konnte. Ich konnte das, was ich dachte, nicht *fühlen*.

Unterschwellig war mir wohl klar, dass ich von meinen Gefühlen abgeschnitten war. Während der Proben für die Herbstaufführung in meinem ersten Jahr auf der Highschool schrieb ich einen Monolog, der mit den folgenden Worten begann:

Du sitzt allein in deinem Zimmer,
Fragst dich, ob sich irgendjemand wirklich um sich sorgt.
Ha, sagst du, gewiss!
Und summst eine stille Melodie.

Nicht besonders tief schürfend, aber es zeigte, wie unglücklich ich war und wie groß meine Angst war, nicht geliebt zu werden. Als ich geendet hatte, saß ich am Bühnenrand, den Tränen nahe. Die achtzig Teilnehmer der Theatergruppe klatschten begeistert Beifall und rühmten mein schauspielerisches Talent. Weder sie noch ich hatten erkannt, dass diese drei Minuten die Wahrheit waren. Erst wenn ich die Bühne verließ, fing ich an, Theater zu spielen.

Ich verbarg meine Gefühle besser als die meisten, denn schließlich erwartete die Gesellschaft, dass Mädchen ihre wahren Empfindungen mit einem strahlenden Lächeln überspielten. Meine Freundinnen und ich waren verwirrt. Beth, Molly und all die anderen jungen Frauen, die 1974 mit mir die Highschool abschlossen, schwankten zwischen den aufregenden Karrierechancen einerseits und den geringen Erwartungen ihrer Eltern anderseits. Die selbstbewussteren Mädchen hatten ihre eigenen Ziele; die zurückhaltenderen beugten sich den Wünschen ihrer Eltern.

Zum Glück trugen meine Freundinnen und ich nicht noch zusätzlich zu unserer Verwirrung bei, indem wir einmal getroffene Entscheidungen anzweifelten. Wir fühlten uns mit den Mädchen, die in der zwölften Klasse ihren Verlobungsring präsentierten, ebenso wohl wie mit denjenigen, die ihre Aufnahme an einer Eliteuniversität bekannt gaben. Zumindest erweckten wir diesen Eindruck. Wir sprachen nicht oft über unsere Pläne. Unsere Gefühlswelt kreiste fast ausschließlich um Beziehungen: um die Auseinandersetzungen und Feierlichkeiten im Kreise unserer Familie und Freunde und um Freud und Leid bei unseren Verabredungen mit Jungen. Aber selbst bei diesen traditionellen Frauenthemen hielten wir uns zurück. Wir wussten alle, dass einige Mädchen sexuell aktiv waren – schließlich waren ein paar von ihnen schwanger –, aber wir sprachen fast nie über Sex. Nicht einmal mit unseren besten Freundinnen.

Folglich hatte ich keine Ahnung, warum das Ende ihrer jüngsten Beziehung ein solcher Schlag war für Beth, als sie mich während unseres letzten Highschooljahres eines späten Novemberabends anrief und hysterisch ins Telefon schluchzte. Ich wusste nur, dass sie verzweifelt war. Verzweifelter, als ich sie je erlebt hatte, und dass ich sie trösten musste, selbst auf die Gefahr hin, mich den Anweisungen meiner Eltern zu widersetzen. Ich durfte nämlich nach neun Uhr abends keine Gäste mehr empfangen, und meine Mutter wollte auch für Beth keine Ausnahme machen. Schließlich sei es schon halb elf und wir müssten am nächsten Tag zur Schule. Außerdem, fügte sie hinzu, mache Beth ständig mit irgendwelchen Jungs Schluss und lade ihre Probleme dann bei mir ab. In einem jener seltenen Momente, in denen ich meine Wut zum Ausdruck brachte, sagte ich meiner Mutter, wenn Beth nicht zu mir kommen könne, würde ich mich eben woanders mit ihr treffen. Ich war schon fast zur Tür hinaus, als sich mein Vater einmischte. Aus Sicherheitsgründen erlaubte er zwar, dass Beth vorbeikommen konnte, erteilte mir aber für das kommende Wochenende Hausarrest.

Drei Stunden lang saßen Beth und ich auf der avocadogrünen Plastikcouch in unserem Keller. Wir waren in alte Wolldecken gehüllt, die nach Schimmel und Mottenkugeln rochen, tranken kannenweise Tee und trauerten gemeinsam, dass Beth Rob an eine andere verloren hatte. Ich kannte Rob gut genug, um seine Eltern kennen gelernt und seinen Trophäenraum – eine Sammlung ausgestopfter Tiere und Fische – besichtigt zu haben. Er kannte mich gut genug, um zu wissen, dass ich kein Bier trank, die Jagd verabscheute und mein Möglichstes tun würde, ihn zu mögen, solange er Beths Freund war. Und obwohl unsere Meinungen über Alkohol und Elchköpfe auseinander gingen, mochte ich Rob. Er hatte ein entwaffnendes Lächeln, war großzügig und zeigte Nachsicht mit Beths Vorliebe für Snoopy und Tweety, Spielsachen und Modeschmuck.

Doch die Ängste, die Beth seinetwegen ausstand, konnte ich nicht verstehen, und ich machte mir gewaltige Sorgen um meine Freundin. Das lebhafte Mädchen mit den Grübchen, das mich mit Popmusik und anderem Junkfood für Körper und Geist bekannt gemacht hatte, stand kurz vor dem Selbstmord. Ich hörte zu, hielt Beth so lange fest, bis sie versprochen hatte, sich nichts anzutun, und sagte ihr, wir würden am nächsten Tag noch einmal darüber reden. Beth hatte mir an jenem Abend nicht gesagt, was vorgefallen war. Sie hatte mir nicht gesagt, dass sie mit Rob geschlafen hatte, dass sie Angst hatte, schwanger zu sein, und er sie im Stich gelassen hatte, noch bevor das Ergebnis des Schwangerschaftstests da war. Es gab so viele Dinge, über die wir Mädchen 1973 in unserem letzten Jahr an der Highschool nicht sprachen. Sieben Jahre später vertraute sie sich mir schließlich an, als wir bei einem Glas Wein meine bevorstehende Hochzeit mit Roger feierten, und wir weinten – um all das, was wir miteinander geteilt, und all das, was wir einander verschwiegen hatten.

Beths Zurückhaltung hatte in direktem Zusammenhang zu den sozialen Tabus der damaligen Zeit gestanden. Was mich anging, so konnte ich einfach nicht erkennen, wie wichtig es war, meine Gefühle auszudrücken. Ich war zu sehr damit beschäftigt, sowohl den Ansprüchen der Feministinnen als auch den traditionellen Erwartungen voll und ganz gerecht zu werden. Ich war fest entschlossen, sowohl den Pulitzerpreis als auch die Anerkennung meiner Familie zu gewinnen. Damals wusste ich noch nicht, dass Letzteres sehr viel schwerer war.

Weil ich meine Rolle als perfekte Tochter so gut spielte, kam es während meiner Teenagerzeit nicht zu offenen Feindseligkeiten. Ich rebellierte auf wesentlich subtilere Art und Weise. Als Dad sich beschwerte, meine mit äußerster Sorgfalt ausgearbeiteten Diätpläne würden ihm nicht helfen abzunehmen, belehrte ich ihn eines Besseren. Ich machte eine grauenhafte Modediät, bei der es Hüttenkäse mit Ketchup zum Frühstück, hart gekochte Eier mit Ketchup zum Mittagessen und Hot Dogs mit, ja, noch mehr Ketchup zum Abendessen gab. Ich verlor dreißig Pfund, die ich bis zu meiner ersten Schwangerschaft nicht wieder zunahm. Als meine Mutter sagte, ich könne nicht aufs College gehen, weil Dad arbeitslos sei und sie Tante Ida »nach der Geschichte mit deinem Bruder« nicht noch einmal um Geld bitten könne, fand ich auch dafür eine Lösung. Ich sicherte mir ein Vierjahresstipendium und arbeitete als Kellnerin, Tutorin und Buchhalterin, um einen Abschluss in Politikwissenschaften zu bekommen. Für einen Abschluss in Journalistik machte ich weitere Förderungsmöglichkeiten ausfindig, arbeitete als Redakteurin, Dozentin und Verwaltungshilfskraft und musste ein Grammatikhandbuch für die kommunikationswissenschaftliche Fakultät zusammenstellen. Obwohl meine Eltern wegen meiner beruflichen Pläne in ständiger Sorge waren, weigerte ich mich, mir irgendwelche Fertigkeiten für einen Bürojob anzueignen – abgesehen von Steno und Schreibmaschine, die mir bei meiner journalistischen Tätigkeit nützlich waren.

Dass ich von zu Hause auszog, erleichterte es mir, meinen eigenen Weg zu gehen. Nachdem Dad meine Sachen im Studentenwohnheim abgeliefert hatte, rief er mir über den Parkplatz hinweg zu: »Mach Einsen, nicht Liebe.« Seinen Abschiedsworten zum Trotz schrieb ich in der ersten Geschichtsklausur eine Drei und hatte schon zuvor Sex und Orgasmen mit einem einen Meter neunzig großen Schwimmer und Kurzgeschichten-Autor.

Zu dumm, dass ich gerade keine rebellische Phase hatte, als ich Roger kennen lernte. Meine Eltern – und mein Bruder – mochten ihn. Sie mochten ihn wirklich. Und eigentlich hätte das mein Signal sein müssen, Roger noch vor unserer zweiten Verabredung den Laufpass zu geben.

Die Bestie und ich

Zwischen Freitagabend, als die anderen Kellnerinnen im Hamburger-Restaurant anfingen, sich über Rogers Interesse an mir lustig zu machen, und dem Moment, als ich bemerkte, dass er mich vom Tisch 28 her anstarrte, hatte er wohl um die hundertfünfzig Burger mit Schweizer Käse gegessen. Ich dachte, er hätte lediglich eine Vorliebe für Hamburger mit zartem Schmelz.

Hätte ich meine Kindheit nicht damit zugebracht zu lernen, wie man das Offensichtliche ignoriert, wäre mir seine einjährige Studie meiner Person vielleicht ein wenig, nun ja, zwanghaft vorgekommen. Vielleicht auch nicht. Ich war ziemlich beschäftigt damit, die Novelle zur Gleichberechtigung zu zitieren, weil der Manager des Restaurants den männlichen Burger-Bratern mehr zahlte als den weiblichen Kellnerinnen, und Cola über Gäste zu kippen, die derbe sexistische Bemerkungen machten. Ich hatte ein Ziel. Ich wollte auf dem Campus wohnen und nicht mehr Tag für Tag beinahe zwei Stunden mit einem fünfzehn Jahre alten Auto zur Uni pendeln. In meiner Pause aß ich nie mehr, als ich für den Zwei-Dollar-fünfzig-Essensgutschein bekam. Und wenn ich nach Hause kam, zog ich die Stützstrumpfhose und die orthopädischen Schuhe aus, zählte die Vierteldollar- und Zehncentstücke, deren Gewicht meine orangefarbene Schürze nach unten zog, trug die Summe in mein Rechnungsbuch ein und verglich, wie nahe ich meinem Ziel von fünfzehnhundert Dollar gekommen war. Bis auf das Benzingeld (durch das Ölembargo der Carter-Regierung hatten sich die Benzinpreise auf einen Dollar die Gallone verdoppelt) und fünf Dollar die Woche für Getränke zwischen den Vorlesungen trug ich mein ganzes Geld auf die Bank. Ich verschwendete keinen Penny darauf, Lidschatten zu kaufen, und keine Sekunde, die Bedeutung von Rogers starrem Blick zu entschlüsseln.

Und keine Energie auf ein Sozialleben. Der Schwimmer Dan, mein erster Liebhaber, hatte mir das Herz gebrochen, als er zu

Bonnie zurückgekehrt war, seiner Freundin aus der Highschool. Die beiden heirateten schließlich, doch erst nachdem Bonnie mich mit dem Geständnis getröstet hatte: »Weißt du, eigentlich war es meine Idee, dass Dan auch mit anderen Mädchen ausgehen sollte. Ich hatte nur nicht damit gerechnet, dass er sich verlieben würde.« Und erst nachdem mir Dan in einer tränenreichen, zärtlichen Abschiedsszene zwei Jahre nach unserer Trennung gestanden hatte, dass ich die erste Frau für ihn war.

Nach einem Semester Pendlerdasein und acht Monate vor meiner ersten Verabredung mit Roger zog ich in ein Studentenwohnheim. Durch das Leben im Studentenwohnheim steigerte sich sowohl mein Notendurchschnitt als auch die Zahl meiner Männerbekanntschaften, und als Roger mich um die erste Verabredung bat, war ich gerade mit drei Männern locker befreundet und glücklich damit. Roger hatte neben der Stechuhr in dem Supermarkt gestanden, in dem er arbeitete, und mich beim Wochenendeinkauf für meine Eltern in einem der Gänge entdeckt. Er bat mich um meine Telefonnummer. Ich sagte ihm, dass ich den Sommer über bei meinen Eltern wäre und ratterte die siebenstellige Nummer herunter. Als er einen Stift aus der Tasche zog und mich bat, die Nummer zu wiederholen, sagte ich nur: »Wenn dir meine Nummer wirklich wichtig ist, wirst du sie dir schon merken können«, und ließ ihn stehen. Ich war überrascht, als er am nächsten Tag anrief, aber ich willigte ein, am Freitagabend mit ihm ins Kino zu gehen. Dann sagte ich in letzter Minute ab. Alles andere als entmutigt, lud er mich ein, mit ihm an den Strand zu fahren. Ich sagte zu – unter der Bedingung, dass wir um sechs Uhr zurück wären, damit ich eine Verabredung zum Abendessen einhalten konnte, die ich bereits getroffen hatte.

Roger kam zu spät, und ich musste mir vierzig Minuten lang die Unkenrufe meines Vaters anhören, der in regelmäßigen Abständen wiederholte: »Er hat dich versetzt, Ellen«, während ich mit Harlequin, meiner dänischen Dogge, am Wohnzimmerfenster saß. Schließlich hörten wir beide laute Musik und das Schlagen einer Autotür, und dann stand Roger vor uns, in abgeschnittenen Jeans und T-Shirt. Er sah schüchtern und fast ein wenig ängstlich aus. Angesichts der Tatsache, dass Harlequin knurrend am Fliegengitter hochsprang, mit drohendem Blick auf den beinahe einen

Meter achtzig großen Roger hinuntersah und ob des Haarwassers, das Roger in sein braunes welliges Haar gekämmt hatte, misstrauisch schnupperte, war diese Reaktion nicht unverständlich. Und ich beruhigte meinen Hund erst, als Roger die Sonnenbrille abgenommen, seine Grübchen gezeigt und sich für sein Zuspätkommen entschuldigt hatte: »Ich hatte Nachtschicht und wollte vorher noch schnell duschen«, sagte er. »Es tut mir Leid.«

Wir lagen fünf Stunden auf einer Decke und kamen niemals auch nur in die Nähe des Wassers. Roger berührte mich nur mit Blicken (die Augen meist hinter der Sonnenbrille verborgen), aber er schien alle meine Gedanken umfassen zu wollen, immer engere Kreise um mein Ego zu ziehen. Es gab nichts, das Roger nicht über mich wissen wollte, nichts, das er nicht faszinierend gefunden hätte. Der einen Sache, auf die Acht zu geben ich ihn gebeten hatte, schenkte er indes keinerlei Aufmerksamkeit: meiner Haut. Jede Stunde erklärte er mir, ich würde wunderbar *Farbe annehmen*, aber als wir zu seinem Wagen zurückgingen, waren meine Schultern und mein Dekolleté mit Brandblasen übersät. Einen kurzen Augenblick war ich wütend, doch dann traten neue – und schon bald vertraute – Empfindungen an die Stelle meiner Wut: Schuldgefühle. Rogers Entschuldigung dauerte die gesamte vierzigminütige Heimfahrt an. Als er mich zur Tür brachte, erwähnte er, er würde – wie jeden Sonntag – mit seiner Familie zu Abend essen. Er sagte, er hoffte, mein Sonnenbrand würde mir nicht die Verabredung verderben, und riet mir, eine Tube Wundgel mitzunehmen, damit mir der andere die Schultern einreiben könne.

Und so nahmen Rogers Besessenheit und mein Abstieg in seine kranke Welt ihren Anfang. Mit dem Abstand von zwei Jahrzehnten und fünf Jahren Therapie kann ich die Warnsignale klar erkennen: das jahrelange Starren, die viel zu persönlichen Fragen, der vorsätzliche Versuch, mir die Verabredung mit einem anderen Mann zu vermasseln. Aber ich war achtzehn, und wirklich wichtig waren mir nur meine Noten und meine Karriere als Autorin, die ich seit der sechsten Klasse geplant hatte. Und offenbar akzeptierte Roger, dass meine Noten besser und mein Ehrgeiz größer waren (er war ein mittelmäßiger Student und verließ sich darauf, dass sein Vater, ein Friseur, ihm einen Job besorgen würde). Er war geduldig und aufmerksam. Er hielt sich an die von mir aufgestellte Regel, dass wir uns nur am Wochenende sehen könnten, und schien meine Karrierepläne zu unterstützen. Ein Jahr nach unserer ersten Verabredung machte er mir einen Heiratsantrag, aber ich lehnte mit der Begründung ab, ich müsse zuerst meine Ausbildung beenden.

Es war nicht mein erster Heiratsantrag, aber ich hatte Männer in mancherlei Hinsicht stets als störend empfunden. Sie lenkten mich nicht nur von meinen Karrierezielen ab, sondern untergruben obendrein mein Selbstvertrauen. Mit einem Mann, den ich auf der Uni kennen gelernt hatte, war ich etwa sechs Monate lang befreundet gewesen, als er mehr als nur freundschaftliches Interesse an mir zeigte. Er war nett und aufmerksam und schenkte mir am Valentinstag eine Collage aus selbst gesammelten Kastanien und Tannenzapfen, die den Schriftzug *Ich liebe Dich* ergaben. Ich bekam Panik und stellte ihn am nächsten Wochenende einer Frau vor, die ich einige Tage zuvor kennen gelernt hatte. Wie sich herausstellte, hatte ich zur Heiratsvermittlerin mehr Talent als zur Freundin. Die beiden heirateten, und als sie Schauspielerin werden wollte, ließ er sich von seiner Lehrerstelle beurlauben, damit er auf die beiden Kinder aufpassen konnte, wenn sie zum Vorsprechen ging.

Roger schien ideal für mich. Er machte nicht den Versuch, meine emotionalen Grenzen mit seiner Leidenschaft zu überschreiten. Ganz im Gegenteil, dass er mich so dringend brauchte, nahm mich für ihn ein. Und dass er mich brauchte, bewies seine Hartnäckigkeit. Er wartete auf mich, bis ich meinen Abschluss in Politikwissenschaften in der Tasche hatte. Als ich beschloss, noch ein Journalistikstudium anzuhängen, wartete er noch einmal auf mich. Ich dachte, es wäre Liebe.

Roger umwarb mich mit *filet mignon* in schummrigen Restaurants und schenkte mir Diamanten. Er war höflich zu meinen Eltern und gut zu meinem Hund. Er lud meinen Bruder zu Partys und meine Mitbewohnerinnen zum Essen ein. Er sagte mir, dass er mich liebte, und – was noch wichtiger war – dass ich perfekt sei – zu gut für ihn –, und offenbar war er mehr als bereit, seine eigenen Fehler einzugestehen. Aber während Roger mir mit Geschenken und Charme den Hof machte, zeigte ich ihm unabsichtlich, dass ich die perfekte Frau für ihn war.

Auf einem Wochenendausflug mit einem befreundeten Pärchen machte der Regen unsere Pläne vom Grillen und Sternegucken zunichte. Wir waren im Zelt gefangen, aßen kalte Hot Dogs und Marshmallows direkt aus der Tüte. Wir spielten Rommé, mischten Saft mit Gin und Cola mit Rum. Derjenige, der die Plastikbecher für den Ausflug besorgt hatte, hatte die Sechzig-Milliliter-Badezimmergröße gekauft. Ein Eiswürfel und ein Schuss Alkohol ließen wenig Platz zum Mixen, und man konnte den Drink auf einmal hinunterkippen. Nach dem ersten Cocktail stieg ich auf Cola um, doch Roger und die anderen tranken weiter Hochprozentiges mit Schuss und waren sehr schnell ziemlich betrunken. Ich bat Roger aufzuhören, und als er sich weigerte, löste ich das Problem auf eine Weise, die zu Hause unmöglich gewesen wäre: Jedesmal, wenn ein neuer Cocktail vor ihm stand, schnappte ich mir den Becher und trank ihn selbst. Unser Gastgeber mixte und ich trank bis zwei Uhr morgens, als ich den Reißverschluss des Zeltes gerade so weit öffnete, dass ich meinen Kopf hinausstrecken und mich in die Pfützen erbrechen konnte. Das restliche Wochenende war ich krank – sowohl wegen des Alkohols als auch wegen meines unangemessenen Verhaltens. Aber ich glaubte, ich hätte Roger gerettet. Für mich war das Beweis genug, dass ich ihn liebte. Er gab mir ein Aspirin gegen meinen Kater. Der Beweis, so dachte ich, dass er mich liebte.

Weil mir die Erfahrung und die Einsicht fehlten, um zu verstehen, warum ich sentimentale Valentinsgrüße verschmähte und den Gin eines anderen trank, weil ich ein braves Mädchen war, das die perfekte Frau sein wollte, weil ich gelernt hatte, Geheimnisse zu bewahren und Fehler zu vertuschen, war ich leichte Beute für jemanden wie Roger.

Ich entschuldigte mich bei Roger, dass ich mich erbrochen hatte, und er nahm meine Entschuldigung an. Das war, glaube ich, der Auftakt zum Tango der Grausamkeiten: Ich machte mit einer guten Tat einen falschen Schritt in Richtung eines faulen Kompromisses, und Roger ließ mich auf den Boden meines schlechten Gewissens sinken. Doch unser Tanz war nicht nach zwei Minuten vorbei. Es war ein heimtückischer Marathon. Ob ich einen Mann geheiratet hätte, der mich im Zimmer einschloss, mich schlug und mich als Hure beschimpfte? Ganz sicher nicht. Aber

Roger hatte es nicht eilig. Er hatte ein Jahr gewartet, ehe er mich um die erste Verabredung bat, und sich bis zu unserer Hochzeit zwei weitere Jahre geduldet. Als der Termin für mein Examen näher rückte, bot Roger mir an, mich nach Ann Arbor zur Prüfung zu fahren.

»Vielen Dank, aber die Prüfung fängt schon sehr früh an. Ich muss um halb acht dort sein, und mit dem Auto braucht man etwa eine Stunde.«

»Ich weiß, aber in Ann Arbor kann man sich leicht verfahren, und ich kenne die Stadt besser als du. Außerdem hast du dann nicht den Stress mit dem Parkplatz. Ich lass dich einfach raus.«

»Na schön, aber willst du wirklich um sechs aufstehen? Und was machst du den ganzen Vormittag, während ich die Prüfung schreibe?«

»Für dich würde ich sogar um vier aufstehen ... Da fällt mir was ein. Eigentlich könnte ich ja schon Freitagabend zu dir kommen. Dann können wir morgens gemeinsam frühstücken und anschließend fahre ich dich zu deiner Prüfung.«

»Ich glaube nicht, dass dir das am Freitag so viel Spaß machen wird, weißt du. Ich will früh ins Bett gehen. Ich gehe vor einer Prüfung immer zeitig ins Bett, und bei dieser will ich ganz besonders früh schlafen gehen.«

»Das ist schon in Ordnung, Schatz. Wenn deine Mitbewohnerin nicht zu Hause ist, mach ich's mir einfach im unteren Bett gemütlich. Und wenn sie doch da ist, schlafe ich im Arbeitszimmer. Ich glaube, es ist wirklich wichtig, dass ich dich hinbringe. Ich würde mir nur Sorgen machen, wenn du allein unterwegs wärest. Wie du weißt, ist dein Orientierungssinn nicht der allerbeste.«

Am Abend vor der wichtigsten Prüfung meines Lebens stand Roger um sechs Uhr mit einer Flasche Champagner in der Hand und einem Plan im Hinterkopf vor der Tür. »Rate mal, was ich gemacht habe, Schatz? Ich habe uns ein Zimmer im Holiday Inn in Washtenaw besorgt. So sind wir näher an Ann Arbor, haben's beide gemütlich, und wenn ich nicht schlafen kann, kann ich immer noch fernsehen.«

»Und was ist mit dem Champagner? Du weißt doch –«

»Ach, der ist für morgen – damit wir feiern können, wie gut deine Prüfung gelaufen ist.«

»Du weißt genau, dass ich heute Abend weder etwas trinken noch *irgendetwas anderes* machen werde, Roger. Ich will nur noch etwas essen, duschen und um neun Uhr im Bett sein.«

»Aber natürlich, Schatz, ganz wie du willst. Ich mach das nur für dich. Du hast dir heute einen ruhigen Abend verdient. Und weil wir jede Menge Fahrzeit sparen, haben wir genügend Zeit für ein Frühstück.«

Das Holiday Inn in Washtenaw war nur zehn Minuten näher an Ann Arbor, und die Fahrt hätte, wenn überhaupt, maximal zwanzig Minuten gedauert. Aber Roger schien so stolz auf sich, so erpicht, mir eine Freude zu machen, dass ich ein paar Sachen für die Nacht packte, einschließlich meiner Beispiel-Prüfungsaufgaben. Allerdings fuhren wir nicht direkt ins Motel. Roger bestand darauf, die Strecke zur Universität von Michigan noch einmal abzufahren (»dann wissen wir ganz genau, wie lange wir morgen brauchen«), anschließend hielten wir an, um einen Sechserpack Bier zu kaufen (»damit ich etwas zu tun habe, wenn du schläfst«), und noch einmal, um Zigarettenpapier zu kaufen (»Wenn ich einen Joint geraucht hab, kann ich einfach besser schlafen«).

Es war fast acht, fast meine geplante Schlafenszeit, als wir endlich in unserem Zimmer im Holiday Inn waren. Wir hatten zweimal das Zimmer wechseln müssen: Im ersten war der Fernseher kaputt, und im zweiten fehlte der Kühlschrank für Rogers Bier. Er hatte die Schuhe ausgezogen, spielte mit der Fernbedienung herum und zündete sich gerade einen Joint an, als ich das Thema Abendessen anschnitt.

»Oh, Baby, du musst am Verhungern sein. Ich rauche nur noch schnell den Joint zu Ende, dann können wir zum Essen gehen.«

»Es ist schon ziemlich spät, Roger. Warum bestellen wir nicht einfach eine Pizza?«

»Kommt nicht in Frage, Schatz. Mit nur 'ner Pizza im Magen kann man keine Prüfung schreiben. Nein, du bekommst ein ordentliches Steak.«

»Ich brauche kein Steak, Roger, sondern nur etwas zum Essen – *irgendwas* –, dann gehe ich ins Bett.«

»Wenn wir eine Pizza bestellen, dauert das genauso lange, wie wenn wir zum Essen gehen, und du brauchst das Eisen. Ich bestehe drauf. Du kriegst ein schönes, saftiges Steak von mir.«

Im Restaurant bestellte Roger ein Pfund Rinderfilet für mich und ein Seezungenfilet und zwei Bloody Marys für sich selbst. Er amüsierte sich großartig, flirtete mit den Kellnerinnen und erzählte mir Geschichten, die ich nicht hören wollte. Ich wollte nur noch fertig essen, bevor ich über dem Kartoffelbrei einschlief.

Als wir wieder im Hotel waren, war es kurz nach zehn. Ich duschte schnell, zog mein langärmeliges, hochgeschlossenes, bodenlanges Nachthemd an, gab Roger einen Gute-Nacht-Kuss und machte es mir auf meiner Seite des Bettes gemütlich. Roger hatte Dope, Bier und eine Fernbedienung. Damit, so dachte ich, wäre er für den weiteren Abend gerüstet, und ich könnte noch ein paar Stunden schlafen – obwohl er den Fernseher voll aufgedreht hatte.

Doch Rogers Hand auf meiner unter Karostoff verborgenen Brust weckte mich auf, als die Elf-Uhr-Nachrichten liefen. Ich versuchte, beides zu ignorieren, aber Roger blieb hartnäckig.

»Komm schon, Süße, dann kannst du viel besser einschlafen.«

»Ich *war* eingeschlafen, Roger. Lass mich in Ruhe.«

»Außerdem kann *ich* dann besser einschlafen.«

Ich gab nach. Ein Streit, so meine Überlegung, dauerte länger als zwei Minuten Sex. (Roger litt unter vorzeitigem Samenerguss, kam meist schon während des Vorspiels und hielt beim Geschlechtsverkehr nie länger als eine Minute durch.) Noch bevor der Nachrichtensprecher den Zuschauern einen angenehmen und friedlichen Abend wünschte, hatte Roger »Oh – oh« gestöhnt und ich »Das ist schon in Ordnung« erwidert.

»Es ist nur, dass du mich vollkommen verrückt machst, Ellen. Du bist so heiß, dass ich fast wahnsinnig werde. Wenn wir häufiger miteinander schlafen würden, wäre das ganz anders, weißt du. Ich kann es jedes Mal kaum erwarten, dich zu sehen, und wenn dann endlich Wochenende ist, bin ich einfach übererregt. Wenn wir erst einmal verheiratet sind, wird das anders. Dann können wir jederzeit miteinander schlafen.«

Ich kenne kein einziges medizinisches Handbuch und auch keinen Sex-Ratgeber, der die Frau für die sexuellen Störungen des Mannes verantwortlich macht, aber Roger bestand darauf, es sei ein Kompliment an mich. Wenn ich ihn nur häufiger ranlassen würde, wäre seine Ausdauer schier unendlich. Weil ich für fast alles und fast jeden die Verantwortung übernahm, fiel es mir nicht schwer, mir auch die Schuld für Rogers übermäßige Erregung zuschieben zu lassen – obwohl ich geschlafen hatte und ein Oma-Nachthemd trug. Roger blieb dabei, dass wir es noch einmal versuchen könnten, wenn ich ihn ein wenig stimulieren würde. Gegen zwei Uhr morgens schlief er ein, ich wusch mich, las ein wenig in meinem Roman und schlief noch drei Stunden bis zum Weckruf um sechs Uhr. Es dauerte fast eine weitere Stunde, bis ich Roger endlich wach hatte, und so blieb keine Zeit mehr für das Frühstück, als er mich an der Universität ablieferte. »Viel Glück, mein Schatz. Ich liebe dich.«

Als ich damals mit meinen Stiften in der Hand die Stufen hinauflief, und mich versicherte, dass sich mein Ausweis in der Hosentasche befand, hatte ich kurz den Verdacht, Roger wollte mein Prüfungsergebnis sabotieren, um die Hochzeit vorziehen zu können. Aber nach der Prüfung wartete er im Flur auf mich, einen Teddy im einen, ein Dutzend Rosen im anderen Arm.

»Na, wie ist es gelaufen? Gut? Natürlich gut. Du bist die Beste. Komm, lass uns was essen gehen. Du musst völlig ausgehungert sein.«

Auf dem Weg nach draußen kamen wir an einem Papierkorb vorbei, und ich warf meine Stifte und meine Verdächtigungen zu dem anderen Müll hinein. Als ich einen Monat später das Prüfungsergebnis bekam, weinte ich zwar, suchte die Schuld für meine schlechten Leistungen aber nur bei mir selbst. Glücklicherweise hatten meine übrigen akademischen Leistungen und Empfehlungsschreiben ein so großes Gewicht, dass ich an den besten Universitäten für Journalismus angenommen war. Ich entschied mich für die drittbeste, die Universität von Michigan, weil die Gruppen klein waren, weil man mir dort ein Stipendium angeboten hatte und weil mir das ermöglichte, meine Eltern zu besänftigen – sie erwarteten, dass ich mindestens einmal die Woche zum Abendessen nach Hause kam – und meine Wochenenden mit Roger zu verbringen.

Und die meiste Zeit genoss ich diese Wochenenden tatsächlich. Roger und Jake, ein schwarzer Labrador, den ich gerettet und Roger zu seinem fünfundzwanzigsten Geburtstag geschenkt hatte, waren eine willkommene achtundvierzigstündige Abwechslung von meiner Rund-um-die-Uhr-Lernroutine. Jeden Freitagabend stürmten sie die Treppen zu meinem Zimmer in einem ehemaligen Herrenhaus hinauf, das nun immer neue Studenten, Kakerlaken und Schimmelpilze in den Badezimmern beherbergte. Wir sahen fern mit einem Schwarz-weiß-Fernseher mit abgeschnittener Zimmerantenne und einem provisorisch gerichteten Stromkabel, machten inmitten maisgelb und blau gekleideter Schüler Picknick auf dem Universitätshof und spielten Rommé, wenn uns der Regen zwang, zu Hause zu bleiben. Nach seinem Neun-Uhr-Spaziergang machte sich Jake im einzigen Bett, einer mit Stroh gefüllten Matratze, breit. Roger und ich teilten uns ein einziges Kissen und eine Decke auf dem Boden. Gewöhnlich schlief ich während der ersten Werbepause ein. Ich war zum ersten Mal in meinem Leben zufrieden.

Am Sonntagabend waren Jake und Roger wieder fort und ich las, löste ein Kreuzworträtsel, schob ein Diätgericht oder die Reste eines Essens bei meinen Eltern unter meinen kleinen Grill, sah mir eine Fernsehserie an und erledigte die Hausaufgaben für Montag. Es war ein bequemes Arrangement, aber aus unerfindlichen Gründen sprach ich nicht gern mit anderen darüber. Ich nahm Roger nur selten zu Veranstaltungen mit, zu denen auch meine Freunde eingeladen waren, und sagte niemandem, dass meine dreijährige Verlobung mit Roger auf eine Hochzeit hinauslief. Wenn mich Freunde oder Kollegen fragten, ob ich Karriere und Ehe unter einen Hut bringen könne, sagte ich: »Die Männer machen das schon immer so, und wenn ich will, schaffe ich das auch.« Wollte ich? »Vielleicht. Ich will nicht mit vierzig allein in einem Hotelzimmer sitzen und meine Trophäen im Arm halten.« Würde ich Roger heiraten? »Ich werde wohl müssen – es ist die einzige Möglichkeit, den Hund zu behalten.«

Unterbewusst war mir vielleicht klar, dass Roger nicht gut für mich war. So wie ich als Kind gespürt hatte, dass meine Kindheit von der Norm abwich. Ich schob mein ungutes Gefühl auf Rogers augenscheinliche Schwächen: Nach einem Jahr als Börsenmakler verkaufte er immer noch nicht genügend Aktien, um seine monatliche Quote von vierhundert Dollar zu erfüllen; nach jedem Besuch bei der Zahnärztin legte er sich krank ins Bett, und er besaß eine intellektuelle Neugier, die keinem Kätzchen etwas zuleide tun konnte. Ich schenkte meinen Zweifeln keine Beachtung und verbarg sie vor meinen Freunden, indem ich andere Menschen von Roger fern hielt. Meine beste Freundin Beth hatte Roger in den fünf Jahren vor unserer Hochzeit gerade zweimal gesehen. (Sie hatte mir alle ihre Freunde vorgestellt.) Beths Vorstellungen von der Ehe änderten sich zwischen dem Alter von achtzehn (Hausfrau und Mutter mit mindestens sieben Kindern) und siebenundzwanzig Jahren, als sie schließlich vor den Altar trat (sie entschied sich, ein Kind zu bekommen, und kehrte innerhalb von sechs Monaten nach der Geburt ihrer Tochter an ihren Arbeitsplatz zurück). Sie fürchtete mein Urteil nicht wie ich das ihre. Aber wenn ich erwartet hatte, dass Beth sich über mich lustig machen oder mich retten würde, so hatte ich mich geirrt. Jeder, der Roger kennen lernte, mochte ihn und war erstaunt, wie sehr er zu mir aufsah und mich bewunderte, wie er mich *zu Tode liebte.*

1980 heiratete ich Roger schließlich, weil mir die Gründe ausgegangen waren, die dagegen gesprochen hätten. Ich hatte meinen Universitätsabschluss und einen Job als Reporterin bei einer Zeitung. Ich hatte eine Karriere und bezog ein Gehalt, das den Kredit fürs Haus und die monatlichen Ausgaben deckte. Und einen Freund, den meine Familie mochte. Ich näherte mich meinem Ziel, es allen recht zu machen.

Bis auf Rogers Familie.

Ich hatte immer einen guten Draht zu Eltern gehabt. Bei den Familien aller meiner Freundinnen war ich stets zum Essen eingeladen, und ihre Ausflugs- und Urlaubspläne schlossen mich meist mit ein. Und wenn ein Junge seine Mutter beeindrucken wollte, fiel seine Wahl mit großer Wahrscheinlichkeit auf mich. Ich war bei den Eltern beliebt, weil ich höflich war, angemessen gekleidet und wusste, wofür die einzelnen Gabeln neben dem Teller da waren. Wäre meine Telefonnummer je auf der Wand einer Herrentoilette aufgetaucht, hätte darunter nicht gestanden, *Wenn du Spaß willst, ruf Ellen an*, sondern, *Ruf Ellen an. Kann gut mit Müttern.* Ich war häufig zu Hochzeiten, Familienfesten, Taufen und sogar Beerdigungen eingeladen – jedes Mal, wenn eine Mutter ihren Sohn bat: »Und bring zur Abwechslung mal ein *nettes* Mädchen mit.«

Es war also sicher ein schlechtes – oder gar katastrophales – Zeichen, dass die Blumbergs mich nicht mochten. Ich musste fünf Jahre auf eine Einladung von Rogers Mutter zum Abendessen warten, und ihr Verhalten mir gegenüber war immer extrem: Ich bekam überschwängliches Lob oder harte Kritik, aber niemals ihre Akzeptanz. Ich reagierte auf ihre Zurückweisung genauso, wie auf eine schlechte Note: Ich strengte mich noch mehr an. Und obwohl ich gegen den Hauptgrund für Marneys Ablehnung nichts tun konnte – ich war keine Jüdin –, versuchte ich, mit Marneys zweitem Sohn und Liebling Frieden zu schließen.

Rogers Judentum und das seiner Familie war kulturell, nicht religiös motiviert (der einzige Unterschied zwischen einem normalen Tag und einem Feiertag bestand darin, dass es am Feiertag zum Abendessen *gefilte* Fisch gab), dennoch betrachteten sie mich als Außenseiterin. Nur Juden, sagten sie, könnten verstehen, was es bedeute, ein Jude zu sein – und vermutlich haben sie Recht. Doch was ich wirklich nicht verstand oder zumindest akzeptieren konnte, war die Geringschätzung, mit der die Blumbergs auf Menschen anderer Hautfarbe oder Religionszugehörigkeit herabblickten. Bigotterie konnte ich noch nie tolerieren, ich war aber in dem Glauben aufgewachsen, sie habe ihren Ursprung in der Ignoranz. Und doch steckten die Blumbergs, die ja am eigenen Leib erfahren hatten, wie schrecklich Rassenhass war, alle Nicht-Juden in Schubladen, je nachdem, zu welcher Gruppe von Nicht-Juden sie gehörten.

Isaac Blumberg, Rogers Vater, hatte seine Jugendjahre im Zweiten Weltkrieg damit zugebracht, abwechselnd vor den Nazis zu fliehen, von ihnen gefangen genommen zu werden, ihnen zu entkommen und erneut gefangen genommen zu werden. Mit seiner Frau oder seinen Söhnen sprach er nur selten über das, was geschehen war. Isaac lief mit sechzehn von zu Hause fort, weil seine Eltern, Abraham und Rachel, und sein jüngerer Bruder Marvin seinen Warnungen vor einer deutschen Invasion in ihrer Heimatstadt Lublin, Polen, kein Gehör schenkten. Seine Familie floh ein paar Wochen darauf und konnte mit Geld und Einfallsreichtum verhindern, dass sie in Konzentrationslager gesteckt oder getötet wurde. Die Wege von Isaac und seiner Familie kreuzten sich im Krieg ein paar Mal, und danach versöhnten sie sich wieder, aber der Bruch, der durch Isaacs Davonlaufen entstanden war, war nicht wieder zu kitten. Abraham und Rachel lebten ebenfalls in Detroit, nur ein paar Vororte von ihrem ältesten Sohn entfernt, aber die beiden Familien hatten seit mehr als zehn Jahren kaum Kontakt, und außer bei Hochzeiten oder Bar-Mizwas sprachen Isaac und seine Eltern nur selten miteinander.

Isaac entschied sich für den Beruf des Friseurs und suchte die Gesellschaft von Frauen auf Bällen und anderen Veranstaltungen im jüdischen Gemeindezentrum, wo er Marney Ruben traf, das älteste von drei Kindern ihrer bereits in Amerika geborenen Eltern. Marneys Vater, ein Schneider, der jede Woche ein paar Kleidungsstücke zusätzlich nähte, damit sie Geigenstunden nehmen konnte, litt unter manischer Depression. Als Marney Isaac kennen lernte, hatte er bereits Selbstmord begangen. Die beiden heirateten 1952 und bekamen innerhalb von zehn Jahren vier Söhne.

Solange Roger klein war, lebten die Blumbergs in einem kleinen Haus mit drei Schlafzimmern, inmitten jüdischer Nachbarn, deren finanzielle Mittel und berufliche Ambitionen ähnlich bescheiden waren. Als ich Marney kennen lernte, die als junge Frau Gedichte veröffentlicht und Pokale erschwommen hatte und der eine Karriere als Geigerin in einem Symphonieorchester bevorstand, konnte sie nicht einmal einen Kuchen aufschneiden. Weder Nikotin noch Valium beruhigten ihre zitternden Hände soweit, dass sie ein Messer halten konnte. Es gelang ihr gerade einmal, die Ofenkartoffeln und Hühnchenstücke auf einer Servierplatte anzurichten, obwohl sie seit achtundzwanzig Jahren jeden Freitag- und Samstagabend das gleiche Gericht kochte. Ihre Unbeholfenheit amüsierte die Blumberg-Männer – Isaac, Roger, seinen älteren Bruder Elliot, und die jüngeren Brüder Benjamin und Joshua. (»Seht euch an, wie sie das Messer hält.« »Und wie sie auf den Kuchen einhackt. Das ist ein Kuchen, Mom. Den muss man nicht sägen.« »Ja, Mama, das ist kein Holzscheit, und wenn er sich schon so schlecht schneiden lässt, wie sollen wir ihn dann essen – mit 'nem Meißel?«) Ich lächelte unverbindlich und verstand weder Marneys Angst noch die spöttischen Kommentare. Ein paar Jahre später hatte ich mehr Mitgefühl mit Marney. Und obwohl ich niemals Angst vor einem Küchenwerkzeug gehabt hatte, geriet ich in Panik, wenn Roger mitbekam, dass ich weinte oder – noch schlimmer – einen Schluckauf hatte. Roger hatte weder für das eine noch das andere Verständnis und behauptete steif und fest, ich machte es mit Absicht.

Bei meiner ersten Einladung ließ man mich nicht spüren, warum ich so lange vom Tisch der Blumbergs ausgeschlossen gewesen war. Rogers Eltern und Brüder behandelten mich nicht mit höflicher Zurückhaltung oder als wollten sie sich dafür entschuldigen, mich all die Jahre falsch eingeschätzt zu haben. Sie benahmen sich, als hätten sie diese Einladung seit fünf Jahren geplant, nicht gemieden. Ihre Vorstellung war überzeugend, und eine Zeit lang fragte ich mich, ob Roger bezüglich der Vorbehalte seiner Eltern mir gegenüber übertrieben hatte. Bei diesem ersten Abendessen und jedem anderen gesellschaftlichen Anlass waren die Blumbergs scheinbar meine glühendsten Bewunderer.

Ich hatte einen weiteren wichtigen Hinweis übersehen. Keinen, der mich vor Roger gewarnt hätte, sondern einen, der mir gezeigt hätte, dass es möglich ist, einen anderen Menschen zu lieben: mich selbst. Dreiundzwanzig Jahre lang war ich für alle wichtigen Menschen in meinem Leben eine Quelle des Mitgefühls, des Trostes und der Freude gewesen. Offenbar war es schwach, emotionale Bedürfnisse zu haben, falsch, verletzlich zu sein und egoistisch, den eigenen Wünschen nachzugeben Aber in meiner letzten Nacht als Studentin befreite mich einer meiner Kommilitonen von allen Schutzmechanismen und ich entdeckte, welche Macht darin steckte, die Kontrolle aufzugeben und Stärke neu zu definieren. Natürlich erschreckte mich dieses Wissen zu Tode, und ich gab die Suche nach Selbsterkenntnis wieder auf. Es war bequemer, Erwartungen zu erfüllen. Trotzdem ist und bleibt es eine wichtige Lektion.

Ich kannte Edward Drouillard und die siebzehn anderen Leute auf der Abschiedsfete seit meinem ersten Tag an der Universität. Zwei Jahre lang hatten Edward und ich vierzig Stunden jede Woche gemeinsam im Seminar verbracht und ungefähr zehn weitere danach noch zusammengesessen. Edward respektierte meine Beziehung zu Roger und flirtete nie mit mir oder bat mich nie, mit ihm auszugehen. Aber er hatte mir vom ersten Augenblick an deutlich gezeigt, dass er ernsthaft an mir interessiert war.

Edward war groß und dünn, lief jeden Tag sieben Kilometer und war Vegetarier, was mich derart beschämte, dass ich in Restaurants, die für ihre Halbpfund-Hamburger berühmt waren, ein

Omelette bestellte. Zudem brachte er mich in Verlegenheit, weil er absolut jedes unserer Galgenmännchen-Spiele gewann (während der Vorlesungen über Medienethik und die Auswirkung des Fernsehens auf das Leseverständnis) und Wörter wie *yashmak* erriet, noch bevor ich dem Strichmännchen Arme verpassen konnte. Nach dem Studium wollte er für Amnesty International, Greenpeace und das Friedenskorps arbeiten – sollte er überhaupt je aufhören zu studieren. Das Schicksal schien noch einen bis vier Doktortitel für ihn bereitzuhalten.

Und doch hatte das Interesse dieses intelligenten, scharfsinnigen, edelmütigen Mannes an mir vierundzwanzig Monate Reporterausbildung überlebt, einschließlich nächtlicher Auseinandersetzungen über die Wahl des richtigen Wortes und Seitenlayouts. Er hatte sich mir niemals aufgedrängt, und ich hatte ihn wirklich gern.

»Na los, Ellen. Edward ist verrückt nach dir. Du musst zumindest rausfinden, wie es mit ihm wäre«, riet mir eine leicht beschwipste Freundin bei der Abschlussparty unseres Journalistik-Studiengangs. »Das ist vielleicht deine letzte Chance, und du wirst es ewig bereuen, wenn du dich nicht traust. Du weißt, dass ich Recht habe – das sagen alle seit dem ersten Studientag.«

Ich hörte höflich, wehmütig und, ja, auch mit Bedauern zu, aber ich konnte mich nicht einfach an Edward heranmachen und ihm einen abgeschmackten Satz ins Ohr flüstern wie: »Heute Nacht oder nie«, oder: »Ich gehöre dir, wenn du mich willst.« Ich beschloss, früh zu gehen, und schlüpfte zur Tür hinaus, zu deprimiert, um mich zu verabschieden. Ich ging zu meinem Wagen, einem nagelneuen Mazda, den ich mir selbst zum Abschluss geschenkt und einen halben Block weiter auf einem Hügel geparkt hatte. Ich überlegte gerade, wie ich am besten wieder aus der Parklücke rauskäme (ich musste mich erst ans Fahren gewöhnen), als ich auf meine Po-Tasche klopfte und entdeckte, dass meine Schlüssel nicht da waren. Als ich in mich zusammensackte, spürte ich einen stechenden Schmerz in meinem rechten Oberschenkel – aha, die Schlüssel waren in der vorderen Tasche – und brach in Tränen aus. Nicht wegen der Schlüssel oder des schmerzenden Beins, sondern weil, *weißt du, Mom, ich will nicht aufhören zu studieren, die Raten für mein Auto zahlen, ein Haus kaufen,*

Rechnungen zahlen, Roger heiraten oder erwachsen sein, weil ich niemals Gelegenheit hatte, ein Kind zu sein, Mom. Ich war so sehr damit beschäftigt, mich um dich und Dad zu kümmern, dass ich niemals gelernt habe, für mich selbst zu sorgen. Wirklich, ich habe nicht den leisesten Schimmer, und zur Abwechslung will ich, dass sich auch mal jemand um mich kümmert, und ja, Mom, ich sollte aufhören, mir selbst Leid zu tun, und ja, Dad, ich weiß, dass der Mietvertrag für meine Wohnung im Studentenwohnheim im Mai ausläuft und ich wieder zu euch ziehen und Geld für mein Zimmer und das Essen abgeben muss, sobald ich mein erstes Gehalt bekomme, ja, Dad, wahrscheinlich zum ersten Juni, und ich die Miete ebenso gut dir zahlen kann wie einem Fremden. Und ja, Mom, ich weiß, dass ich mich wie ein Baby aufführe, dass es dumm von mir ist zu weinen und dich das aufregt, und ja, natürlich tut es mir Leid und ja, ich werde den Abwasch erledigen, mach dir keine Sorgen, ich kümmere mich schon darum. Ich kümmere mich um alles, genau wie immer, Mom, ganz bestimmt.

Ich wischte mir die Tränen aus dem Gesicht, und als ich aufstehen wollte, spürte ich eine Hand an meinem Arm. Edward. Er schwieg, und als ich wieder auf den Beinen war, zog er die Hand sofort zurück. Er stand einfach neben mir, als wäre es das Wichtigste auf der Welt für ihn, als würde er ewig so stehen bleiben, wenn ich es wollte. Ich wartete darauf, dass einer von uns einen Witz oder eine Geste machen würde, die uns auf vertrautes emotionales Terrain zurückbrächte. Aber Edward sagte nichts und ich konnte es nicht. Ich streckte meine Hand nach ihm aus, die noch immer feucht war von meinen Tränen, er nahm sie in seine und wir liefen los. Einige Zeit später kamen wir an ein Haus, und obwohl ich noch nie dort gewesen war, wusste ich, dass er hier wohnte. Wir blieben stehen, noch immer schweigend, und ich machte einen Schritt auf die Tür zu. Drinnen legte er mir eine alte mexikanische Decke um die Schultern, führte mich zu einer niedrigen, durchgesessenen Couch, ging ins Badezimmer und schloss die Tür hinter sich. Zehn Minuten später erschien er auf der Schwelle, in Dampf und den Schein flackernder Lichter gehüllt. Voller Panik, aber gleichzeitig erregt, ließ ich die Decke fallen und ging an ihm vorbei in das kleine Bad mit den zersprungenen Fliesen. Die frei stehende Badewanne füllte beinahe das ganze Zimmer aus, um sie herum ein Kreis aus Kerzen, die nach Wildblumen dufteten. Als die Tür hinter mir zufiel, erschauerte ich, aber ich war allein. Ich badete, trocknete mich ab und wickelte mich in den Bademantel, der zwischen der Schiene für den Duschvorhang und dem Medizinschränkchen an einem losen Haken hing. Meine Hand, die nach dem gläsernen Türknauf griff, zitterte kaum. Ich öffnete die beschlagene Tür und ging bereitwillig auf Edward zu.

Die nächste Szene, die sich zwischen dem Aufruf des Barkeepers zur letzten Runde und dem Klingeln des Weckers eines Schulmädchens abspielte, war wiederum ohne Worte. Meine Hände, Zehen, Ellbogen, die Rückseiten meiner Waden, die Stelle zwischen meinem Hals und meiner Schulter – jeder Zentimeter meiner Haut – wurde massiert, bis mein Körper das Öl und mein Kopf die Nachricht aufgenommen hatte, dass Edwards Aufmerksamkeiten keine als Geschenk verpackte Verführung waren, dass sich zwischen den einzelnen Lagen der Kosmetiktücher keine Schuldgefühle verbargen, dass die beigefügte Karte keinen Hinweis auf eine Erwiderung der Geste enthielt. Mein Denken, frei von Regeln und Verantwortung, füllte sich allmählich mit dem Geschenk von Edwards Berührungen.

Am späten Nachmittag klopfte eine Mitbewohnerin an meine Tür und überreichte mir ein Marmeladenglas mit einem Strauß selbst gepflückter Wildblumen, von denen keine der anderen glich. Am Glas klebten ein Schlüssel und eine Nachricht von Edward. Er schrieb, er wolle sich weder in mein Leben drängen noch werde er versuchen, mit mir Kontakt aufzunehmen, er sagte mir, wie ich ihn erreichen könne, und erklärte, was der Schlüssel zu bedeuten hatte:

»Ich habe heute ein Dutzend neuer Schlösser gekauft, die sich alle mit diesem Schlüssel öffnen lassen. Jedesmal, wenn ich umziehe, und wo immer ich auch hingehe, werde ich die Tür mit einem dieser Schlösser versehen, damit du nicht klopfen musst, wenn du eine Stunde, einen Tag oder dein ganzes Leben mit mir verbringen willst. Edward.«

Als das Telefon klingelte, hielt ich die Karte noch immer in der Hand. Es war Roger. Er war verärgert, weil sich Jake auf den Teppich erbrochen hatte. »Ich hab's mindestens hundert Mal probiert, aber du warst nicht zu Hause. Also hab ich irgendwann bei deiner Mutter angerufen, und sie hat mir gesagt, dass ich ihm viel Wasser, aber nichts mehr zu essen geben soll. Solange er das Wasser trinkt, gibt es keinen Grund zur Sorge, und dann hat meine Mutter angerufen und gesagt, dass ihr die Karte gefallen hat, die du ihr als Dankeschön geschickt hast, aber es ihr trotzdem lieber wäre, wenn du Jüdin wärst, und heute Abend habe ich eine Verabredung mit meinen Brüdern, aber ich weiß nicht, ob ich Jake allein lassen kann. Was soll ich machen, Schatz?«

Dann rief meine Mutter an. »Ich will dich nicht lange aufhalten, Ellen. Du weißt ja, wie sich dein Vater wegen der Telefonrechnung anstellt, und ich habe vor ein paar Tagen erst so lange mit deiner Tante Adrian geredet – du weißt ja, sie ist nicht zu bremsen, und selbst als ich ihr sagte, dass mein Essen anbrennt, wollte sie dranbleiben, bis ich den Herd abgedreht hätte. Wie dem auch sei, ich wollte dir nur sagen, dass Roger angerufen hat (er hat *mich* angerufen, ist das nicht nett?), weil er sich Sorgen um Jake gemacht hat und dich nicht erreichen konnte (ist alles in Ordnung, Ellen?). Ich habe ihm gesagt, dass der Hund in ungefähr einem Tag wieder auf den Beinen sein wird, und er klang so erleichtert wegen Jake, aber er machte sich trotzdem noch Sorgen um dich. Nun ja, ich muss jetzt Schluss machen. Dein Vater kommt jeden Augenblick nach Hause, und ich muss die Steakpfanne auf den Herd stellen. In letzter Zeit hat er doch solche Probleme mit den Beinen. Gestern Abend konnte er kaum laufen, und zum Doktor will er auch nicht, obwohl das dringend nötig wäre, aber du weißt ja, dass er nie auf mich hört. Also dann, wir sehen uns. Ich melde mich wieder.«

Ich hängte Edwards Schlüssel zwischen den Mazdaschlüssel (»Eine gute Wahl, Ellen, aber vergiss nicht, jeden Monat deine Raten zu zahlen, sonst nehmen sie ihn dir wieder weg«) und den zum Haus meiner Eltern (»Und denk dran, du musst immer zuerst das obere und dann erst das untere Schloss aufschließen, und verlier ihn nicht, Ellen – du weißt ja, wie unvorsichtig du immer bist«).

Er hielt Wort. Er rief nie an, reagierte nicht auf die wenigen Weihnachtskarten, die ich ihm schickte. Und ich machte keinen

Gebrauch von seinem Schlüssel, obwohl er lange Zeit an meinem Schlüsselbund hing. Ich hatte Pflichten und Ziele und keine Zeit für egoistische Freuden oder romantische Phantasien. Nicht zum ersten Mal gab ich nach und tat, was von mir erwartet wurde. Ich war schließlich ein braves Mädchen.

Verlobt, verheiratet

Die Wörter *verlobt* und *verheiratet* unterscheiden sich lediglich in einigen wenigen Buchstaben, aber ein paar Stunden nach meiner Eheschließung mit Roger hatte ich das Gefühl, als hätte irgendjemand alle Buchstaben in meiner Suppe mit Hieroglyphen vertauscht. Eigentlich hatte das ungute Gefühl schon viel früher eingesetzt, aber ich akzeptierte es als eines dieser vorehelichen Rituale, denen ich nicht entkommen konnte. Als ich schließlich einwilligte, Roger zu heiraten, gab ich meiner Familie und meinen Freunden nur zwei Monate vorher Bescheid, in der (falschen) Hoffnung, ein knapper Zeitplan würde für eine stressfreie Hochzeit sorgen. Ich plante keinen Jungesellinnenabschied (ich hatte zwei), eine kleine Hochzeit mit fünfzig Gästen (was nur dadurch möglich war, dass ich die Liste meiner Familienangehörigen und Freunde auf acht zusammenstrich, als die Blumbergs darauf bestanden, Cousins, Nachbarn und Kollegen einzuladen) und eine neutrale Hochzeitszeremonie (ich kaufte ein Haus, weil ich glaubte, eine Hochzeit zu Hause würde den Kirche-Synagoge-Konflikt lösen, und musste letztendlich aber doch mit einem Rabbi, einem Hochzeitsbaldachin und zerbrochenem Glas in meinem Wohnzimmer vorlieb nehmen).

Auf Rogers Drängen, an unserem Hochzeitstag und gegen meinen ausdrücklichen Protest ins Haus zu kommen, war ich allerdings nicht vorbereitet. Er reichte mir die längst fällige Rechnung für seine Autoversicherung und sagte, ich solle sie zahlen, er hätte nicht genügend Geld auf seinem Konto. Er wartete, bis ich einen Scheck ausgestellt hatte, der mein Konto – von dem ich gerade erst fünfzehntausend Dollar abgehoben hatte, um das Haus anzuzahlen – auf fünfhundert Dollar schrumpfen ließ, den niedrigsten Stand, seit ich vor sechs Jahren mit der Uni angefangen hatte. Anschließend fragte er nach einer Briefmarke.

»Nein, aber hier ist ein Vierteldollar. Geh und kauf dir deine Briefmarke selbst – und ablecken musst du sie auch selbst.«

»Himmel, tut mir Leid, Ellen, reg dich wieder ab, ja? Ich wollte dich nicht aufregen. Mom hat sicher eine Briefmarke.«

Ich war wütend, hatte aber einfach nicht die Kraft, Roger seine Bitte abzuschlagen. Ich ordnete mich bereits unter, so wie ich mich meinen Eltern dreiundzwanzig Jahre untergeordnet hatte. Den Großteil meines Hochzeitstages verbrachte ich damit, gegen die Übelkeit anzukämpfen, die der innere Konflikt zwischen Wut und Schuldgefühlen mir verursachte, der mit Rogers Mahnung begonnen hatte und den die Forderungen meiner Eltern und ihre Zankereien in der Küche noch verschlimmerten. Mein Vater hatte sich erboten, das Essen für die Hochzeitsfeier zu kochen.

Er hatte, als er einmal länger arbeitslos gewesen war, eine einjährige Umschulung zum Koch absolviert. Ich konnte seine große Geste schlecht zurückweisen, obwohl absehbar war, was passieren würde: Er reichte mir ein Tranchiermesser und zehn Pfund Hühnerbrüste. (»Du musst mir nicht helfen, Ellen – aber essen musst du ja auch nicht. Und wasch dir öfter mal die Hände, sonst fallen sie ab. Du weißt ja, was ich dir über die Enzyme im Hühnerfleisch erzählt habe!«) Dann forderte er mich auf, die Einbrenne umzurühren, mit der er später die *sauce suprême* für das *poulet cordon bleu* andicken wollte. (»Sie darf nicht anbrennen und nicht auseinander gehen. Wenn sie fertig ist, sollte sie nach Walnüssen duften. Du musst mehr aus dem Handgelenk rühren – lass mich das mal machen.«) Um halb sechs verkündete mein Vater, seine Arbeit sei getan und die Bar eröffnet. Meine Mutter schrubbte Töpfe und machte sich Sorgen. In meinen letzten Augenblicken als ledige Frau saugte ich Staub und überlegte mir, wie sich drei Leute in einem Badezimmer duschen, rasieren und anziehen könnten, bevor um halb acht die Gäste erschienen.

Meine Zeit im Badezimmer war abgelaufen. Ich stand im Bademantel und mit Lockenwicklern auf dem Kopf herum und untersuchte meine enzymgeschädigten Hände auf Anzeichen einsetzenden Verfalls, als Beth, meine erste Brautjungfer, ins Haus polterte, mich am Arm packte, ins Schlafzimmer führte und auf den Boden drückte, so dass wir beide im Schneidersitz dasaßen.

»Lass uns Karten spielen«, sagte sie.

»Was?«

»Karten spielen. Ich hab mir schon gedacht, dass du etwas Entspannung brauchen würdest, und wenn ich dich so sehe, liege ich damit ja wohl richtig. Ich hab ein paar Karten mitgebracht. Rommé oder Solitaire? Wie du von unseren Campingausflügen weißt, kann ich beides besser als du.«

Ich weiß nicht mehr, was wir gespielt und ob wir das Spiel überhaupt zu Ende gebracht haben. Ich weiß nur noch, dass wir lachten und in Erinnerungen schwelgten und noch mehr lachten, bis einer von Rogers Onkeln an die Tür klopfte und sagte: »Der Rabbi ist da. Beth muss die Eheschließungsurkunde noch unterschreiben, und er will ihr zeigen, wo sie bei der Hochzeit stehen soll. Die fängt übrigens in einer Viertelstunde an.«

»Sie kommt sofort, in Ordnung?«

Beth steckte noch in ihren Lieblingssachen, einer ausgewaschenen Jeans und einem T-Shirt in Übergröße, und ich hatte zwanzig Lockenwickler auf dem Kopf. Wir schlüpften aus unseren Kleidern, kämmten Haare, schlossen Reißverschlüsse und Knöpfe, machten uns schön, sprühten und steckten – immer begleitet von unserem Kichern und dem hartnäckigen Klopfen an unserer Tür. Beth war acht Minuten später im Wohnzimmer, und ich lief in meinem hübschen Kleid, das meine Mutter für mich genäht hatte, und mit meinem Schleier im Zimmer auf und ab und wartete darauf, dass mein Vater mir das Signal für meinen Auftritt gab. Er klopfte um Schlag acht Uhr und verkündete: *»It's showtime.«* Die Zeremonie war kurz, und der Rabbi erinnerte sich sogar daran, uns zu *Ehemann* und *Ehefrau* zu erklären, statt *Mann* und *Frau* zu sagen. Danach störte es mich nicht so sehr, dass Roger ihm hundert Dollar bezahlt hatte. Roger und ich küssten uns und alle klatschten.

Ein Profifotograf wäre in der Lage gewesen, den unansehnlichen Hintergrund auf einigen unserer Hochzeitsfotos zu entfernen (wie etwa den Boiler und die von einem Wasserrohrbruch in Mitleidenschaft gezogenen Holzpaneele), aber ich hatte auf authentischen Fotos bestanden, weil ich eine ehrliche, keine gestellte Darstellung der Ereignisse haben wollte. Die Schnappschüsse (verschiedener Verwandter) von unserer Hochzeit zeigen die unschöne Wahrheit: Nach unserem Ehegelöbnis kam Roger nicht mehr in meine Nähe. Es gibt eine großartige Nahaufnahme von meinem Bruder und mir, und Dutzende von Roger mit diesem oder jenem Gast, aber weder auf den Fotos in Normalformat noch auf den mit Weitwinkel gemachten Gruppenaufnahmen sind wir beide zusammen zu sehen.

Wo war der Mann, mit dem ich ausgegangen war, der stets meine Hand gehalten hatte? Der Mann, der bei gesellschaftlichen Anlässen nur von meiner Seite wich, wenn ich mehr Eis oder noch einen Teller voll Erdbeeren verlangte, dessen Aufmerksamkeit an Besessenheit grenzte? Unsere Gäste merkten es zuerst. Sie fragten mich nach ihm, und ich antwortete ihnen, dass ich nicht wusste, wo er war. Und das, obwohl wir nicht in einer riesigen Festhalle feierten, in der tausend Menschen die Bar und das Buffet belagerten und mit dem Akkordeonspieler, der seine Version von *Proud Mary* rausquetschte, um Atemluft wetteiferten. Es war eine kleine Hochzeit in einem kleinen Haus – für den Tisch mit den Nachspeisen hatten wir nur noch in der Waschküche Platz (das Bier lag direkt gegenüber in den Waschbottichen zum Kühlen). Irgendwann nach Mitternacht gesellte sich Roger zu mir, und als die letzten Nachzügler nach Hause gingen, gingen auch wir.

Wir fuhren in ein Hotel am Ort (wir hatten ein Zimmer reserviert, damit wir beizeiten gehen konnten), und auf mich warteten noch mehr Enttäuschungen. Roger, der mir seit unserer zweiten Verabredung ständig irgendwelche Geschenke gemacht hatte, hatte nichts für mich, als ich ihm eine Goldkette mit einem Davidstern als Anhänger zur Hochzeit schenkte. Und die einzigen Flecken auf den Hotellaken stammten von meinen Tränen. Roger zählte das Geld in den Umschlägen und meinte, mein elfenbeinfarbenes Seidennachthemd sei »hübsch, aber ich bin wirklich müde und es ist ja nicht unsere einzige Gelegenheit, nicht wahr?« Ich hatte nicht daran gedacht, ein Buch mitzubringen, und so bekämpfte ich Schlaflosigkeit und Depressionen, indem ich die Speisekarte des Zimmerservice und den Plan mit den Fluchtwegen auswendig lernte. So hatte ich mir den Beginn meiner Ehe nicht vorgestellt, aber vielleicht hatte Mom Recht. Vielleicht hatte ich einfach zu hohe Erwartungen.

Zwei Tage später ging ich wieder zur Arbeit, jagte Terminen hinterher und kämpfte mit Redakteuren, die mich – schließlich lebten wir in den achtziger Jahren – damit überraschten, dass sie glaubten, mein Nachname hätte sich geändert.

»Und wie heißen Sie jetzt?«

»Genau wie vorher: Ellen Singer.«

»Ja, und wie heißen Sie jetzt nach der Hochzeit?«

»Singer.«

»Ja, aber was steht jetzt in Ihrem Personalausweis?«

»Ellen Kimberley Singer.«

»Sie haben also nicht seinen Namen angenommen?«

»Ganz genau.«

»Was hält Ihr Mann davon?«

»Keine Ahnung. Sie können ihn ja fragen, wenn er das nächste Mal anruft.«

»Haben Sie mit ihm denn nicht darüber gesprochen?«

»Ich habe ihm gesagt, dass ich meinen Namen behalten werde.«

»Und er war damit einverstanden?«

»Wäre er nicht damit einverstanden gewesen, hätte es keine Hochzeit gegeben. Ich frage Roger um Erlaubnis, wenn ich mir seinen Wagen ausleihe, aber ich frage nicht, ob ich meinen Namen behalten darf. Wir schreiben das Jahr 1980, nicht 1890.«

Im Laufe der nächsten Wochen wiederholte sich dieser Dialog, warum ich noch immer meinen Namen trug, noch mehrere Male, was meinen Ruf als überzeugte Feministin in der Nachrichtenredaktion bestätigte. Ich begrüßte dieses knallharte Image und tat nichts, um das Bild zurechtzurücken. Ich brachte niemals Kekse mit ins Büro, flirtete und klatschte nicht, sprach nie über Roger, machte bei keiner der Wetten im Büro mit. Ich verhielt mich wie viele ehrgeizige Frauen vor zwanzig Jahren: Ich wahrte gelassen Distanz. Diejenigen, die Kuchen backten und schäkerten, bekamen nie mehr als Gewerkschaftstarif; Gehaltserhöhungen und Anerkennung gab es nur für die Reservierten, Hochmütigen. Es war nicht gerecht und es war auch nicht immer witzig, aber ich war nicht zum Spaß hier – ich war hier wegen der Autorenzeile. Natürlich wäre es schöner gewesen, wenn ich es als Schriftstellerin und nicht durch meine Tätigkeit als Reporterin auf die Seite eins geschafft hätte. Trotzdem kämpfte ich darum, über die schwierigen Themen berichten zu dürfen – Einwanderung, Waffenkontrolle, Kindersterblichkeit, globale Wirtschaft und das Verursacherprinzip. Ich wollte ernst genommen werden und nicht Gefahr laufen, in die normale Berichterstattung abgeschoben zu werden. Meine Imagekampagne war ein Erfolg. Ich gewann Preise, reiste ins Ausland, interviewte Regierungschefs und ging zu den wichtigsten Partys.

Meine Entschlossenheit hinterließ bei den Kollegen den Eindruck, die Basis meiner Macht würde sich neunzig Kilometer nach Norden, über die kanadische Grenze und in das Haus in Windsor hinein erstrecken, in dem ich mit Roger wohnte. Ich verfügte zu Hause vielleicht für kurze Zeit über so etwas wie Autorität. Ich zitierte die Zahlen der Stiftung Warentest zum Benzinverbrauch, um für den Kauf eines Honda Civic anstelle eines Ford Mustang zu plädieren. Lange Zeit nährte ich den Mythos noch mit Kolumnen über »meinen Mann, den Kartoffelschäler«, die zwar der Wahrheit entsprachen, aber irreführend waren. Ja, er schälte die Kartoffeln, aber ich wusch und kochte sie – genau wie alles andere – und machte hinterher die von ihm und mir angerichtete Unordnung wieder weg. Angesichts der Tatsache, dass ich sechzig Stunden die Woche arbeitete und er zwanzig, hatte er keinen Grund sich zu beschweren, er stünde unter dem Pantoffel, wie er oft behauptete – nein, prahlte. Roger liebte die Illusion. Ständig erzählte er: »Ich fälle keine Entscheidung ohne Ellen«, und fügte hinzu: »Nicht wahr, Schatz?«

In den ersten Monaten führten wir eine beinahe glückliche Ehe und unser Tagesablauf spielte sich ein. Ich stand um sechs Uhr auf und war um sieben zur Tür hinaus, damit ich um acht in der Arbeit war. Ich kam zwischen sechs und neun Uhr abends heim, je nachdem, wie viele Überstunden ich machte. Roger stand um elf auf, fuhr fünfzehn Kilometer, traf sich mit einem Freund um zwölf zum Essen, arbeitete bis um vier, saß um halb fünf vor dem Fernseher und rauchte einen Joint. Wir aßen zu Abend, ich spülte ab, bereitete mein Essen für den nächsten Tag vor, backte Kekse oder einen Kuchen als kleinen Snack vor dem Schlafengehen. Roger sah fern, und wenn *Miami Vice* oder *Hill Street Blues* dran waren, setzte ich mich manchmal zu ihm, aber für gewöhnlich ging ich um zehn Uhr allein ins Bett. Zweimal im Monat musste ich am Freitag- und Samstagabend arbeiten. Wenn ich um zwei Uhr morgens nach Hause kam, war Roger mitunter noch wach. Manchmal schlief er, und manchmal war er noch mit seinen Brüdern und Freunden unterwegs. Dass die Verantwortung in unserem Haushalt so ungerecht verteilt war, störte mich nicht. Ich liebte meine Arbeit, war zu Hause gern beschäftigt und genoss Rogers Gesellschaft. Roger genoss es, mich bei jeder Gelegenheit mit den Worten vorzustellen: »Meine Frau, die eine großartige Autorin ist, die besten Kuchen der Welt backt und zudem wunderschön ist.« Doch insgeheim verfluchte er, was er in der Öffentlichkeit pries. Er hasste mein Selbstvertrauen und meine Unabhängigkeit und arbeitete mit der gleichen Effizienz wie Rost daran, beides zu zerstören.

Die ersten Anzeichen der Oxidation schienen harmlos, wie die ersten kleinen Flecken auf dem verchromten Spiegel eines Wagens. Als wir im April 1981 zum ersten Mal gemeinsam Urlaub machten, kaufte Roger die Reiseschecks (er war Mitglied im Automobilclub und bekam die Schecks gebührenfrei) und behielt das ganze Geld für sich: »In meiner Geldklammer ist es sicherer, und du musst dir dann keine Sorgen machen, dass du's verlieren könntest.« Eine harmlose Entscheidung, nur gab es damals noch keine Geldautomaten, die es einem leicht machten, an Geld zu kommen. Also musste ich Roger jedes Mal um Geld bitten, wenn ich ein Taschenbuch, eine Zeitung oder Süßigkeiten kaufen wollte – und er behielt im Auge, wie viel Wechselgeld ich hatte. Wenn ich ihn um zehn Dollar bat, fragte Roger: »Brauchst du wirklich zehn oder nur fünf? Eigentlich müsstest du von dem Geld, das ich dir gestern gegeben habe, noch mindestens vier Dollar haben.« Die ganze Angelegenheit schien mir nicht wichtig genug, um mich darüber zu beschweren. Schließlich war ich diejenige, die in unserer Familie das meiste Geld nach Hause brachte, und vermutlich tat es Rogers Ego gut, wenn er die Kontrolle über unser Urlaubsbudget hatte. Doch nach und nach nahm er mir auch im Alltag das finanzielle Heft aus der Hand.

Roger verdiente nur sporadisch etwas dazu und dann nur etwa halb so viel wie ich, also bestritten wir alle Routineausgaben von meinem Gehalt. Ich verdiente damals nicht schlecht (heute wären es umgerechnet sechzigtausend Dollar), aber das Geld musste für die Hypothekenzahlungen auf das Haus mit vierzehn Prozent Zinsen, die Raten für zwei Autos mit ähnlich hohen Zinsen und alle anderen regelmäßigen Rechnungen reichen, die oft mehr als zweihundert Dollar monatlich ausmachten. Wir gingen nicht mehr zum Essen (»Du kochst immer noch am besten, Ellen, und dann müssen wir uns nicht mit dem Verkehr herumschlagen«) oder ins Kino (»Es ist großartig, mit dem Menschen zu Hause zusammen zu sein, den man am liebsten mag«). Ich nahm mir mein Essen immer mit ins Büro, gab mir selbst zwanzig und Roger fünfzig Dollar Taschengeld die Woche (schließlich *musste* er zum Essen und am Wochenende in die Kneipe gehen, und so kam es vor, dass er sich manchmal eben an meinen zwanzig Dollar vergreifen *musste*). Es war ein ausgesprochener Stress, die Rechnungen zu zahlen, und der kleinste Rechenfehler konnte einen geplatzten Scheck zur Folge haben. Und als Roger Provisionen von mehr als tausend Dollar nach Hause brachte, war ich bei der Aussicht auf dreißig Taschenrechner-freie Tage außer mir vor Freude und hoffte, ich könnte vielleicht, nur vielleicht eine von Rogers Kreditkartenabrechnungen abzahlen (die Rechnung seiner Autoversicherung, die er mich an unserer Hochzeit zahlen ließ, waren nicht die einzigen Schulden, die Roger mit in unsere Ehe brachte). Aber Roger fing an, mehrere tausend Dollar von unserem Konto abzuheben und so anzulegen, dass wir ein Jahr oder länger nicht an unser Geld herankonnten. Er ließ es so aussehen, als sei seine Entscheidung überaus vernünftig (»Wir brauchen einen Sparplan, dann bekommen wir mehr Zinsen«), und ich hatte nicht mehr Geld zur Verfügung als damals, als ich noch als Kellnerin arbeitete.

Mit meinem Gehalt kamen wir gerade so über die Runden, und Roger bezahlte die Reisen und (nachdem ich lange genug an ihn hingeredet hatte) eine neue Wohnzimmereinrichtung, anstelle der zwanzig Jahre alten orangefarbenen Couch und des falschen Walnussholztisches, die auf unserem royalblauen Teppichboden standen. Wieder einmal hielt ich den Mund, weil mir die Angelegenheit nicht wichtig genug erschien, aber ich fühlte mich unwohl und wurde wütend, wenn Roger vor seinen Freunden und Kollegen prahlte: »Nächste Woche fahre ich mit Ellen nach Tahoe. Und ein Paar Skier schenke ich ihr auch noch.« Ich hasste es, meine Mutter vertrösten zu müssen: »Es tut mir Leid, dass ich mit deinem Geburtstagsgeschenk zu spät dran bin, aber letzten Monat hatte ich kein Geld dafür.« Als Roger das Geld aus meiner ersten – und meiner zweiten – Gehaltserhöhung in Risikoaktien anlegte, log ich über die Höhe meines Gehalts, statt ihn zur Rede zu stellen. Ich schwieg über meine dritte Gehaltserhöhung und sparte das zusätzliche Geld bei der Hausbank der Zeitung. Als Roger es herausfand (»Wo zum Teufel hast du das Geld für diese teuren Weihnachtsgeschenke her?«), hob er das ganze Geld ab, das noch auf unserem gemeinsamen Konto war, und kaufte ein neues Auto. Meine vierte Gehaltserhöhung schützte ich, indem ich die Schecks direkt bei der Hausbank der Zeitung einlöste. Nur so konnte ich mir eine anständige Garderobe fürs Büro kaufen und irgendwann sogar die eine oder andere Einladung zum Mittagessen annehmen.

Wenn man mich gefragt hätte, warum ich mich so verhielt, hätte ich gewitzelt, dass Rogers Modeverständnis nicht ausreichte, um den Wert von Seidenkleidern und Leinenkostümen zu verstehen (er besaß nur den schlecht sitzenden braunen Polyesteranzug, den er an unserer Hochzeit getragen hatte), oder dass ich das Gefühl genoss, fünf Stunden lang sechshundert Dollar in der Tasche herumzutragen, bevor ich das Geld bei meiner Bank einzahlte. Ich hätte niemals zugegeben, dass ich mich von Gehaltserhöhung zu Gehaltserhöhung, von Saison zu Saison mehr vor Roger fürchtete. Ich weiß nicht, wie er seine Wut während der sechs Jahre im Zaum gehalten hatte, in denen wir miteinander gingen. In unserer Ehe war sie ständig präsent.

Da waren zum einen die Ausbrüche beim Autofahren, auf die man(n) ein Anrecht hatte (»Geh mir verdammt noch mal aus dem Weg, Idiot!«), die kleinste Unbequemlichkeit machte ihn wütend (»Wenn du dein wertvolles Buch für eine Sekunde beiseite legen könntest, *El-len*, ich brauche für morgen saubere Socken«), seine Familie (»Ich habe meiner Mutter gesagt, dass der Pulli, den sie mir gekauft hat, nicht passt, und jetzt will sie, dass *ich* ihn zurücktrage. *Ich*? Ist das zu fassen? Sie hat doch die falsche Größe gekauft, also sollte sie das Ding auch zurückbringen, verdammt noch mal«), ja sogar der Staubsauger machte ihn wütend (»Wie oft muss ich dir denn noch sagen, Ellen, dass der Beutel voll ist, wenn der Balken diesen Strich erreicht. *Diesen* Strich. Siehst du? Nicht vorher, nicht nachher, sondern an *diesem* Strich. Genau hier. Sogar ein Blinder könnte diesen Strich erkennen«).

Auch ich wurde manchmal wütend, lernte aber schnell, dass es sinnlos und gefährlich war, meiner Wut in Rogers Nähe Luft zu machen. Wenn ich von der Arbeit nach Hause kam und mich darüber beschwerte, was ein Redakteur aus meiner Geschichte gemacht hatte, bemächtigte sich Roger meiner Wut und tobte, als hätte man ihm etwas angetan: »Dieser verdammte Hurensohn. Was für ein Idiot. Jedes Mal zieht er diese Scheiße mit dir ab. Eigentlich sollte ich ihn sofort anrufen und ihm sagen, dass er die beste Reporterin verliert, die er jemals hatte, wenn er dir weiter in die Arbeit pfuscht. So ein Stümper. Was weiß der schon, war der überhaupt auf der Uni?«

Wenn ich mich eine halbe Sekunde beschwerte, ließ Roger eine halbstündige Schimpftirade los. Um ihn wieder zu beruhigen, nahm ich letzten Endes den Redakteur in Schutz (»Er macht nur seine Arbeit«) und spielte meine Reaktion herunter (»Der normale Leser merkt wahrscheinlich keinen Unterschied, aber der Artikel hat jetzt einen anderen Rhythmus«). Ich hatte meine Wut unterdrückt, aber sie war immer noch vorhanden. Ich war nicht nur wütend auf den Redakteur, ich war wütend auf Roger, weil er sich meiner Gefühle bemächtigt hatte, und wütend auf mich selbst, dass ich es zugelassen hatte.

Voller Optimismus startete ich eine »Verbessert-Roger-Kampagne«. In meiner Naivität glaubte ich, ein erfolgreicher Roger würde weniger Wut auf meine eigene Karriere verschwenden. Mit seiner Kleidung fing ich an. Eingedenk seiner Keine-Anzüge-keine-weißen-Hemden-Regel kaufte ich ihm einen klassisch dunkelblauen Blazer, graue Hosen aus Gabardine, ein blaues Hemd und eine rote Krawatte. Die Komplimente, die man ihm im Büro machte, waren stärker als sein Widerstand (»Was stimmt denn nicht mit den Hosen, die mir meine Mutter immer kauft?«), und schließlich freundete er sich sogar mit Seidentüchern, maßgeschneiderten Hosen und Kniestrümpfen an. Schon bald bat er mich, ihm einen Mantel zu kaufen und ihn bezüglich der richtigen Schuhe zu beraten. Endlich sah er aus wie ein Profi, doch das ersparte mir keine Wutausbrüche – nun tobte er, wenn er entdeckte, dass seine Bügelfalten nicht scharf genug waren oder ein Schuh abgestoßen war –, und nachdem ich ihn ausstaffiert hatte, konnte ich mir selbst nichts mehr zum Anziehen leisten. Als ich das Gefühl hatte, beruflich nicht weiterzukommen, schrieb ich einen Lebenslauf für Roger, statt meinen eigenen auf den neuesten Stand zu bringen. Ich nahm Urlaub, um mit ihm eine Rede einzustudieren, an der ich die ganze Nacht geschrieben hatte.

Ich habe für viele Freunde Briefe und Lebensläufe geschrieben und habe es nie bedauert. Aber Roger war weder zufrieden noch dankbar. Wenn mein Rat geholfen hatte, prahlte er schamlos damit, und er machte mich zum Sündenbock für seine Fehler. Er fing an, meine Hilfe einzufordern (einmal überzeugte er einen Redakteur davon, mich wegen einer »familiären Krise« von einer Geschichte abzuziehen – er wollte wissen, mit wie vielen »r« man »morgen« schrieb) und setzte mich herab, wenn ich sie ihm gab (»Ist wohl einfacher, meine Arbeit zu machen, als dich deinen eigenen Karriereproblemen zu stellen, oder, Ellen?«).

Zu besonderen Anlässen trug ich gern rückenfreie Kleider, und zur Hochzeit seines Bruders trug ich ein Kleid mit hochgeschlossenem ärmellosem Top. Wie üblich trabte er mit mir von Tisch zu Tisch, erzählte jedem, der zuhörte, wie wunderschön-schlau-talentiert ich sei, und prahlte damit, wie viele eifersüchtige Blicke er auf sich zog. Auf der Heimfahrt zählte er dann die Namen aller Männer auf, die mich »lüstern angegafft« hätten – »Hast du das nicht gemerkt?« Ich verneinte jedes Mal und wunderte mich über sein verändertes Benehmen. Er schwieg eine Weile und meinte dann mitleidig: »Zu dumm, dass du so viele Sommersprossen und Leberflecke auf dem Rücken hast, Ellen. Du könntest richtig hübsch aussehen. Vielleicht solltest du das nächste Mal dran denken, bevor du dir noch so ein offenherziges Kleid kaufst.«

Kommentare dieser Art hatte ich schon einmal gehört und ich wusste, was sie bedeuteten. Diese harmlos klingenden Worte sollten mich an die Strafe erinnern, die mich erwartete, wenn ich mich ihm widersetzte. Einmal hatte ich ihm im Beisein eines Freundes widersprochen, und er hatte mich die ganze Nacht mit einem spöttischen Singsang wachgehalten:

Soll ich die Tür zumachen, Ellen?
Soll ich die Zähne putzen, Ellen?
Soll ich die Gabel oder den Löffel nehmen, Ellen?
Soll ich Butter auf meine Kartoffeln tun, Ellen?
Ist das zu viel Butter, Ellen?
Und jetzt?
Soll ich meine Kartoffeln essen, Ellen?
Soll ich die Schale mitessen, Ellen?

Tut das weh, Ellen?
Tut das weh, Ellen?
Und das?
Soll ich fester drücken, Ellen?
Soll ich dich loslassen, Ellen?
Soll ich mit dem Hund rausgehen, Ellen?
Soll ich mit ihm um den Block gehen, Ellen?
Soll ich ihn die Katze jagen lassen, Ellen?
Soll ich ihn davonlaufen lassen, Ellen?
Wer trifft die Entscheidungen, Ellen?
Wer entscheidet für mich?
Wer trifft die Entscheidungen, Ellen?
Du oder ich?
Tut das weh, Ellen?
Tut das weh, Ellen?
Und das?
Sag mir, was ich machen soll, Ellen.
Sag mir, was ich machen soll.
Machen soll. Machen soll.

Immer öfter ging er jeden Freitag- und Samstagabend weg, ob ich nun arbeiten musste oder nicht, und gab mir die Schuld dafür, dass er so viel ausging. »Du weißt doch, wie sich meine Mutter aufregt, wenn du nicht zum Essen kommst. Sie versteht einfach nicht, warum du an deinen Arbeitszeiten nichts ändern kannst. Dann jammert sie mir stundenlang die Ohren voll, dass dich deine Arbeit davon abhält, ein Teil der Familie zu sein, und wie unfair das mir gegenüber ist, bis ich nachgebe und zu ihr fahre. Und natürlich sind alle meine Brüder auch da und wollen was unternehmen, und wenn ich nein sage, ist meine Mutter zutiefst verletzt.«

»Ich glaube nicht, dass ich das verstehe, Roger, aber was ist mit diesem Wochenende? Da muss ich nicht arbeiten.«

»Ja, aber du bist müde, stimmt's? Wahrscheinlich gehst du um halb zehn ins Bett, und was soll ich dann machen? Es wäre etwas anderes, wenn ich einen Grund hätte zu bleiben, aber wenn du nicht willst, dass ich ausgehe, kannst du mir das natürlich sagen, dann bleibe ich eben da.«

»Der Grund wäre, dass du bleiben willst, Roger, und da du offensichtlich bereits beschlossen hast auszugehen, ist klar, dass du nicht bleiben willst. Du brauchst mich nicht um Erlaubnis fragen.«

»Na ja, wenn du mit mir schlafen würdest, würde ich bleiben.«

»Das ist Erpressung, Roger, und alles andere als verlockend. Geh einfach.«

Da – ich hatte für ihn entschieden. Nun konnte er gehen, weil ich es ihm gesagt hatte. Manchmal willigte ich aus Schuldgefühlen heraus oder einfach nur, weil ich es darauf ankommen lassen wollte, ein, mit ihm zu schlafen. Ein einziges Mal blieb er bei mir. Die anderen Male ging er einfach später, »schließlich schläfst du sowieso gleich ein, Schatz, da kann ich genauso gut ausgehen. Dann störe ich dich wenigstens nicht, wenn ich fernsehe.« Jedes Mal, wenn er mich allein ließ, fühlte ich mich mehr zurückgewiesen, sowohl in persönlicher als auch in sexueller Hinsicht. Mein Verstand erkannte klar, dass Rogers Verhalten manipulativ und gemein war, doch mein emotionales Selbst schämte sich für die eigene Unzulänglichkeit. Zudem war es mir peinlich, Roger als Ehemann gewählt zu haben. Perfektionisten können Fehler nur schwer zugeben, und Katholiken (selbst nicht praktizierende) ziehen eine Scheidung nicht leichtfertig in Betracht. Der Lautstärkepegel war in meiner Ehe mit Roger nicht viel höher als der im Haus meiner Eltern, und der Zuneigungspegel nicht viel niedriger. Ja, Rogers Spott war beißender und häufiger – und richtete sich direkt gegen mich, statt einfach über mich hinweggebrüllt zu werden –, aber dieses Leben ohne ein Zeichen der Liebe, ohne Hoffnung auf Respekt, fühlte sich in gewisser Weise traurig vertraut an. Als meine Ehe nicht mehr nur »gestört« war, sondern ins Destruktive abrutschte, war ich zu mürbe, um mich gegen Rogers Folter zu wehren. Ich wollte nur noch überleben. Humor und die Arbeit an mir selbst waren meine einzige Verteidigung, und wenn ich einmal über Rogers Brutalität keinen Witz machen oder ihr nicht davonlaufen konnte, verleugnete ich sie.

Verleugnung wird mir eigentlich nur durch ihr Nicht-Vorhandensein verständlich. Dabei fällt mir ein, wie ich einmal einem Psychologen erzählte, Roger hätte mich niemals geschlagen, und er antwortete: »Vielleicht verleugnen Sie einfach, was geschehen ist.« Was hilft mir das? Wie kann ich unterscheiden, was Verleugnung, was wirkliche Erinnerung ist? Erst wenn schmerzhafte Erinnerungen auftauchen, kann ich einräumen, dass ich sie wohl in einem sicher verschlossenen Abteil mit der Aufschrift »Eintritt verboten« weggesperrt haben muss. Ich hatte Roger gerade erst verlassen, da erzählte ich einer Psychologin, dass er mich im ersten halben Jahr unserer Ehe gut behandelt hätte und ich die Schrecken nicht vorhersehen konnte, die später kamen. Inzwischen kehren Bilder zu mir zurück, die mir beweisen, welche Macht die Verleugnung hat.

Roger und ich standen in der Küche unseres ersten Hauses. Sie war noch nicht gefliest, auf dem Boden lag noch immer der orange-braun gemusterte Teppich, der so gut zu unserer grässlichen Wohnzimmercouch gepasst hätte. Wir waren gerade einmal ein Jahr verheiratet. Seit drei Tagen hatte Roger ununterbrochen gebrüllt, getobt und mit Sachen um sich geworfen. Seiner schlechten Laune war der Tod seines Lieblingsonkels vorausgegangen, doch ich wusste inzwischen, dass alles Rogers Wutausbrüche auslösen konnte und es eigentlich keinen wirklichen Grund dafür gab. Damals wurde ich jedoch zum ersten Mal Zeuge einer derart lang anhaltenden Attacke, und ich bemühte mich sehr, ihn zu beruhigen und zu trösten. Doch nach zweiundsiebzig Stunden war meine Geduld zu Ende, und als Roger eine Küchenschublade durchs Zimmer schleuderte, weil »das verdammte Ding zu voll« war, verlor ich die Beherrschung.

»Jetzt hör mir mal zu, Roger. Ich weiß, wie sehr du deinen Onkel geliebt hast, und ich weiß, dass jeder Mensch anders mit Trauer umgeht, aber das geht zu weit. Gestern Abend hat mich mein Bruder gefragt, ob er ein paar Tage bei uns bleiben könnte, solange seine neue Wohnung gestrichen wird, und ich hab ihn draußen auf der vergitterten Veranda untergebracht, nur weil du gesagt hast, du könntest seine Anwesenheit *nicht ertragen.* Und heute Morgen hab ich ihm das Frühstück nach draußen gebracht und ihm nahegelegt, er möge sich doch eine andere Bleibe suchen, weil du der Sache *nicht gewachsen wärst.* Wir haben zwei Schlafzimmer, die leer stehen, Roger, und ich habe nur einen Bruder, und ich würde jede dahergelaufene Katze besser behandeln, als ich mit ihm umgegangen bin. Und all das, weil dein Onkel gestorben ist? Ich sehe mir deine Wutanfälle jetzt seit drei Tagen an, aber was zu viel ist, ist zu viel. Es kann nicht sein, dass du deine ganze Wut an mir auslässt. Reiß dich zusammen, Roger, oder geh fort, bis der Anfall vorbei ist.«

»Ich gehe nirgendwo hin, Ellen, und du auch nicht. Wir sind verheiratet, bis dass der Tod uns scheidet, und keiner verlässt hier irgendwen. Hast du das kapiert, Ellen? Hast du das kapiert?« Er packte mich an der Schulter, so dass ich ihm ins Gesicht sehen musste. Wir hatten beide eine Hand an der Ofentür, unsere Nasen berührten sich beinahe, und er brüllte immer wieder: »Hast du das kapiert? Hast du's kapiert?«

»Roger, lass mich zufrieden und geh mir aus den Augen. Wenn du nicht gehst, dann gehe eben ich.« Ich trat einen Schritt zurück, und Roger holte mit der Faust aus. »Na los, Roger, nur zu. Schlag mich. Wenn du mich schlagen willst, dann tu's. Aber glaub ja nicht, ich würde mir das ein zweites Mal gefallen lassen. Wenn du mich schlägst, verschwinde ich nicht nur so lange, bis du dich wieder beruhigt hast. Dann bin ich ein für alle Mal weg.«

Hier endet meine Erinnerung, die noch immer selektiv ist. Ich glaube nicht, dass er mich tatsächlich geschlagen hat, aber ich weiß auch nicht, was danach passiert ist. Als ich fertig war, hatte er die Faust noch immer erhoben, und sie war noch immer geballt, als meine Erinnerung langsam schwarz wurde.

Schuldpflaster

Ich wünschte, es gäbe ein Schuldpflaster mit derselben Poren durchdringenden Kraft, wie sie die Nikotinpflaster haben, die Raucher tragen, wenn sie mit dem Rauchen aufhören wollen. Könnte man Reue auf die gleiche Weise verschreiben und verdünnen, dann könnte ich mir vielleicht irgendwann verzeihen, dass ich zuließ, wie Roger unseren Mädchen wehtat. Stattdessen gebe ich Allison und Erica meine bedingungslose Liebe. Auf diese Weise will ich nicht mein Gewissen erleichtern, sondern Wiedergutmachung leisten.

Roger wünschte sich schon sehr bald ein Baby, obwohl ich für die Mutterrolle noch nicht bereit war. Doch bald nach unserem dritten Hochzeitstag beschloss ich, dass es jetzt endlich an der Zeit sei, und sagte Roger, er solle sich bei meinem nächsten Eisprung einen Termin offen halten. Vielleicht hatte mein Kinderwunsch biologische Ursachen. Naiv war er allemal. Meine Erfahrung mit Babys beschränkte sich auf einen katastrophalen Einsatz als Ersatz-Babysitter für drei Jungen. Die großen waren sechs und drei Jahre, der jüngste zehn Monate alt. Als ich die großen zu Bett bringen wollte, wachte das Baby schreiend auf, worauf der Sechsjährige die Nummer anrief, die seine Eltern für den Notfall hinterlassen hatten, und erklärte: »Das Baby stirbt. Sie bringt meinen kleinen Bruder um.« Ich vermute, nach drei Kindern hat sich eine Mutter entweder an derartige Szenen gewöhnt, oder sie braucht so dringend einen freien Abend, dass sie die Angelegenheit ignoriert. Wie dem auch sei, diese Mutter sagte ihrem Ältesten ruhig, er solle schlafen gehen, und mir, dass es keinen Grund zur Besorgnis gäbe. Wunderbar, nur schrie das Baby drei Stunden später noch immer, und ich drückte es an mein heftig schlagendes Herz, drehte eine Runde nach der anderen um die Wohnzimmercouch und sang:

Dein Muttchen kommt bald heim zu dir.
Sei einfach still, das lob' ich mir.
Ich sing dies Lied schon tausend Mal.
Und das ist wirklich wahr.
Es reimt sich so wunderbar.

Für Kreativität gab es keine Extrapunkte. Das Baby schrie bis elf Uhr weiter und war gerade eingeschlafen, als seine Eltern um halb zwölf nach Hause kamen, was mir die gängigste Lüge unter Babysittern gestattete: Alles war in bester Ordnung.

So kam es, dass ich angesichts der bevorstehenden Mutterschaft mehr als nur ein wenig nervös war. Doch als ich nach zwei Monaten des »Probierens« endlich mit Allison schwanger war, war ich außer mir vor Freude. Und bis auf die letzten zweiundsiebzig Stunden liebte ich alles an der Schwangerschaft. Mir war nicht übel, ich hatte keine Rückenschmerzen und fühlte mich in meinem sich verändernden Körper so wohl, dass es mich jedes Mal erstaunte, wenn ein Fremder mich auf meine Körperfülle ansprach und fragte, wann es denn so weit sei. Ich war im siebten Monat schwanger, als ich mit Allison im Bauch zum Rudern an den Michigansee fuhr. Einen Monat später flogen wir beide nach New York, wo ich zwischen den Interviews für einen Artikel über die Welthungerhilfe fünf Mal am Tag den Zimmerservice kommen ließ und in einem Taxi, das mitten in der Stadt hinter einem Müllwagen im Stau steckte, meine ersten Scheinwehen bekam. Und natürlich nahm ich Allison jeden Tag mit in die Arbeit. Ich freute mich, dass sie Termine und Büroklatsch verschlief und sich zum ersten Mal räkelte, wenn ich eine Kassette mit klassischer Musik in das Kassettenfach meines Autoradios schob. Wenn ich dann im Laufe unser einstündigen Fahrt zu Bruce Springsteens *Born in the U.S.A.* wechselte, fing sie an, in meinem Bauch herumzutanzen.

Während meiner Schwangerschaft war auch das Familienleben schöner. Ich konnte mich darauf verlassen, dass Roger mir jeden Abend vor dem Schlafengehen ein überbackenes Käsesandwich und jedes Wochenende ein Omelette zum Frühstück machte. Jake tappte väterlich um mich herum und legte seine Schnauze auf meinen Bauch, wenn ich mich hinsetzte. Roger war freundlicher, weniger manipulativ (zumindest dachte ich das, als ich auf meiner

Welle von Glückshormonen schwamm), und allmählich schenkte ich seinen häufig wiederholten Versprechen Glauben, ein guter Vater und ein besserer Ehemann zu werden. Fast noch wichtiger war, dass Rogers Wutanfälle eine Babypause einlegten. Er hielt sie, »um des Babys willen«, im Zaum. In diesen friedlichen Monaten machte es mir sogar Freude, mit meiner Mutter Flanellstoff kaufen zu gehen. Sie ging von Geschäft zu Geschäft, rollte Ballen um Ballen ab, bis sie den dicksten, weichsten weißen Baumwollstoff gefunden hatte. Sie kaufte vierzig Meter davon, um daraus Windeln für ihr erstes Enkelkind zu machen. Anfangs hielt ich ihre Bemühungen für übertrieben, bis sie mir die Windeln zeigte, die es zu kaufen gab. Danach erzählte ich voller Freude allen Leuten, dass mein Baby selbst gemachte Windeln trug. Fröhlich ertrug ich das übliche Geschrei, als meine Eltern Allisons Kinderzimmer tapezierten, und ich war dankbar, dass sie mir bei der Auswahl eines pfirsichfarbenen Teppichs halfen, der zu dem mahagonifarbenen Kinderbettchen, das Rogers Eltern gekauft hatten, und dem in verschiedenen Pastelltönen gehaltenen Babyquilt, den meine Mutter gemacht hatte, passen sollte. Ich überwand sogar meine gewohnte Abneigung gegen Feste, die zu meinen Ehren gehalten wurden, und freute mich über die Babypartys, die Decken, Mobiles und feuchte Babytüchlein, die ich geschenkt bekam.

An mir nagte einzig die Sorge, ich könnte einen Jungen bekommen und nicht in der Lage sein, ihn genug zu lieben. Mein Wunsch nach einem Mädchen war so stark, dass ich das Baby in meinem Bauch bereits wenige Minuten nach dem positiven Ergebnis des ersten Schwangerschaftstests mit dem Namen Allison begrüßte. Sechs Monate lang wälzten Roger und ich Bücher mit Babynamen und lasen den Abspann von Hunderten von Filmen, bevor wir uns auf einen Namen für einen Jungen einigten. Von da an hieß das Baby, das in mir heranwuchs, Allison-Noel. Als Allison dann auf der Welt war, behielten wir Noel als zweiten Vornamen.

Ich ging so lange zur Arbeit, bis meine Redakteure mich anflehten, in Mutterschutz zu gehen. Am Anfang des neunten Monats wurde ihre Angst, die Wehen könnten neunzig Kilometer von zu Hause entfernt einsetzen, übermächtig. Ich gab meine Zustimmung nur zögernd und erst, nachdem man mir versichert hatte, dass ich weiterhin meine Artikel über das Küchentelefon durchgeben konnte und noch einen Arbeitsplatz hätte, wenn der Mutterschaftsurlaub vorbei wäre. Ich hatte nicht vor, länger als drei Monate zu pausieren.

Als Mutter war ich ungeschickt und chaotisch. Ich kämpfte mit dem Verschluss der Sicherheitsnadeln für die Windeln, kam mit dem Wickeln nicht zurecht (viel schwerer, als Würstchen halbmondförmig in Blätterteig einzurollen, und selbst die sahen bei mir meist schlampig aus) und verlegte ständig die Babycreme. Aber ich war ruhig, sanft und betete mein Baby an. Ich liebte es, Allison zu halten, sie zu betrachten und an ihr zu schnuppern. Und ich hatte oft Gelegenheit dazu. Allison war ein ruhiges, zufriedenes Baby. Schlafen war für sie offenbar Zeitverschwendung, denn bis zum vierten Monat schlief sie nie mehr als zwei Stunden am Stück.

Obwohl Allisons Aufgewecktheit mich erschöpfte, wurde ich ihrer nie müde. In diesen ersten gemeinsamen Wochen sprach ich unaufhörlich mit ihr, und sie erwies sich als erstaunlich gute Zuhörerin. Ihre Augen, die bei ihrer Geburt nachtblau waren, waren auf mein Gesicht gerichtet, und mit ihren kleinen Fingern erforschte sie zuerst meine Lippen, dann ihre eigenen, als wolle sie sich die Bewegungen für später merken. Ich war entzückt, aber nicht überrascht, dass sie mit vier Monaten nicht nur Mommy sagen konnte, sondern auch wusste, dass diese beiden Silben für meinen Namen standen. Sechs Wochen darauf hatte Allison eine Überraschung für Roger, die wir gemeinsam geplant hatten. Am Vatertag 1985 sagte sie ihr zweites Wort: *Da-da.*

Wie jede junge Mutter war ich von allem, was Allison lernte, beeindruckt. Doch am meisten Freude machte uns beiden das Sprechenlernen. Wenn ich ihr vorlas, war sie weder ruhig, noch schlief sie ein. Allisons ganzer Körper bebte vor Begeisterung, wenn sie mir erzählte, dass der Gockel in ihrem Buch »Kikeriki« machte, der Hund »Wau-wau« und das Reh sagte: »Nicht schießen.« Die meisten Erinnerungsstücke an Allisons erstes Lebensjahr lagern in verschlossenen Kisten im Keller meiner Mutter. Doch die Erinnerung an unsere frühen Lesegewohnheiten halten wir jeden Abend wach. Dann unterbricht Allison ihre Lektüre und fragt: »Was heißt eigentlich *asketisch*?« und: »Hätte der Autor in diesem Satz nicht *liegen* statt *legen* schreiben müssen?« Manchmal klappt sie ihr Buch zu und setzt zu einem Monolog an:

»Worum es in dieser Kurzgeschichte geht? Nun, wir suchen nach dem Beweis, dass der Held, so wie Hemingway ihn definiert, tatsächlich existiert. Aber wer will schon ein Held nach Hemingways Vorstellungen sein – ein eingebildeter Macho, der denkt, Männlichkeit bestünde darin, auf Tiere zu schießen und sich jeden Abend zu betrinken? Ich kenne da diesen Jungen, Jim, der neben mir sitzt. Wir hatten letztes Jahr zusammen Englisch und Französisch. Ich habe mich ziemlich oft mit ihm unterhalten und fand ihn eigentlich ganz in Ordnung. Jedenfalls denkt er, es wäre toll, ein Held à la Hemingway zu sein, und er hat doch tatsächlich im Unterricht behauptet, er wäre ein solcher Held, weil er gut aussieht und mutig ist. Dann hat er mich angeschaut und gegrinst, als müsste ich seiner Meinung sein. Er hat erst den Mund gehalten, als er gemerkt hat, dass ich ihn wütend angesehen habe.«

Ich höre zu und sehe ein Mädchen vor mir, das fast schon eine Frau ist. Ihre langen Beine stecken in Jeans und sind auf dem Sofa ausgestreckt, in ihrem Schoß liegen zwei Bücher, drei Stifte, ein Block und ein tragbarer CD-Player. Mein Herz freilich erinnert sich an das Baby, das immer mit so vielen Büchern wie möglich im Schlepptau auf meinen Schoß kletterte, an das Kind, das niemals einschlief, ehe ich alle Geschichten zu Ende erzählt hatte. In Augenblicken wie diesen bedauere ich es nicht, dass Allison kein Kind mehr ist oder dass ihre Babydecken und die *Sesamstraße*-Spielsachen so weit weg sind. Die Neugier und die Leidenschaft, die meine Tochter – selbst um vier Uhr früh – zu einem so interessanten Baby machten, sind ihr geblieben und lassen sie zu einer faszinierenden jungen Frau heranwachsen.

Dass ich wieder anfangen würde zu arbeiten, stand schon vor der Schwangerschaft fest. Roger hatte mir versprochen, sich zu gleichen Teilen um Allisons Erziehung zu kümmern. Er hatte gesagt, dass er auf die Frühschoppen mit seinen Freunden verzichten und stattdessen morgens auf sie aufpassen würde. Dass er mit Freuden Eier mit Kartoffelrösti gegen Fläschchen und Reisbrei eintauschen würde, sobald mein Schwangerschaftsurlaub vorüber sei. Außerdem sei eine seiner Klientinnen »der beste Babysitter der Welt, ehrlich, der beste« und würde sich am Nachmittag um unser neues Baby kümmern. »Ich habe alles organisiert, Ellen. Entspann dich. Es wird alles wie immer, nur besser.«

Ich glaubte seinen Versprechungen noch immer, als er im vierten Monat meiner Schwangerschaft nicht mehr mit mir schlafen wollte (»Ich will dir nicht wehtun, Süße, und vielleicht schadet die Aufregung dem Baby. Aber, was meinst du, es ist doch okay, wenn du mir einen runterholst?«) und als er im achten Monat aus unserem gemeinsamen Schlafzimmer auszog (»Schatz, ich weiß doch, wie unangenehm es für dich ist, und ich will deinen Schlaf nicht noch mehr stören. Ich kann mir vorstellen, wie schwer es für dich sein muss, jeden Morgen um sechs aufzustehen, gerade jetzt, wo du so dick bist und deine Füße so geschwollen sind«).

Ich glaubte ihm auch dann noch, als seine Mutter nach neunzehn Stunden Wehen ohne Schmerzmittel zum vierten Mal anrief und verlangte, dass ich sie in den Kreißsaal ließ, und Roger Buttertörtchen in den Mund stopfte, mit den Schultern zuckte und es mir überließ, die Schwester anzubrüllen: »NEIN! AUF GAR KEINEN FALL! NIEMALS! Sagt ihr, sie soll sich eine Packung Valium besorgen und mich IN RUHE LASSEN.«

Ich glaubte ihm auch dann noch, als er an meinem ersten Abend zu Hause zu einer Party ging (»Ich wäre euch nur im Weg. Außerdem ist das eine wichtige Zeit für dich und das Baby«) und als er sich weigerte, seine Tochter zu halten oder ihr gar die Windeln zu wechseln (»Ich habe Angst, ich könnte ihr wehtun. Außerdem braucht sie dich, nicht mich. Du bist diejenige, die ihr die Brust gibt«).

Ich wollte ihm auch dann noch glauben, als er an zwei oder drei Abenden in der Woche nicht nach Hause kam, »du bist sowieso zu müde und hast noch zu viele Schmerzen, um mit mir zu schlafen, und ich will dich nicht unter Druck setzen«. Ich wollte ihm selbst dann noch glauben, als er, als Allison drei Monate alt war, einen Monat lang jeden Tag eine Stunde lang herumbrüllte, nachdem sie eingeschlafen war (»Mach, dass dieses Baby endlich sein verdammtes Maul hält! Ich habe es satt, dass sie die ganze Nacht plärrt«), sie wieder aufweckte, und ich bis zum Morgengrauen auf den Beinen war.

Ich bemühte mich selbst dann noch, ihm zu glauben, als sich – Allison war jetzt vier Monate – herausstellte, dass Rogers handverlesener Babysitter andere Verpflichtungen hatte. »Mach dir keine Sorgen«, beruhigte mich Roger. »Ich kümmer mich drum. Ich hab's dir versprochen, und ich weiß ja, wie sehr du deine Arbeit liebst. Ich stehe hinter dir – egal, was meine Familie oder die Leute denken. Wenn du wieder arbeiten willst, dann geh wieder arbeiten.«

Als Allison fünf Monate alt war, war ich zu erschöpft und zu unterernährt, um Rogers Worten zu glauben oder an ihnen zu zweifeln. Ich schlief noch immer nicht mehr als neunzig Minuten am Stück, stillte Allison alle zwei Stunden, wusch ohne Pause Windeln und rationierte das einzig Essbare, das wir noch im Haus hatten: eine Packung alter Cracker, die wohl in der Vorratskammer vergessen worden war. Seit acht Tagen war mein Wagen unter Bergen von Schnee verschwunden. Jeden Morgen versprach Roger, Schnee zu schippen und Lebensmittel zu kaufen, doch er hatte weder das eine noch das andere getan, als er für zwei Tage zum Angeln fuhr. (»Wir haben das Boot schon bezahlt, und ich habe Steve versprochen, dass ich mitkomme. Es wäre doch eine Schande, wenn wir das viele Geld umsonst gezahlt hätten. Außerdem werde ich vermutlich so viel Lachs fangen, dass der Fisch die Kosten für das Boot deckt.«)

Zwei Tage später kehrte Roger mit einer leeren Kühlbox zurück (»Es war ein ziemlicher Reinfall, aber der Typ mit dem Boot hat gesagt, dass er uns das nächste Mal zum halben Preis mitnimmt«). Inzwischen war der Schnee von der Sonne geschmolzen, und ich zog Allison an, um mit ihr zum Einkaufen zu fahren.

»O nein, mein Schatz, ich mach das schon«, protestierte Roger und riss mir den Autoschlüssel und die Einkaufsliste aus der Hand. »Ich habe gesagt, dass ich zum Einkaufen gehe, also mache ich das auch. Außerdem denke ich, du solltest noch nicht aus dem Haus gehen. Du siehst zum Fürchten aus. Bleib zu Hause und ruh dich aus. Ich nehme dein Auto und fülle etwas Benzin und Öl für dich nach. Bin gleich wieder da. Tschüss.«

Er war drei Stunden fort, brachte gerade mal zwei Tüten mit Lebensmitteln nach Hause (»Du hast mir ja kein Geld mitgegeben«) und hatte meinen Wagen verkauft.

Plötzlich hatte ich genug. Ich weiß nicht, woher ich die Kraft nahm, so wütend zu werden, denn zu diesem Zeitpunkt war ich bereits zu schwach, um Allison durchs Zimmer zu tragen, ohne mich an der Wand festzuhalten.

»Was zum Donnerwetter soll das heißen, du hast mein Auto verkauft? Das ist unmöglich. Es ist *mein* Auto. Ich will es zurück, und zwar SOFORT.«

»Ellen, wirklich, es passt so gar nicht zu dir, wenn du fluchst. Beruhige dich einfach und –«

»Ich werde mich nicht beruhigen, und ich fluche, so viel ich will. Geh und bring mir mein Auto zurück, vorher brauchst du dich hier gar nicht erst wieder blicken lassen.«

»Aber Ellen, ich wollte dir doch nur einen Gefallen tun.«

»Einen Gefallen? *Ich* habe dich nicht darum gebeten, mein Auto zu verkaufen. Ich habe es *selbst* ausgesucht. *Ich* zahle die Rechnungen. *Ich* liebe dieses Auto, und *ich* will es zurück.«

»Wenn ich gewusst hätte, dass du dich so aufregst –«

»Eben. Du konntest es nicht wissen, weil du mich gar nicht erst gefragt hast. Wenn du mich gefragt hättest, hätte ich dir gesagt, dass ich das Auto behalten will. Wie kannst du es *wagen*, mein Auto zu verkaufen?«

»Aber du *brauchst* doch ein neues Auto, Ellen.«

»Brauche ich nicht.«

»Der Verkäufer hat gesagt, dass ein größeres Auto im Fall eines Unfalls viel sicherer ist. Und so, wie du dich in letzter Zeit fühlst, wäre das durchaus möglich.«

»Natürlich sagt er, dass ich ein neues Auto brauche. Das sagt er zu jedem. Er verdient sein Geld damit, Roger. Aber du hattest nicht das Recht, mit dem Verkäufer oder irgendjemandem sonst über mein Auto zu sprechen. Es gehört mir, und ich will es zurück.«

»Willst du nicht wissen, *warum* ein neues Auto sicherer wäre? Um *Allisons* willen?«

»Nein.«

»Und was ist mit Allisons Sicherheit? Ist dir das völlig egal? Vielleicht ist dir ja auch Allison völlig egal? Ist das der Grund, warum du wieder arbeiten gehen willst? Damit du sie vergessen kannst, weil dir dein *ach so wichtiger Job* lieber ist?«

»Du drehst mir das Wort im Mund um! Und wechsele nicht das Thema. Es geht hier um mein Auto. Du hattest nicht das Recht, es zu verkaufen, und ich will es zurück.«

»Es ist dir wirklich egal, oder? Erst machst du einen auf Mutter, ein halbes Jahr lang hängt die Kleine ständig an deinen Titten, und dann wälzt du die Verantwortung auf *mich* und eine völlig Fremde ab. Ich versuche doch nur, für meine Familie zu sorgen, und das ist der Dank dafür. Du liebst weder *mich* noch *Allison.* Dir geht es doch nur um deinen *Job.*«

»Ich liebe dich. Und natürlich liebe ich Allison. Aber jetzt will ich über mein Auto sprechen. Wieso konntest du es überhaupt verkaufen? Es läuft auf meinen Namen.«

»Nein, tut es nicht.«

»Natürlich. Es ist auf meinen Namen angemeldet.«

»Du hast mir die Erlaubnis gegeben, das Auto zu verkaufen.«

»Was denn für eine Erlaubnis? Ich habe dir gar nichts gegeben. Ich habe nicht einmal daran gedacht, das Auto zu verkaufen. Schließlich habe ich es erst seit elf Monaten.«

»Und warum hast du dann die Papiere unterschrieben?«

»Wovon redest du überhaupt? Ich habe gar nichts unterschrieben. Man muss auf der Rückseite des Zulassungsformulars unterschreiben, und das habe ich nicht gemacht.«

»Aber *ich.*«

»Dann hast du meine Unterschrift gefälscht, und der Verkauf ist illegal. Geh und bring mir mein Auto zurück, oder ich rufe die Polizei und melde es als gestohlen.«

»Ich habe gar nichts gefälscht. Ich habe mit *meinem* Namen unterschrieben.«

»Das kannst du nicht. Das Auto gehört *mir.*«

»Aber du hast doch die Papiere unterschrieben.«

»Wovon redest du die ganze Zeit? Was für Papiere? Und wann sollte ich die unterschrieben haben?«

»Erinnerst du dich noch, wie du mich mitten in der Nacht aufgeweckt und nach den Krankenversicherungsunterlagen gefragt hast?«

»*Du* hast *mich* aufgeweckt und gesagt, ich müsste da ein paar Sachen unterschreiben, sonst ginge der Versicherungsschutz verloren. Und weiter?«

»Damals hast du auch noch ein paar andere Papiere unterschrieben, und eines davon war, ähm, eine Teil ...«

»Vollmacht? Einer solchen Sache hätte ich niemals wissentlich zugestimmt. Ich würde so einer Sache *niemals* zustimmen. Wie konntest du das nur tun? *Warum* hast du es überhaupt getan?«

»Na ja, seit die Kleine da ist, bist du ganz aus dem Häuschen. Ich habe mir eben Sorgen um dich gemacht.«

»Aus dem Häuschen? Natürlich bin ich aus dem Häuschen! Und du bist auch aus dem Häuschen, und zwar aus diesem. Verschwinde. SOFORT.«

»Ellen, Liebste. Ich liebe dich. Ich wollte doch nur, dass du und Allison es ein wenig leichter habt. Ich finde wirklich, dass du überreagierst.«

»Geh und mach diese Vollmacht rückgängig. Ich will die notarielle Beglaubigung sehen. Und bring mir mein Auto zurück. Du bringst mir mein Auto zurück, oder du brauchst dich hier nie wieder blicken lassen.«

»Schon gut, schon gut. Himmel, Ellen, ich kann nicht glauben, dass du mir nicht vertraust. Ich hab das doch nur für dich und die Kleine gemacht.«

»Geh einfach, Roger. Jetzt gleich.«

Er ging. Ich räumte die Lebensmittel in den Schrank, machte mir ein Schinkensandwich und legte mich mit Allison hin. Ich zwang mich dazu, nicht zu denken, betete darum, dass mein Kopf sich leeren möge, damit ich wenigstens ein wenig schlafen konnte.

Irgendwann gegen Abend kam Roger zurück, die Arme über und über voll mit Lebensmitteltüten. »Ich bin noch einmal Einkaufen gewesen. Ich habe dir Steak und Hühnchen mitgebracht und dein Lieblingseis. Waffeln habe ich auch und frische Bagels aus der Bäckerei. Die Papiere, die du wolltest, sind in diesem Umschlag hier – notariell beglaubigt, genau so, wie du es wolltest. Und jetzt komm mit raus. Ich habe eine Riesenüberraschung für dich, mein Schatz.«

Es war ein Auto. Nicht mein roter Mazda, die Fünfgang-Sportausführung mit der extravaganten Bedienungskonsole, den schwarzen Lederschalensitzen und der teuren Stereoanlage, die ich mir zusätzlich einbauen ließ, damit ich auf dem Weg zur Arbeit die Beach Boys und auf dem Weg nach Hause Beethoven hören konnte.

Eigentlich war es gar kein Auto. Es war ein Minibus. Ein blauer Dodge mit Automatikgetriebe, Standardausführung. Aber an jeder Stoßstange flatterten Fähnchen und um die Motorhaube war ein rotes Band gebunden. An jeder Antenne hingen sechs Luftballons, und als Roger die Tür öffnete, kullerten noch mehr davon auf die Straße und zogen die Aufmerksamkeit der Nachbarn auf sich und das handgeschriebene Schild, das am Lenkrad klebte: *ICH LIEBE DICH!!!!!!!!!!!! Tausend Küsse, Roger.*

Die Nachbarn, allesamt so lange verheiratet, dass sie Roger und mich als »das hübsche, frisch verheiratete Paar« bezeichneten, liebten den Minibus und Roger umso mehr, weil er ihn gekauft hatte. Und sie beneideten mich um meinen wunderbaren Ehemann. Sie hielten sein »Geschenk« für sinnvoll und praktisch, meinten, ich käme so mit dem Baby viel besser zurecht, und vermuteten, es sei außerdem sicherer als der *heiße Schlitten*, mit dem ich bislang unterwegs war. Roger sonnte sich in ihrem Lob. Zwar hatte ich einen kleinen privaten Sieg errungen (er ließ die amtlichen Dokumente und die Aufstellung unserer Sparguthaben notariell beglaubigen), doch in Sachen Öffentlichkeitsarbeit war ihm ein großer Coup gelungen. Unsere Nachbarn würden die abstruse Geschichte nicht hören wollen, dass Roger mein Auto gestohlen hat. Sie hörten auch nicht, mit welcher Verachtung Roger den Dodge von da an mein Mommy-Mobil nannte. Zu tief hatten die Luftballons sie beeindruckt, zu sehr waren sie von Rogers Charme eingenommen. Und als schließlich die Anrufe des Inkassounternehmens kamen, weil Roger den Kredit, den er in *meinem* Namen bei *meiner* Bank aufgenommen hatte, mit Absicht nicht zurückgezahlt hatte, waren wir bereits verzogen. (Als Roger den Kredit für den Minibus aufnahm, überzeugte er die Bankangestellten davon, dass er in meinem Auftrag handelte.) Selbst wenn sie mich gefragt hätten, hätte ich unseren Nachbarn nicht die Wahrheit gesagt. Ich schämte mich, dass Roger mich zur Komplizin seiner Grausamkeit gemacht hatte, dass ich zu sehr an seine schwarze Seele gefesselt war.

In den nächsten Wochen verschlechterte sich mein Gesundheitszustand immer mehr, und ich wurde an eine Reihe von Spezialisten verwiesen – Kardiologen, Onkologen, Neurologen. Sie alle waren von meinen Symptomen verwirrt: Erschöpfung, Schwindel, Kribbeln in Armen und Beinen, Sehstörungen, unsicherer Gang. Mein Hausarzt hatte die vorläufige Diagnose multiple Sklerose gestellt und Labortests angefordert, die, wie er meinte, seinen Verdacht bestätigen würden.

Ich machte einen Termin aus, sagte ihn aber wieder ab, als man mir erklärte, dass ich Allison nach dem Test ein paar Tage nicht stillen könne. Ich hatte mit der Diagnose einer unheilbaren Krankheit keine Eile. Und sollte sich tatsächlich herausstellen, dass Allison eines Tages *mich* würde füttern müssen, dann wollte ich sie nicht des Trostes und der Nahrung berauben, die sie an meiner Brust fand.

Es dauerte drei Tage, bis Roger sich endlich die Zeit nahm, mich nach dem Ergebnis meines Arztbesuchs zu fragen. Er hatte sich an die Küchenspüle gelehnt, kaute frisch gebackene Schokoladenkekse (»Nicht schlecht, mein Schatz, aber ich mag sie lieber, wenn sie noch ein wenig knuspriger sind«) und fragte: »Und, weißt du jetzt endlich, was zum Teufel dir fehlt?«

»Nein.«

»Was hat er denn gesagt?«

»Er will ein paar Untersuchungen machen.«

»Was für Untersuchungen?«

»Auf multiple Sklerose.«

»MS? Wird man da nicht blind und lahm? Und fängt unkontrolliert zu zittern an? Ist das nicht tödlich?«

»Nun ja, ich –«

»Und was soll dann aus *mir* werden? Ich *brauche* dich. *Allison* braucht dich. Es wäre besser für dich, wenn du keine MS hättest. Ich werde es nicht *zulassen.*«

»Ich auch nicht.«

»Mach keine Witze. Das ist wirklich nicht komisch. Das ist furchtbar. Wie konntest du mir das antun? Ich kann es einfach nicht glauben. Als hätte ich nicht schon genug Stress. Ich halte das nicht aus. Ich halte das einfach nicht mehr aus.« Er nahm eine Handvoll Schokokekse, stieß die restlichen Kekse mitsamt dem Backpapier vom Tisch auf den Boden und stapfte, immer noch brüllend, zur Tür hinaus.

Ein paar Stunden später kam er nach Hause, setzte sich vor den Fernseher und verlor nie mehr ein einziges Wort über MS.

Eine Freundin meines Bruders, die als Krankenschwester auf der Entbindungsstation arbeitete, hatte eine einfachere Erklärung für meine Beschwerden: Mein Körper sei erschöpft, unterernährt und ausgetrocknet. Bei Müttern, die stillten, sei das gar nicht so selten, wenn auch in meinem Fall die Symptome besonders ausgeprägt seien. Sie verordnete mir Bettruhe, Bierhefe (oder zwei Flaschen Bier am Tag) und so viel Wasser und Saft, wie ich trinken konnte.

Ihre Empfehlungen halfen. Allmählich fühlte ich mich wieder besser, und als Allison acht Monate alt war, rief ich meinen Chef an und erklärte ihm, dass ich gern wieder arbeiten gehen würde – allerdings nur vormittags, bis Roger eine Tagesmutter für nachmittags gefunden hätte. Mein Redakteur ließ sich zu einer Woche Teilzeit überreden, das war alles. Roger behauptete immer noch, er respektiere meine Entscheidung, wieder zu arbeiten. Er willigte ein, auf Allison aufzupassen und sich nach einer Tagesmutter umzusehen.

An dem Montag, an dem ich zum ersten Mal wieder zur Arbeit fuhr, kümmerte sich Roger zum allerersten Mal um Allison. »Du musst dir wirklich keine Sorgen machen. Ich habe dich oft genug beobachtet. Wir schaffen das schon«, versicherte er mir.

Vier rosa Zettelchen mit der Aufschrift *Dringend* und *Sehr dringend* erwarteten mich bei meiner Ankunft um acht Uhr im Büro. Ich rief zu Hause an, hörte Allison im Hintergrund weinen und beantwortete Rogers Fragen, wo denn ihr Lätzchen sei (auf dem Kinderstuhl) und ob sie lieber durchpassierte Pfirsiche oder pürierte Aprikosen aß (versuch's mal mit beidem). Er rief mich an diesem Vormittag acht Mal an. Seine Fragen und Allisons Geheul unterbrachen andere Anrufe, Gespräche mit Redakteuren und die Schulung mit einem Computerlehrer. Um viertel vor elf forderte Roger, ich müsse sofort nach Hause kommen.

»Aber Roger, ich schreibe an zwei Artikeln, und in einer Stunde ist Abgabetermin. Was ist denn los?«

»Ich komme mit *deiner* Tochter einfach nicht zurecht. Komm *sofort* nach Hause.«

In Windeseile schrieb ich die beiden Artikel fertig, klickte auf Senden und verschwand unter großem Trara mit der Milchpumpe auf die Damentoilette. Dann stahl ich mich die Hintertreppe hinunter, rannte zum Minibus und raste nach Hause. Während der nächsten achtzig Kilometer auf der Schnellstraße fluchte ich über die schlechte Beschleunigung des Minibusses. Nachdem ich zwei Stoppschilder ignoriert und die Automatikschaltung bereits auf der Hälfte der Einfahrt in Parkposition geknallt hatte, stieß ich einundachtzig Minuten nach Rogers Anruf die Haustür auf.

Das Haus war leer.

Sie ist krank, sie ist tot, sie hat sich das Genick gebrochen, sie ist vor ein Auto gekrabbelt, er hat sie umgebracht, er hat sie entführt, sie liegt blutend in der Notaufnahme irgendeines Krankenhauses, sie ist gelähmt, sie ist hirntot, sie ... lacht?

Das leise, melodische und fröhliche Gurgeln eines Kleinkindes und ein anderer, tieferer, rhythmischer Ton – Gesang? Roger *sang*? – unterbrachen meine panischen Gedanken.

Ja. Es war *Old MacDonald*. Er hatte Allisons Kinderstuhl nach draußen in den Hinterhof getragen. Als ich ihn erreichte, gab er laute oinkende Geräusche von sich, ein blaues Plüschschwein in der einen, einen Löffel voll Aprikosenmus in der anderen Hand. Allison verströmte ein Gewirr von Aromen. Der Geruch von Urin, Fäkalien, aufgestoßener Milch und Dosenobst kam mir entgegen. Aber sie lachte. Sie war glücklich.

»Hallo. So wie's aussieht, ist wohl alles in Ordnung?«

»Oh, natürlich, wir kommen prima zurecht. Schau mal, wer da ist, Allison. Mom ist wieder da. Wie war's in der Arbeit?«

»Hektisch.«

»Hektisch? Das ist ja fürchterlich. An deinem ersten Tag hätten sie's ja wirklich etwas ruhiger angehen können. Ich kann nicht glauben, dass sie dir gleich Terminsachen gegeben haben. Ich dachte, du könntest an deinen Projekten weiterarbeiten. Hast du da nicht noch ein paar in Arbeit?«

»Sie haben sie einem anderen Reporter gegeben.«

»Einem anderen? Einem anderen? Sind die denn von allen guten Geistern verlassen? An einem dieser Projekte hast du mehr als ein Jahr gearbeitet. Wie können sie es wagen? Du bist die beste Reporterin, die sie haben. Sie sollten dir eine Gehaltserhöhung geben. Sie sollten dich zu Hause schreiben lassen, wie sie's versprochen haben. Die behandeln dich wie Scheiße.« Roger schwieg und schaufelte etwas Aprikosenmus in Allisons Mund. »Aber Allison und ich, wir wissen dich zu schätzen. Wir brauchen dich.«

Am Dienstag rief Roger sieben Mal an. Einmal, um mir zu sagen, dass meine Redakteure Idioten seien, weil mein Artikel auf Seite sieben stand (»Du gehörst auf die Titelseite«). Um elf Uhr abends sagte er mir, er bräuchte saubere Hemden. Um ein und um vier Uhr morgens stupste er mich wach, damit ich Allison fütterte, und um halb sechs, weil »ich dich jetzt wirklich brauche, Baby«.

Am Mittwoch kamen neun Anrufe, und als ich mich weigerte, zum dritten Mal früher aufzuhören, *vergaß* er, Allison zu füttern (»Sie will sowieso nur deine Titten«). Er sagte, seine Mutter mache sich Sorgen um meine Gesundheit (»hundertachtzig Kilometer am Tag, und das ohne Schlaf«) und forderte, ich solle meine angefangenen Reportageprojekte zurückverlangen (»sonst rufe ich diesen Bastard selbst an«). Dann zeigte er mir einen Artikel über den »Mangel an emotionaler Nähe« bei Kindern, die vor dem ersten Geburstag von ihren Müttern »im Stich gelassen« würden, weil diese wieder zur Arbeit gingen, und als ich zu Bett ging, drohte er mir: »Sieh zu, dass ich dich nicht wieder aufwecken muss. Was würde sonst aus Allison, wenn ich nicht wäre? Du hattest doch sonst nie Probleme mit dem Aufstehen. Was bist du überhaupt für eine Mutter, wenn du nicht einmal dein eigenes Kind schreien hörst?«

Am Donnerstagabend, nach zwei Stunden Schlaf, sechs panischen Anrufen von Roger im Büro, einem weiteren Wutausbruch wegen meines Chefredakteurs (»Der hat doch nur Scheiße im Hirn«), nach zwei Anrufen von seiner und einem Anruf von meiner Mutter (»Roger macht sich große Sorgen um dich«), drei Maschinen Wäsche, einer Fahrt zum Lebensmittelgeschäft und einer zur Reinigung sowie einer weiteren Beschwerde wegen Sex (»Für alles hast du Zeit, nur nicht für mich«), spürte ich, wie Rogers Manipulation Fuß fasste.

Statt zu verlangen, dass er mich bei der Arbeit in Ruhe ließ, fragte ich Roger leise und kleinlaut, ob er denn meinte, ich solle ganz aufhören.

»Aber Ellen, du kennst mich doch. Ich stehe voll hinter dir, wie auch immer du dich entscheidest. Ich glaube nicht, dass diese Zeitung dich verdient hat, und ich weiß, wie schwer es dir jeden Tag fallen muss, Allison allein zu lassen, aber wenn du weiterarbeiten willst, dann arbeite. Und wenn du zu Hause bleiben willst, dann bleib zu Hause.«

»Und was ist mit dem Geld? Das wäre eine ziemliche Einbuße für uns.«

»Nun, vielleicht müssen wir ein wenig sparen, aber wir haben einiges an Ersparnissen und außerdem sparen wir dann ja noch das Geld für das Benzin. Ich müsste vermutlich etwas härter arbeiten, und du müsstest dir einen Halbtagsjob suchen, der dir gefällt, aber wie ich schon sagte, ich stehe voll hinter dir, egal, wie du dich entscheidest.«

»Ganz sicher?«

»Ganz sicher.«

»Egal, wie ich mich entscheide?«

»Egal, wie du dich entscheidest.«

Ich war wieder einmal auf ihn hereingefallen. Am folgenden Dienstag, es war die letzte Woche im August 1985, räumte ich meinen Schreibtisch leer und glaubte tatsächlich, ich hätte diese Entscheidung selbst gefällt. Im Oktober beklagte er sich bereits über mein fehlendes Gehalt und weigerte sich, auf Allison aufzupassen, während ich neun Stunden die Woche Englisch an einer kleinen Universität gab (»Der Job ist unter deinem Niveau«). Schließlich fuhr meine Mutter dreimal die Woche achtzig Kilometer, kümmerte sich um Allison und hatte die Anweisung, das Baby so lange ruhig zu halten, bis Roger aufgestanden war, was gewöhnlich zwischen zehn und halb elf Uhr der Fall war. Er verließ das Haus, kurz bevor ich um zwanzig nach elf nach Hause kam.

Bis Weihnachten – es war Allisons erstes Fest – hatte Roger alle meine Kreditkarten gesperrt (»Jetzt, da du die ganze Zeit zu Hause bist, brauchst du nicht mehr einkaufen zu gehen«) und meinen ehemaligen Arbeitgeber wegen angeblicher sexueller Diskriminierung und »Entfremdung ehelicher Zuneigung« verklagt. Die Sache war mir peinlich, und ich vereitelte alle Versuche unseres Anwalts, mich dazu zu befragen. Aber ich fürchtete mich zu sehr vor Roger, um mich rundheraus zu weigern. Zum Glück war unser Anwalt gezwungen, die Anschuldigung fallen zu lassen.

Die nächsten sieben Jahre rauschten verschwommen an mir vorbei, mein Denken stand völlig unter seiner Kontrolle. Nur am Ablauf des akademischen Jahres merkte ich, dass die Zeit verging. Sogar meine Tagebucheinträge waren nach Gutdünken datiert. Roger enthielt mir Schlaf und Nahrung vor und schirmte mich von jeglichen äußeren Einflüssen ab, bis seine Realität die einzige war, die ich kannte. Er sperrte mich in einem abgedunkelten Zimmer ein und nannte es *das Gefängnisspiel* (»Einzelhaft – ist das nicht lustig?«). Es konnte Minuten oder auch Stunden dauern, »je nach Lust und Laune des Wärters«. Er veranstaltete ein *Kräftemessen*, bei dem er mich in den Schwitzkasten nahm und die Zeit stoppte, wie lange ich brauchte, um mich zu befreien. Je länger ich brauchte, desto öfter spielten wir, »schließlich sollst du dich ja verteidigen können, Ellen«. Er schaffte es nicht nur, dass ich seinen Missbrauch tolerierte, sondern ich nahm auch noch die Schuld für seine Grausamkeit auf mich. Roger machte mich glauben, nicht die Flucht würde mir Erlösung bringen, sondern die Verwandlung in einen noch besseren Fußabstreifer für ihn.

Papierhunde

An den Wänden des Zimmers, in dem Roger schlief, tanzten Hunde aus Papier. Rot-weiß getupfte Vorhänge schmückten die Fenster, und eine selbst gemachte Steppdecke mit Luftballonmotiv lag auf seinem Bett. Gegenüber stand ein leeres Kinderbettchen unter einer Mond- und Sterne-Spieluhr, die in diesem Haus niemals aufgezogen und *Der Mond ist aufgegangen* spielen würde.

Ich hatte die mit der Hand ausgeschnittenen Dalmatiner und Perserkatzen an die frisch gestrichenen Wände geklebt, mit einer geliehenen Nähmaschine Vorhänge genäht und Flohmarkt-Überbleibsel an Bällen aus wattierter Baumwolle befestigt. In Kunst und Handarbeit war ich nie besonders gut gewesen. Auf der Highschool wäre ich sogar beinahe aus dem Hauswirtschaftsunterricht geflogen, weil meine Stecknadeln nicht im Neunzig-Grad-Winkel im Stoff steckten, und weil ich die Farbdose, Seidenmatt, nicht aufbekam, musste ich extra im Kaufhaus anrufen. Aber das Ergebnis meines Projekts – ein Geschenk an mein ungeborenes zweites Kind, für das es keine Babypartys und UPS-Pakete geben würde – konnte sich sehen lassen. Dies alles hatte weniger als fünfzig Dollar gekostet. Ich hielt mein Versprechen Roger gegenüber, keinen Cent mehr auszugeben. Er hielt all das für überflüssig.

Ganze zwei Tage schlief meine zweite Tochter Erica im Oktober 1987 in diesem Zimmer. Das Bett hatte einmal mir gehört. Acht Jahre lang hatte ich es mit Harlequin, meinem Hund, geteilt. Die sechs Jahre, in denen ich zur Universität ging, war es eingelagert, bis es schließlich in Allisons Zimmer kam und ich sie ein Jahr lang mitten in der Nacht darauf fütterte. Mit neuen Laken, Kissen und einer neuen Matratzenauflage wollte ich auch Erica darauf stillen.

Stattdessen zog sich Roger bis zu unserer Trennung vier Jahre später in das Zimmer zurück. Von Zeit zu Zeit durfte ich auf seine Einladung, aus Schuldgefühl oder weil er mich für Sex zu sich beordert hatte, zu ihm hinein. Roger brüllte mich oft an. Entweder weil ich das Zimmer ohne seine Erlaubnis betreten hatte, um seine dreckigen Socken einzusammeln, oder weil ich seinen Bedarf an frischer Wäsche nicht vorausgeahnt hatte und nicht eingetreten war.

Es war kein großer Umzug. Nur über den Flur und aus einem Bett, in dem er seinen Arm niemals um mich gelegt hatte, wenn wir schliefen, und er mich wegstieß, wenn ich mich nach einem Albtraum an ihn schmiegte. Zwischen den Kissen dieses Bettes waren keine Geheimnisse ausgetauscht worden, kein Gelächter verbarg sich zwischen den Decken, keine Lust lugte unter zerwühlten Laken hervor. Nach sieben Jahren Ehe hatte ich mich an die Leere auf der Matratze und in Rogers Seele gewöhnt. Und doch überlief mich bei dem Gedanken, ihn zu verlassen, ein kalter Schauer, und unter die Wärme der verbliebenen Hoffnung mischte sich Verzweiflung.

Ich hatte ausgedient, und Roger hatte mein Geschenk für Erica und die Freude, mit der ich es gemacht hatte, gestohlen. Immer wieder lehnte er meine zuweilen sanfte, zuweilen wütende Forderung ab, die Vorhänge abzunehmen und das Kinderbett wegzuräumen, um der Farce vom Kinderzimmer ein Ende zu machen. Stattdessen wurde das Zimmer bei Rogers Hausbesichtigungen zur Attraktion: »Seht mal, was Ellen mit ein paar Stofffetzen und ein wenig Papier aus diesem Zimmer gemacht hat. Hat höchstens zehn Dollar gekostet, und Erica liebt es, nicht war, mein Schatz? Was sagt ihr dazu? Richtig hübsch, oder? Ich habe Ellen gesagt, sie soll das einem Fachmann überlassen, Geld spielt keine Rolle, aber sie wollte ihr Nest unbedingt selbst bauen.« Dann lachte er vergnügt, um seine Gäste seines Wohlwollens zu versichern, und zwinkerte mir hinterhältig zu.

Rogers Wir-brauchen-ein-zweites-Baby-Kampagne hatte begonnen, als für Allison und mich der sechste Monat mit schlaflosen Nächten und kurzen Nickerchen angebrochen war. Roger wollte die Macht, die ihm ein Baby verlieh, nicht so schnell aufgeben. Ein zweites Kind sollte die Quelle seiner Macht festigen. Zum Glück kannte ich meinen Körper gut genug, um eine Schwangerschaft zu verhindern, bis ich wusste, ob auch ich noch ein weiteres Kind wollte.

Eigentlich wusste ich bereits, dass ich mir noch eine zweite Tochter wünschte. Das Problem war nur, dass ich nicht wusste, ob ich noch so lange mit Roger verheiratet bleiben wollte, bis ich sie bekam. Zwei Jahre lang tobte ein Kampf zwischen meinem Wunsch nach einem Kind und der Verzweiflung über meine Ehe in mir. Trotzdem hörte ich nie auf, meine Ehe als ein Puzzle zu sehen, das ich lösen konnte, hörte ich nie auf, die Teile mit dem blauen Himmel neu zu arrangieren, wo nur Sturmwolken gepasst hätten. Nicht aus Liebe. Ich hatte aufgehört, Roger zu lieben, und wollte nicht, dass er mich liebte. Ich wollte den Anschein einer glücklichen Familie, bis ich genügend Kräfte gesammelt hatte, um eine allein erziehende Mutter zu sein. Ich war von der Vorstellung geblendet, ich würde mit der Zeit stärker werden und könne eine Karriere und ein Kindergartenkind besser schaukeln als einen Job und ein Wickelkind. Als ich beschloss, noch einmal schwanger zu werden, hatte ich meine Ansicht geändert. Ich fühlte mich schwächer, nicht stärker, und ich sah keinen Grund, mir ein Kind zu verweigern, wenn ich an diesem Punkt sowieso unfähig war, Roger zu verlassen. Das Baby verschaffte mir eine willkommene Atempause, eine legitime Entschuldigung, nicht wieder ganztags in den Beruf zurückkehren zu müssen. Während ich die Tage zählte, bis Allison endlich in die Schule kam, fand Roger neue Wege, mich zu demütigen.

Kurz nach Ericas Geburt kleidete ich Roger neu ein und übte mit ihm für das Vorstellungsgespräch bei der Niederlassung einer großen Aktienhandelsgesellschaft in Detroit. Er hatte sich für eine Position im Management beworben. Seine Aufgabe war es, Konflikte zwischen Händlern und Klienten zu lösen und seinen angeborenen Charme beruflich zu nutzen. Mit dem Job kamen geregelte Arbeitszeiten, ein Eckbüro und ein Gehalt, das doppelt so hoch war wie mein höchstes Einkommen als Journalistin und zehnmal so hoch wie mein Verdienst als Teilzeit-Englischlehrerin. Endlich war mir Roger beruflich – haushoch – überlegen, und ich stieß einen resignierten, aber erleichterten Seufzer aus, da er es nun nicht mehr nötig haben würde, zu Hause verbal auf mich einzuschlagen. Stattdessen behandelte er mich mit noch größerer Verachtung. Je mehr Geld er verdiente, desto weniger brachte er nach Hause. Es reichte nie, um unsere monatlichen Ausgaben zu decken. Er zählte seine Aktien, während meine Töchter das Alphabet in ihrer Suppe rationierten. Er kaufte sich einen BMW, zwei Tage nachdem man uns das Mommy-Mobil weggenommen hatte. Er plante einen Urlaub allein in Florida, der sich mit meinem Geburtstag überschnitt, und versprach, anzurufen und mir ein Geschenk zu schicken. Doch er konnte gar nicht anrufen, denn sein Geschenk für mich war ein Überlebenstraining – für die Dauer seiner Abwesenheit hatte er Heizung, Strom und Telefon abstellen lassen.

Mit jeder Demütigung, die ich ertrug, wuchs meine Verzweiflung und schwand mein Mut, Roger zu verlassen. Wie einem Gewohnheitskriminellen, der gefasst werden will, weil er in einem Leben ohne Gitter nicht zurechtkommt, graute mir vor der Freiheit. Ich war von meiner Unzulänglichkeit so überzeugt, dass ich McDonald's allen Ernstes als Karrieremöglichkeit in Betracht zog. Oder wie Roger immer zu sagen pflegte: »Wer stellt schon eine Frau ein, die nicht mal mit ihrer verdammten Wäsche klar kommt?« Gelegentlich nahm ich mein Selbstwertgefühl zusammen und wies auf den logischen Fehler in seiner Kritik hin, aber Roger hatte noch andere Standarddrohungen für ein Leben ohne ihn. Von »Ich setz dich auf die Straße, dann musst du verhungern und die Kinder nehmen sie dir auch weg« bis hin zu »Noch liebe ich dich, aber wenn du mich verlassen würdest, würde ich dich hassen. Und ich würde dafür sorgen, dass du auch weißt, wie sehr«.

Ich sagte mir, Rogers Schmähungen seien lächerlich (natürlich war ich weder dumm noch faul, noch lief ich Gefahr, meinen Verstand oder meine Töchter zu verlieren), ich sei stärker als er und hätte, was sein Benehmen betraf, das Schlimmste bereits hinter mir. Selbstverständlich könne ich seine Wutattacken noch ein paar Jahre länger aushalten und ihn – im Großen und Ganzen unversehrt – verlassen, wenn der richtige Zeitpunkt gekommen war. Und hinter all diesen Rationalisierungen verbarg ich die Wahrheit über meine Gefühle: Ich fühlte mich wertlos und konnte Roger nicht die Schuld dafür geben, dass er meinen fehlenden Wert lediglich bestätigte. Ich konnte selbstbewusst sprechen und auftreten, aber ohne Pult und ohne Skript hatte ich keine Stimme. In meinen Wirtschaftsenglisch-Kursen brachte ich meinen Schülern energisch die richtigen Techniken für das Vorstellungsgespräch bei, sagte ihnen, wie wichtig es sei, danach mit Anrufen am Ball zu bleiben, und ergötzte sie mit den Geschichten meiner eigenen Erfahrungen bei der Arbeitssuche. Doch ich war jedes Mal beschämt, wenn einer der Schüler einwarf: »Das ist ja gut und schön. Ihnen fällt es eben leicht. Sie sind von Natur aus selbstbewusst.« Die traurige Wahrheit war, dass die Frau, die diese Erfolgsgeschichten erzählte, sich selbst nicht einmal dazu überwinden konnte, auf eine Zeitungsannonce zu antworten. Ich war sicher, dass man meine Bewerbung ablehnen würde, sicher, dass ich keinen Erfolg haben würde, und unsicher, was alles andere betraf. Aber meinen Töchtern, meinem Hund und mir selbst versicherte ich betont ruhig und tapfer: »Es ist alles in Ordnung, alles in Ordnung, alles wird wieder gut.«

Ich sagte Erica, es sei nicht schlimm, dass Dad eine Pfanne selbst gemachter Lasagne in den Mülleimer gekippt hatte, dass ich ihr etwas anderes zum Essen machen und, wann immer möglich, das Essen für sie und Allison auf den Tisch bringen würde, bevor ihr Vater heimkäme ... »Ist schon gut«, sagte ich zu Oxford, unserem Setter. »Du bist ein braver Junge. Nein, du hast es nicht verdient, dass Roger nach dir tritt. Ich werde dich beschützen. Hier hast du einen Keks, und alles wird wieder gut ...« Ich sagte Erica, es sei richtig, dass sie ihren Vater umarmte, wenn er von der Arbeit nach Hause kam, und falsch, dass er sie anbrüllte. Erst recht, weil er sie am Tag zuvor angebrüllt hatte, weil sie ihn nicht umarmt hatte. »Du kannst mich jederzeit umarmen, Erica. Komm, drück mich, und alles wird wieder gut ...« Ich sagte Allison, es täte mir Leid, dass Dad ihr den Finger umgebogen und gelacht hatte, als sie weinte. Er hatte behauptet, alles sei nur ein Spiel und am nächsten Tag dürfe sie seinen Finger nach hinten biegen. »Es tut mir Leid, Allison. Ich finde das Spiel auch nicht besonders lustig, aber lass mich deinen Finger reiben, dann wird alles wieder gut ...« Ich sagte Erica, sie könne weiterschlafen, alles wäre in Ordnung. »Es tut mir Leid, dass Dad dich geweckt hat. Ich werde ihn bitten, leise zu sein, dann ist alles wieder gut ...« Alles wird gut, sagte ich mir. Alles wird gut, wenn ich endlich weiß, was Rogers Wutanfälle auslöst, und ich die Angelegenheit vor seinem nächsten Ausbruch in Ordnung bringen kann.

Alles wird gut, Ellen. Du musst nur ruhig bleiben, dann wird alles gut. Mach einfach Kartoffelbrei, dann regt er sich nicht auf, wie sonst, wenn du ein Kartoffelgratin machst. Aber mach zur Sicherheit besser noch ein paar Backofenkartoffeln. Dreh die Heizung auf einundzwanzig Grad zurück, bevor er nach Hause kommt, Ellen, sonst bekommst du Ärger, weil du sie auf zweiundzwanzig Grad gedreht hast. Wenn du das machst, wird alles gut. Vergiss nicht, alle Schranktüren zu schließen, Ellen, und heb den hölzernen Kleiderbügel auf, den er auf den Boden geworfen hat. Die blauen Flecken sollen dir eine Warnung sein, Ellen. Versteck das Zeugnis, das Allison heute nach Hause gebracht hat. Du erinnerst dich sicher noch an das letzte Mal, als die Lehrerin sagte, sie sei schüchtern, und er brüllte, er würde nicht dulden, dass seine Tochter zum »Klemmo« werde und ihr befahl: »Vergiss das Abendessen. Geh und such dir ein paar Freunde, wie das normale Kinder eben so machen.« Das war ein ziemlich heftiger Streit, Ellen, also bitte, bitte vergiss nicht, Allison zu sagen, dass sie heute Abend beim Essen nicht von der Schule spricht. Dann wird alles gut. Und wenn er fragt, Ellen, warum es schon wieder Suppe gibt, wag es ja nicht, ihm zu sagen, dass man aus einem zwölf Pfund schweren Truthahn unmöglich die Mahlzeiten für zwei Wochen machen kann. Gib einfach ein paar Nudeln mehr in die Brühe und fahr mit den Mädchen zu deiner Mutter, wenn der Kühlschrank leer ist. Und zieh dir etwas anderes an, Ellen – du weißt, wie sehr er diese kurzen Hosen hasst. Zieh einfach eine Jeans an, und alles wird gut. Alles wird gut, Ellen. Du darfst ihm nur die Rechnung für Gas, Wasser und Strom nicht zeigen, und erinnere die Mädchen daran, solange er unter der Dusche ist, nicht die Toilette zu spülen, und sag ihm nicht, dass du ein Glas zerbrochen hast oder dass du glaubst, du bekämst eine Erkältung, oder dass du es nicht magst, wenn er Geld oder Schecks aus deiner Börse nimmt oder den Kilometerzähler im Auto prüft oder bei deinen Telefonaten mithört oder dich eine Hure nennt oder dich vor seinen Kollegen anbrüllt, weil du ihn während des Volleyballspiels beim Betriebsausflug Rodge, nicht Roger genannt hast. Sag einfach nichts, Ellen, dann wird alles gut. Und weine nicht, solange er dich sehen kann, und geh aus dem Zimmer, wenn du einen Schluckauf hast, dann wird alles gut. Denk dran, Ellen, morgen ist Sonntag, also dusche nicht, stell weder den Staubsauger noch den Fernseher an und heb das Telefon gleich nach dem ersten Klingeln ab, pass auf, dass der Hund nicht bellt und die Kinder nicht spielen, bevor Roger aufgestanden ist, selbst wenn das erst um drei Uhr nachmittags der Fall ist, Ellen. Frag ihn nicht nach dem Kondom, das du gestern in der Waschmaschine gefunden hast, oder wie lange er heute Abend ausgehen wird. Stell keine Fragen, wenn er sagt, orange ist blau oder Samstag ist Sonntag. Beklage dich nicht. Weine nicht. Und werde nicht wütend. Frag niemals warum, es würde dich teuer zu stehen kommen. Gib einfach nach, dann wird alles gut. Vertrau mir. Ich verspreche dir, alles wird gut. Alles wird gut, ganz bestimmt.

Nahezu die gleiche verzweifelte Entschlossenheit, mit der ich das Chaos in meinem Heim in Schach zu halten versuchte, verwendete ich auch darauf, meine Qualen geheim zu halten. Bei Problemen mit der Sanitärinstallation, in Steuerfragen und bei kulinarischen Katastrophen konnte ich mich jederzeit auf meine Eltern verlassen. Doch die emotionalen Mauern zwischen meinen Eltern und mir hatten mehrere Jahrzehnte unbeschadet überstanden, und ich konnte mir nicht vorstellen, sie mit Enthüllungen über meine gewalttätige Ehe zu durchbrechen. Und ich schämte mich zu sehr, um mich Beth anzuvertrauen. Jahrelang hatte sie in mir die kluge, selbstbewusste Frau gesehen, die das Ego eines Mannes mit einem einzigen Blick in sich zusammenfallen lassen konnte. Auch ihr konnte ich nicht von meiner schrecklichen Lage erzählen.

Jedes Mal, wenn Beth ein Treffen mit unseren Männern vorschlug, sagte ich ihr, dass mir ein Frauenabend lieber wäre. Als mir keine Ausreden mehr einfielen, um ihre Einladungen zum Abendessen abzulehnen, nahm ich sowohl für mich als auch für Roger an, ging dann aber allein hin und behauptete, Roger sei krank oder müsse Überstunden machen. Als meine Ausflüchte beleidigend fadenscheinig wurden, zog ich mich zurück. Ich erwiderte ihre Anrufe nicht mehr und fing an, unangemeldet bei ihr aufzutauchen (»Ich war mit den Mädchen gerade in der Nähe«).

Meine Eltern ließen sich schon schwerer täuschen, aber bis auf die letzten Jahre unserer Ehe beteiligte sich Roger aktiv an der Vertuschungsaktion. Wenn ich an einem Feiertag mit dem Essen an der Reihe war, setzte Roger mich den ganzen Tag herab, behinderte mich bei der Arbeit und brüllte meist wütend im Haus herum, bis meine Eltern schließlich in die Einfahrt bogen. Aber von der Sekunde an, in der es klingelte, mimte Roger den perfekten Ehemann. Ich versteckte mich in der Küche und wischte meine Tränen mit den Topflappen weg, ehe ich meinen Eltern gegenübertrat. Wenn ich dann ins Wohnzimmer kam, lachte mein Vater über eine von Rogers selbstironischen Anekdoten. Für die Dauer ihres Besuchs nannte Roger mich »Liebling«, half mir beim Servieren und bestand darauf, nach dem Essen sauber zu machen. Gegen Ende unserer Ehe fiel er des Öfteren aus der Rolle, brüllte meine Mutter an, weil sie mir beim Abwasch half (»Ellen ist so eine Schlampe – sie hat es nicht verdient, dass du ihr hilfst«), und bedrohte die dreijährige Erica mit einem siebenarmigen Leuchter und vier brennenden Kerzen, als sie fragte, ob auch sie einmal die Kerzen zum Lichterfest anzünden dürfte.

Meine Eltern, unsere einzigen Gäste (wir besuchten Rogers Familie an einem anderen Abend), kamen danach nie wieder zum Abendessen. Sie luden mich und die Mädchen zu sich nach Hause ein oder gingen mit uns ins Restaurant, wenn Roger nicht mitkommen konnte. Wir wussten alle warum, spielten aber noch ein weiteres Jahr die Verschwiegenen, bis ich Roger Anfang 1992 verließ. Mein Geheimnis war sicher, selbst als meine Lage immer bedrohlicher wurde. Aber ich war noch nicht bereit dazu, ihn zu verlassen, war noch nicht bereit zuzugeben, dass meine Ehe ein Problem war, das ich nicht lösen konnte. Und ich war nach wie vor – dumm, gefährlich und gegen jegliche Logik – davon überzeugt, dass es meine Aufgabe sei, Rogers Wut zu zügeln.

Meine Versuche, seine Wutausbrüche zu verhindern, waren ermüdend, demütigend und letzten Endes sinnlos. Die Liste der Dinge, die Rogers Ausbrüche auslösten, wuchs stets schneller und war stets länger als die Liste meiner Präventivmaßnahmen. Aber der Versuch, Rogers Wut unter Kontrolle zu halten, war mir inzwischen in Fleisch und Blut übergegangen und deshalb eine der leichteren Pflichten einer geschlagenen Ehefrau. Mehr Angst machten mir die Spielchen, mit denen Roger mich glauben machen wollte, ich sei verrückt. An Weihnachten 1991, meinem letzten Weihnachtsfest mit Roger, schenkte mir ein Freund und Filmfan George Cukors Film *Das Haus der Lady Alquis* als Video.

In dem Drama von 1944 versucht Charles Boyer, die von Ingrid Bergman dargestellte Figur in den Wahnsinn zu treiben (und so ihr Vermögen an sich zu reißen). Er beschuldigt seine Frau, ein Bild verlegt zu haben, das er zuvor versteckt hatte, und »findet« es schließlich in einem Schrank. Er steuert die Gasbeleuchtung im Haus, so dass nur sie es sieht, wenn die Lampen sich verdunkeln. Auf der Kassettenhülle stand, die Kritik bezeichne den Film als »gespenstisch und makaber«, und mein Vater riet mir davon ab, ihn nach Einbruch der Dunkelheit anzusehen. Doch ich hätte ihn mir um Mitternacht auf einem Friedhof ansehen können und mich nicht übermäßig geängstigt. Sicher, Boyer war grausam zu Ingrid Bergman, aber das Handwerk der Manipulation beherrschte er höchstens so gut wie ein geschickter Geselle, wohingegen Roger, mein Roger, ein Meister seines Faches war.

Er versteckte die unterschiedlichsten Dinge und warf mir vor, sie verloren, weggeworfen oder weggegeben zu haben. Tag für Tag erzählte er, ich bilde mir Dinge nur ein. Er beschimpfte mich, und wenn ich es wagte, mich zu wehren (»Ich bin keine verdammte Hure«), leugnete er, mich beleidigt zu haben (»Das habe ich nicht gesagt, Ellen. Ich würde niemals so über dich sprechen, und ich wünschte, du würdest keine solchen Ausdrücke verwenden. Die Kinder könnten dich hören«). Er streute Marihuana-Samen auf den Boden, blitzte mich wütend an und fragte: »Warum zum Teufel hast du das gemacht? Heb das sofort wieder auf.« Er zündete drei Kapitel eines Romans, an dem ich gerade schrieb, an und beteuerte, ich hätte es ihm befohlen (»Ich habe mich richtig schlecht dabei gefühlt, Ellen. Du kannst so wunderbar schreiben, aber du wolltest es so, mein Schatz«). Bis zu dem Augenblick, als er meine Worte vernichtete, hatte ich sein Schwarz-ist-weiß-Verhalten auf eine Krankheit oder durch Drogenkonsum verursachte Vergesslichkeit zurückgeführt.

Im Gegensatz zu Ingrid Bergman zweifelte ich niemals an meinem Verstand. Ich fragte mich zwar manchmal, ob der Mangel an Schlaf meinem Gedächtnis geschadet hatte, doch ich sagte mir, wenn ich im Unterricht aus den Aufsätzen eines jeden meiner sechzig Studenten zitieren konnte, konnte ich mich erst recht an ein Gespräch mit Roger erinnern, das gerade erst stattgefunden hatte. Und weil mein Leben mit Roger einer endlosen Teestunde mit dem verrückten Hutmacher aus *Alice im Wunderland* glich, waren seine falschen Anschuldigungen so häufig wie mein Name. Doch dass er die einzige Kopie meines Manuskriptes in Brand steckte, nein, dafür hatte ich nur eine Erklärung: Hass.

Natürlich gab ich mir selbst die Schuld – nicht für den Hass, sondern dafür, dass ich mich ihm unterworfen, ihn nicht erkannt hatte. Was war ich doch für eine Idiotin. Ein Schwachkopf. Ich war nicht nur das Opfer von Rogers Gewalt geworden, sondern auch noch zu dumm gewesen, es zu erkennen. Wie dumm, dumm, dumm, dumm von mir. Ich belegte mich mit allen Schimpfnamen, mit denen Roger mich je bezeichnet hatte – und noch einigen mehr. Als mir keine Synonyme für »dumm« mehr einfielen, erkannte ich plötzlich die Wahrheit über Roger, meine Ehe und mein Leben. Es war, als erhellten Lichtblitze zufällige Wahrheiten, die in den Schatten der Sturmwolken verborgen waren. Sie enthüllten die scharfkantigen Splitter der Realität, die ich mehr als zehn Jahre verdrängt hatte.

Was glaubst du, Ellen, warum Allison jedes Mal weint, wenn sie Geburtstag hat? Warum sie schluchzt, dass sie nicht älter werden will? Verstehst du nicht? Sie will nicht groß werden, will nicht werden wie du. Sie will nicht mit gesenkter Stimme und gesenktem Kopf durch ihr eigenes Haus schleichen. Und ist dir nicht aufgefallen, dass deine süße, schüchterne, warmherzige Erstgeborene gemein und tyrannisch geworden ist und ihrem Vater von Tag zu Tag ähnlicher wird, sich immer mehr benimmt wie er? Wie kann dir entgangen sein, dass sie von der Schule nach Hause kommt und dich zur Rede stellt, warum ihr Essen noch nicht fertig ist? Oder sich weigert, das zu essen, was du vorbereitet hast, weil sie zuerst gefragt werden wollte? Und wie erklärst du dir die blauen Flecken auf deinen Beinen und die Schrammen auf deinen Armen? Die letzten stammten nicht von Roger, sondern von deiner sechsjährigen Tochter, die schrie: »Ich hasse dich, ich hasse dich, ich hasse dich«, als du sagtest, sie müsse zuerst ihre Hausaufgaben fertig machen, bevor sie den Fernseher anmachen könne. Hörst du nicht, wie sie darauf beharrt, du müsstest zu ihr kommen, wenn sie einen Wunsch hat, und wie sie dich anschreit, es sei deine Schuld, dass sie nicht rechtzeitig aufgestanden ist und den Bus verpasst hat? Wessen Verhalten ist das, Ellen? Und was ist mit Erica, dem lebhaften Baby, das dich immer zum Lachen gebracht hat? Ist dir aufgefallen, dass sie zu zittern beginnt, bevor ihre Schwester nach Hause kommt? Dass sie dich anfleht, Allison alles zu geben, was sie verlangt, »damit sie nicht gemein zu mir ist«? Und bist du taub, dass du nicht hörst, wie sich Erica bei den Möbeln und dem Geländer entschuldigt, wenn sie aus Versehen dagegen läuft? Und was war vor zwei Wochen, als du Erica und Allison länger als eine halbe Stunde mit ihrem Vater allein gelassen hast (weil du beweisen wolltest, dass du nicht in deinem eigenen Haus gefangen bist)? Erinnerst du dich, dass beide Mädchen hysterisch schluchzten, als du sechs Stunden später zur Tür hereinkamst, und sie sich erst Stunden später wieder beruhigt hatten? Und sie dir nicht sagen wollten, warum sie so verängstigt waren? Und erinnerst du dich daran, dass Allison drei Tage später nachts im Halbschlaf in dein Zimmer kam und schrie: »Lass mich in Ruhe. Du sollst mich nicht anfassen. Lass mich in Ruhe. Fass mich nicht an«? Und als du sie in den Arm nehmen wolltest, kratzte sie dich so fest, dass du blutetest.

Hast du den Mumm zu gehen, Ellen? Kannst du jemals wieder in den Spiegel sehen, wenn du bei einem Mann bleibst, der dich quält? Kannst du die kläglichen Überreste deiner selbst zusammennehmen und deine Familie retten? Denn wenn du das nicht kannst, wirst du sterben, Ellen. Du und deine Mädchen, ihr werdet sterben. Wofür entscheidest du dich, Ellen? Bleiben oder gehen? Leben oder sterben?

Mein Verstand war aus einer zehnjährigen Starre aufgeschreckt und erschüttert von diesen entsetzlichen Enthüllungen. Ich spürte eine seltsame Feuchtigkeit auf meinen Wangen. Tränen? Ich hatte seit Jahren nicht mehr geweint. Doch mein T-Shirt war nass und mein Kissen feucht. Zu meinem Entsetzen musste ich feststellen, dass ich eine Stunde lang geweint hatte. Meine Schwäche machte mir Angst. Ich befahl mir aufzuhören, aber ich konnte es nicht. Schluchzend brach ich zusammen und rollte mich auf dem Boden zu einer Kugel ein. Ich heulte und brüllte wie ein verwundetes Tier. Ich stöhnte, wiegte mich auf Knien hin und her, immer schneller, bis ich zu erschöpft war, um mich zu bewegen.

Später hörte ich das Bremsen des Schulbusses und wusste, dass meine Töchter zu Hause waren. Ich stand auf, setzte meine

Frau-und-Mutter-Maske auf, spulte die Umarmung-Hausaufgaben-Abendessen-Bad-Umarmung-Routine wie ein Roboter ab und wehrte mich gegen Rogers übliche Angriffe und Forderungen. Aber nun, da ich sie einmal abgenommen hatte, passte die Maske nicht mehr. Erica bemerkte es, ließ mich nicht aus den Augen, runzelte wiederholt ihre vierjährige Stirn und fragte: »Was ist los, Mom? Wieso bist du so traurig?« Als mein Lächeln erstarb, nahm Roger daran Anstoß: »Ich weiß nicht, was zum Teufel mit dir los ist, Ellen, aber egal was es ist, reiß dich zusammen – sonst gebe ich dir einen Grund, dich so verdammt aufzuführen.« Allison wurde ruhiger, nachdenklicher und nahm meine Veränderung kommentarlos hin. Aber sie umarmte mich oft und sagte mir immer wieder, wie lieb sie mich hatte. Oxford folgte mir überall hin. Von Zeit zu Zeit legte er einen Ball vor meine Füße oder zupfte an meinem Ärmel, aber er glaubte nicht wirklich, dass ich mich zu einem Spiel hinreißen lassen würde. Meine Fassade brach zusammen, und jeden Tag fiel es mir schwerer, so zu tun, als sei alles – oder auch nur irgendetwas – in Ordnung, bis es mir schließlich unmöglich war. Ich musste mich befreien. Musste meine Familie und mich selbst retten, aber ich wusste nicht, wie.

Lieber Gott, betete ich, gib mir die Kraft, das durchzustehen. Gib mir den Mut zu gehen. Gib mir den Willen zu überleben.

Der große Plan

In meinem neuen Leben habe ich eine Abneigung gegen das Planen: Ich scheue vor Stundenplänen zurück, habe Probleme mit dem Kalender und lebe ohne Tagebuch. Das heutige Abendessen wird irgendwann vor dem Schlafengehen stattfinden, das morgige Frühstück hat irgendwann vor dem Mittagessen ziemlich hohe Priorität. Die Wäsche steht ganz oben auf meiner Liste, falls eine von uns Gefahr läuft, zwischen schmutziger und feuchter Unterwäsche wählen zu müssen. Ich zahle meine Rechnungen immer dann, wenn ich genügend Geld habe, um Postanweisungen zu kaufen, und nehme die Post mit, wenn ich zufällig am Kasten am Ende der Straße vorbeikomme. Ich plane mein Leben in Abschnitten von einer halben Minute – und auch nur, wenn es nötig ist.

Das soll nicht heißen, ich sei verantwortungslos. In den acht Jahren als allein erziehende Mutter habe ich es nur zweimal versäumt, meine Kinder von der Schule abzuholen. Einmal, weil ich Probleme mit dem Wagen hatte, und einmal, weil ich in der Notaufnahme eines Krankenhauses lag. Und selbst, als ich am Straßenrand liegen geblieben oder auf eine Bahre geschnallt war, sorgte ich dafür, dass jemand Allison und Erica von der Schule abholte und sich um sie kümmerte. Das Leben auf der Flucht lässt sich natürlich kaum mit den Vorgaben eines elektronischen Kalenders vereinbaren, und unsere Armut gestattet mir nur wenig finanzielle Vorausplanung.

Aber vor und während meiner Zeit mit Roger war ich eine große Planerin, eine Meisterin der Ordnung. Bei meinen konzertierten Aktionen war an alles gedacht. Ich hatte Sechsmonats-, Zwölfmonats- und Fünfjahres-Karrierepläne. Ich hatte Pläne für das Universitätsstudium meiner Töchter, noch ehe sie auf der Welt waren, und Pläne für eine treuhänderische Verwaltung meines Vermögens im Falle meines Todes. Einmal plante ich fünf Wochen lang einen Familienbrunch (die Zeichnung, wie das Essen auf dem Buffet zu arrangieren sei, eingeschlossen) und zwei Jahre einen Familienurlaub, den ich von dem Geld bezahlte, das ich dadurch gespart hatte, dass ich Allison stillte, statt ihr das Fläschchen zu geben (und das ich jede Woche auf ein spezielles Sparkonto eingezahlt hatte).

Als ich beschloss, Roger zu verlassen, entwarf ich meinen »Großen Plan für das Leben ohne Mann«. (Ja, er hieß tatsächlich so.) Aber ganz oben auf der Seite führte ich alle Möglichkeiten auf, die den Plan, wie ich hoffte, hinfällig machen würden:

Roger stirbt bei einem Autounfall. Fünf Jahre lang spielte ich das Szenario jeden Abend der Woche zwischen sechs Uhr und Rogers Eintreffen in meinem Kopf durch. Es war meine Lieblingsvorstellung von meiner Befreiung von Roger, denn ich musste nichts dafür tun. Roger stirbt, ich bekomme eine halbe Million Dollar von seiner Lebensversicherung, und für die Mädchen und mich beginnt ein neues Leben. Wir sind ein wenig reicher und sehr viel glücklicher. Aber Roger starb nicht, und nur meine Hoffnung nahm Schaden, denn mit jedem Öffnen der Garagentür, das Rogers Rückkehr ankündigte, starb sie von neuem.

Roger verlässt mich für eine andere Frau. Wenn ich schon keine Witwe sein konnte, dann wollte ich doch wenigstens verlassen werden. Jedes Mal, wenn Roger zum Einkaufen ging und vier Stunden später mit Papiertüchern, Mortadella und Zahnpasta aus dem Lebensmittelgeschäft zurückkam, hoffte ich, er würde die Scheidung fordern. Stattdessen erfand er detaillierte Märchen von Verkehrsstaus (einmal erzählte er, ein Lastwagen sei umgekippt und Cornflakes und Frosties seien über die gesamte Schnellstraße verteilt gewesen) und Besuchen eines pflichtbewussten Sohns bei seiner Mutter (die ihm so viel zu essen gegeben hatte, dass ihm schon bei dem Gedanken an den Lebensmittelkauf übel geworden war). Damals erkannte ich nicht, dass Roger keinen Grund hatte, eine Frau zu verlassen, die Ausflüchte dieser Art gleichgültig hinnahm *und* ihm mit Begeisterung Sandwiches mit gebratener Mortadella zum Frühstück machte, seine Hemden wusch und seine Toilette schrubbte.

Ich schmuggele Drogen und brenne mit dem Geld durch. Jeden Tag überquerte ich die Grenze zwischen den USA und Kanada, um Studienanfängern den richtigen Umgang mit Partizipien beizubringen, und ich war mir sicher, ein paar Pfund Kokain unter dem Haufen aus unkorrigierten Aufsätzen und leeren Cola-light-Dosen verschwinden lassen zu können, ohne die Aufmerksamkeit der Grenzbeamten zu erregen. Aber natürlich wusste ich nicht, wo ich einen Drogendealer auf der Suche nach einem Drogenkurier finden sollte. Außerdem konnte ich mir nicht vorstellen, wie ich an das Geld kam, ohne gleichzeitig getötet zu werden. Ich machte mir Sorgen, getötet zu werden, wenn ich wieder aussteigen wollte, und wusste, dass ich Allison und Erica keine Gute-Nacht-Geschichten vorlesen konnte, wenn ich tot war.

Ich gewinne in der Lotterie und brenne mit dem Geld durch. Diese Möglichkeit schien sicherer, aber noch abwegiger als eine Karriere als Drogenschmuggler. Als ich schließlich anfing, Kleingeld zu horten, um jede Woche zwei Lose kaufen zu können, wusste ich, dass mir die Sache über den Kopf wuchs und etwas mit meinem Plan nicht stimmte.

Was mit all diesen Plänen nicht stimmte, war, dass es eigentlich keine Pläne waren, sondern etwas, das mir wie durch Zauberei die Aufgabe, Roger zu verlassen, abnahm.

Nachdem ich also einen Tag geweint hatte und es mir wochenlang nicht gelungen war, Haltung zu bewahren, machte ich mit dem »Großen Plan für das Leben ohne Mann« ernst und entschied mich zu einem ersten Schritt: Ich ging zum Arzt.

Roger hatte mir so oft erzählt, ich sei verrückt und es sei Wahnsinn, ihn zu verlassen. Ich wollte wissen, ob er Recht hatte (ich glaubte nicht, verrückt zu sein, aber wenn ich es wäre, wie konnte ich es wissen?), und ging zu dem Arzt, den ich seit zwölf Jahren kannte und bei dem die gesamte Familie samt Roger in Behandlung war.

»Dr. Elliot, ich möchte Sie bitten, mich an einen Psychiater zu überweisen.«

»Warum? Was ist los?«

Dr. Elliot war im Begriff, der erste Mensch zu werden, dem gegenüber ich Bedenken bezüglich meiner Ehe mit Roger *andeutete.* Ich hatte Angst und ich schämte mich. (Ich war in der Tat eine Perfektionistin. Einmal warf ich zwei ganz und gar selbst gebackene Schokoladenkuchen in den Müll und backte um drei Uhr morgens einen neuen. Unsere Gäste sollten nicht sehen, dass ein paar

Krümel die Glasur des einen verunzierten und die Schichten des zweiten Kuchens nicht hundertprozentig aufeinander passten. Sie können sich also vorstellen, wie sehr ich mich schämte, einen so schrecklichen Fehler wie meine Ehe mit Roger zuzugeben – und dass ich bei ihm geblieben war.) Noch schlimmer war, dass ich das Gefühl hatte, meinen Mann zu verraten und ihn anzuschwärzen, und er keine Gelegenheit hatte, sich zu verteidigen. Doch nachdem ich mich dazu entschlossen hatte, meine Ängste jemandem anzuvertrauen, war Dr. Elliot eine kluge Wahl. Er war seit fünfzehn Jahren Hausarzt und wirkte trotzdem noch wie ein Medizinstudent im sechsten Semester. Seine Haare sahen immer aus, als müsste er einmal wieder zum Friseur, sein Bart verlangte dringend nach einer Rasur, und seine Kleider (gewöhnlich Cordhosen und karierte Hemden) waren stets zerknittert und abgetragen. Aber auf meine Fragen wusste er immer die neuesten Antworten, und er verschrieb nie ein Medikament und machte keine Untersuchung, ohne sich zuerst anzuhören, wirklich anzuhören, welche Symptome ich ihm schilderte. Er war lustig, eigenwillig, zartfühlend und direkt. Meine Mutter war entsetzt, als Dr. Elliot sie fragte, ob sie und mein Vater noch Sex miteinander hätten. Vermutlich war das ein weiterer Grund, warum ich seinem Urteil vertraute. Kein Thema war tabu.

»Also, ich – ich denke, ich werde Roger verlassen, weil er ... mir Angst macht. Er hat diese unberechenbaren Stimmungsschwankungen, und ich habe den Eindruck, sie werden immer schlimmer. Manchmal tobt er tagelang. Wenn er nach Hause kommt, verstecken sich die Kinder und der Hund. Aber Roger sagt, *ich* sei verrückt, und ich möchte wissen, ob er Recht hat.«

Dr. Elliot legte sein Klemmbrett aus der Hand und lehnte sich gegen die Untersuchungsliege. Nachdem er einen Blick auf meinen gesenkten Kopf und meine zitternden Hände geworfen hatte, antwortete er: »Roger macht immer einen sehr zuvorkommenden Eindruck, wenn er im Laufe eines Termins von Ihnen spricht. Er sagt Sachen, wie sie liebevolle Ehemänner eben sagen. Aber Lynn, meine Empfangsdame, hat fürchterliche Angst vor ihm. Sie spricht immer noch von dem Vorfall vor zwei Jahren. Er hat sie angeschrien, weil er zwanzig Minuten warten musste, und ich habe keinerlei Zweifel an *ihrem* Verstand. Sie sind nicht verrückt, Ellen. Sie brauchen keinen Psychiater. Sie brauchen nicht einmal einen Psychologen. Sie brauchen jemanden, mit dem Sie über diese Sache sprechen können. Ich gebe Ihnen die Nummer einer Sozialarbeiterin, die ich kenne. Ich denke, Sie werden sie mögen – sie ist eine sehr kluge Frau.«

»Ich dachte immer, auch ich wäre klug – viel zu klug, um in ein solches Durcheinander zu geraten. Ich hoffe nur, ich kann die Sache mit einem Mindestmaß an Anstand und Würde über die Bühne bringen. Um der Kinder willen.«

»Um ihretwillen müssen Sie da herauskommen. Ich mache mir immer große Sorgen, wenn ich höre, dass Kinder Angst vor ihrem Vater haben. Und Sie *sind* klug. Sie werden es schaffen. Nur, seien Sie vorsichtig. Passen Sie auf.«

Das kanadische Gesundheitssystem machte es möglich, dass ich auf meinem Weg nach draußen nichts bezahlen musste. Ich konnte ohne ein Wort an Lynn vorbei und zur Tür hinaus in den Novemberniesel eilen. Ich schämte mich zutiefst, dass mein Mann Lynn angeschrien hatte, und ich fühlte mich schuldig, weil ich den Termin für ihn ausgemacht hatte. Damals dachte ich so; es war alles meine Schuld.

Zehn Tage später saß ich in einem sanft beleuchteten Zimmer und einem weich gepolsterten Sessel der Therapeutin Joan Santiga gegenüber. Sie trug ein Baumwollkleid und reichte mir eine Schachtel mit Papiertaschentüchern. Keiner dieser tröstlichen Umstände machte es mir leichter, mit ihr über den Grund meines Kommens zu sprechen, aber sie weckten in mir den Wunsch, etwas zu unternehmen.

Ich erinnere mich kaum an diesen ersten Besuch. Ich wiederholte Sätze wie »Ich will das Richtige tun«, »die Sache mit Anstand und Würde über die Bühne bringen«, »tun, was das Beste für meine Töchter ist« und »nicht zu viel Aufhebens machen«. Ich erinnere mich auch, dass ich mich entschuldigte, als ich mein Scheckheft nicht sofort fand und um einen Stift bitten musste, und dass ich zitterte, als ich den Scheck unterschrieb, und mich fragte, wie ich Roger die achtundsechzig Dollar erklären sollte.

An den zweiten Besuch erinnere ich mich in allen Einzelheiten.

Es waren bereits fünfzig Minuten unserer fünfundfünfzigminütigen Sitzung verstrichen. Frau Santiga hatte zuvor lediglich von

Zeit zu Zeit eine Frage eingeworfen, doch plötzlich hatte sie eine Menge zu sagen. »Eine Therapie ist ein Luxus. Eine ernsthafte, langwierige Auseinandersetzung mit der eigenen Persönlichkeit. Selbst eine Kurzzeit-Therapie bezüglich einzelner Aspekte, wie die Vorbereitung Ihrer Töchter auf die Scheidung, kann Wochen dauern. Diese Zeit haben Sie nicht. Ich spreche jetzt nicht als Ihre Therapeutin. Offen gesagt, ist mir die nötige Objektivität schon nach der Hälfte unserer ersten Sitzung abhanden gekommen. Ich musste die ganze Woche an Sie denken, und ich habe Angst um Sie. Ihr Mann ist sehr, sehr gefährlich, und wenn er herausbekommt, dass Sie hier waren und Hilfe in Anspruch genommen haben, wird er noch sehr viel gefährlicher werden. Und ich habe keine Möglichkeit, Ihnen zu helfen. Sie müssen nicht reden. Sie müssen handeln. Sie müssen mit Ihren Töchtern sofort sein Haus verlassen. Sofort. Schenken Sie sich die Höflichkeiten und die Vorbereitungen. Gehen Sie. Gehen Sie in ein Frauenhaus. Verlassen Sie ihn.«

»Sie glauben mir also?«

»Ja, Ellen, ich glaube Ihnen. Ich denke, es fällt Ihnen schwer, die Realität Ihrer Lage zu sehen, denn diese Realität ist ziemlich beängstigend. Und Sie sollten Angst haben. Nutzen Sie diese Angst, um sich selbst und Ihre Töchter in Sicherheit zu bringen. Bitte.«

»Vielleicht klingt es aus meinem Mund ja schlimmer, als es ist.«

»Nein, Ellen, Sie tun Ihr Möglichstes, damit es so klingt, als sei alles in bester Ordnung, als gäbe es keinen Grund zur Besorgnis. Sie erzählen von einer schrecklichen Sache, die Roger Ihnen angetan hat, und dann lächeln Sie. Wussten Sie, dass Sie nach jedem Satz lächeln? Ellen, Sie haben keinen Grund zu lächeln.« Sie schwieg einen Augenblick, dann sprach sie etwas ruhiger weiter. »Ich weiß, dass ich etwas heftig reagiere, und ich will, dass Sie wissen, dass ich jetzt nicht als Therapeutin zu Ihnen spreche. Ich spreche zu Ihnen als eine Frau, die um Ihr Leben fürchtet, und so etwas ist mir bisher noch nie passiert. Bitte, Ellen. Bringen Sie sich in Sicherheit, und passen Sie auf.«

Die Stunde war vorüber. Ich dankte ihr, stand auf und ging zur Tür. Ich hatte nichts mehr zu sagen, doch sie wiederholte ihre Worte: »Bringen Sie sich in Sicherheit.«

Die nächsten Ereignisse erklären meine jetzige Abneigung gegen Klebenotizen und andere Hilfsmittel zur Planung. Ich brachte mich nicht in Sicherheit. Ich ging nach Hause zu Roger, der mich in jener Nacht knebelte und fesselte, als ich ihm nicht sagen wollte, wo ich einen Teil des Nachmittags verbracht hatte. Er stand grinsend in der Schlafzimmertür, als eine weinende Erica mich zehn Stunden später fand und losband. Ich blieb weitere achtundsechzig Tage voller Grausamkeit und Wahnsinn bei ihm, weil ich wild entschlossen war, mich an meinen »Großen Plan« zu halten. Schließlich musste ich noch mit Anwälten sprechen, Kundenkonten auflösen, Steuererklärungen kopieren, Rechnungen zahlen und unsere Sachen packen. Je schlimmer es wurde, desto entschlossener hielt ich an meinem Plan fest. Bis zu jenem Tag, als ich eine geladene Pistole in Rogers dunkelblauem Wintersakko entdeckte.

Ich fand die Pistole, als ich den Staubsauger aus dem Einbauschrank in der Diele zerrte und sich der Griff in einer Jackentasche verfing. In mir stieg ein Gefühl auf, das ich nicht mehr für möglich gehalten hätte: Panik. Meine bewährte Reaktion auf die Schrecken eines Lebens mit Roger war, ruhig zu bleiben. Je gefährlicher die Situation, desto ruhiger wurde ich. Doch die Pistole versetzte mich in Panik. Ich nahm die Jacke, mitsamt dem Kleiderbügel, hielt sie so weit wie möglich von mir weg, legte sie in den Kofferraum meines neuesten Minibusses, fuhr zur nächsten Polizeistation und verkündete dem gähnenden Beamten am Schalter: »In meinem Wagen befindet sich eine Pistole. Ich möchte, dass sie entfernt wird. Jetzt gleich, bitte.«

Dies war das erste Mal, dass ich mit der örtlichen Polizei in Berührung kam, und ich versprach mir zumindest ein rasches Eingreifen. Schließlich war es in Kanada verboten, eine Pistole zu besitzen, und die Strafen waren hoch. Zudem war ich die einzige Person am Schalter und nach der Zahl der Beamten zu urteilen, die hinter ihren Schreibtischen saßen, gab es an diesem Donnerstagnachmittag wenig zu tun. Trotzdem ließ man mich eine Viertelstunde warten. Schließlich führte mich ein großer, rotblonder Polizist in ein kleines, modernes Büro und stellte einen Haufen Fragen, wann, warum und wie die Pistole in den Wagen gekommen war. Nachdem er die vielen Lücken auf dem offiziell aussehenden Blatt Papier ausgefüllt hatte, schickte er einen anderen großen, rotblonden Polizisten los, die Pistole zu holen. Der zweite rotblonde Polizist kam mit dem Sakko zurück, reichte es dem ersten rotblonden Polizisten, der es vor uns auf den Tisch legte. Dann, mit beiden Beamten als Zeugen, holte dieser die Pistole heraus. Zwei wütende Augenpaare richteten sich auf mich.

»Ma'am, wissen Sie, was das ist?«, fragte der erste rotblonde Polizist.

»Eine Pistole«, antwortete ich. Ich wusste nicht, ob die Frage rhetorisch gemeint war oder zum Verhör gehörte. Eingesperrt in einem Zimmer mit zwei Polizisten und Rogers Pistole, wollte ich keinesfalls unhöflich erscheinen.

»Wissen Sie, was für eine Pistole das ist?«, fragte der zweite rotblonde Polizist.

»Eine Handfeuerwaffe?«, fragte ich vorsichtig.

»Was für eine Handfeuerwaffe?«, bohrte der zweite rotblonde Polizist nach.

»Ich habe keine Ahnung«, antwortete ich besorgt. Inzwischen hatte ich das Gefühl, durch eine Prüfung zu rasseln.

»Keine Ahnung?«

»Nein.«

»Das ist eine Schrotpistole.«

»Eine Schrotpistole?«

»Ja, eine Schrotpistole. Eine Pistole, die mit Schrotkügelchen geladen ist, nicht mit Patronen.«

»Oh ... Sie sieht aber wie eine richtige Pistole aus.«

»Sie wollten uns doch nicht auf den Arm nehmen, oder?«

»Auf den Arm nehmen? Natürlich nicht. Ich habe die Pistole hergebracht, weil ich sie gefunden habe, weil ich Angst hatte und sie nicht im Haus haben wollte.«

»Sie haben Sie nicht hergebracht, weil Ihnen langweilig war oder Ihre Lieblingsserie aus dem Programm genommen wurde oder so?«

»Nein! Könnten Sie jetzt bitte meine Frage beantworten?« Die beiden rotblonden Polizisten schwiegen, also sprach ich weiter. »Können Sie mir bitte sagen, warum mein Mann eine Pistole in seiner Sakkotasche herumtragen sollte?«

»Vielleicht schießt er ja gern auf Eichhörnchen«, meinte einer der Polizeibeamten (ich hatte es aufgegeben, sie auseinander halten zu wollen).

»Von seinem Schreibtisch im Büro aus? Die Pistole steckte in einem blauen Sakko, keinem orangefarbenen Jagdblouson. Außerdem hat er nie erwähnt, dass er eine Pistole besitzt, und er weiß, dass ich im Haus keine Waffen dulde. Warum sollte er sie also in einem Sakko verstecken, das er in der Arbeit trägt?«

»Ich weiß nicht, Ma'am. Das sollten Sie wohl besser Ihren Mann fragen.«

»Nein, besser nicht«, murmelte ich, von Angst, Wut und Scham überwältigt. »Ich – ich will die Pistole jedenfalls nicht. Würden Sie sie behalten?«

Die Polizisten wechselten einen irritierten Blick, füllten fix eine Empfangsbestätigung aus und reichten mir die Quittung. »Ach, übrigens«, sagte einer von ihnen, »wenn Ihr Mann kommt und die Pistole holen will, müssen wir sie ihm geben. Schließlich ist es ja kein Beweisstück oder so.«

»Könnte man mit dieser Pistole einen Menschen verletzen?«

»Ja, sicher. Wenn man nahe genug rangeht, kann man jemandem ein Auge ausschießen oder einen Knochen verletzen. Aber die Waffe gilt nicht als tödlich.«

»Was denken Sie, könnte ein ganz normaler Mensch, der keine Ahnung von Pistolen hat, eine Pistole, die mit Schrotkugeln geladen ist, von einer Pistole, die mit Patronen geladen ist, unterscheiden?«

»Nun ja, auf den ersten Blick könnte man sie schon für echt halten.«

»Und wenn jemand diese Pistole auf Sie richten und Ihnen drohen würde, Sie zu erschießen, wäre es dann nicht normal, dass Sie Angst hätten?«

»Ja, aber sagten Sie nicht, Sie hätten die Pistole in einer Jackentasche gefunden?«

»Ich weiß. Das war ja auch nur eine Frage.« Ich würde den beiden nicht erzählen, dass ich die Pistole für einen von Rogers gespenstischen Tricks hielt – entweder, um mir einen Schrecken einzujagen, damit ich zur Polizei lief (um mich dort lächerlich zu machen), oder, um die Mädchen oder mich zu einem späteren Zeitpunkt damit zu bedrohen. In jedem Fall gehörte die Pistole zu Rogers Arsenal von Psychoterror-Taktiken. Sie hatte mich schon ohne Rogers Finger am Abzug zu Tode erschreckt, und obwohl die Polizisten die Sache herunterspielten, fürchtete ich, dass die Pistole eine bedrohliche Entwicklung ankündigte.

Ich sagte nichts von alledem, sondern überließ die Pistole den Polizisten und fuhr mit der Quittung nach Hause. Dann nahm ich meinen Mut zusammen, rief Roger in der Arbeit an und sagte ihm, dass ich die Pistole gefunden hätte und er an diesem Abend nicht nach Hause zu kommen bräuchte. Dass er sich überhaupt erst wieder zu Hause blicken lassen bräuchte, wenn er psychologische Hilfe in Anspruch genommen hätte. Überraschenderweise willigte er ein. Seine Stimme hatte einen seltsamen Klang, als spräche ich mit einem kleinen Jungen, was noch unheimlicher war als seine übliche Wut. »Ich weiß, dass ich sehr, sehr böse war. Ich bringe keine Pistolen mehr nach Hause, versprochen, und ich gehe auch zum Doktor, weil ich dich lieb habe. Ich hab dich ganz lieb.« Wären wir im selben Raum gewesen, er wäre vermutlich auf meinen Schoß geklettert und hätte Mom zu mir gesagt. Selbst für Rogers Verhältnisse war diese Reaktion merkwürdig.

Am nächsten Tag rief er gegen Mittag an und sagte, er hätte einen netten Abend bei seinen Eltern verbracht (»Mom hat mir mein Lieblingsessen gekocht – Grillhähnchen«) und für acht Uhr abends einen Termin mit einem Psychologen vereinbart, an den ihn Dr. Elliott überwiesen hätte. »Darf ich hinterher nach Hause kommen? Bitte?«

»Also ... na gut, aber nur wenn du hingehst und auch beweisen kannst, dass du wirklich dort gewesen bist.«

»Natürlich gehe ich hin«, versicherte er mir. Seine Stimme brach und ging in ein Schluchzen über. »Ich tue alles, was du willst, wenn ich nur wieder nach Hause kommen darf.«

Gegen halb elf fuhr er in die Garage. Die Mädchen und der Hund waren schon im Bett, und ich erwartete Roger im Wohnzimmer. Lächelnd kam er zur Tür herein, und für einen Mann, der gerade von einer zweistündigen, von seiner Frau verordneten Therapiesitzung zurückkam, wirkte er seltsam heiter. »Hallo, mein Schatz. Himmel, ist das schön, wieder zu Hause zu sein. Ich kann es kaum erwarten, dir zu erzählen, was bei dem Psychologen alles passiert ist. Es wird dich freuen.«

Ich glaubte nicht, dass mich irgendetwas an seiner Geschichte erfreuen könnte – es sei denn, der Psychologe wäre zugleich ein

Krebsspezialist gewesen und hätte bei Roger einen Gehirntumor im Endstadium festgestellt. Hatte der Arzt Roger eine Eins in geistiger Gesundheit erteilt? Hatte Roger den Arzt davon überzeugt, dass *ich* verrückt sei? Was hatte dieser Psychologe Roger wohl gesagt, dass ich – oder er selbst – darüber glücklich sein konnte?

»Also, was hat er gesagt?«, fragte ich, meine Stimme so neutral wie möglich.

»Na ja«, sagte Roger und zog seinen Mantel aus (ich suchte ihn mit Blicken nach Beulen ab, die von einer Pistole hätten stammen können), »eigentlich hat er gesagt, dass ich total durchgeknallt bin.«

»Ist das die gute Nachricht?«

»Immer mit der Ruhe, lass mich doch erst mal erzählen.«

Ich saß in einem steifen Ohrensessel, Roger hatte sich mir gegenüber auf das Sofa gesetzt. Seine Blick schossen wild umher, Tränen liefen sein Gesicht herab, aber immer noch lächelnd erzählte er mir seine Version der Sitzung bei Dr. Green.

»Ich muss schon sagen, der Kerl ist gut, wirklich gut. Erstaunlich, was der alles weiß. Er hat schon den vollen Überblick, was los ist. Erstaunlich. Na egal, wir haben über das Problem mit meiner Wut gesprochen, und er wollte wissen, ob ich alle Leute anbrülle. Ich hab gesagt, nein, nur dich und die Mädchen und meinen besten Freund George, und er hat mich gefragt, warum ich nur zu den Leuten, die ich liebe, gemein bin, und zu allen anderen nett bin. Wow! Was für eine Frage, wie? Na ja, ich wusste nicht, was ich sagen sollte, aber das hat mir ganz schön zu denken gegeben – dass man die verletzt, die man liebt, und zu allen anderen Leuten nett ist. Durchgeknallt eben! Also haben wir darüber gesprochen und dann über meine Eltern – und ich hab ihm gesagt, dass ich meine Eltern liebe und dass sie die besten Eltern der Welt sind. Und er wollte wissen, ob ich zu ihnen auch gemein bin, und ich hab gesagt, nein, natürlich nicht, und ihm erzählt, dass ich drei großartige Brüder habe und wir uns wirklich gut verstehen. Und er wollte mehr über meine Leute wissen, und dann wurde die Sache echt sonderbar, Ellen. Ich hab ihm erzählt, dass mein Dad im Holocaust in einem Lager war. Du hättest mal sehen sollen, wie ihm die Kinnlade runtergeklappt ist – er ist fast vom Stuhl gefallen. Und dann wollte er wissen, ob ich schon mal irgendwelche Studien über Kinder von Holocaust-Überlebenden gelesen hätte. Ich hab gesagt, nein, und dann hat er mir erzählt, dass laut diesen Studien Kinder, deren Eltern den Holocaust überlebt haben, massenweise psychische Probleme haben – massenweise –, und er hat gesagt, die Erlebnisse meines Vaters würden viel von dem erklären, was mit mir los ist. Das hat er gesagt – dass es normal ist, dass du durchgeknallt bist, wenn deine Mutter oder dein Vater den Holocaust miterlebt haben. Und dann wollte er wissen, ob mein Vater je darüber gesprochen hat, und ich sagte, normalerweise nicht, und Dr. Green wollte wissen, ob mein Vater meine Mutter anschreit, und ich sagte, klar, aber nicht mehr als normal – ich meine, jeder wird mal laut, Ellen. Jeder schreit mal rum – das weiß sogar Dr. Green. Und er wollte wissen, ob mein Dad mich oder meine Brüder manchmal anschreit, und ich sagte, ja, aber dass er uns trotzdem liebt. Und er hat gefragt, ob meine Leute mir manchmal das Gefühl geben, ich sei nicht in Ordnung, und ich hab ihn gefragt, was er damit meint, und er hat gefragt, ob sie etwas gesagt oder gemacht haben, was mir das Gefühl gab, ein schlechter Mensch zu sein, und ich sagte, nein, natürlich nicht, und dann haben wir noch ein wenig über meinen Dad und den Holocaust geredet – und er ist wieder fast vom Stuhl gefallen, als ich ihm mehr davon erzählt hab. Und dann hat er gesagt, dass ich ein paar ernste Probleme hätte, und wollte wissen, ob ich daran arbeiten wollte, und ich sagte, ja. Und er wollte wissen, ob ich in meiner Ehe glücklich bin, und ich hab ihm gesagt, dass ich dich liebe, dass du die Beste bist, dass du mein Ein und Alles bist. Dann wollte er wissen, ob du glücklich bist, und ich hab gesagt, ich denke ja, bis es dann vor einiger Zeit so aussah, als würdest du mich verlassen wollen – und dann hab ich zum Heulen angefangen, mitten in seinem Büro, Ellen. Ich habe geweint, weil ich dachte, du würdest mich verlassen. Und er wollte wissen, wer in unserer Ehe der Stärkere ist, und ich habe ihm gesagt, du, weil du ja auch wirklich stärker bist. Und er wollte wissen, ob du es allein schaffst, wenn du gehst, und ich hab gesagt, ja, du schaffst alles. Und dann wollte er wissen, ob ich es allein schaffe, und ich hab gesagt, klar, wenn es sein muss, aber dass ich nicht allein sein will. Und er hat gefragt, ob ich die Sache mit dir wieder in Ordnung bringen will, und ich hab gesagt, ich werde alles tun, damit zwischen uns wieder alles in Ordnung kommt, und er wollte wissen, ob ich dir jemals eine besondere Freude gemacht hätte, deine Lieblingsnachspeise gemacht hätte oder so, und ich hab ihm gesagt, dass du immer gekocht hast, und er hat gesagt, dass ich dich ja mit etwas in der Art überraschen könnte, und ich hab gesagt, klar, vermutlich bringe ich Haferflockenschnitten oder so was an deinem Geburtstag in zwei Wochen hin, und er hat gesagt, das wäre eine gute Idee. Du siehst also, Ellen, es wird sich alles regeln. Du bleibst bei mir – jetzt musst du einfach bei mir bleiben –, und ich arbeite mit Dr. Green an diesen Sachen, und wir bleiben alle eine Familie. Mehr will ich nicht. Nur, dass wir wieder eine Familie sind. Und wir haben darüber gesprochen, dass ich mit meiner Wut anders umgehen muss, und ich hab gesagt, ich muss erst überlegen, wie, und er hat gefragt, ob ich es schaffen würde, dich einen Tag lang nicht anzubrüllen, und ich hab gesagt, sicher könnte ich das! Dann hat er gefragt, ob ich ihm versprechen würde, dich einen Tag nicht anzubrüllen, und ich hab gesagt, ja, und dann wollte er wissen, ob ich es schaffen würde, dich auch eine ganze Woche nicht anzubrüllen, und ich hab gesagt, dass ich's versuchen werde, und er hat gesagt, dass er mich nächste Woche fragen wird, wie es gelaufen ist. Ist das nicht super, Ellen? Ich mache, was du willst, dann musst du bei mir bleiben. Du wirst bei mir bleiben. Dieser Kerl ist gut, er hat den vollen Überblick. Er wird unsere Ehe retten. Ist das nicht großartig?«

In allen Büchern, in denen ich Monate später las, wie man sich von einem gewalttätigen Ehemann löst, stand, die Frau sollte niemals dem Wunsch oder der Absicht Ausdruck verleihen, ihn zu verlassen. Die Angst des Mannes, die Kontrolle zu verlieren, könne dann eine bereits gefährliche Situation zum Eskalieren bringen, was unter Umständen den Tod der Frau, ihrer Kinder und des Mannes zur Folge hätte. Aber gegen Mitternacht an jenem Freitag im Dezember 1991 wusste ich nichts von alledem. Ich wollte Roger nicht ermutigen, wollte ihm keine falschen Hoffnungen machen, wollte nicht lügen. Ich glaubte, es sei das Beste, ihm sanft und taktvoll die Wahrheit zu sagen. Die Bücher hatten Recht. Ich hatte Unrecht.

»Roger, ein Besuch beim Psychologen ändert noch nicht wirklich etwas.«

»Natürlich ändert es was.«

»Sollst du noch einmal zu ihm kommen?«

»Ja, ich habe einen Termin für nächste Woche.«

»Und hat er gesagt, wie lange die Therapie seiner Meinung nach dauern wird?«

»Ungefähr fünf Jahre, hat er gesagt.«

»Fünf Jahre. Er hat also gesagt, dass du fünf Jahre jede Woche einmal zu ihm kommen musst, bis du aufhörst, mich zu misshandeln?«

»So hat er das nicht gesagt. Er hat gesagt, fünf Jahre.«

»Fünf Jahre sind eine lange Zeit, Roger.«

»Nicht, wenn wir ein ganzes Leben vor uns haben. Und vielleicht geht es ja schneller, wenn du mir hilfst.«

»Hat das der Psychologe gesagt?«

»Nein, aber das ist doch logisch.«

»Hat der Doktor gesagt, dass es nur besser wird, wenn ich bei dir bleibe und dich fünf Jahre lang unterstütze, und ich mich bis dahin weiter von dir misshandeln lassen soll?«

»Natürlich bleibst du bei mir, Ellen. Red keinen Unsinn. Du kannst mich nicht verlassen. Nicht jetzt.«

»Roger, ich habe siebzehn Jahre meines Lebens mit dir verbracht, ganz genau die Hälfte. Ich habe mich von dir misshandeln lassen, weil ich nicht wusste, dass ich misshandelt wurde. Aber jetzt, da ich es weiß, kann ich nicht einfach nochmal fünf Jahre so weitermachen.«

»Was willst du damit sagen?«

»Ich will damit sagen, dass ich mich nicht weitere fünf Jahre so behandeln lassen werde, wie du mich behandelt hast. Ich will damit sagen, ich hoffe, du machst mit der Therapie weiter, und ich hoffe, sie hilft dir. Aber du musst es für dich tun, nicht für mich, weil du nicht darauf zählen kannst, dass ich bei dir bleibe.«

»Was zum Teufel soll das heißen, ich kann nicht auf dich zählen? Natürlich kann ich auf dich zählen. Wir haben noch unser ganzes Leben vor uns. Wir sind eine Familie. Wir gehören zusammen. Und du willst das alles einfach wegwerfen, wegen ein paar Jahren Therapie?«

»Roger, ich weiß nicht, ob ich dir jemals verzeihen kann, wie du mich behandelt hast. Aber ich weiß, dass ich es mir selbst niemals verzeihen könnte, wenn ich mich weiter von dir zum Opfer machen ließe. Geh, werd wieder gesund. Ruf mich in fünf Jahren wieder an, und vielleicht finden wir dann eine Lösung. Aber verlang nicht von mir, dass ich mich weiter von dir misshandeln lasse, während du deine Probleme auf die Reihe bringst.«

»Was zum Teufel soll das heißen? Dass du mich im Stich lässt, weil ich krank bin? Du hast ein Eheversprechen abgelegt – bis dass der Tod uns scheidet – und das wirst du verdammt noch mal halten. Ich gehe wegen dir zu einem verfluchten Seelenklempner, dabei glaube ich nicht mal an diese Psychoscheiße. Ich tu's für dich, *für dich*, Ellen, weil ich dich liebe. Und ich habe keine Ahnung, warum du immer wieder dieses Wort sagst – misshandeln. Misshandeln? Was soll das heißen? Ich habe dich niemals misshandelt. Ich habe überhaupt niemanden misshandelt. Na gut, ich werde manchmal etwas laut, aber das kriege ich in den Griff. Jeder schreit mal rum, und das weißt du auch. Der Mann von gegenüber schreit, dein Vater schreit, jeder schreit. Das ist nicht weiter tragisch, Ellen. Du wirst mich doch nicht wegen so einem bisschen Geschrei verlassen. Das ist verrückt. Das kannst du nicht machen. Das geht einfach nicht!«

Er sprang vom Sofa und machte einen Satz auf mich zu, die rechte Hand zu einer Kralle, zu einem Würgegriff geformt. Ich duckte mich, schob den Stuhl zwischen uns und wich in Richtung Treppe zurück. Er folgte mir ohne Eile, seine Bewegungen waren beherrscht. Ich hatte den oberen Absatz der kurzen Treppe erreicht – es waren nur fünf Stufen –, als er das Geländer am unteren Ende packte, es aus der Wand riss und brüllte: »Du wirfst mich nicht aus meinem eigenen Haus, Ellen. Ich gehe nirgendwo hin, Ellen. Und du, du gehst auch nirgendwohin. Niemand geht irgendwohin. Hast du verstanden? Niemand!«

»Mom! Mom!« Ericas Aufschrei unterbrach Rogers Tobsuchtsanfall. Ich nutzte die kurze Pause, drehte mich um, lief zu ihr und schob ein Bett zwischen Roger und mich. »Mommy, was ist los?«, schluchzte Erica. »Warum schreit Daddy so? Mach, dass es aufhört, Mommy. Mach, dass es aufhört.«

»Schhhh.« Ich versuchte, sie zu beruhigen, und zog sie zu mir. Und auch wenn meine Stimme sie vielleicht tröstete, machte ihr das wilde Klopfen meines Herzens vermutlich noch mehr Angst. Als wäre es damit noch nicht genug, stampfte Roger in den Raum und schlug mit den Fäusten in die Luft. Plötzlich änderte sich sein

Verhalten von einer Sekunde auf die andere. Er sank vor dem Bett auf die Knie, fing an zu schluchzen und streckte die Arme über das Bett hinweg nach Erica aus.

»Erica, die Mommy wirft mich aus dem Haus. Sie wirft mich hinaus und will, dass ich nicht mehr dein Daddy bin. Lass nicht zu, dass sie mich rauswirft, Erica. Bitte, bitte, lass nicht zu, dass sie das tut.«

»Warum, Mom? Was sagt Dad da? Warum weint er? Mom, Mom!«

»Ich werde dir sagen, was los ist, mein Liebling. Deine Mom will mich loswerden. Sie wirft mich raus, als wäre ich Müll. Ich weiß nicht, wieso. Ich habe sie lieb, und sie weiß, dass ich sie lieb habe, aber sie wirft mich hinaus. Ich habe gedacht, dass sie mich lieb hat, so wie du denkst, dass sie dich lieb hat, aber sie wirft mich hinaus. Sie zwingt mich zu gehen. Ich will nicht gehen, Erica. Ich will nicht.«

Ich versuchte, Roger zu unterbrechen, versuchte, etwas zu sagen oder zu tun, damit er aufhörte, aber die Schaltungen in meinem Kopf waren überlastet. Meine Ohren schmerzten, und ich hörte weder Allisons Schreie noch Oxfords Jaulen, bis sie und der Hund über das Bett gekrabbelt waren und sich hinter mir auf dem Boden zusammenkauerten. Roger wandte sich seinem neuen Publikum zu.

»Allison, Allison, mein Schatz. Du brauchst dich vor mir nicht zu verstecken. Du weißt, dass ich dir niemals wehtun würde, nicht wahr, Allison? Natürlich weißt du das. Und wir wollen doch nicht, dass der Mommy etwas Schlimmes zustößt, oder? Wir müssen nur zusammenbleiben, dann kann niemandem etwas passieren. Wir müssen immer zusammenbleiben, nicht wahr, Allison? Du und ich und Mom und Erica und Oxford, wir sind doch eine Familie, stimmt's? Wir müssen zusammenbleiben. Wenn wir zusammenbleiben, wird alles wieder gut. Aber die Mommy will uns auseinander reißen, will unsere Familie auseinander reißen, und du weißt, wie gern ich bei dir bin, mein Liebling, bei euch allen – für immer und ewig.«

»Roger, hör bitte auf! Lass deine Wut auf mich nicht an den Kindern aus. Du verwirrst sie und machst ihnen Angst.«

»Roger, hör auf. Roger, bitte hör auf«, höhnte Roger in einer Kleinmädchen-Stimme und lachte über seine schauspielerische

Leistung. Plötzlich verzerrte sich sein Gesicht vor Wut, die Tränen versiegten und er war wieder auf den Beinen. »Sag mir nicht, was ich tun soll, Ellen. Sag mir ja nicht, was ich tun soll. Aber ich, ich werde dir sagen, was du tun wirst. Du wirst dir diese dämliche Idee aus dem Kopf schlagen, dass du unsere Familie auseinander reißen willst. Schlag dir das aus dem Kopf. Ich kann nicht glauben, wie egoistisch du bist. Selbst wenn du zwei Jobs hättest, könntest du die Mädchen nicht allein durchbringen, Ellen. Du würdest auf der Straße enden, und die Mädchen kämen zu mir oder in irgendein Heim – ein Waisenhaus –, weil ihre Mutter sie nicht lieb genug hatte, um die Familie zusammenzuhalten. Weil ihre Mutter nur an sich gedacht hat – an sich, und nur an sich. Ich weiß, dass ich manchmal ausraste, Ellen, aber daran bist du schuld. Ich liebe dich so sehr, dass du mich zum Ausrasten bringst. Du weißt, dass ich es nicht böse meine. Du weißt das. Ich liebe dich so sehr, dass mich der Gedanke, dich zu verlieren, verrückt macht. Einem anderen würde das genauso gehen, Ellen. Das ist normal, Ellen. Mit mir ist alles in Ordnung, Ellen. Also schlag dir diese dämliche Idee aus dem Kopf. Lass uns die ganze verdammte Sache vergessen und wieder eine Familie sein. Was sagst du dazu, mein Schatz? Wir werden wieder eine Familie sein.«

Tolle Familie. Auf der einen Seite des Ehebettes befanden sich zwei in Tränen aufgelöste Kinder und ein jaulender Hund. Inzwischen hatten sich alle drei hinter mir zusammengekauert. Ich hatte die Arme schützend ausgebreitet, wagte es aber nicht, auch nur einen einzigen Muskel zu bewegen. Auf der anderen Seite des Bettes stand Roger. Er weinte, wütete, flehte, drohte. Seine Stimmung wechselte so schnell wie die Fernsehprogramme, wenn jemand auf der Fernbedienung sitzt. Er versprach, uns zu lieben, zu ehren oder zu töten – vielleicht auch alles auf einmal. Gern würde ich sagen, dass ich an diesem Punkt etwas Entscheidendes tat – dass ich wegging, die Polizei rief oder aus dem Fenster sprang –, aber ich stand einfach nur da, starr vor Schreck, bis ich mich endlich zum Sprechen zwang:

»Roger, ich will, dass du das Zimmer jetzt verlässt. Es ist schon spät, und die Kinder brauchen ihren Schlaf. Roger, ich will, dass du das Zimmer jetzt verlässt.«

Roger versuchte, meine Worte zu übertönen, aber ich hörte nicht auf zu reden, wiederholte einfach immer wieder, dass er das Zimmer verlassen sollte. Irgendwann zeigten meine Worte Wirkung, wie ein Beruhigungsmittel, und Roger ging. Sobald ich hörte, wie er die Treppe hinunterging und das Geländer aus seiner noch verbliebenen Verankerung riss, lief ich zur Tür, schloss sie und stellte einen Stuhl unter den Griff. Ich atmete tief durch und drehte mich zu den drei ängstlichen Gesichtern auf der anderen Seite des Zimmers um. Ich legte mich auf das Bett, nahm Erica in den linken, Allison in den rechten Arm, Oxford lag quer über meinen Oberschenkeln, und fing an zu singen. Roger hatte mir verboten, im Haus zu singen (er fand meinen hellen Sopran, der bei Schulaufführungen von Musicals anmutig durch den Saal geklungen war, zu schrill und behauptete, er bekäme Kopfschmerzen davon), und heute Nacht war der denkbar ungünstigste Zeitpunkt, seine Regeln zu brechen. Aber ich war mir dessen, was ich tat, kaum bewusst, und irgendwann schliefen Oxford, Erica und schließlich auch Allison zum Klang der süßen, schüchternen Melodie ein.

Immer wenn die Erschöpfung meine Furcht überwältigte, schlief ich ein paar Minuten, bis mich der Klang von klirrendem Glas und umgestoßenen Möbeln aus dem Schlaf riss. Doch Roger ließ uns die wenigen Stunden bis Sonnenaufgang in Ruhe, und als er in seinem geliebten BMW davonfuhr, hatte er alle Spuren seines Tobsuchtsanfalls verwischt. Hätte ich nicht gewusst, wie viele Kristallkelche auf dem obersten Brett in der Porzellanvitrine gestanden hatten, und hätte ich nicht bemerkt, dass die Möbel nicht genau dort standen, wo sich die Druckstellen im Teppich befanden, dann hätte ich geglaubt, mir die Geräusche kurz vor Tagesanbruch nur eingebildet zu haben. Vielleicht war das auch Rogers Absicht. Ich war zu müde, um mir Gedanken über seine Beweggründe zu machen, zu erleichtert, dass er fort war, um weiter nach Spuren der Zerstörung zu suchen. Ich ging wieder nach oben, rollte mich am Fuß des Bettes zusammen (Oxford hatte sich auf meinem Kissen breitgemacht) und schlief ein.

Minuten später klingelte das Telefon. Es war Roger, der mir erzählte, er hätte auf dem Weg zur Arbeit angehalten, um zu frühstücken, und fühle sich jetzt wie genudelt, weil er zu viele Würstchen zu seinen Pfannkuchen gegessen hatte. Jede Stunde rief er mindestens zweimal an, bat mich um Verzeihung, gab Anweisungen, drohte mit Selbstmord, warf mir vor, ich würde ihn misshandeln, oder plapperte sinnloses Zeug über den Umtauschkurs zwischen dem amerikanischen und dem kanadischen Dollar. Als das Telefon um halb zwölf zum achten Mal klingelte, hob ich nicht ab. Auch um zwölf Uhr ließ ich es klingeln. Zehn Minuten später stand ein Polizeiauto in meiner Auffahrt und zwei Beamte in Uniform klopften an meine Tür.

»Geht es Ihnen gut, Ma'am?«

»Ich bin ein wenig müde, aber sonst ist alles in Ordnung. Warum?«

»Nun ja, Ihr Mann hat vor ein paar Minuten angerufen und gesagt, dass er sich Sorgen macht. Er hatte Angst, Sie könnten sich etwas angetan haben.«

»Ich habe heute Morgen bereits sieben Mal mit meinem Mann telefoniert. Er weiß, dass mit mir alles in Ordnung ist.«

»Er klang ziemlich beunruhigt. Ich glaube, er hat sogar geweint.«

»Vielen Dank für Ihre Mühe, meine Herren, aber es geht mir gut.« Dann klingelte das Telefon. Ich hob ab und winkte den Polizisten zum Abschied zu. Es war Roger. Er lachte. »Na, hast du den Besuch von den Männern in Blau genossen, mein Schatz? Ich hoffe, du hast das Rauschgift versteckt, bevor du die Tür aufgemacht hast. Und ich hoffe, du fühlst dich jetzt besser. Du hast uns allen einen mächtigen Schrecken eingejagt.«

Dieser Wahnsinn ging bis Ende 1991 weiter. Wenn Roger in der Arbeit war, rief er mindestens ein Dutzend Mal zu Hause an. Seine Kontrollkampagne machte auch vor Nachbarn, Verwandten, Freunden, ehemaligen Kollegen, ja nicht einmal vor dem Postboten Halt. Sie alle klingelten oder klopften und fragten: »Ist alles in Ordnung mit Ihnen? Roger hat gesagt, dass er sich Sorgen um Sie macht. Kann ich etwas für Sie tun?« Zu Hause bedrängte Roger mich, kniete stundenlang vor mir auf dem Boden. Im einen Moment wischte er seine Tränen an meinem Hosenbein ab, im nächsten packte – und brach – er meinen Fuß. Einmal benahm er sich wie damals, als er mir den Hof machte, dann wieder warf er mir vor, ich stehle sein Geld. Er zwang die Mädchen, sich Hunderte von Fotos mit ihm anzusehen (»damit ihr nicht vergesst, wie es war, als wir noch eine Familie waren«), fuhr am Weihnachtsmorgen bei Sonnenaufgang zu meinen Eltern, um ihnen von meinen Scheidungsplänen zu erzählen, und flehte sie an, mich umzustimmen, sonst müssten sie »mit der Schuld leben, eine Tochter großgezogen zu haben, die zu so etwas fähig ist«.

In jenem Jahr machte ich Roger ein überaus großzügiges, verzweifeltes und trügerisches Weihnachtsgeschenk: einen vierzehntägigen Urlaub einschließlich eines Skiurlaubs am Lake Tahoe und eines fünftägigen Aufenthaltes in Las Vegas. Dort würde er sich mit zwei seiner Brüder treffen, die vorhatten, ohne ihre Frauen ins Mirage zu fahren. Roger war zu abgelenkt (oder geistig zu abwesend), um nach dem Geld oder meinen Beweggründen für das Geschenk zu fragen, und wenn er endlich Zeit hätte, mich danach zu fragen, wollte ich längst fort sein. Den Großteil der acht Tage bis zu seiner Abfahrt verbrachte ich im Bett. Ich glaube, ich hatte einen Abgang (Die Blutungen hatten mitten im Zyklus eingesetzt. Rogers neuestes Sexspiel war es gewesen, sich mir aufzudrängen und zu kichern, er hätte ein Loch in das Kondom geschnitten), und ich hatte einige Tage lang Fieber. Ich war zu schwach, um die Treppe hinuntergehen zu können. Rogers Abschiedsgeste an mich war es, mir trotz der flehentlichen Bitten meiner Töchter, mich nicht verhungern zu lassen, die Nahrung zu verweigern. Mit einem Mut, der mich beschämte, schmuggelten Allison und Erica kalten Toast und lauwarme Suppe in mein Zimmer hinauf und legten mir kühle Waschlappen auf die Stirn.

Ein paar Tage später waren Roger und das Fieber fort. Ich machte mich daran, das Nötigste an Kleidung und Stofftieren einzupacken, Anwälte anzurufen, Kreditkarten zu kündigen und ein Schließfach zu mieten. Sechs Tage vor Rogers geplanter Rückkehr war der Minibus gepackt, waren meine Wertsachen verstaut und die Scheidungspapiere zur Zustellung bereit. Dann rief Roger vom Flughafen an – Detroit Metro, eine halbe Stunde entfernt – und sagte, er käme heim.

Die Kinder und ich, wir sollten lieber zu Hause sein, sonst brächte er uns alle um.

Seine Aussage entbehrte jeglicher Logik, aber ich hörte die bedrohliche Wut, die ihn acht Tage lang auf seiner Reise begleitet hatte, und wusste, dass mir nur noch Minuten blieben, um mit meiner Familie das Haus zu verlassen.

Die Adresse einiger sicherer Häuser ist geheim. Frauen, die dort Zuflucht suchen, werden heimlich in die Verstecke gebracht, die meist weit entfernt sind und häufig wechseln, damit ihr Geheimnis gewahrt bleibt. Andere, wie das Hiatus-Haus in Windsor, sind öffentliche Festungen – für alle sichtbar, aber nur jenen zugänglich, die dort zu Hause sind. Ich wusste also, wo wir Zuflucht finden würden, und war den Weg sogar vorsorglich ein paarmal abgefahren. Trotzdem bog ich auf meiner Flucht in Panik viermal falsch ab und fuhr aus Versehen ohne anzuhalten über zwei Stoppschilder.

Eilig packte ich meine Töchter und den Hund in den Minibus, und während ich auf den eisigen Straßen so schnell fuhr, wie es eben ging, erklärte ich ihnen, dass wir auf dem Weg zu einem Ort seien, an dem wir vor ihrem *sehr wütenden* Vater sicher seien. Ich hatte mit Protest gerechnet, damit, dass sie mich zum Umkehren auffordern würden, mit gequälten Schluchzern. Doch Allison meinte nur: »Cool, wie bei der Flucht in *The Sound of Music*, dem Musical neulich?« Wir sangen *Climb Every Mountain*, lieferten Oxford bei meinen Eltern ab und summten alle Strophen von *I Have Confidence*, als wir am Drive-in eine Extraportion Ketchup bestellten. Zehn Minuten später hielten wir einander an den klebrigen Händen und klingelten an der Tür des Frauenhauses. In unseren Köpfen hallten Marias Worte nach, als sie an der Tür des Von Trapp'schen Anwesens stand: »Zur Hilfe.«

Auf der Flucht

Ins Frauenhaus zu gehen war eine dumme Idee. Eine *meiner* dummen Ideen, natürlich. Mein Mann hatte Recht. Ich *war* eine verdammte Idiotin.

Ich hatte mich kaum angemeldet, da bombardierte mich eine Gruppe gestresster Frauen mit tiefen Augenringen mit nüchternen Grüßen. Sie trugen abgelegte Kleider aus Secondhand-Geschäften, einige hatten das Knie geschient oder das Handgelenk in Gips.

Das war eindeutig nicht der richtige Ort für mich. Ich trug einen klassischen Wollblazer und Hosen, hatte die Brieftasche voll mit Kreditkarten und nicht einen einzigen sichtbaren blauen Fleck vorzuweisen.

Alles, was ich wollte, war, mein Modem einstöpseln, mein Handy aufladen und ein paar Tage warten, bis sich mein Mann wieder beruhigt und seine Drohung zurückgenommen hatte, mich und unsere Kinder zu töten, wenn ich weiter darauf bestand, mich scheiden zu lassen.

Warum saß ich dann auf einer orangefarbenen Couch, nippte an Limonade mit Traubengeschmack, kratzte die Erdbeerglasur von einem alten Donut, die Augen von Frauen auf mich gerichtet, deren Probleme eindeutig größer waren als meine eigenen? Konnte ich nicht einfach auf mein Zimmer gehen, lesen oder ein Taxi ins nächste Hotel mit Zimmerservice nehmen?

Nein. Die Therapeutin für misshandelte Frauen wollte, dass ich *teilte.* Sofort stand ich auf, entschuldigte mich bei ihr, den anderen Frauen und dem Tischbein, an das ich gestoßen war, und gab ihr den Rest meines in eine Serviette gewickelten Donuts. Als ich mich wieder setzte, entschuldigte ich mich noch einmal bei allen, einschließlich der Möbel, und entdeckte zwei Zuckerbrösel auf dem Teppichboden. Ich hob sie hastig auf, peinlich darum bemüht, dass nichts davon auf dem Teppich zurückblieb. Dann hob ich ein paar Kaugummipapiere und gebrauchte Taschentücher auf, die zwar nicht von mir waren, für die ich aber vermutlich verantwortlich war, weil ich mit meinen Zuckerbröseln mit schlechtem Beispiel vorangegangen war. Schließlich setzte ich mich wieder, lächelte in die Runde und hoffte, ich hätte wieder gutgemacht, dass ich mich wie ein Schwein benommen hatte. Ich wünschte nur, ich hätte den Donut halbiert – oder geviertelt –, bevor ich die Glasur herunterkratzte. Ich umarmte mich selbst und wartete auf die Vorwürfe.

Sanft, ernst und ohne eine Spur von Sarkasmus sagte die Therapeutin, ich solle etwas von mir erzählen, ein wenig aus meiner Ehe und über die Gründe berichten, warum ich ins Frauenhaus gekommen war. Sie hieß mich nicht eine Idiotin, weil ich die Bedeutung von *(mit)teilen* falsch verstanden hatte. Niemand im Raum sagte, dass ich mich dumm anstellte, weil ich mich am Tisch gestoßen hatte. Niemand warf mir den Donut ins Gesicht oder stampfte die Brösel in den Teppich oder belegte mich mit Schimpfnamen, während ich niederkniete, um *meine* Unordnung zu beseitigen. Niemand sagte oder tat irgendetwas. Sie sahen mich nur an.

Irgendwie musste ich die Leere füllen. Und ich stand wegen des Essens und Trinkens in ihrer Schuld. Außerdem wäre es unhöflich gewesen, der Bitte der Therapeutin nicht zu entsprechen. Mit lang geübter Zurückhaltung und einer sorgfältig modulierten Stimme, damit meine Worte so harmlos wie möglich klangen, beschrieb ich also kurz, wie es war, siebzehn Jahre an der Seite eines Mannes zu leben, den Psychiater in den kommenden Monaten als Psychopathen bezeichnen würden.

Ich glaube nicht, dass ich länger als zehn Minuten redete. Ich lächelte viel, und über einige Marotten meines Mannes machte ich sogar Witze. So machte er mir zum Beispiel teure Geschenke, verschenkte oder verkaufte die Sachen dann aber wieder. Ich erzählte ihnen, dass ich fünfzehn Tage lang stolze Besitzerin des heißesten Sportwagens aller Zeiten gewesen war.

Das Publikum war undankbar. Niemand lachte. Mehr als die Hälfte der Frauen weinten. Ja, um Himmels willen! Werden Sie erwachsen, meine Damen. Ich hatte vielleicht kein Geld für Lebensmittel, aber zumindest hungerten meine Töchter in einem Haus mit vier Schlaf- und drei Badezimmern. Und meine Mädchen haben mich nie weinen sehen. Tränen (bis auf die Tränen meines Mannes) waren in unserer Familie nicht erlaubt – und dieses öffentliche Geflenne würde ich schon gar nicht zulassen. Vielleicht könnte ich mich unter dem Vorwand verabschieden, ich müsse nach meinen Mädchen sehen (sie saßen irgendwo mit einer Therapeutin, die ihnen die Nägel lackierte), und still und heimlich wieder von hier verschwinden.

Bevor ich mir mein Abschiedssprüchlein zurechtgelegt hatte, fragte mich eine magersüchtig aussehende Frau, deren Arm in einer Schlinge lag, warum ich immerzu lächelte. Ich wollte nicht unhöflich sein. (Entschuldigung.) Eine frenetische Kettenraucherin, die sich Notizen gemacht hatte, behauptete, ich hätte siebenunddreißig Mal *Entschuldigung* gesagt, und wollte wissen, wie oft ich mich bei leblosen Dingen entschuldigte. (So oft wie nötig.) Drei Frauen (das blaue Auge, das voll gekleckerte T-Shirt und die Stotterin) fragten ungläubig, wie ich solche Schrecken überleben konnte. Und dann fragte mich die Therapeutin, wie ich mich *fühlte*.

Betäubt. So, wie in den letzten zehn Jahren auch. Wie hätte ich sonst mit einem Mann leben können, der mich in der Öffentlichkeit als die »schlaueste, schönste und talentierteste Frau, die ich kenne« vorstellte und mich zu Hause eine dumme, faule Kuh schimpfte, die nicht einmal den Geschirrspüler richtig einräumen kann?

Inzwischen war klar, dass wir im Frauenhaus bleiben mussten. Die Mädchen hätten schon längst im Bett sein müssen, und ich wusste nicht, ob ich genügend Geld für ein Frühstück (oder auch nur den Snackautomaten im Hotel) hatte. Vor einigen Stunden hatte ich sieben Dollar zwanzig Pfand zurückbekommen, als ich ein paar Colaflaschen zurückbrachte, aber die Hälfte davon hatte ich für Süßigkeiten für meine Töchter hinausgeworfen. (Laut meinem Mann war diese finanzielle Verantwortungslosigkeit der Grund dafür, dass er sich meine Gehaltsschecks zweimal im Monat auszahlen ließ und meine Brieftasche jeden Morgen leerte.)

Ich blieb sechs Wochen und feierte meinen fünfunddreißigsten Geburtstag mit einer Party, die Allison und Erica im Speisesaal des Frauenhauses vorbereitet hatten. Meine Töchter und ich gingen jeden Tag zur Einzeltherapie, besuchten alle angebotenen Familien- und Gruppensitzungen, lasen jedes Buch und sahen jeden Film über körperlichen, emotionalen, psychologischen und sexuellen Missbrauch und sprachen zwischen Vorträgen, Mahlzeiten und Anrufen bei meiner Anwältin mit Sozialarbeiterinnen und anderen misshandelten Frauen.

Obwohl ich mich der Angelegenheit, nun ja, eher akademisch näherte, warf ich in der zweiten Woche kurze, schmerzliche Blicke nach innen. Zuerst fiel mir auf, dass das Seidenfutter meines Wollblazers an den Ellbogen durchgescheuert war und an meiner Hose sowohl ein Knopf als auch eine Gürtelschlaufe fehlte. Die einzige Unterwäsche, die ich besaß, waren ein Still-BH, den ich im Laufe meiner ersten Schwangerschaft erstanden hatte, und Unterhosen, deren Gummis sich schon lange von der Baumwolle verabschiedet hatten. Zu jener Zeit belief sich unser Familieneinkommen auf 125 000 Dollar im Jahr, wir hatten mindestens noch einmal so viel gespart, und ich trug seit fünf Jahren Unterhosen, die ich im Dreierpack zu fünf Dollar gekauft hatte. Mein Mann hatte im vergangenen Oktober zwei Wochen allein in Hilton Urlaub gemacht, um den dritten Satz Golfschläger in zwei Jahren auszuprobieren.

Das einzig Störende an der Therapie waren die vielen Fragen. Wirklich. Ich hatte erwartet, dass man mich nach Roger fragen würde, obwohl ich Bedenken hatte, ich könnte die falsche Antwort geben und dann wie eine Schwindlerin dastehen. (Es erfüllte mich mit perversem Stolz, als eine der Therapeutinnen im Frauenhaus meine Erlebnisse als »den schlimmsten Fall emotionalen Missbrauchs« bezeichnete, der ihr je untergekommen sei.) Aber die Sozialarbeiterinnen und Psychologinnen beschränkten sich bei ihren Fragen nicht auf meine Probleme mit Roger. Sie wollten auch etwas über die anderen Aspekte meines Lebens erfahren. Viel später erkannte ich den Zweck der Psychotherapie, aber im Augenblick reagierte ich empfindlich auf Fragen nach Allisons Geburtsgewicht, Ericas Schlafgewohnheiten und ganz besonders »Ihrer Beziehung zu diesem Mann, der Sie die ganze Zeit anruft – wie heißt er doch gleich?«

Jack Barrett, der Mann, der das Ende meiner Ehe mit Roger sowohl leichter als auch schwerer, reicher als auch ärmer und sehr,

sehr kompliziert machte. Jack war zu Beginn meiner journalistischen Karriere mein Mentor gewesen und sollte in den drei Jahren juristischer Streitereien mit Roger mein Lebenstrainer werden. Als wir noch zusammenarbeiteten, hatten wir nie eine persönliche Beziehung, und wir hatten sechs Jahre nichts voneinander gehört, als ich mich im vergangenen Herbst bei ihm meldete. Ich wollte seine Meinung zu dem Buch hören, das ich gerade schrieb, wollte wissen, wie gut oder schlecht es sei. Ich wusste, er wäre ehrlich, vielleicht würde seine Ehrlichkeit schmerzen. Und da ich meinem eigenen Urteil nicht mehr vertraute, schätzte ich das seine umso mehr.

Jack antwortete einen Monat später auf meinen Brief. Die Rückadresse war die einer Nervenheilanstalt in der nördlichen Provinz von New York. Er hatte sich selbst eingewiesen und wurde wegen Depressionen behandelt. Er sagte mir, ich sei eine großartige Autorin und verriet mir den Grund für seine Selbstmordgedanken. Meine Antwort war aufgesetzt fröhlich, und ich log über mein Familienleben. Er schrieb mir weiter. Schließlich rief er mich an und erzählte mir in allen Einzelheiten von sterbenden und toten Freunden, ehemaligen Geliebten und Frauen und dem Pulitzerpreis, den er zweimal fast gewonnen hätte. Statt ihn zu bemitleiden, wurde ich irgendwann wütend und sagte ihm, ich hätte meine eigenen – wirklichen – Probleme und sei es leid, mir sein erbärmliches Gejammer anzuhören. Als er aufbrauste, gab ich wütend zurück: »Jetzt hör mir mal zu. Ja, du hattest ein paar Mal Pech und musstest einige herzzerreißende Verluste verschmerzen, aber im Augenblick ist mit deinem Leben alles in Ordnung. Du hast einen Job, und danach gehst du in eine Wohnung zurück, die du mit Musik und Büchern deiner Wahl gefüllt hast. Du musst nicht mit jemandem leben, der dich Tag und Nacht anschreit und dich in deinem eigenen Haus gefangen hält.«

»Und du musst?«

»Ja.«

Und so erzählte ich Jack von Roger. Er hörte zu, hörte wirklich zu, und urteilte nicht. Ich glaube, sein geduldiges, passives Verhalten stärkte meinen Entschluss, Roger zu verlassen. Jack war mein Freund und ständiger Begleiter. Damals lebten wir Hunderte von Kilometern voneinander entfernt, aber er besuchte mich mehrere

Male im Frauenhaus und gab einen Großteil seines Gehalts für Ferngespräche aus. Er unterstützte mich, gab mir den Mut, nach meinen Überzeugungen zu handeln – nicht nach seinen oder denen anderer. Das erklärte ich den Sozialarbeiterinnen im Frauenhaus, die daraufhin die Frage stellten, die ich in den nächsten Jahren wohl am häufigsten von Therapeuten und Anwälten zu hören bekam:

»Hatten Sie jemals Geschlechtsverkehr mit Jack Barrett?«

»Nein.«

Jack spielte die Hauptrolle in Rogers Theorie vom »anderen Mann«, die, wie mich die Angestellten im Frauenhaus wiederholt warnten, den örtlichen Richtern eher entgegenkäme als die Wahrheit über den Missbrauch. Ich hätte diese Theorie wohl ziemlich rasch aus der Welt schaffen können, hätte ich offenbart, dass wir nicht deshalb keinen Sex hatten, weil *wir nicht wollten*, sondern weil *er nicht konnte.* Jack war gerade zweiundsechzig geworden und wusste nicht, ob sein Problem körperliche oder psychische Ursachen hatte. Aber ich wollte nicht, dass seine Impotenz – egal, was sie ausgelöst hatte – vor Gericht diskutiert wurde, und schwieg. Wir waren uns in einer Weise nah, wie ich es seit Jahren nicht mehr erlebt hatte. Wir hielten Händchen, umarmten uns, sprachen mitten in der Nacht miteinander, aber wir hatten nie etwas getan und würden auch niemals etwas tun, wofür ich den scharlachroten Buchstaben der Ehebrecherin verdient hätte. Es mag ein juristischer Fehler gewesen sein, dass ich Jacks sexuelle Privatsphäre wahrte, aber ich habe ihn nie bereut und wünschte, ich hätte Jack auch die weiteren Konsequenzen seiner Freundschaft zu mir ersparen können.

Zumindest die Therapeutinnen im Frauenhaus schienen mit der Beschreibung zufrieden, die ich von Jacks Platz in meinem Leben gegeben hatte, und trotz ihrer Bedenken waren sie froh, dass er mich unterstützte. Sie schienen zudem versessen auf alles, was ich über Roger enthüllte, und da ich wie immer bemüht war, es allen recht zu machen, schmückte ich meine Sitzungen mit so vielen Beispielen aus, wie ich konnte. Ich glaubte, ich würde nur einigen schwierigen Fragen ausweichen. Ich brauchte Monate, um herauszufinden, dass diese Sitzungen dazu da waren, *mir* zu helfen, und dass ich auf die Fragen, denen ich auswich, am dringendsten eine Antwort finden musste. Zum Beispiel, warum ich so viel Vertrauen in einen Mann setzte, der es wiederholt verraten hatte, und warum ich immer noch darauf beharrte, dass der grausame, diktatorische, machthungrige Roger »im Grunde seines Herzens ehrlich« war.

Damals konnte ich den Therapeutinnen nicht sagen, ja ich kann es mir heute kaum in meinem Tagebuch eingestehen, wie überwältigt ich von Rogers Täuschungsmanövern war. Wie viel Kraft es kostete, auch nur eine einzige seiner Lügen zu beweisen, und dass Roger die Wahrheit wahrscheinlich hundert Mal am Tag verdrehte und verleugnete. Ich konnte ihnen nicht sagen, wie viel Angst ich hatte, wie sinnlos die meisten seiner Lügen erschienen – Lügen um des Lügens willen –, aber ich wusste, wenn Roger wissentlich, mit böser Absicht gelogen hatte, dann hatte ich ein Monster, einen Sadisten geheiratet. Sich seinen Lügen zu stellen war so schecklich, dass ich mich stattdessen dafür entschied – und mich dazu zwang –, an Rogers Ehrlichkeit zu glauben. Noch immer glaubte ein Teil von mir, meine Hoffnung und das Ende unserer Ehe läge in der gefährlichen Suche nach der Wahrheit. Darin, Rogers goldglänzende Lügen beiseite zu schieben und endlich zur Wahrheit durchzudringen.

Oft leugnete er einfach die Tatsachen, und es schien mir nicht wert, ihn damit zu konfrontieren. Einmal aß er sieben Schokoladenkekse und behauptete, er hätte nur einen genommen. Aber die schiere Zahl seiner Lügen war niederschmetternd, und die wütende Beharrlichkeit, mit der er an ihnen festhielt, verlieh Roger etwas Unheimliches, Unwirkliches. Eigentlich war es mir egal, ob Roger sieben oder siebzehn Schokokekse gegessen hatte, aber seine Worte widersprachen so häufig dem, was ich sah, dass ich machmal meine Wahrnehmung verteidigen musste, um nicht den Verstand zu verlieren. Zwei Tage lang bohrte ich ruhig, aber hartnäckig nach. Zwei Tage lang ertrug ich Rogers Wutausbrüche inklusive zerschlagener Teller und seiner Einschüchterungsversuche, die mir blaue Flecken einbrachten, bis er zugab: »Also, vermutlich habe ich die Kekse gegessen. Ich habe wirklich nicht mitgezählt.«

Weil Roger Dutzende kleiner Lügen erzählte und ich zermürbt davon war, ignorierte oder verleugnete ich die meisten seiner Täuschungsversuche. Ich fürchtete manche Wahrheiten zu sehr, um nach ihnen zu suchen. Viele seiner Lügen waren so unbedeutend und wurden doch von Rogers Duplizität so glühend verteidigt, dass ich wusste, ich würde in ein Wespennest stechen, wenn ich sie enthüllte. Wie zum Beispiel bei der sechs Jahre andauernden Lüge, er sei Nichtraucher.

Als wir uns 1975 kennen lernten, rauchte Roger ein Päckchen am Tag. Zwei Jahre später gab er das Rauchen auf mein Drängen hin auf, fing sechs Monate darauf heimlich wieder an, hielt die Tatsache aber neun Monate lang geheim, und startete noch zwei erfolglose Versuche aufzuhören. 1979 behauptete er von sich, er sei ein überzeugter Nichtraucher.

Im Frühjahr 1985 bemerkte ich zum ersten Mal die Zigarettenkippen unter den Büschen und Hecken rund um unser Grundstück. Ich hob sie auf, aber es kamen immer neue nach. Schließlich fragte ich Roger danach. Er machte sich Gedanken, ein Spanner könne sein Unwesen treiben, und teilte seine Bedenken der Polizei mit. Der Müll im Gebüsch verschwand, aber nun sammelten sich Zigarettenkippen derselben Marke auf dem Feld hinter unserem Zaun, im Gebüsch der Nachbarn und unter dem Arbeitstisch in unserer Garage. Im August entdeckte ich, dass auf der Kundenkartenabrechnung eines Kaufhauses der Kauf von Zigaretten aufgeführt war. Als ich Roger die Rechnung zeigte, riss er sie mir aus der Hand (»Diese Idioten! Ich habe Benzin gekauft, keine Zigaretten!«), und bald wurden alle Rechnungen direkt an seine Büroadresse geschickt.

Als ihm sein Bruder im September eine Zigarette anbot, warf Roger ihm einen bösen Blick zu, hatte sich aber schnell wieder im Griff und ließ ein ungläubiges Schnauben hören. Ein Jahr später verkauften wir das Haus in Michigan, zogen über die Grenze nach Windsor, Ontario, und bald waren Zigarettenkippen der bekannten Marke über unsere Blumenbeete verstreut. Roger überging meinen Fund und griff mich wütend an, weil ich die Sache erwähnt hatte.

»Das ist also aus deinem Leben geworden, Ellen. Auf allen vieren suchst du nach Zigarettenkippen. Wenn du so gern am Boden herumkriechst, werde ich dir schon einen Grund dazu geben, und wenn du dir um etwas Sorgen machen willst, dann am besten um deine eigenen vier Buchstaben.«

»Roger, es ist doch nichts dabei, wenn du rauchst, solange du es nicht tust, wenn Allison dich sehen kann. Aber ich finde es wirklich eigenartig, dass diese Zigar–«

»Das Einzige, was wirklich eigenartig ist, Ellen, das bist du. Verdammt, verdammt eigenartig.«

Ein Jahr darauf trat Roger in Anzug und Krawatte seinen neuen Bürojob an. Jeden Abend, wenn er nach Hause kam, roch er nach Rauch. (»Ja, ist das nicht grässlich? Ich sage den Leuten immer wieder, sie sollen mit ihren verdammten Zigaretten nicht in mein Büro kommen, aber sie halten sich einfach nicht daran.«) Ende 1988 kaute er regelmäßig Pfefferminzkaugummis für einen frischen Atem (»Ich muss aufhören, Chili Hot Dogs zu Mittag zu essen«), ging jeden Abend mehrere Male mit Oxford Gassi, kaufte jeden Morgen seinen Kaffee in dem kleinen Krämerladen um die Ecke, sogar am Wochenende, und zeigte zum ersten Mal Interesse an der Gartenarbeit – Tomaten pflanzen und Terrassenpflaster verlegen. Sein Atem roch nach Pfefferminz und Rauch, und in unserem Garten gab es mehr Zigarettenkippen als Tomaten. Im Winter stank der Keller nach Tabak. Er beharrte, dass der »Filter des Heizkessels« verstopft sei, und in der Garage lagen Zigarettenkippen und abgebrannte Streichhölzer Seite an Seite mit aufgestapeltem Brennholz.

Zu Hause rauchte er Marihuana (eine Gewohnheit, die er niemals aufgegeben oder zu verbergen versucht hatte) mit der Häufigkeit eines gewohnheitsmäßigen Zigarettenrauchers und beschwerte sich Tag für Tag darüber, dass es ihm nicht gelang, ein Rauchverbot an seinem Arbeitsplatz durchzusetzen. Er äußerte sich enttäuscht, dass sein Kollege wieder angefangen hätte, und schob die Schuld für die chronische Bronchitis des Büromanagers auf dessen Nikotinsucht.

Anfang 1990 fand ich ein Päckchen Zigaretten in Rogers Wagen. In einer Mischung aus Wut, Angst und Hochgefühl – ha, endlich hatte ich den Beweis! – zerpflückte ich die Zigaretten und verstreute sie überall im Wagen.

Als Roger sich an jenem Morgen verabschiedete und zu seinem Wagen ging, stählte ich mich gegen seine umgehende, wutentbrannte Rückkehr, aber er fuhr aus der Ausfahrt ohne sich umzudrehen. Den ganzen Tag über wartete ich auf einen mit Drohungen gespickten Anruf. Er kam nicht. Als Roger um sieben Uhr nach Hause kam, zitterte ich, aber ich war wild entschlossen, der Wahrheit und dem gewaltigen Preis, den ich sicher dafür zahlen würde, ins Auge zu sehen. Roger verlor indes kein einziges Wort über die verstreuten Zigaretten. Weder an jenem Abend noch sonst irgendwann.

Sein Schweigen brachte mich zum Schweigen. Es versetzte mich in Panik. Was für ein Mann würde ignorieren, was ich getan hatte? Was für ein Mann würde fünf Jahre darauf verwenden, mit ausgefeilten Lügen eine so lässliche Sünde wie das Rauchen zu vertuschen? Was für ein Mann konnte die Wirklichkeit so leicht formen wie Knetmasse? Und warum sollte er? Mein Gott, warum nur? Und was für eine Frau würde einen solchen Mann heiraten?

Ich konnte die Antworten, ja ich konnte noch nicht einmal die Fragen ertragen. Ich verdrängte sie, versuchte, sie für immer aus meinen Gedanken zu verbannen. Aber mit jedem Tag, an dem ich es versuchte und es mir nicht gelang, verlor ich ein Stückchen meiner Seele. Neunzehn Monate später, als ich mutig, oder vielleicht verzweifelt genug war, um Roger mit dem Beweis seines sechsjährigen Raucherdaseins zu konfrontieren, war ich immer noch nicht auf seine Antwort gefasst: »Ich rauche nicht, seit Jahren nicht mehr. Warum sollte ich das tun? Du hast wirklich ein Problem, Ellen.«

Ja, klar.

Obwohl Schuld, Scham und die Angst, man könne mir nicht glauben, mich davon abhielten, die Geschichte mit den Zigaretten während meines sechswöchigen Aufenthaltes im Frauenhaus zu erzählen, konnte ich es nicht verlassen, ohne von einer brennenden Wahrheit versengt zu werden, die unter der Asche meiner Ehe verborgen gewesen war. Zwei Tage bevor wir das Hiatus-Haus verlassen wollten, sprach Allison zum ersten Mal über etwas, das sie zwar erlebt hatte, wofür sie das Wort aber nicht kannte: Inzest.

Wir gingen die Treppe von unseren Zimmern zum Aufenthaltsraum des Frauenhauses hinunter, als Ericas Hand den Po ihrer Schwester streifte, und Allison schrie: »Lass das! Fass mich nicht so an! Daddy fasst mich da an, und ich hasse das!« Ich war nicht dicht genug hinter ihnen und hatte nicht gesehen, ob Erica Allison in den Po gezwickt, danach gegriffen oder ihn einfach nur gestreift hatte, aber Allison schien nicht verletzt, sondern nur wütend zu sein. Es kam mir sonderbar vor, dass eine Berührung sie in solche Aufregung versetzen konnte. Ich fragte Allison, warum sie so wütend sei, aber als sie mich ebenfalls anschrie, ließ ich die Angelegenheit auf sich beruhen.

Doch Allisons Reaktion und ihre Worte ließen mir keine Ruhe. Ich kam mir dumm vor, weil ich etwas Düsteres hineininterpretierte, und nachlässig, weil ich sie nicht ernst nahm. Am nächsten Tag teilte ich meine Besorgnis der Lieblingstherapeutin meiner Töchter mit, einer jungen Frau, die ihr Interesse an Handarbeiten, Aufklebern, Hunden und Flechtfrisuren förderte.

»Nun, vermutlich ist an der Sache nichts dran«, begann ich, als wir uns in einem der kleinen, fensterlosen Räume niederließen, die für vertrauliche Gespräche reserviert waren, »aber ich möchte Ihre Meinung dazu hören.« Ich erzählte ihr von dem Zwischenfall auf der Treppe und von verschiedenen anderen Vorfällen, die mein Hirn nicht verarbeiten konnte oder wollte.

»Als Allison vor einigen Wochen von einer Verabredung zum Abendessen bei ihrem Vater zurückkam, erklärte sie, sie hätte ein Geheimnis. Sie sagte: ›Daddy hat gesagt, ich darf es niemandem sagen, aber ich will es dir sagen. Mach, dass ich es dir sage, Mom.‹ Nun ja, ich wollte neutral bleiben – meine Anwältin sagt immer, ich solle neutral bleiben. Ich habe also gesagt, ich würde zuhören, wenn sie mir etwas erzählen wollte, aber ich würde sie nicht zwingen, mir etwas zu sagen, das sie nicht verraten wollte. Sie weinte und weinte und sagte immer wieder: ›Mach, dass ich es dir sage, Mom, mach, dass ich es dir sage‹, und ich sagte immer wieder, ich könne sie nicht zwingen, aber ich würde zuhören. Und so drehten wir uns immer wieder im Kreis, bis sie schließlich schluchzend einschlief.

Dass sie sich vor und nach jedem Besuch bei Roger übergibt, hatte ich Ihnen ja bereits erzählt, oder? Und als sie am vergangenen Samstag dieses hohe Fieber hatte und ich mit ihr ins Krankenhaus musste, sagte sie immer wieder weinend, ihr täte die Vagina weh. Sie war zu schwach zum Gehen, und ich hob sie auf und setzte sie auf meine Hüfte, und sie schrie vor Schmerzen und hörte erst auf, als ich sie wieder absetzte und wie ein Baby auf beiden Armen trug. Ich erzählte dem Arzt davon, aber er hat sich ihre

Scheide nicht angesehen, und er sagte, er sähe keinen Zusammenhang zu dem hohen Fieber (obwohl er mir auch sonst keine Erklärung dafür geben konnte), und ich habe nicht darauf bestanden, weil sie doch erst sieben ist und ich keinerlei Verdacht geschöpft hatte – ich vertraute dem Urteil des Arztes.

Ich glaube, ich habe Ihnen auch von der sonderbaren Sache erzählt, die vor ein paar Jahren passiert ist. Sie hat mich mitten in der Nacht aufgeweckt und war wie in Trance. Als ich sie in ihr Bett zurückbringen wollte, schrie sie: »Fass mich nicht an. Fass mich nicht an«, obwohl es schien, als spräche sie zu niemandem. Und als ich sie in den Arm nehmen wollte, kratzte sie mich.

Nun, ich weiß nicht, was all das zu bedeuten hat, und wenn Sie sagen, ich soll es vergessen, dann tue ich das. Ich will nicht, dass sich hinter diesen Geschichten etwas *verbirgt*, aber ich wollte das Frauenhaus nicht verlassen, ohne zumindest mit Ihnen darüber gesprochen zu haben. Also, was denken Sie?«

Die Sozialarbeiterin, die mit ihren Haaren gespielt hatte, als ich sprach, schwieg ein paar Sekunden. Dann sagte sie: »Es könnte sein, dass an dieser Sache nichts dran ist. Es könnte aber genauso gut sein, dass etwas dran ist. Ja, es könnte etwas dran sein. Ich werde das, was Sie gesagt haben, dem Kinderschutzbund melden müssen – dazu bin ich gesetzlich verpflichtet. Vermutlich werden sie mit Allison sprechen wollen. Können Sie damit leben?«

»Ja, sicher. Es bleibt mir wohl nichts anderes übrig.«

Nein, natürlich konnte ich nicht damit leben. Damals nicht und auch heute nicht. Vermutlich niemals. Es gibt eine Schuld die niemals getilgt werden kann. Ich musste nicht nur mit den Schrecken leben, die Allison allmählich offenbarte, sondern auch mit dem Schmerz und dem Wissen, dass ich es hätte verhindern können.

Vergossenes Öl

Motoröl durchtränkt meine Erinnerungen an unsere Heimkehr aus dem Frauenhaus. Noch immer kann ich kein Keksblech fetten, ohne Motoröl in der Mazola-Pfütze zu sehen, kann ich keine Tasse Mehl sieben, ohne den Trichter nach Mehrbereichsöl abzusuchen. Immerhin kann ich inzwischen wieder eine Küche betreten, ohne den Gestank einer Autowerkstatt in der Nase zu haben. Nach unserer Rückkehr war ich sechs Jahre lang nicht in der Lage, *irgendetwas* zu kochen. Ich konnte nicht einmal einen Bagel in der Mikrowelle auftauen, ohne dass mir schwindelig und übel wurde. Allison und Erica, die noch nie eine Pastete mit einer Kruste aus Fertigteig oder eine Dosensuppe gegessen hatten, wurden Kinder, die von Fast Food, Pizzaservice und Essen zum Mitnehmen lebten. Mahlzeiten, zu denen es keine Werbegeschenke und Ketchuptütchen gab, erkannten sie kaum. Dies waren die Auswirkungen von Rogers Abschiedsgrausamkeiten.

Bevor Roger auf Grund einer richterlichen Verfügung bei uns aus und über die Ambassador-Brücke in einen Vorort von Detroit zog, ließ er seinem Hass in unserem Haus freien Lauf. Der Richter in Windsor hatte ihm achtundvierzig Stunden eingeräumt, um das zu verlassen, was im Rechtsjargon künftig »die eheliche Wohnung« genannt wurde. Am Samstag um Mitternacht hätte Roger fort sein müssen, aber als ich kurz nach Mitternacht zu Hause anrief, hob er das Telefon ab. Ich sagte ihm, er verletze die vom Gericht festgesetzte Auszugsfrist, aber Roger flehte mich an, ihm noch ein paar Stunden zu geben – bis um acht Uhr Sonntagmorgen. Er hätte noch »ein paar Sachen im Haus zu erledigen«. Seine Bitte war nachvollziehbar, und wieder einmal machte ich den Fehler, Roger wie einen vernunftbegabten Menschen zu behandeln. Ich willigte ein.

Ich hielt mich an die von den Angestellten des Frauenhauses empfohlenen Sicherheitsvorkehrungen und hatte die Polizei gebeten, am Sonntagmorgen zu unserem Haus zu kommen. Wir kamen zuerst an – nachdem wir Oxford bei meinen Eltern abgeholt und Donutbällchen gekauft hatten. Als wir in die Einfahrt einbogen, griff ich automatisch zum Garagenöffner, der an der Sonnenblende des Minibusses befestigt war. Ich drückte den Knopf, doch nichts passierte. Ich probierte es noch ein paar Mal, doch dann fiel mir ein, dass sich die Batterien in den sechs Wochen unserer Abwesenheit vermutlich verabschiedet hatten, und gab auf. Die Mädchen und Oxford forderten lautstark, sie wollten ins Haus, und so ging ich die Haustür aufsperren, ohne auf den Streifenwagen zu warten. Der Schlüssel ließ sich nicht ins Schloss stecken. Hatte Roger die Schlösser auswechseln lassen? Nein, er hatte nur etwas hineingespritzt, das im Schlüsselloch gefroren war. Es gab noch zwei Türen, die ich versuchen konnte, beide befanden sich an der Rückseite des Hauses, und die Mädchen und Oxford folgten mir in den Hinterhof. Auch das Schlüsselloch in der Küchentür war zugefroren. Den Schlüssel zur Hintertür der Garage konnte ich zwar ins Schlüsselloch stecken, aber das Schloss ließ sich nicht aufsperren, und von innen war das Fenster mit dunklem Papier beklebt worden, so dass wir nicht in die Garage hineinsehen konnten.

Ich zitterte, nicht so sehr wegen der eiskalten Februartemperaturen, sondern wegen der Spannung, unter der ich stand, und die Mädchen stellten Fragen, die ich nicht beantworten konnte: Versteckt sich Daddy in der Garage? Ist da eine Bombe drin? Werden wir sterben? Ich ging zum Minibus zurück und griff zu meinem Helfer in allen Lebenslagen – einer Dose mit einer Mischung aus Schmiermittel und Rostentferner – und sprühte etwas davon in das Schloss der Haustür. Es war ein weiterer Beweis für die unglaubliche Kraft dieses Mittelchens – die Tür ließ sich öffnen.

Während Allison, Erica und Oxford die Treppen hinauf- und hinunterpolterten und in alle vier Schlafzimmer, drei Badezimmer, die Küche, das Esszimmer, das Wohnzimmer, den Aufenthaltsraum, den Hobbyraum und den Keller liefen, trafen zwei Polizeibeamte ein. Wie sie bei einer raschen Durchsicht der Räume feststellten, schien alles normal – es war aufgeräumt und erst kürzlich gesaugt worden –, bis auf mein Schlafzimmer. Roger hatte in meinem Badezimmer einen vollen Aschenbecher auf der Ablage zurückgelassen, den Deckenventilator auf die höchste Stufe gedreht und eine Haarspange an der Schnur zum Ein- und Ausschalten befestigt. Auf dem Heizungsventil schmolz eine Duftkerze. Die Polizisten schnupperten am Aschenbecher. Kein Marihuana, sagten sie, sondern normale Zigarettenasche. Den übrigen Funden maßen sie keine Bedeutung bei. Ich wollte sie nicht mit einer Erklärung belasten. Ich wusste, Roger hatte die falschen Beweise mit Absicht zurückgelassen, um mir meine eidliche Erklärung bezüglich seines zwanzigjährigen Drogengebrauchs heimzuzahlen. Es war als augenzwinkernde Erinnerung gedacht, dass der Richter nicht mir, sondern Rogers Behauptung Glauben geschenkt hatte, sein – und mein – Drogengebrauch hätte sich darauf beschränkt, dass wir in unserer Jugend ein paarmal Marihuana probiert hatten. Was mich betrifft, so entspricht das der Wahrheit: Ich habe es nur zweimal versucht. Das erste Mal erstickte ich beinahe, als ich an einem Joint zog. Beim zweiten Mal war ich einen ganzen *Star-Wars*-Film lang bewusstlos, nachdem ich einen Schokokeks mit Marihuana gegessen hatte.

Den beiden Beamten erzählte ich nichts von alledem. Sie waren zu sehr damit beschäftigt, sich über die verschlossene Garage Gedanken zu machen, die anzusehen ich sie gebeten hatte.

»Was machen wir, wenn er sich da drin versteckt?«, fragte der eine.

»Ja, und was, wenn er eine Pistole hat?«, sagte der andere.

»Wenn er eine Pistole hat, geh ich da nicht rein«, sagte der erste.

»Könnte es sein, dass er eine Pistole hat?«, fragte mich der andere.

»Ja«, erwiderte ich. »Wollen Sie mich das allein herausfinden lassen?«

Sie sahen einander an, als hätten die Kameraden auf dem Spielplatz sie zu einer Mutprobe aufgefordert. Dann stapften sie die Treppe zur Garage hinunter und öffneten mit Hilfe meines Wundermittels die Tür. Roger hatte sich nicht in der Garage versteckt, und sie konnten sich auf ihre Dienstmarken klopfen und verkünden: »Sehen Sie? Kein Grund zur Besorgnis, Ma'am. Dann gehen wir mal wieder.«

Und so gingen sie und ließen die Mädchen und mich allein, um Rogers wohlgesetzte Pläne, mich zu verletzen, und seine Gleichgültigkeit gegenüber dem Schaden, den seine Tricks bei den Kindern anrichten würden, aufzudecken. Allison fiel die Treppe hinunter, als sie sich an dem Geländer festhalten wollte, das Roger so präpariert hatte, dass es sich aus der Wand löste, und Erica fand das Krümelmonster, das an der goldenen Kette hing, die ich Roger am Abend unserer Hochzeit geschenkt hatte. Über Oxfords Wassernapf spannte sich die Einkaufstüte einer Unterwäschekette – leer bis auf das Seidenpapier und eine Rechnung über Stringtangas, die zwei Nummern kleiner waren als meine Baumwollhöschen. Es war wie in der Geisterbahn: Hinter jeder Ecke lauerte eine böse Überraschung. Oft machten sie uns nicht mehr Angst als ein Sechsjähriger, der sich ein weißes Bettlaken überstülpt und »Buh!« ruft. Dinge, die ich Roger geschenkt hatte, tauchten an unerwarteten Orten wieder auf: Sportjacken hingen in der Dusche des Badezimmers im zweiten Stock, Krawatten waren um den Fuß des Kronleuchters im Wohnzimmer gewickelt, und eine Pelzmütze steckte wie E.T. zwischen den Plüschtieren im Spielzimmer. Bei anderen aber war der Gruselfaktor sehr viel höher. In Kühlschrank und Mikrowelle, auf Lampenschirmen und Ablagen, in Keksdosen und im Schirmständer befanden sich Dutzende von Dingen, von denen Roger behauptet hatte, ich hätte sie verloren oder weggegeben. Ich fand die Schlüssel, von denen er mir vorgeworfen hatte, ich hätte sie verloren, auf dem Fensterbrett des Erkerfensters, und auf meinem Schreibtisch lag das Original eines zwanzigseitigen Berichts. Roger hatte mich damals aufgeweckt, darauf beharrt, ich hätte ihn in die Abfallpresse geworfen, und ihn mich noch einmal tippen lassen.

Müslischachteln, Suppendosen, Keksdosen und Kanister auf den Regalen in der Vorratskammer sahen unberührt aus, aber jede einzelne davon war leer. Von den Grundnahrungsmitteln war nichts mehr übrig. Der Kühlschrank hingegen war offenbar voll mit frischen Lebensmitteln. Die meisten hatten jedoch eine merkwürdige Farbe, und wir hatten rosa Milch, blauen Frischkäse und violetten Tomatensaft. Ich kippte die gefärbten Sachen in die Spüle und drehte den Müllzerkleinerer an, aber auch daran hatte er sich zu schaffen gemacht. Ein Klempner und ein Elektriker mussten kommen, um ihn zu reparieren, einige Drähte waren vertauscht worden. Roger-Kobolde hatten auch an der Geschirrspülmaschine, dem Trockner, der elektrischen Schreibmaschine und der Nähmaschine herumgespielt. Der automatische Garagenöffner war sowohl ausgesteckt – das Stromkabel baumelte vom Deckenbalken – als auch neu programmiert worden, so dass ich ihn mit meiner Fernbedienung nicht aktivieren konnte. Mit den Batterien war alles in bester Ordnung.

Vor dem Haus, in einer Reihe offener Kisten, die in Reih und Glied am Randstein aufgestellt waren, entdeckten wir neue Spuren von Rogers Zerstörungswut. Die Dinge in den Kisten waren zum Teil mit der Axt in Stücke gehauen, so dass nur ein Haufen makaberer Puzzleteile übrig blieb. Die Axt, die eigentlich zum Spalten von Brennholz gedacht war, steckte noch immer in einer Teakholzschüssel, die mein Bruder uns zum Einzug geschenkt hatte. Vaters Angelkiste, in der sich eine vierzig Jahre alte Silberlöffelsammlung, Haken für Köderfische und Souvenirs von allen Reisen mit meinen Eltern befanden, sah aus wie nach einer Haifischattacke. Drei Jahre hatten wir die Angelkiste und zwei Angelruten – sie lagen zerbrochen mitten unter dem anderen Müll – vermisst. Roger hatte sie sich von meinem Vater geliehen und dann behauptet, er hätte sie am letzten Tag seines Angelausflugs verloren. Kiste um Kiste, jede offen und aufgeräumt, damit wir alles gut sehen konnten, enthielt kaputte, verunstaltete Gegenstände, darunter auch alte Lieblingsstücke, wie eine Stoffpuppe (zerschnitten) und eine Porzellantasse (zerbrochen). Ich war erleichtert, als ich bei der letzten Kiste angekommen war – bis ich einen Blick hineinwarf.

Meine Rezepte. Hunderte und Aberhunderte von Rezepten. Einige stammten von meiner Großmutter, die noch vor meiner Geburt gestorben war und die ihre Rezepte mit der Hand auf blauem Briefpapier notiert hatte. Andere waren von einer Tante, die das Kochen hasste, sorgfältig aus der Zeitung ausgeschnitten und auf Karteikarten geklebt worden. Wieder andere hatte eine Freundin, die viel Zeit in den Wartezimmern von Ärzten verbrachte, aus Zeitschriften herausgerissen. Ein Rezept für Limettentörtchen, das ich 1967 einem Bäcker in Miami abgeluchst hatte. Ein Brotpudding, den ich 1971 aus einer Kochbuch-Enzyklopädie abgeschrieben hatte. Ein Käsekuchenrezept, das meine Mutter mir aufgeschrieben hatte – und das zwischen 1976 und 1991 mindestens einmal im Jahr verloren ging. Einige meiner Rezepte bewahrte ich in Ringbüchern und Metallschachteln auf, doch die meisten steckten in festen braunen Briefumschlägen. Ich hatte sie so oft auf dem Boden ausgebreitet und gelesen, dass ich meist wusste, in welchem Umschlag ein beliebiges Rezept zu finden war. Ich besaß ein von einem Mehlhersteller herausgegebenes Kochbuch aus der Zeit der Weltwirtschaftskrise, in dem stand, wie man Kuchen ohne Eier und Eintopf ohne Fleisch kochte, und eine Ausgabe des *Silver-Palate*-Kochbuchs, aus der Zeit, bevor sich die Besitzer dieses berühmten Restaurants getrennt hatten. Ich warf nur selten ein Rezept weg. Sogar Ladenhüter wie das Mayonnaisebrot und die Knoblauchkekse steckte ich in ihre Umschläge zurück, weil sie mich zum Lachen brachten. Ich erfreute mich an den Geschichten, die zu meinen Rezepten gehörten, und den Erinnerungen an die Menüs und Desserts, die ich damit gezaubert hatte. Als ich siebzehn war, hatte ich einmal zu einem formalen Abendessen eingeladen (mit einer derart unbeugsamen Kleiderordnung, dass mein Freund auf dem Weg zu unserem Haus anhalten und ein Paar Brogues kaufen musste), bei dem es ein Cannelloni-Rezept gab, das ich aus der wöchentlichen Kochseite der Tageszeitung ausgeschnitten hatte. Jeden Sonntagabend versammelten sich Freunde in meinem Zimmer im Studentenwohnheim, und der Duft von Schinkensandwiches (nach einem erstklassigen Rezept meines Vaters), die unter meinem Grill lagen, zog durch den Raum. Enttäuschte Freundinnen vergaßen ihre untreuen Freunde, sobald sie in meinen Blaubeer-Schmandkuchen bissen, und skeptische Verwandte waren beeindruckt, wenn sie von meinem nicht besonders aufregend klingenden Gemüseeintopf kosteten.

Backen war für mich wie Yoga, wie ein Zehn-Kilometer-Lauf. Ich konnte Schreibhemmungen überwinden, wenn ich einen Kuchen glasierte, Geldsorgen vergessen, wenn ich einen Brotzopf flocht, und meine Wut verschwand, wenn ich etwas backte, das mit Zimt gewürzt war. Das Kochen sorgte dafür, dass ich auch im größten Chaos nicht den Verstand verlor, und schützte mich vor Rogers Wut. Gegen Ende unserer Ehe war es vielleicht die einzige Sache, mit der ich noch Gnade vor Rogers Augen fand. All das – *all das* – wusste er, als er meine Rezepte in die letzte Kiste an der Straße stopfte und mit zwei Litern Motoröl übergoss (wovon die leeren Flaschen unter den Büchern und Artikeln zeugten). Sie zu retten war hoffnungslos, doch ich versuchte es und drückte sie zwischen Papiertaschentücher. Aber ich beschmierte mir nur die Hände mit dem Öl.

Roger hatte nicht vorhersehen können, wie lange es dauern würde, bis meine Psyche dieses Durcheinander wieder in Ordnung gebracht hatte. Ganz sicher hatte er nicht ahnen können, dass die Folgen einer einzigen heimtückischen Tat so weit reichen würden, dass ich am letzten Weihnachtsfest des Jahrhunderts Dosenspaghetti mit Fleischsoße auf den Tisch stellte. Und das obwohl – es war einmal vor langer, langer Zeit – ich eine solche Kochpuristin war, dass ich nicht einmal unter der Woche eine Nudelsoße aufgetischt hätte, für die nicht längeres Hacken, Schneiden und Köcheln vonnöten gewesen war. Heute weiß Erica nicht, wie man einen Herd andreht, und Allison vergisst meist, dass man ihn wieder abdrehen muss, bis der Rauchmelder sie daran erinnert. Wenn ich tatsächlich einmal koche, quietschen die Mädchen vor Begeisterung (»Du willst kochen? Du kochst ein richtiges Abendessen?«) und danken mir vor, während und nach dem Essen – ja sogar Tage später.

Ich hoffe, die Freude am Kochen wird eines Tages zurückkehren. Ich vermisse die ruhige Heiterkeit beim Rühren von Erbsensuppe und das zufriedene Gefühl, wenn man die leicht gebräunten Croissants aus dem Ofen holt. Das Durcheinander fehlt mir nicht. Jedesmal, wenn ich kochte, hatte ich jeden Topf, jede Pfanne, jedes Küchenutensil in Gebrauch, und von einem Klecks an der Wand ließ ich mich nicht vom Sahneschlagen abhalten, und etwas aus der Schüssel verschüttete Soße brachte meinen Menüplan nicht durcheinander. Das Aufräumen kam erst nach dem Essen, und oft dauerte es länger als das Kochen selbst. Wenn ich heute koche, ist das anders. Ich besitze nicht genug Töpfe und Pfannen, um eine Spüle zu füllen, und dreimal am Tag essen wir mit Plastikbesteck von Papptellern. Und das, obwohl meine Mutter mir Milch in ein teures Waterford-Glas goss und die Kekse am Nachmittag auf einer Porzellanplatte anrichtete. Zudem war es eine Erleichterung festzustellen, dass der Erfolg einer Party nicht unbedingt von der Qualität des Essens abhängt. Das haben die Spaghetti-Weihnachten bewiesen. Meine Töchter und ich hatten so viel Spass, als wir unsere meist selbst gemachten Geschenke auspackten und mit den Nachbarn Weihnachtslieder sangen, dass wir darüber ganz vergaßen, den Truthahn zu füllen und die Pasteten zu backen. Also verlegten wir das Festessen einfach auf den nächsten Tag. Solange Roger ein Teil unseres Lebens war, hätten wir niemals den Luxus einer solchen Entscheidung gehabt. Meine neue Einstellung zur Perfektion, zum Paradies, ist die Belohnung dafür, dass ich Rogers Hölle entkam, aber als wir in das Haus zurückgekehrt waren, tanzten wir noch viele Tage und Jahre in seinen Flammen.

Ich lernte schnell, warum so viele Frauen zu einem Mann zurückkehren, der sie misshandelt, und warum die von Nancy Reagan propagierte politisch korrekte Lösung gegen Drogen – einfach nein sagen, einfach gehen – genauso gut funktioniert wie eine Antidrogenpolitik, die darauf vertraut, dass ein Kopfschütteln genügt. Roger zu verlassen war das Tapferste, was ich je getan habe, aber nicht zu ihm zurückzukehren war das Schwerste. Die Angst war die gleiche geblieben wie in unserer Ehe, dafür fehlte mir der finanzielle Rückhalt. Zuerst einmal räumte der Richter, der Roger aus dem Haus verbannt hatte, ihm sechs Besuche pro Monat ein, und er durfte anrufen, wann immer er es wollte. Noch bevor die Müllabfuhr die Kisten mit den Überresten von Rogers Zerstörungswut abgeholt hatte, saß er wieder auf meiner Veranda. Er hatte die Füße auf das Geländer gelegt und spähte durch das Fenster ins Wohnzimmer. Es waren noch zwanzig Minuten bis zu dem vom Gericht verfügten Mittwochsbesuch bei Allison und Erica, und als ich Roger entdeckte, deutete er mit dem Arm auf die Kisten am Straßenrand, wandte sich mir zu und sagte: »Was gibt's zum Abendessen, mein Schatz?«

Laut meinem Tagebuch hatte er in den achtundsiebzig Stunden, seit wir wieder zu Hause waren, dreiundzwanzig Mal angerufen. Nur ein einziges Mal erkundigte er sich nach Allison und Erica und nicht ein Mal wollte er mit ihnen sprechen. Er rief an, um zu drohen, zu schmeicheln oder mir schönzutun, tat alles, um mich zu verärgern und zu kontrollieren. Es funktionierte. Ich fürchtete mich davor, den Hörer abzunehmen, und davor, das Telefon klingeln zu lassen; ich fürchtete mich davor, einfach aufzulegen, und davor, am Telefon zu bleiben. Damals konnte ich noch keine Rufnummernweiterleitung bekommen, und wenn ich wartete, bis sich der Anrufbeantworter einschaltete, konnte ich Allison und

Erica nicht vor seinen Nachrichten beschützen. Rogers Einfluss machte auch nicht vor meiner Haustür oder meinem Telefonanschluss halt. Er durchdrang die meisten meiner Gedanken und Entscheidungen.

Am Montag, dem ersten Tag, nachdem wir das Frauenhaus verlassen hatten, wollte ich Lebensmittel kaufen, aber Roger hatte alle unsere gemeinsamen Konten leer geräumt. Sogar meinen Kindergeld-Scheck hatte er – juristisch einwandfrei – ohne Unterschrift eingezahlt und die Summe dann zusammen mit dem restlichen Geld vom Konto abgehoben. Als ich mich bei der Kassenangestellten der Bank beschwerte, zog ich die Aufmerksamkeit unseres Kreditberaters auf mich, der die Gelegenheit ergriff, um mir zu eröffnen, dass wir mit den Zahlungen für das Haus zwei Monate (2800 Dollar) im Verzug seien und man uns das Darlehen in vierzehn Tagen kündigen würde. Er fand es nicht besonders amüsant, als ich ihn fragte, ob er mir etwas Geld für Lebensmittel leihen und auf die Summe der Zwangsvollstreckung aufschlagen würde. An jenem Abend aßen wir bei meinen Eltern, nahmen ein paar Reste, einen Scheck über zweihundert Dollar und den Hinweis mit nach Hause, dass wir das Hühnchen behalten dürften, das Geld aber wieder zurückgeben müssten.

Als ich am Dienstag die leeren Regale in der Vorratskammer auffüllte, kam eine Sozialarbeiterin des Kinderschutzbundes vorbei, um zu hören, was Allison über das »angeblich nicht angemessene sexuelle Verhalten« ihres Vaters zu sagen hätte. Sie stellte sich als Pamela Miller vor, sprach ein paar Minuten mit mir und setzte sich dann mit Allison in den Aufenthaltsraum, um sich allein mit ihr zu unterhalten. Zehn Minuten später stand Ms. Miller wieder im Wohnzimmer und erklärte, Allison hätte keine konkrete Aussage bezüglich eines sexuellen Missbrauchs gemacht, »aber da ist irgendetwas, da ist bestimmt etwas«. Sie riet mir, ein familienpsychologisches Gutachten erstellen zu lassen, »denn wir untersuchen Fälle von sexuellem Missbrauch erst, wenn eine konkrete Aussage vorliegt«.

»Und was genau heißt das?«

»Wenn ein Kind einen bestimmten Vorfall mit Worten, Bildern oder Gesten schildern kann, die vor Gericht Bestand haben würden.«

Ich verstand nicht, was sie meinte, und wusste nicht, was ich sagen sollte. Ich war überwältigt und spürte, wie mich ein vertrautes Gefühl der Betäubung überkam. »Können Sie mir einen Psychologen empfehlen? Und was muss ich tun?«

Sie gab mir zwei Namen und ein Büchlein. »Lesen Sie das Ihren Mädchen vor und bitten Sie sie, die Übungen hinten im Buch zu machen.«

Ich las Allison und Erica das Buch am Abend vor. Erica plapperte vor sich hin, während ich las. Allison saß stumm und reglos da. Die Geschichte handelte von sexuellem Missbrauch. Am Ende wurden verschiedene Aktivitäten angeboten. Der erste Vorschlag lautete, eine Reihe von Bildern zu malen, die sich auf die Geschichte bezogen. Erica weigerte sich mitzumachen. Allison nahm ein Blatt Papier und Stifte und zeichnete in der oberen linken Ecke des Blattes die Figur eines kleinen Mädchens. Sie fing an, ein zweites Bildchen daneben zu malen, warf die Stifte hin und zerknüllte das Blatt. Erica bat mich, sie ins Bett zu bringen. Ich packte sie in ihr Bett und ging zu Allison zurück, die sich offenbar in den fünfzehn Minuten, die ich im Zimmer gegenüber gewesen war, nicht gerührt hatte. Ich setzte mich neben sie aufs Bett.

»Allison, möchtest du mir etwas über die Bilder erzählen, die du gemalt hast? Gibt es auch eine Geschichte dazu?«

Allison starrte auf das zerknüllte Blatt, das sich nur wenige Zentimeter vor ihren verschränkten Beinen befand, und begann, mir eine Geschichte über ein Mädchen namens Julie zu erzählen.

»Julie war ein kleines Mädchen. Sie hatte einen gemeinen Daddy, der Pistolen und Messer hatte. Der Papa hat Julie wehgetan, und sie musste Sachen machen, die sie nicht wollte. Er ist ihr immer wieder auf die Nerven gegangen und hat ihre Scheide angefasst. Er hat immer gesagt, dass es ihm Leid tut, und hat versprochen, dass er damit aufhört. Aber er hat nicht aufgehört. Und er hat zu Julie gesagt, dass es ein Geheimnis ist und sie niemandem etwas davon erzählen darf. Und er hat zu Julie gesagt, dass es ihre Schuld ist. Julie wollte davon erzählen, aber ihr Daddy hat gesagt, dass ihrer Mom etwas zustoßen würde, wenn sie etwas sagt. Julies Daddy hat gesagt, dass ihre Mom sterben könnte. Und ihr Daddy hatte Pistolen und Messer und war wirklich gemein. Also hat Julie nichts gesagt und ihr Daddy ist ihr weiter auf die Nerven gegangen.«

Allison schwieg. Ich fragte:

»Kennst du so jemanden wie Julie?«

»Nein! Nein, nein, nein! Das ist nur eine Geschichte. Nur eine Geschichte!« Allisons Augen füllten sich mit Wut und Tränen, und sie rannte aus dem Zimmer. Ich ging ihr nicht nach, sondern rief leise nach ihr, bat sie, flehte sie an, zurückzukommen. Als sie zurückkam, bat sie mich, ein Plüschtier nach dem anderen um sie herum aufzustellen. Bald hatten wir eine Festung aus Teddybären, in der nur Allison und ihr Lieblingsschmusetier saßen. Ich fragte, ob sie mir noch etwas erzählen wollte, aber Allison und ihre Mauer aus Spielsachen schwiegen. Ich sagte ihr, wenn sie ihre Meinung ändern würde, wenn sie mir irgendetwas erzählen wollte – egal was –, dann wäre das in Ordnung. Nichts Schlimmes würde mir passieren, und ich käme damit schon zurecht. Kleine Mädchen seien niemals an etwas schuld, das große Menschen tun. Kleine Mädchen hätten es niemals verdient, dass jemand ihnen irgendwie wehtat. Ich redete und redete in dem beruhigenden Tonfall, in dem ich sonst Geschichten erzählte. Ich saß vor Allisons Festung und versuchte verzweifelt, ihre Ängste zu durchdringen. Gleichzeitig betete ich, dass ihre Geschichte tatsächlich nur eine Geschichte sein möge. Ich war nicht bereit für diese Realität, konnte nicht mehr von der Wahrheit ertragen. Und dann redete Allison, mit einem dünnen Stimmchen, gedämpft von dem Bären, hinter dem sie sich versteckte.

»Er hat mir wehgetan. Er hat mir wehgetan, immer wieder. Jedes Mal hat er versprochen, dass er damit aufhört. Aber er hat nicht aufgehört. Ich war doch nur ein kleines Mädchen, und er hat mir immer wieder wehgetan.«

»O Allison. Es tut mir Leid. Es tut mir so schrecklich Leid. Ich wünschte, ich hätte es gewusst. Ich wünschte, du hättest es mir erzählt.«

»Ich hab ja versucht, es dir zu sagen, Mom. Ich hab's versucht, aber du hast Daddy geglaubt. Daddy hat gelogen, und du hast ihm geglaubt. Du hast mir nicht geglaubt.«

»Was meinst du damit, Allison?«

»Mom, ich bin müde. Ich bin wirklich müde und will jetzt schlafen.«

Sekunden später fielen ihr die Augen zu, doch die meinen gingen auf, und ich erinnerte mich, wie Allison es erzählt, Roger es geleugnet hatte. Ich erinnerte mich an den schrecklichen Fehler, den ich vor drei Jahren gemacht hatte. Die Erinnerung, die ich bis zu diesem Augenblick in irgendeine Ecke weggesperrt hatte, kehrte mit brutaler Klarheit zurück. Ich erinnerte mich an jedes Detail.

Es war einer von vielen Sonntagnachmittagen, an denen Roger anbot, auf Allison aufzupassen, damit ich mich ausruhen konnte, während Erica schlief. Das waren die einzigen Momente, in denen ihr Vater mit Allison spielte. Es begann jedes Mal mit dummen Spielchen und Rumgetobe, anschließend kuschelten sie unter einer Decke auf der Couch und sahen sich Golf im Fernsehen an. Jedes Mal endete es damit, dass Allison weinte und Roger ihr wütend hinterherbrüllte. Gewöhnlich wollte Allison sich danach nicht von mir in den Arm nehmen lassen, und sie weigerte sich, mir zu sagen, warum sie weinte. An diesem Tag lief sie zu mir, Roger kam hinter ihr her.

»Sag Mom, was du gemacht hast. Sag ihr, dass du mir an der Scheide wehgetan hast.«

Ohne eine Sekunde zu verlieren, stritt Roger alles ab. Lächelnd versicherte er Allison, er würde ihr niemals wehtun, hätte niemals wissentlich ihre Genitalien berührt, aber wenn das irgendwann einmal aus Zufall geschehen sei, täte es ihm sehr, sehr Leid. Er lobte sie sogar, dass sie es mir erzählt hatte, »denn so etwas solltest du Mom oder mir niemals verschweigen«.

Damals konnte ich nicht glauben, dass Roger so mühelos lügen oder ein solch schweres Vergehen begehen konnte, ohne seine Schuld zu verraten. Ich wollte nicht glauben, dass meine Vierjährige von ihrem Vater missbraucht worden war. Ich fiel auf die Täuschung herein oder weigerte mich, die Wahrheit zu sehen, bis zu jener Nacht, als Allison sagte: Daddy hat gelogen, und du hast ihm geglaubt. Du hast mir nicht geglaubt.

Zutiefst erschüttert von dieser Erinnerung saß ich noch lange Zeit da und betrachtete mein geliebtes Mädchen. Das Kind, das ich verraten hatte.

Als ich am nächsten Morgen aufwachte, hatte Entschlossenheit meine tiefe Scham und meine Schuld umhüllt. Ich zog mein Schwert und bereitete mich auf den Kampf gegen das Böse vor.

Der Wunsch nach Vergeltung

Negative

Roger sagte, er sei ohnmächtig geworden und hätte sich in die Hosen gemacht, als er in der Arbeit die Scheidungspapiere zugestellt bekommen hatte. Es war also nur passend, dass er sich einen jungen Anwalt genommen hatte, der juristisch gesehen noch in den Windeln steckte. Im Vergleich dazu ging meine Anwältin schon auf den Topf und terrorisierte alle anderen Kinder im Sandkasten. Aber innerhalb weniger Wochen, während die Mädchen und ich im Frauenhaus waren, hatte Roger Evan Hughes engagiert, einen sündhaft teuren Anwalt mit silbernem Haar, der bereits die scharfen Geschütze auffuhr, als meine Anwältin ihr Blasrohr mit Erbsen noch nicht einmal geladen hatte.

Als ich Nancy Braxton, meiner Anwältin, von Allisons Reaktion auf den Besuch der Dame vom Kinderschutzbund erzählte, reagierte sie wie einer der sprichwörtlichen Affen: Sie wollte nichts sehen, nichts hören und – leider – auch nichts tun.

»Wir sprechen das Thema sexueller Missbrauch bei der Anhörung besser nicht an«, riet Nancy.

»Sie haben Recht. Wir sprechen es nicht an. Aber *wir* haben es ja auch nicht auf den Tisch gebracht. Das waren Allison, die Leute vom Frauenhaus und der Kinderschutzbund.«

»Aber Sie können damit erst vor Gericht gehen, wenn Sie mehr Beweise haben. Andernfalls wird Ihnen niemand glauben«, beharrte meine Anwältin. »Haben Sie das Gespräch auf Band, das Sie gestern Abend mit Allison geführt haben?«

»Natürlich nicht. Wir saßen beide im Bett, lasen das Buch, das man uns gegeben hatte, und dann erzählte mir Allison das, was ich Ihnen erzählt habe. Ich habe sie nicht unterbrochen oder sie gebeten, sie möge doch bitte so lange warten, bis ich den Kassettenrekorder geholt hätte.«

»Ohne Beweise können wir eine solche Anschuldigung nicht vorbringen.«

»Wir beschuldigen hier auch niemanden. Wir berichten Tatsachen. Wir erzählen ganz genau, was passiert ist, einschließlich dessen, was im Hiatus-Haus und vom Kinderschutzbund veranlasst wurde, und lassen das so stehen.«

»Hören Sie«, sagte Nancy, »morgen ist die erste Anhörung wegen der vorläufigen Unterhaltszahlungen und der Besuchsrechte. Wir wollen da doch keinen Fehler machen.«

»Genau. Ich habe Ihnen von Anfang an gesagt, was ich will. Dass Roger wegen des emotionalen Schadens, den er uns zugefügt hat, nur eingeschränkt Zugang zu Allison und Erica bekommt. Sie haben mir erklärt, dazu wäre ein vom Gericht angeordnetes familienpsychologisches Gutachten nötig. Auf Grund dessen, was sie gehört hat, rät die Sozialarbeiterin des Kinderschutzbundes ebenfalls dazu. Das dürfte unseren Antrag auf ein familienpsychologisches Gutachten doch stärken und nicht schwächen. Und wäre es nicht besser, all diese Themen anzusprechen, bevor der Richter über die Besuchsrechte entscheidet?«

»Ellen, das ist ein schwieriges Thema.«

»Es ist nicht meine Schuld, wenn das ein schwieriges Thema ist. Ich habe Ihnen fünfzig Schreibmaschinenseiten mit Notizen gegeben, die zeigen, wie Roger mich und die Mädchen emotional missbraucht hat. Auf Grund dieser Notizen möchte ich, wie ich Ihnen ja bereits gesagt habe, dass Rogers Besuchsrecht eingeschränkt wird, und wenn ich dazu ein Gutachten erstellen lassen muss, dann will ich auch das. Und ich habe Ihnen gesagt, dass ich mich dem Ergebnis der familienpsychologischen Untersuchung fügen werde, sollte sich mein Verdacht als falsch erweisen, obwohl Roger meiner Meinung nach eine Gefahr für die Kinder darstellt. Das erscheint mir ziemlich vernünftig – ich überlasse die Entscheidung den Fachleuten –, und es ist nicht übertrieben, wenn wir vor Gericht sagen, was wir wissen.«

»Ich glaube nicht, dass Sie mir sagen sollten, wie ich meinen Fall aufzubauen habe.«

»Streng genommen ist das *mein* Fall, den Sie hier aufbauen, nicht Ihrer. Und ich bitte Sie lediglich darum, eine Einschränkung des Besuchsrechts zu verlangen, den Bericht vorzulegen, den ich

Ihnen gegeben habe, und auf Grund der vorliegenden Informationen einen Antrag auf ein familienpsychologisches Gutachten zu stellen. Wenn der Richter das für unzumutbar hält, wird er das schon sagen, aber bitte, Nancy, treffen Sie nicht die Entscheidungen für ihn – oder für mich.«

Am nächsten Tag, dem Tag der Anhörung (und dem Tag, als Roger seinen »Was gibt's zum Abendessen?«-Kommentar abließ und auf meine ölgetränkten Kochbücher zeigte, die darauf warteten, mit dem restlichen Müll abgeholt zu werden), hörte ich nichts von Nancy. Sie rief weder am Donnerstag noch am Freitag zurück. Es wurde Montag – der achte Tag, den ich aus dem Frauenhaus zurück war –, bis ich erfuhr, was vor Gericht geschehen war.

»Beim Unterhalt haben wir ziemlich gut abgeschnitten«, sagte Nancy. »Vierhundert die Woche.«

»Vierhundert? Damit kann ich gerade mal den Kredit für das Haus abzahlen, und Roger verdient das Sechsfache.«

»Das ist mehr, als die meisten Frauen bekommen. Und sein Anwalt wollte Sie mit hundert abspeisen.«

»Was ist mit den Besuchsrechten?«

»Der Richter hat auf ein gemeinsames Sorgerecht entschieden. Roger darf seine Kinder jeden Mittwochabend von fünf bis neun und an jedem zweiten Wochenende von Freitag sechs Uhr bis Sonntag sechs Uhr sehen.«

»O Gott! Warum?«

»Das ist der Normalfall, Ellen.«

»Ja, aber was war mit unseren Beweisen? Was ist mit dem familienpsychologischen Gutachten?«

»Der Richter hat kein Gutachten angeordnet.«

»Dann legen wir Berufung ein.«

»Es handelt sich lediglich um den vorläufigen Beschluss.«

»Wie vorläufig?«

»Bis die Scheidung durch ist.«

»Hatten Sie nicht gesagt, das könnte ein paar Jahre dauern?«

»Ja.«

»Nancy, ich werde nicht zulassen, dass die Mädchen zwei Jahre lang dazu gezwungen sind, bei ihren Besuchen über Nacht bei Roger zu bleiben.«

»Es könnte schlimmer sein.«

»Davon will ich nichts hören. Ich will – hören Sie, ich will eine Kopie des Beschlusses.«

»Die müssten Sie hier im Büro abholen.«

»Gut. Ich bin in zwanzig Minuten bei Ihnen.«

»Gut.«

Als ich in ihrer Kanzlei in der Innenstadt eintraf, war Nancy »außer Haus«. Ich kam nicht einmal am Empfang vorbei. Die Dame an der Rezeption reichte mir eine Kopie des Gerichtsbeschlusses. Als der Aufzug die Eingangshalle erreicht hatte und die Tür sich öffnete, zitterte und schluchzte ich. In vier Tagen würden Allison und Erica achtundvierzig Stunden allein mit ihrem Vater verbringen. Und obwohl ich von juristischen Angelegenheiten keine Ahnung hatte, konnte ich doch lesen. Der Richter hatte klar und deutlich gesagt, Nancy hätte einem gemeinsamen Sorgerecht *zugestimmt*, hätte Besuchen über Nacht *zugestimmt*. Angesichts ihrer Zustimmung, so der Richter weiter, sähe er keine Rechtfertigung für ein familienpsychologisches Gutachten.

Meine Wut auf Nancy entlud sich in mehreren wütenden Telefongesprächen und Besuchen, einer Beschwerde bei der örtlichen Anwaltskammer und meiner Weigerung, die Gebür für zehn Wochen zu zahlen, die sich auf mehr als zehntausend Dollar belief. Doch zuerst musste ich einen neuen Anwalt finden, einen, dessen juristische Munition auch größere Geschosse einschloss. Die Liste der Anwälte, deren Gebühr an die von Evan Hughes geforderten 250 Dollar pro Stunde heranreichte, war ziemlich kurz. Nachdem ich alle gestrichen hatte, die Partner in Hughes' Kanzlei waren, blieben vier Anwälte übrig. Mit dreien von ihnen vereinbarte ich einen Termin.

Die Größe des ehelichen Anwesens und der Scheck mit dem Vorschuss, den mein Vater unterzeichnet hatte, sagten Sam Goldman zu. Doch nachdem er sich meine Akte angesehen hatte, wollte er dennoch nicht für mich als Anwalt tätig werden. Er wollte das Durcheinander, das Nancy angerichtet hatte, nicht beseitigen. Es sei nichts dabei, ein familienpsychologisches Gutachten genehmigt zu bekommen, sagte er. Nancy hätte lediglich das alleinige Sorgerecht beantragen müssen, dann wäre automatisch ein familienpsychologisches Gutachten angeordnet worden. Darüber hinaus hätte sie keinen der Beweise für emotionalen Missbrauch, die ich ihr gegeben hatte, vorgelegt, und der Richter würde mir nicht glauben, wenn ich diese erst vorbrächte, nachdem er auf ein großzügigeres Besuchsrecht entschieden hatte. Und schließlich sagte Sam, er wolle nicht mit dem sexuellen Missbrauch konfrontiert werden.

»So etwas schlägt mir auf den Magen. Es wird sehr schwer werden, den Missbrauch zu beweisen. Der Richter wird denken, Sie hätten die ganze Sache erfunden, weil Ihnen sein Beschluss nicht gefällt. Und wenn das, was Sie sagen, wahr ist, würde ich den Kerl am liebsten selbst an den Eiern aufhängen. Ich komme damit einfach nicht klar.«

Mein Vater, der an diesem Gespräch teilgenommen hatte, um seinen Scheck zurückzubekommen, dankte Sam für seine Offenheit – und dafür, dass er uns nichts für dieses Gespräch berechnete. Die Anwesenheit meines Vaters schüchterte mich ein, und so protestierte ich kaum. Ganz konnte ich trotz allem nicht schweigen.

»Wissen Sie, Mr. Goldman, auch *mir* schlägt der Gedanke auf den Magen, dass meine Tochter von ihrem Vater missbraucht wurde. *Ich* komme damit ebenso wenig klar wie Sie. Nur habe ich im Gegensatz zu Ihnen keine Wahl. Und ich werde sicher nicht nach Hause gehen und meiner Tochter sagen, ich hätte aufgegeben, weil mir die Sache auf den Magen geschlagen sei.«

Mein Vater und Sam waren peinlich berührt. Ob das an meiner oder an ihren eigenen Bemerkungen lag, wusste ich nicht. Offensichtlich war das Gespräch vorbei. Beide Männer schüttelten sich über den Schreibtisch hinweg die Hand. Es war die traditionelle männliche Geste, wenn ein Geschäft abgeschlossen war. Mein Vater bestand darauf, ich solle doch noch mit zu ihnen kommen und etwas Bohnensuppe essen. Es war seine traditionelle Beschwichtigungs- und Tröstungsgeste, und meine Eltern reagierten beide überrascht und ein wenig verletzt, als ich keinen Bissen hinunterbrachte. Dann eröffneten sie mir ein paar unerwartete Neuigkeiten.

»Hast du es ihr schon gesagt?«, fragte meine Mutter meinen Vater, als sie ihm einen geschälten und in Spalten geschnittenen Pfirsich reichte und mir eine Tasse Tee hinstellte.

»Nein.«

»Mir was gesagt?«

»Vor etwa drei Monaten«, sagte mein Vater, »ein paar Wochen vor Weihnachten, war ich in Rogers Zimmer in eurem Haus, und dort habe ich Bilder von den Mädchen gefunden. Nacktfotos. Auf einem davon trug Allison nur deinen Brautschleier und sonst nichts. Mir wurde übel. Ich wusste nicht, was ich tun sollte, und ich wollte dich nicht beunruhigen. Ich wollte sie mitnehmen, wenn ich das nächste Mal bei euch war. Aber als ich dann nachsah, waren sie weg. Und ich wusste wieder nicht, was ich tun sollte.«

»Du hättest es mir sagen können, Papa. Du hättest es dem Kinderschutzbund sagen können. Ich hätte – o Gott, die Negative. Die Negative! Kurz vor Weihnachten hat Roger alle Negative weggeworfen. Ich wusste nicht, wieso. Das war, gleich nachdem ich ihm gesagt hatte, dass ich die Scheidung wollte. Er hat Allison und Erica gezwungen, die ganzen Familienfotos mit ihm durchzusehen, und beiläufig erwähnt, dass er Ordnung schaffen und die Negative wegwerfen würde. Und ich sagte, sicher, nur zu, weil ich es krank fand, wie er in Erinnerungen schwelgte. Aber es war noch schlimmer, als ich dachte. Er hat Beweise vernichtet, und du –« Ich konnte den Satz nicht beenden. Ich war noch zu sehr die folgsame Tochter, um meinem Vater zu sagen, wie wütend ich war, und hatte noch zu viele Schuldgefühle, weil ich selbst Allison drei Jahre zuvor verraten hatte. Aber ich habe weder ihm noch meiner Mutter je verziehen, denn sie wusste es ebenso lang wie er. Kein Wunder, dass mein Vater sich bei Sam für die feige Weigerung, sich meines Falls anzunehmen, bedankte – es gab ihm ein besseres Gefühl wegen seines eigenen unruhigen Magens.

An jenem Tag war das Geständnis meiner Eltern mit der Enthüllung der pornografischen Fotos, die sie mir verschwiegen hatten, noch nicht vorbei. Solange wir im Hiatus-Haus wohnten, brachte ich Erica und Allison (wenn sie krank war und nicht zur Schule gehen konnte) zu meinen Eltern, wenn ich arbeiten musste oder mich mit meinen Anwälten traf. Einmal, sagten sie, hätte Allison, am Morgen nachdem sie zum Abendessen bei ihrem Vater gewesen war, einen blauen Fleck in der Form einer Hand gehabt, die sich von ihrer linken Hüfte bis zu ihrem Po erstreckte. Meine Mutter hatte ihn zuerst gesehen, aber mein Vater bestätigte es, so dass sie sicher wussten, was sie gesehen hatten. Natürlich war der blaue Fleck inzwischen verschwunden und damit meine Chance, seine Existenz zu beweisen.

»Ach und noch etwas Merkwürdiges ist passiert«, sprach meine Mutter weiter, »Allison hatte gesagt, sie sei krank. Sie hatte kein Fieber oder so und einen gesunden Appetit, also dachte ich, sie wollte an diesem Tag einfach nur bei ihrer Grandma bleiben. Aber sie war ewig im Badezimmer, und ich fragte sie immer wieder, ob alles in Ordnung sei. Sie sagte ja, aber nach ungefähr zehn Minuten habe ich geklopft und gefragt, ob ich reinkommen könnte. Sie saß auf dem Badezimmerboden und stopfte Unmengen Klopapier in ihre Unterhose. Sie musste wohl die halbe Rolle da drin gehabt haben. Als ich sie fragte, warum sie das tat, sagte sie, ihre Vagina täte ihr weh. Ich fragte, warum sie denn wehtäte, und sie sagte, sie täte einfach weh.«

»Und warum habt ihr mir nichts davon erzählt?«

»Nun ja, wir waren ziemlich aufgeregt deswegen, und wir wollten dich nicht auch noch beunruhigen.«

»Und ihr denkt, *jetzt*, nachdem die Anhörung wegen der Besuchsrechte vorbei ist und der Richter glaubt, ich hätte den Wochenendbesuchen zugestimmt, wäre ich weniger beunruhigt? Ich hatte euch doch gesagt, was Allison mir erzählt und was der Kinderschutzbund dazu gesagt hat. Und jetzt liefert ihr mir die Beweise, nach denen wir suchen, und es ist zu spät, um sie zu verwenden.«

»Können wir von etwas anderem sprechen?«, forderte mein Vater. »Wir regen uns nur alle auf, und es ändert doch nichts.« Dann fügte er, an meine Mutter gewandt, hinzu: »Mach dir die Haare zurecht und richte dich ein wenig her. Wir sind spät dran.« Es war zwei Uhr nachmittags, und es wurde Zeit, dass meine Eltern die Brücke nach Detroit überquerten, Brot und Milch in dem alten Laden gegenüber dem Einkaufszentrum holten, im Supermarkt die Regale mit den Sonderangeboten durchstöberten und sich in die Kneipe mit den besten Angeboten zur Happy Hour setzten, die sie nach dem Bierpreis und der Auswahl der Häppchen beurteilten. Drei- oder viermal die Woche machten sie sich auf den Weg, und es müsste schon sehr viel mehr passieren als die Enthüllung von

Inzest, damit sie ihren Ausflug aufschieben oder ganz streichen würden.

Der nächste Anwalt auf meiner Liste war Jonathon Everett, der, seinem Ruf nach zu urteilen, ebenso mächtig, aber mitfühlender als Rogers Anwalt war. Sam, der Mann mit dem empfindlichen Magen, hatte gesagt, er würde mir gefallen. Jonathon traf sich abends in einem geliehenen Büro mit mir – er arbeitete sowohl in Windsor als auch in London, Ontario –, weil seine eigenen Räume noch nicht fertig eingerichtet waren. Ich saß an einem Konferenztisch, der beinahe ganz und gar mit Pappordnern bedeckt war. Am anderen Ende des Tisches legte er meinen Ordner ganz oben auf einen Stapel, stand auf, warf einen Blick in meine Akte, und mit jedem Umblättern zog er die Stirn in tiefere Falten.

»Es kommt ziemlich häufig vor, dass ich den Karren aus dem Dreck ziehe, wenn ein anderer einen Fall verfahren hat«, setzte Jonathon an. »Und bei diesem Fall sehe ich einige ernsthafte Probleme. Sie haben sehr schlechte Karten. Zuallererst haben Sie ein ernstes Problem mit Ihrer Glaubwürdigkeit. Ihr Mann hat gute Beweise, dass er derjenige ist, dem Unrecht getan wurde, dem von einem älteren Mann Hörner aufgesetzt wurden, und Sie haben nur einen wackligen Fall von emotionalem Missbrauch – ohne jegliche Beweise. So etwas lässt sich selbst dann schwer beweisen, wenn vieles dafür spricht.«

Ich zitterte und kämpfte mit den Tränen. Jonathon lief im Zimmer auf und ab und gestikulierte, als befände er sich vor Gericht. Seine Stimme klang freundlich, war aber ohne jede Spur von Optimismus. Er wiederholte noch einmal, was ich schon wusste. Dass Nancy, meine erste Anwältin, meinen Aussichten auf Beschneidung der Besuchsrechte oder ein vom Gericht verfügtes familienpsychologisches Gutachten schwer geschadet hatte. Er bestätigte meine Befürchtungen, dass es zu spät sei, den Bericht meiner Eltern von den Nacktfotos, dem wie einer Hand geformten blauen Fleck und den Lagen von Toilettenpapier anzuführen. Aber Jonathon hatte noch mehr zu sagen.

»Ich kann Ihnen helfen. Ich kann dafür sorgen, dass diese Sache letzten Endes in Ordnung kommt. Aber das wird dauern und sehr teuer werden. Vielleicht sollten Sie sich das erst einmal in Ruhe überlegen.«

Seine Worte klangen in meinen Ohren wie eine weitere Zurückweisung, was mich derart beunruhigte, dass es aus mir herausplatzte:

»Das Geld ist mir egal. Ich werde so lange für die Sicherheit meiner Töchter kämpfen, bis es ausgeht. Es ist eine Sache, wenn das Gericht mich dafür bestraft, dass ich mir eine miese Anwältin ausgesucht habe. Aber ich kann nicht zulassen, dass Allison und Erica ihrem Vater wegen dieses Fehlers die nächsten zehn Jahre ausgeliefert sind. Und ich werde nicht nach Hause gehen und Allison sagen, dass ich nichts von Missbrauch hören will, weil der Zeitpunkt nicht günstig ist. Ich weiß zwar noch immer nicht, ob Allison im Sinne des Gesetzes sexuell missbraucht wurde, aber ich *weiß*, dass sie emotional missbraucht wurde, und in meinen Augen ist Missbrauch gleich Missbrauch. Es ist nicht fair, dass das Gericht es zulässt, dass ich mich vor meinem gewalttätigen Mann in Sicherheit bringe, aber gleichzeitig meine Töchter dazu zwingt, die Wochenenden mit ihm zu verbringen.«

Jonathon unterbrach mich nicht, und er setzte auch nicht sofort zu einer Antwort an, als ich Luft holte. Er sah mich lediglich ernst und nachdenklich an und wartete.

»Ich verspreche Ihnen, wenn Sie meinen Fall annehmen, werde ich eine gute Klientin sein. Wenn Sie sich meine Akte angesehen haben, dann wissen Sie, dass ich detaillierte Notizen mit Angabe von Zeit und Ort und allem mache. Ich werde Tag und Nacht arbeiten, damit Sie alle Informationen haben, die Sie brauchen. Ich verspreche, ich werde Ihnen eine Hilfe sein«, schloss ich. Mein Mund war trocken. Ich bedauerte, das von Jonathon angebotene Wasser abgelehnt zu haben.

»Ich glaube Ihnen, dass Sie eine gute Klientin sein werden«, sagte Jonathon. »Und ich mag Notizen, viele, viele Notizen, je mehr desto besser – und so wie es aussieht, werde ich reichlich Notizen von Ihnen bekommen«, fügte er mit einem kleinen Lächeln hinzu.

»Sie nehmen den Fall also an?«

»Ja.«

Dieses Mal stellte ich den Scheck mit dem Vorschuss selbst aus. Ich hatte im Laufe des Tages noch ein paar Sparbriefe verkauft, um die Schulden auf meinem Konto auszugleichen und meinen Eltern das Geld zurückzugeben, das sie mir für Lebensmittel geliehen hatten. Ich war noch weit davon entfernt, mich unabhängig oder kompetent zu fühlen. Aber den Scheck zu unterzeichnen gab meinem Selbstbewusstsein einen Schub – und ich verspürte den überwältigenden Drang zu weinen. Es verwirrte mich, dass ich immer weniger in der Lage war, meine Gefühle zurückzuhalten, und ich war verwundert, dass Freundlichkeit mir mehr zu schaffen machte als Feindseligkeiten. Als Jonathon mich in dem stillen und scheinbar verlassenen Gebäude zum Lift brachte, hielt ich den Kopf gesenkt. Die Glocke erklang, die Tür öffnete sich, und ich nahm meinen Mut für eine letzte Frage zusammen.

»Glauben Sie mir?«

»Ja, Ellen, ich glaube Ihnen.«

Ich weiß nicht, ob das an jenem Abend – außer in der Theorie – tatsächlich der Fall war. Ich glaube nicht, dass er meinte, ich würde lügen. Aber er kannte noch nicht das Ausmaß des Schreckens, den meine Töchter und ich erlebt hatten, und er wusste auch nicht, wie sehr Roger mich hasste. (Eine – verdammt klarsichtige – Therapeutin sagte mir, solange ich nicht selbst davon überzeugt sei, dass Roger ein Psychopath ist, könne ich auch niemanden sonst davon überzeugen. »Sie sagen das Richtige, Ellen, aber es klingt, als würden Sie die Einkaufsliste herunterlesen. Solange Sie gleichgültig wirken, werden es auch alle anderen sein.«) Schließlich gelang es mir, meinen Schmerz zu akzeptieren, und Jonathon, ihn zu verstehen. In den folgenden Monaten wusste ich, dass er begriffen hatte, wenn er mir bei unseren Treffen kaum in die Augen sehen konnte und er unsere »Ich habe schlechte Neuigkeiten, Ellen«-Telefonate damit beendete, dass er mich ernsthaft dazu ermahnte, den Glauben nicht zu verlieren.

Doch unsere erste Begegnung endete mit einer herzlichen Verabschiedung. Ich fuhr mit dem Aufzug in die Empfangshalle des großen Gebäudes hinunter, ging durch einen Gang an einem Reformhaus vorbei zur Rückseite des Hauses und trat auf den Parkplatz hinaus. Der Parkplatzwärter war schon nach Hause gegangen, und so sparte ich einen Dollar, was die Summe des Schecks, den ich Jonathon gerade ausgestellt hatte, auf 4999 Dollar verringerte. Ich stieg in meinen Minibus, verließ den Parkplatz, bog nach rechts ab und fuhr nach Hause. Sonderbarerweise ertappte ich mich bei dem Gedanken daran, wie viele weiße Hemden Jonathon besaß und wie viel Stärke in seinen Manschetten war. Es war beinahe acht Uhr abends, und auf seinem Hemd war keine einzige Falte zu sehen gewesen. Entweder wechselte er sie mehrfach, oder seine Wäscherei wusste um das Geheimnis feuchter Hemden für erfolgreiches Bügeln.

Bei diesem absurden Gedanken musste ich lächeln, während ich Richtung Westen fuhr, und ich brauchte dringend etwas Humor, um mich zu entspannen. Morgen würde mein Kampf um juristische und psychologische Hilfe für meine Familie weitergehen. Und in einer halben Stunde würde ich Allison und Erica nach ihrem Mittwochsbesuch bei ihrem Vater wiedersehen. Ich würde einen Spaziergang mit Oxford machen und Jack am Telefon von meinem Tag erzählen. Und in einigen ruhigen Augenblicken würde ich Licht auf ein paar Negative werfen, die noch immer in der dunkelsten Kammer meines Geistes entwickelt wurden.

Entführt

Irgendwo in Allisons Zeichenmappe aus der zweiten Klasse liegt zwischen Schneeflocken aus Papier, Tagebucheinträgen und Häusern, die aussehen wie Eis am Stiel, die Rohfassung eines Briefs, den sie an den Richter geschrieben hatte, der die Besuchsrechte festgesetzt hatte. Fest entschlossen, die Übernachtungsanordnung rückgängig zu machen, der unsere erste Anwältin zugestimmt hatte, schrieb Allison ein dreiseitiges Bittgesuch auf gelb gestreiftem Papier. Ihre Buchstaben wurden mit jedem Satz größer und mutiger. Die letzten Worte waren fast acht Zentimeter groß, einige rissen Löcher in die Seite. Sie hatte den Brief im Badezimmer geschrieben, wo sie sich eigentlich die Zähne putzen und für die Schule fertig machen sollte. Nachdem ich zum fünften oder sechsten Mal geklopft hatte, damit sie sich beeilte, öffnete sie die Tür, drückte mir den Notizblock in die Hand, polterte die Treppe hinunter und wies mich an: »Bitte gib das dem Richter, damit Erica und ich dieses Wochenende nicht zu Daddy müssen.« Das ungeduldige Hupen des Busfahrers ließ mir keine Zeit für eine Antwort. Erica reichte Allison den Rucksack, ihre Handschuhe und ihre Mütze und hielt ihrer Schwester und Oxford die Tür auf. Jeden Morgen lief Oxford mit Allison zum Bus und bezauberte den Busfahrer, so dass er Allison ihre chronische Unpünktlichkeit verzieh. Oxford wedelte mit dem Schwanz, und wir winkten zum Abschied. Auf dem Weg zurück hob der Hund die Zeitung auf, und wir gingen in die Küche. Ich kann mich nicht mehr an die Schlagzeilen des Tages erinnern, aber ich sehe noch immer den Notizblock vor mir und den Brief meiner Tochter kann ich immer noch fast vollständig auswendig.

Lieber Euer Ehren:

Glauben Sie mir ... mein Daddy ist ein böser Daddy ... Er ist gemein und tut meiner Mama weh und meiner Schwester und mir und unserem Hund ... Bei ihm muss ich Sachen machen, die ich nicht will ... er versucht immer, ins Zimmer zu kommen, wenn ich mich anziehe ... er lässt mich nicht in Ruhe ... manchmal will er nett sein, aber er weiß nicht, wie das geht ... bitte ICH WILL NICHT BEI IHM SCHLAFEN ... ich habe Angst. ICH HASSE IHN!!!!!

Zweifellos gibt es Mütter, die diese Worte lesen, umgehend ins Gericht stürmen und darauf bestehen würden, dass der Richter den Brief liest. Doch mich schmerzte jede Silbe von Allisons Brief. Mit jedem Satz wurde ich trauriger, wütender und verabscheute mich mehr. Ich hasste mich, weil ich Roger als Vater gewählt hatte, weil ich ihm erlaubt habe, meine Kinder derart zu quälen, weil ich nicht früher gegangen war, weil ich eine unfähige Anwältin engagiert hatte, weil ich nicht wusste, wie ich dem juristischen Sumpf entkommen sollte, in den sie uns gezogen hatte, weil ich mich, aber nicht meine Töchter retten konnte, weil meine fünfundsechzigjährigen Eltern so von Angst und Alkohol beherrscht waren, dass sie Rogers Inzestvergehen stillschweigend billigten, und weil meine siebenjährige Tochter mehr Mut hatte als jeder von uns, mehr Mut, als ein Kind, das noch Probleme mit dem Reißverschluss an ihrer Jacke hat, nötig haben sollte.

Ich wollte nichts mit diesem Brief zu tun haben. Ich wollte ihn nicht schicken, faxen oder dem Richter übergeben. Ich wollte nicht, dass er ein offizieller Bestandteil des Verfahrens wurde, Allisons Schmerz und meine Hilflosigkeit öffentlich verkündete. Ich wollte den Brief verbrennen und meine Untätigkeit verbergen. Ich wollte nichts tun, wollte Allison anlügen und sagen, ich hätte alles getan, was ich konnte. Ich wollte einen Morgen, ein Frühstück, ein verdammtes Glas Orangensaft genießen, ohne an meine eigene Minderwertigkeit erinnert zu werden. Ich musste mich dazu zwingen, vom Tisch aufzustehen, zu duschen und mich anzuziehen. Mein Widerstreben war so groß, dass ich dafür eine Stunde länger benötigte als üblich. Dann schob ich den Augenblick noch etwas hinaus und spielte mit Oxford, und als Erica fragte, ob sie sich noch eine Kindersendung ansehen dürfe, bevor wir gingen, erlaubte ich es ihr, setzte mich zu ihr und blieb die nächste halbe Stunde neben ihr sitzen. Als ich Erica in ihren Kindersitz packte und prüfte, ob Oxfords Schwanz auch wirklich ganz im Minibus war, bevor ich die Tür schloss, war es halb elf.

Wir fuhren mit dem Brief zu dem ersten Geschäft, das mit einem Fax warb, und schickten Allisons Brief zusammen mit einer Notiz an Jonathon.

Oxford starrte aus dem Fenster und wartete darauf, dass Allison von der Schule nach Hause kam, als Jonathon anrief, um mir mitzuteilen, dass der Richter nicht besonders glücklich sei über den Brief, den er an meiner Stelle weitergegeben hatte.

»Was soll das heißen, nicht besonders glücklich?«

»Er glaubt uns nicht.«

»Was soll das heißen? Warum sollte er an Allisons Worten zweifeln?«

»Er glaubt nicht, dass Allison den Brief geschrieben hat. Er glaubt, dass Sie es waren oder sie dazu aufgestachelt haben. Er weiß, dass Sie schreiben, also denkt er, Sie wären dazu in der Lage, den Brief so zu schreiben wie ein Kind.«

»Ich würde nie etwas so Dummes tun. Und wenn ich den Brief hätte fälschen wollen, hätte ich mich sehr viel besser angestellt. Ich hätte ihm Details und Daten und eine Beschreibung von Genitalien geliefert. O Gott, weiß dieser Mensch überhaupt, wie schwer es mir gefallen ist, diesen Brief zu lesen, geschweige denn ihn an ihn zu schicken? Ich hatte damit gerechnet, dass er sagen würde, der Brief beweise gar nichts, aber ich wäre nie darauf gekommen, dass er glauben könnte, ich hätte ihn erfunden! Er kennt mich doch gar nicht. Er hat mich noch nie gesehen. Wie kann er nach einer misslungenen eidesstattlichen Erklärung meinen, ich lüge? Mein Fall kann doch nicht der erste sein, den Nancy verbockt hat. Ohne jeden Beweis schenkt er Roger Glauben und mir nicht. Das ist nicht fair.«

»Ich habe Ihnen ja bereits bei unserer ersten Begegnung gesagt, dass Sie ein Problem mit der Glaubwürdigkeit haben, und es wird sehr schwer sein, das aus der Welt zu räumen. Richter haben über sehr viele Fälle zu entscheiden, und die meisten von ihnen sind zu bequem, um alle Akten zu lesen. Also verlassen sie sich auf den ersten Eindruck. Und Sie haben keinen besonders guten hinterlassen.«

»Könnten wir nicht einen anderen Richter bekommen?«

»Möglich, aber wenn wir diesen wegen Befangenheit ablehnen, würde das der neue Richter erfahren, und vermutlich würde er oder sie nicht anders entscheiden wollen als der erste Richter. Richter widersprechen einander nur sehr ungern.«

»Was soll ich also tun?«

»Zuerst einmal sollten Sie einen guten Psychologen für Allison und Erica ausfindig machen, der ihnen hilft, mit den Besuchen bei ihrem Vater zurechtzukommen. Und später irgendwann könnte dieser Psychologe dann unter Umständen eine sinnvollere Besuchsregelung vorschlagen.«

»Könnten wir nicht auch ohne Gerichtsbeschluss ein familienpsychologisches Gutachten erstellen lassen? Der Richter wird jetzt, da er glaubt, ich hätte den Übernachtungen zugestimmt und dann den Brief gefälscht, weil ich meine Meinung geändert habe, ja wohl kaum eines genehmigen. Aber würde uns ein solches Gutachten nicht zu einer neutralen Einschätzung der Situation verhelfen?«

»Zu diesem Zeitpunkt könnte es sicher nicht schaden«, wandte Jonathon ein, »aber es dürfte schwer sein, eines zu bekommen. Die meisten Einrichtungen, die familienpsychologische Gutachten erstellen, tun das nur auf Weisung des Gerichts oder übereinstimmenden Wunsch beider Elternteile hin. Und ich glaube nicht, dass Sie Roger dazu bringen werden zu kooperieren. Aber Sie können es natürlich versuchen.«

Ich hatte diese Worte seit jener Februarnacht, in der ich Roger verlassen hatte, unzählige Male wiederholt. Egal, wie viele juristische Niederlagen ich erleiden oder fruchtlose Bemühungen ich auf mich nehmen musste, meine Reaktion war immer, es weiter zu versuchen. Jedes Mal, wenn ich gesagt bekam, ich sollte *loslassen, die Sache vergessen* oder *mein Leben leben,* gab ich zur Antwort, dass jedes Kind, jeder Mensch es verdiente, sich sicher zu fühlen, und dass ich nicht aufhören würde zu versuchen, meine Familie vor Roger zu schützen, nur weil die Aufgabe mit großen Mühen verbunden oder ungerecht war oder weil meine Haare weiß wurden und büschelweise ausfielen, weil ich ein Jahr lang nur Kartoffelbrei aß, weil es das Einzige war, das ich nicht wieder erbrach. Nachdem Jack mir zu Weihnachten ein Fax geschenkt hatte, wurde es technisch einfacher, Briefe zu faxen. Die Fahrten zum nächsten Geschäft blieben mir erspart, aber nicht ein einziges Mal drückte ich den Sendeknopf mit Genugtuung oder zur

Schau gestellter Tapferkeit. Es bereitete mir keine Freude, Fremden zu erzählen, dass Erica hysterisch geweint hatte, als ich den Videofilm *Annie* auslieh – ich hatte gedacht, Lieder wie *Tomorrow* würden sie aufheitern. Stattdessen flehte sie mich an, den Film abzuschalten, und erzählte mir dann, ihr Vater hätte ihr und Allison damit gedroht, sie würden in einem Waisenhaus enden, wenn ich die Behauptung des Missbrauchs nicht widerrief. Ich genoss es auch nicht, ein Fax zu schicken, das berichtete, wie die Mädchen beinahe aus dem Ballettunterricht geflogen wären, weil ihr Vater mit den Kindern in einem dunklen Klassenzimmer Verstecken gespielt und sie erschreckt hatte. Nicht eines der vielen tausend Faxe wollte ich schicken. Es widerstrebte mir, intime und hässliche Details Polizeibeamten, Politikern und anderen so genannten Beschützern anzuvertrauen, die meine Berichte meist sofort nach der Lektüre in den Papierkorb warfen. Es wurde niemals leichter, einen Brief abzuschicken oder einen schwierigen Anruf zu erledigen. Ich erledigte meine Anrufe oft vom Bett aus, die Daunendecke bis unters Kinn gezogen und Oxfords Kopf auf meinem Bauch. Ich führte Verhandlungen mit mir selbst: Ein Anruf, und ich durfte zehn Minuten Kreuzworträtsel lösen. Fünf, und ich durfte ein Kapitel lesen.

Beinahe jeden Abend saß ich zitternd, eingehüllt in meinen Bademantel und eine Decke vor meiner IBM-Schreibmaschine und war fast nicht in der Lage, die Tasten zu drücken, weil ich die schecklichen Dinge nicht lesen wollte, von denen ich schreiben musste. Und ich benötigte weit mehr Korrekturband als nötig, weil ich die Tatsachen auslöschen wollte, weil ich glauben wollte, dass *Inzest* nur ein Schreibfehler sei und dass *nackt* eigentlich *backt* heißen müsste. Ich fühlte mich oft überfordert und geschlagen, war zu deprimiert, um den Hörer abzunehmen oder bei einer Nachbarin vorbeizuschauen, war zu schwach, um mich anzuziehen oder nachts die Treppe nach oben zu steigen, und schlief stattdessen auf der Couch.

Ich wollte weder Sieg noch Rache. Ich wollte lediglich, dass wir überlebten, einen weiteren Tag geistig unversehrt überstanden, und wollte unser Heim zu einem schützenden Hafen machen.

Niemals werde ich den Ausdruck auf Allisons Gesicht vergessen, als sie von der Schule nach Hause kam und fragte, ob der

Richter ihren Brief gelesen hätte, oder ihr angstvolles Jammern, als sie erfuhr, dass man ihr wieder einmal keinen Glauben schenkte.

»Warum, Mom? Warum glaubt er einem kleinen Mädchen nicht?«

»Er meint nicht, dass du gelogen hast, Allison. Er glaubt, ich hätte den Brief geschrieben oder dich dazu veranlasst.«

»Aber das stimmt doch nicht.«

»Ja, wir beide wissen das, Allison, aber der Richter weiß es nicht. Aber wir dürfen jetzt nicht aufgeben. Wir werden unsere Geschichte so oft erzählen, bis man uns glaubt.«

»Und wann ist das, Mom?«

»Ich weiß nicht, meine Süße. Ich wünschte, ich wüsste es. Es kann sein, dass es einige Zeit dauert, aber wir werden nicht aufhören, es zu versuchen. Wir geben nicht auf. Wir finden einen Weg, damit die Menschen uns glauben und uns beschützen.«

In den nächsten drei Stunden – im Verlauf des Abendessens, dreier Fernsehsendungen und aller tröstenden Worte, die mir einfielen – weinten und schimpften Allison und Erica über das kommende Wochenende mit ihrem Vater. Nun waren es nur noch zwei Tage bis dahin. Weder Richter noch Sozialarbeiterin wurden Zeugen ihrer Verzweiflung, ihrer Angst und ihrer Wut. Erica flehte mich an, mit ihnen ins Hiatus-Haus zurückzukehren. Allison wünschte, sie wäre tot, und zitterte so heftig, dass ich sie in zwei Decken einwickeln musste. Als sie sich um zehn vor sieben wieder beruhigt hatte, setzte sich Allison im Schneidersitz vor das Telefon und murmelte leise vor sich hin. Das Telefon klingelte ein paar Minuten nach sieben. Sie hob ab und drückte den Aufnahmeknopf des Anrufbeantworters.

»Daddy«, sagte sie, »ich will an diesem Wochenende nicht bei dir schlafen. Bitte sag, dass wir nicht zu dir müssen.«

Als sie lauschte, wich die Anspannung aus ihrem Gesicht, und sie glühte vor Erleichterung und Stolz, als ihr Vater ihr versprach, worum sie gebeten hatte. Erica quietschte vor Freude, als Allison das Band noch einmal vorspielte, und zum ersten Mal seit Wochen schliefen meine Töchter schnell ein, sowohl an diesem als auch am nächsten Abend. Aber kein Richter und kein Sozialarbeiter hatte beobachtet, was sich abgespielt hatte. Und nur ich sehe ihre Gesichter noch vor mir, sehe das Entsetzen und den Verrat in ihnen, als ihr Vater Freitagnachmittag um vier Uhr anrief, um ihnen zu sagen, sie sollten ihre Koffer packen, er käme sie in einer Stunde abholen.

Noch heute bezeichnet Erica die Szene, die sich sechzig Minuten später abspielte, als Entführung. Das war es auch, nur nicht in juristischer Hinsicht. Als ich Jonathon anrief, beharrte er, ich müsse die Mädchen gehen lassen, auch wenn Roger sein Versprechen gebrochen hatte. Andernfalls riskierte ich eine Gefängnisstrafe und den Verlust des Sorgerechts. Wenn sich jedoch Allison und Erica aus eigenem Antrieb weigerten, mit ihrem Vater zu gehen, könne er sie nicht mit körperlicher Gewalt dazu zwingen. Zumindest dachte ich, dass Jonathon das gesagt hätte. Ich konnte ihn schlecht verstehen, denn sowohl die beiden Mädchen als auch Oxford hingen heulend an meinen Beinen.

In meiner Verzweiflung versuchte ich, die Mädchen zu trösten und ihnen wieder Mut zu machen. Ich packte Schlafanzüge und Spielsachen mit ihnen ein, erinnerte sie daran, wie viel Spaß es machen würde, im Pool ihres Vaters zu schwimmen und jede einzelne Mahlzeit im Restaurant einzunehmen. Ich sagte ihnen, sie dürften mich so oft anrufen, wie sie wollten – und ihr Vater es erlaubte –, und gab jeder von ihnen ein Bild von mir, mit unseren Telefon- und Handynummern auf der Rückseite. Ich versprach, gut auf Oxford aufzupassen, und sagte ihnen, er würde am Fenster sitzen und auf sie warten, wenn sie am Sonntag nach Hause kämen. Aber als nach fünfundvierzig Minuten ihre Hysterie nicht nachließ, wurde ich von meiner Frustration überwältigt. Ich sagte ihnen, ich könne Roger nicht davon abhalten, sie abzuholen, aber wenn *sie* sich weigerten, dürfe ihr Vater sie nicht zwingen, mit ihm zu kommen. Ich wusste, es war ungerecht von mir, zwei zutiefst verängstigten Kindern eine solch schreckliche Bürde aufzuerlegen, aber es war die Wahrheit. Wenn ich ihnen schon nicht helfen durfte, konnte ich ihnen zumindest sagen, wie sie sich selbst helfen konnten.

Um zehn vor fünf bog Roger in die Einfahrt ein, hupte und drehte sein Radio auf eine ohrenbetäubende Lautstärke auf. Es dauerte drei Minuten, bis Allison und Erica die fünf Meter von der Treppe zur Haustür zurückgelegt hatten. Die Vorhänge am Erkerfenster waren offen, und Roger konnte sehen, wie Erica versuchte, mich wieder zurückzuziehen, als sei sie ein Hund, der ins Tierheim abgeschoben werden soll. In Allisons Augen lag ein gequälter Ausdruck, der mir das Herz brach. Doch als ich aus dem Fenster blickte, sah ich auf Rogers Gesicht das Grinsen eines Henkers, der seine Arbeit genießt.

Als die Mädchen, Oxford und ich die Veranda zur Hälfte überquert hatten, ihr Weinen übertönte die dröhnende Musik, war das Grinsen auf Rogers Gesicht zu einem Lächeln geworden.

»Tut mir Leid, mein Schatz«, sagte er. »Ich weiß, du hast nicht mit mir gerechnet, aber das war nicht meine Idee. Mein Anwalt hat gesagt, ich sollte kommen.«

»Das ist gelogen«, sagte ich.

»Natürlich lüge ich nicht«, antwortete er und schüttelte den Kopf, als sei er über mein Verhalten enttäuscht. »Also los, Mädchen, steigt ins Auto.«

»Natürlich ist es gelogen!« rief ich. »Jedes Wort, das aus deinem Mund kommt, ist gelogen. Kein Anwalt würde dir raten, grausam ein Versprechen zu brechen und deine verängstigten Kinder aus ihrem Zuhause zu zerren.«

»Was weißt du schon von Anwälten, Ellen? Du hast für hundert Dollar die Stunde eine totale Niete engagiert. Ich dagegen habe einen Anwalt, der zweihundertfünfzig verlangt. Das hast du jetzt von deiner ewigen Sparerei.« Dann richtete er seine Wut gegen Allison und Erica. »Habe ich euch Mädchen nicht gesagt, ihr sollt ins Auto steigen? Ins Auto, und zwar SOFORT. Und ein bisschen plötzlich. Eure Mom will sich für ihre Verabredung heute Abend schick machen.«

»Schon wieder gelogen. Siehst du denn nicht, dass sie nicht mit dir kommen wollen?«

»Natürlich wollen sie mitkommen. Sie haben ihren Daddy lieb. Wir werden jede Menge Spaß haben. Wir gehen schwimmen und legen ein paar Hühnchenteile auf den Grill. Vielleicht auch noch ein paar Steaks. Bei dir bekommen die Mädchen ja vermutlich kein gutes Fleisch mehr.«

Die Mädchen weinten lauter und klammerten sich so fest an mich, dass es wehtat.

»Ich warne euch, Mädchen. Steigt ins Auto, oder eure Mom kommt ins Gefängnis.«

»Hör endlich auf, die Kinder anzulügen, Roger.«

»Steigt ins Auto, Mädchen, oder soll ich euch Beine machen?«

Er öffnete die Wagentür und lief die Treppen zur Veranda hinauf. Fünfzehn Zentimeter vor unserem zusammengedrückten Grüppchen blieb er stehen und befahl: »Oxford, PLATZ. Mädchen, steigt ins Auto.«

Niemand bewegte sich. Oxford sah verwirrt zu mir auf, blieb aber, an meine Knie gedrückt, stehen. Allison und Erica vergruben ihre Gesichter in meinem Pullover. Roger brüllte Oxford an und befahl mir, die Mädchen loszulassen.

»Ich halte die Mädchen nicht fest«, antwortete ich. »Sie halten sich an mir fest.«

Roger packte Oxford und trat nach ihm, so dass dieser winselnd hinter mich flüchtete. Dann packte Roger Erica am Arm. Schreiend entzog sie sich seinem Griff und drückte sich noch fester an mich. Er griff noch einmal nach ihr, aber ihre Verzweiflung war stärker als seine Wut, und sie konnte sich an mir festhalten. Da ballte Roger seine Hand zur Faust und zielte auf mein Gesicht. Ich zuckte zurück und drehte den Kopf weg. Erica ließ mich los und floh vor Roger über den Rasen. Allison lief hinter ihr her, und weil ihre Beine länger waren, hatte sie sie schnell überholt. Sie hatte die Einfahrt unserer Nachbarn beinahe erreicht, als Roger Erica einholte, sie mit einem Arm aufhob wie einen Stab beim Staffellauf und dann Allison hinterherlief. Erica zappelte und trat um sich, so dass er langsamer werden und schließlich ganz stehen bleiben musste. Er packte sie mit beiden Armen, ging schnell zum Wagen und drückte Erica mit Gewalt in den Kindersitz. Sie drehte sich und kratzte Roger, schlüpfte mit dem Kopf unter dem Sicherheitsgurt hindurch. Roger musste sie mit einer Hand festhalten und mit der anderen den Sicherheitsgurt schließen. Er drückte Erica den Arm gegen die Kehle, ließ den Sicherheitsgurt einschnappen und knallte mit einem triumphierenden Blick die Tür zu. Dann drehte er sich um, um nach Allison zu suchen.

Er musste nicht weit schauen. Als Allison gemerkt hatte, dass er Erica eingefangen hatte, war ihr Körper resigniert in sich zusammengesunken und sie hatte aufgehört zu laufen. Sie würde Erica, die sich noch immer schreiend in ihrem Kindersitz hin- und herwarf, nicht mit ihrem Vater allein lassen. Schluchzend, mit gesenktem Kopf, kam sie in unsere Einfahrt zurück, als Roger über das Dach des Wagens hinweg sah, wohin sie gelaufen war. Er war sich jetzt sicher, dass sie sich nicht länger widersetzen würde, und sprach sie weder an noch näherte er sich ihr. Stattdessen ging er zur Fahrerseite des Wagens, setzte sich hinter das Lenkrad und wartete, ein Fuß hing aus der offenen Tür. Allison lief über die Veranda und umarmte Oxford und mich. Oxford legte seine Pfoten auf Allisons Schultern und leckte die Tränen, die ihre Wangen hinunterliefen, von ihrem Gesicht. Ich beugte mich vor, umarmte sie von hinten und wischte meine Tränen an ihrer Baumwollbluse ab. Das Gesicht, von dem sie sich verabschiedete, sollte trocken sein. Sobald Allison sich hinter Erica auf den Rücksitz gesetzt hatte, schloss Roger die Fahrertür, legte den Rückwärtsgang ein und raste erst die Einfahrt und dann die Straße entlang. Er war etwa einen halben Kilometer weit gekommen, als er noch einmal den Rückwärtsgang einlegte, zur Einmündung unserer Einfahrt zurücksetzte und hupte.

»Deine Tochter hat gerade ins Auto gebrochen«, rief er. »Hat sie vielleicht die Grippe oder was? Kannst du das irgendwie aufwischen? Es sei denn, es ist dir lieber, wenn die Mädchen den ganzen Weg zu mir so aussehen.«

Ich holte einen Waschlappen, Papiertücher und etwas Wasser aus dem Haus. Allison dankte mir zwischen Schluchzern. Erica schniefte und hatte einen Schluckauf und sagte: »Daddy hat gesagt, ich kriege ein Kätzchen, wenn ich aufhöre zu weinen.«

Ich wusste nicht, was ich auf seine erbarmungslose Lüge und die unschuldige Hoffnung in ihrer Stimme sagen sollte. Ich drückte jedem der Mädchen einen schnellen Kuss auf die Wange, machte Allisons Tür zu und trat ein paar Schritte zurück.

Roger setzte die zwei Meter zu mir zurück, lehnte sich aus dem Fenster und presste mir ein Stück Papier an die Brust.

»Das ist ein Scheck. Ich habe gehört, ich schulde dir noch Geld. Schönes Wochenende.«

Der Wagen jagte los, und ich lief auf die Straße, um Allison und Erica zum Abschied zuzuwinken, die sich zu mir umgedreht hatten. Das Rückfenster war von ihrem Atem beschlagen, und bereits bevor der Wagen um die Ecke bog und verschwand, waren ihre Gesichter nicht mehr zu sehen.

Ich schaffte es noch bis zum Randstein, dann brach ich zusammen. Knie, Ellbogen und Hände bohrten sich in die gefrorenen Grashalme, die noch immer braun und spröde waren von einer Saison völliger Vernachlässigung. Ich verfluchte Roger, das Gericht und jeden, der eine Mutter, die solch krimineller Grausamkeit Einhalt gebieten will, ins Gefängnis stecken würde. Welches Gesetz könnte vorgeben, dieser Albtraum sei »zum Besten der Kinder«? Sollte Rogers gewaltsames Vorgehen eine Erfahrung sein, die sein Verhältnis zu Allison und Erica verbesserte? Würde mein rückgratloser Verrat sie dazu inspirieren, ein paar Extraherzen auf meine Muttertagskarte zu malen? Wie weltfremd sind die, die solche Gesetze verfassen? Und wo sind die Leute, die die Gesetze machen, wenn dämonische Väter ihr Besuchsrecht mit erhobenen Fäusten und Fesseln durchsetzen?

Als ich mich endlich zwang, aufzustehen und ins Haus zu gehen, war meine Wut verflogen, aber meine Tränen noch nicht getrocknet. Sie fielen ins Oxfords Napf, als ich ihm zu fressen gab, und tränkten anschließend die Sofakissen. Das Telefon klingelte, aber ich wartete, bis der Anrufbeantworter ansprang. Es war Jack, der mir erzählte, er sei vor drei Stunden in Cincinnati aufgebrochen und wäre in ungefähr zwei Stunden bei uns. Ob die Mädchen so lange aufbleiben dürften? Er hätte ein paar Überraschungen für sie. Als er das nächste Mal anrief, hob ich ab und erzählte ihm hysterisch, was passiert war. Danach rief er in Abständen von zehn Minuten an, bis er in meiner Einfahrt stand, erzählte schlechte Witze und sang, damit die Panik wieder von mir wich.

An jenem Abend hielt Jack mich in den Armen, gab mir zu essen und lehrte mich das Pokerspielen. Er saß mit mir am Telefon, bis die Mädchen um elf Uhr anriefen, drei Stunden nach ihrer Schlafenszeit. Sie waren weinerlich und übermüdet und entschuldigten sich dafür, dass sie nicht früher angerufen hatten. »Daddy hat immer wieder gesagt, dass wir dich anrufen dürfen, wenn wir aufhören zu weinen, und dann haben wir aufgehört, und er hat uns nicht gelassen ... und er hat gesagt, wenn wir brav sind, dürfen wir schon morgen wieder nach Hause und nicht erst am Sonntag. Wir werden ganz brav sein.« Über seine Versuche, die Mädchen zu manipulieren, regte ich mich später auf. Ich war so erleichtert, ihre Stimmen zu hören, ich sagte ihnen nur, dass sie immer brav seien, dass ich sie liebte und dass ich sie ganz fest in den Arm nehmen und küssen würde, wenn sie wieder zu Hause wären. Ich hielt die Unterhaltung kurz und benutzte die späte Stunde als Ausrede, aber ich wollte ihnen Gute Nacht sagen, bevor mich die Kraft zur Fröhlichkeit im Stich ließ. Ich konnte nicht schlafen, und so verlegte Jack das Pokerspiel einfach nach oben. Um drei Uhr morgens erklärte er mir immer noch, was für ein Wahnsinn es bei meinen Karten sei, auf ein Full House zu setzen. Etwas später bellte Oxford den Zeitungswagen an, und mein Nachbar fuhr zur Arbeit. Ich legte mich neben ein Paar Könige und einen Buben, Nickelmünzen flochten sich in mein Haar, und Kupfermünzen säumten meine trüben Träume.

Stein, Schere, Papier

In jenem Frühling war mein Küchengeschirr das am häufigsten diskutierte Thema in meinem Leben. Kein Telefongespräch endete, ohne dass irgendjemand zu mir sagte: »Sie haben wirklich viel auf der Pfanne, Ellen«, oder: »Langsam ist das Maß voll, nicht wahr?« *Nein, das Maß war schon vor Monaten voll, und ich habe viel auf meiner verdammten Pfanne, vielen Dank der Nachfrage, und ich brauche weder Ihr Mitleid noch Ihre Teetassen. Ich brauche Ihre Hilfe, und das ist offenbar das Einzige, was ich nicht bekomme, und wenn Sie mit mir nur über Küchengeschirr sprechen wollen, dann sehen Sie sich die Hochzeitstische in Ihrem nächsten Kaufhaus an und lassen mich mit jemandem reden, der mir weiterhilft. Bitte.*

In den sechs Wochen zwischen dem ersten und dem zweiten Wochenendbesuch der Mädchen bei ihrem Vater passierte einiges, und meist nichts Gutes. Ich war dabei, zum zweiten Mal zum Opfer gemacht zu werden, denn das, was ich »Das System« nenne, folgte Roger auf dem Fuß. Nicht nur, dass die befugten Beamten mehr Schaden anrichteten, als dass sie hilfreich waren. Meine Hartnäckigkeit missfiel ihnen. Dass ich mich weigerte, den Mund zu halten und mich mit dem allgegenwärtigen Spruch: »Wir können nichts für Sie tun«, abwimmeln zu lassen. Aber ich war ebenso entschlossen wie sie zögerlich – und langsam wurde ich wütend.

Am Abend der Entführung hatte ich noch vor Jacks Ankunft den Kinderschutzbund angerufen und gehofft, mit Pamela Miller sprechen zu können, der Sozialarbeiterin, die Allison zugeteilt war. Ich wollte wissen, wie sie und ich meine Töchter schützen sollten, wenn mein Anwalt darauf bestand, dass ich sie weinend und sich übergebend über eine Staatsgrenze an einen unbekannten Ort gehen lassen musste, ohne dass ich die Möglichkeit hatte, mit ihnen Kontakt aufzunehmen. Ich hatte weder Rogers neue Adresse in Michigan noch seine Telefonnummer. Der Richter hatte entschieden, dass ich das nicht wissen musste. Pamela war nicht zu erreichen, aber die Frau, mit der ich sprach, war sehr nett und versicherte mir immer wieder: »Alles wird wieder gut.« Ich hatte diesen Satz schon zu oft zu mir gesagt und wusste, dass sie es nicht ernst meinte. Trotzdem half es, mit jemandem zu sprechen, während ich mit meiner Verzweiflung allein war.

Am Samstagmorgen sprach ich noch einmal mit dem Kinderschutzbund. Auf Grund des Berichts ihrer Kollegin rief die diensthabende Sozialarbeiterin, die Tagesschicht hatte, bei mir an. Noch einmal schilderte ich die schrecklichen Ereignisse des Vortags, und sie antwortete spontan:

»Also, unter diesen Umständen hätte *ich* meine Kinder niemals gehen lassen.«

»Aber man hat mir gesagt, ich hätte keine andere Wahl.«

»Als Mutter hätte ich das nicht geschehen lassen. Das Gesetz zwingt Kinder nicht dazu, gegen ihren Willen mitzugehen.«

Sofort hielt ich mich für die schlechteste Mutter der Welt. Ich hätte sie nicht gehen lassen müssen? Ich hätte diesem schrecklichen Drama ein Ende machen können – und habe es nicht getan? Wusste diese Frau überhaupt, wie schuldig ich mich bei ihren Worten fühlte, wie sehr ich mich in diesem Augenblick selbst verachtete? Natürlich habe ich ihr diese Fragen nicht gestellt. Ich stopfte meine Gefühle zurück in den Gefrierschrank und dachte bereits an den nächsten angesetzten Wochenendbesuch.

»Und was mache ich beim nächsten Mal, wenn meine Töchter immer noch so viel Angst haben?«

»Dann lassen Sie sie nicht gehen. Dokumentieren Sie ihre Angst und informieren Sie Ihren Anwalt und den Kinderschutzbund.«

»Aber wie soll ich ihre Angst denn dokumentieren? Mein Wort steht gegen das seine, und der Richter glaubt mir nicht.«

»Vermutlich wäre es gut, wenn Sie Zeugen hätten. Sie könnten sich vor dem Besuch mit dem Kinderschutzbund in Verbindung setzen.«

»Würden Sie jemanden schicken, der die Sache bezeugt? Ich kenne niemanden, der auch nur in die Nähe meines Mannes kommen will.«

»Genau das würden wir tun. Wichtig ist nur, dass Sie uns vor dem Besuch anrufen, Ihre Bedenken äußern und dann dranbleiben.«

»In Ordnung. Und Sie sagen, ich sollte sie nicht gehen lassen, wenn sie beim nächsten Mal wieder so verängstigt sind wie gestern Abend?«

»Ja, unter solchen Umständen würde ich als Mutter meine Kinder niemals gehen lassen.«

Minuten nachdem Allison und Erica von ihrem ersten Wochenendbesuch wieder zu Hause waren, war ich nach dem, was man mir beim Kinderschutzbund gesagt und dem Rat, den man mir dort gegeben hatte, sicher, dass es keinen zweiten Besuch geben würde. Sie kamen zur Tür herein, ließen die Taschen mit der schmutzigen Wäsche in der Diele fallen und umarmten Oxford. Sie ließen sich nur widerwillig von mir küssen und gaben mir selbst keinen Kuss. Sie fragten nach Jack und schwiegen, als ich ihnen sagte, er sei nach Cincinnati zurückgefahren. Sie waren wütend und erschöpft. Ich hatte mit ihrer Feindseligkeit gerechnet, aber nicht mit dem, was sie sagen würden:

»Ich hasse Pamela Miller. Ich hasse sie. Ich hasse sie. Ich hasse sie«, schrie Erica.

»Erica, du kennst Pamela Miller doch kaum. Sie unterhält sich doch normalerweise mit Allison. Warum solltest du sie hassen?« Ich war völlig vor den Kopf gestoßen. Ich wusste nicht einmal, dass Erica Pamela Millers Namen kannte.

»Ich hasse sie einfach. Sie ist böse, böse. Versprich mir, dass ich nie wieder mit ihr reden muss.«

»Also, ich –«

»Ich werde nicht mit ihr sprechen. Zwing mich nicht dazu, zwing mich nicht dazu«, fiel mir Allison ins Wort.

»Aber warum, Allison? Ich verstehe das nicht.«

»Ich hasse sie. Du kannst uns nicht zwingen, mit ihr zu reden. Ich hasse sie. Sie ist böse«, übertönte Erica meine Worte.

Allison fuhr hysterisch fort: »Versprich mir, dass wir nie wieder mit ihr reden müssen. Versprich es mir, Mom, versprich es mir!«

Beide Mädchen weinten, Erica trommelte mit den Fäusten auf den Teppich, und Allison raufte sich ihr hüftlanges Haar. Nichts von dem, was ich sagte, schien sie zu beruhigen. Vielleicht, weil es nicht das war, was sie hören wollten. Ich sagte, ich könne ihnen nicht versprechen, dass sie Pamela Miller nie wieder sehen mussten, aber ich sei gern bereit, mir anzuhören, warum sie sie hassten. Der Lärm- und der Schmerzpegel war mehr, als Oxford ertragen konnte. In Panik lief er immer wieder um die Mädchen herum. Ich brachte ihn in den Hinterhof, gab ihm einen Rinderhautknochen, um ihn zu beruhigen, und atmete ein paarmal tief durch, um meine eigenen Nerven wieder in den Griff zu bekommen. Als ich ins Haus zurückkam und durch die Küche ins Wohnzimmer ging, lag Erica noch immer auf dem Boden – sie war nackt und kicherte.

Ich fühlte mich wie eine der Mütter, deren Kinder in ein Abflussrohr fallen und darin feststecken, weil sie für nur eine Minute ins Haus gegangen sind, um den Hörer abzuheben. Ich hatte die Mädchen nicht länger als sechzig Sekunden allein gelassen, und ich weiß nicht, wie es meiner Jüngsten gelungen war, sich in dieser Zeit ihrer Kleider zu entledigen und ihre Stimmung zu wechseln. Erica lag auf dem Rücken am Boden und streckte die Füße in die Luft. Allison hatte die Hände in die Hüften gestemmt und befahl ihr, sich wieder anzuziehen.

»Nein, ich bin gerne nackig. Außerdem mag ich es, wenn meine Scheide angefasst wird. Es kitzelt.«

»Tut es nicht«, widersprach Allison. »Es tut weh.«

»Nein, es ist schön«, sagte Erica, kicherte wieder, packte mit den Händen ihre Füße und spreizte und schloss ihre Beine.

Dann fingen die Mädchen an, einander anzuschreien. Erica lief die Treppe hinauf und schluchzte: »Allison hat mich nicht mehr lieb.« Sekunden später rief sie hinunter: »Mom, haben wir eine Schere?«

Ich folgte dem Klang ihrer Stimme ins Badezimmer. Sie saß auf der Ablage zwischen den beiden Waschbecken vor dem Spiegel. Sie hatte die Knie angewinkelt, die Versen gegen den Po gedrückt und spreizte mit Kopf und Ellenbogen ihre Knie auseinander. Mit beiden Händen hielt sie ihre Schamlippen auseinander, und als sie mich sah, deutete sie auf ihre Klitoris.

»Ich will das wegschneiden, Mama. Ich will meine Vagina wegschneiden.«

»Bitte nicht, Erica. Du darfst dir niemals selbst wehtun. Warum solltest du einen Teil von dir wegschneiden wollen?« Ich glaubte nicht, dass meine Fragen ihr halfen, aber ich wusste nicht, was ich sagen sollte, wusste nicht, was ich tun sollte. Mein Gott! Erica war erst vier Jahre alt, mein ewiges Baby, ein kleines Mädchen mit einem unerklärlichen New Yorker Akzent, die *T-Shoits* mit *Big-Boid*-Bildern trug. Mein Herz hatte den sexuellen Missbrauch Allisons noch nicht akzeptiert. Ich betete, dass meine Augen und Ohren mich trogen, dass die Wahrheit meine Befürchtungen irgendwie Lügen strafen würde. Und jetzt auch noch Erica? Lediglich der Glaube, dass ich Erica gerettet hatte, dass ich sie aus Rogers Reichweite entfernt hatte, bevor er auch sie belästigen konnte, linderte meine Schuldgefühle gegenüber Allison. Aber jetzt erzählte mir Erica, sie wolle mit der Schere ihre Klitoris entfernen, einen Teil ihres Körpers, den sie mir gegenüber noch nie erwähnt hatte. Unmöglich, dass ihre Bemerkung harmlos war.

Ich drehte sie auf der Ablage zu mir herum, hob sie hoch und drückte sie an meine Brust. Mit der einen Hand hielt ich ihren Hinterkopf, die andere ruhte auf ihrer Hüfte, mein Arm lag unter ihrem Po. Zum ersten Mal war mir unbehaglich zumute, als ich Erica hielt. Zum ersten Mal war ich mir der Stellen bewusst, an denen mein Körper den ihren berührte. Allison stand in der Tür und beobachtete uns mit schmerzlich wissendem Blick. Ich setzte Erica auf meine linke Hüfte, hob Allison mit dem rechten Arm auf und trug meine Babys in mein Schlafzimmer. Ich setzte sie auf das Bett, wickelte Erica in eine Decke und schlang meine Arme um beide Mädchen. Tränen der Trauer sind sehr viel stiller als Tränen der Wut. Ich wiegte sie, strich ihnen über den Rücken und sang ihnen vor, wie damals, als sie noch Babys waren. Nachdem ich das Lied *Schlaf, Kindlein, schlaf* zum zweiten Mal gesungen hatte und die Schäfchen am Himmel vorübergezogen waren, schliefen sie ein, und die kleinen Brustkörbe waren voller unterdrückter Schluchzer. Ich rutschte vom Bett hinunter, holte Oxford herein und schaltete meine Schreibmaschine ein.

Ich schrieb und faxte Briefe an Jonathon und an Pamela vom Kinderschutzbund und hielt alles fest, was passiert war, nachdem die Mädchen nach Hause gekommen waren. Ich hätte damit noch bis zum nächsten Morgen warten können – ich hätte die Einzelheiten über Nacht gewiss nicht vergessen –, aber vielleicht wäre es mir dann zu peinlich gewesen, vielleicht hätte ich mich zu sehr geschämt oder gefürchtet, um die Gespräche zu wiederholen. Oder noch schlimmer, vielleicht wäre ich vom Schlaf ausgeruht und den täglichen Pflichten abgelenkt gewesen, so dass ich die Ereignisse herunterspielen würde. Meine Erschöpfung ermöglichte es mir zu schreiben, ohne zu denken und, was noch wichtiger war, ohne zu fühlen. Ich war nichts weiter als eine Stenografin, die ihre Notizen abtippte. Nachdem ich die Briefe gefaxt hatte, konnte ich einschlafen. Ich konnte mit diesen entsetzlichen Ereignissen nur fertig werden, indem ich *irgendetwas* tat, damit sie sich nicht mehr wiederholten.

Am nächsten Tag erfuhr ich, warum Allison und Erica Pamela Miller plötzlich hassten. Sie hatte ein paar Tage zuvor mit Roger gesprochen und ihm von den Vorwürfen des sexuellen Missbrauchs erzählt.

»Sie haben ihn angerufen?«, fragte ich.

»Nein, er hat mich angerufen«, antwortete Pamela.

»Aber warum haben Sie denn überhaupt mit ihm gesprochen? Was haben Sie gesagt?«

»Da Sie sich das Sorgerecht teilen, hat er ein Recht darauf, es zu wissen. Ich habe ihm keine Details erzählt, aber –«

»Aber er wusste genug, um Allison und Erica einzuschüchtern. Und jetzt hassen sie Sie.«

»Es ist nicht ungewöhnlich, dass Väter in einer solchen Situation ihre Kinder oder einen Menschen, den die Kinder lieben, bedrohen. Vielleicht hat er gesagt, dass ihnen etwas Schlimmes zustoßen würde – dass sie ins Gefängnis oder in eine Pflegefamilie kämen – oder dass Ihnen etwas passieren würde.«

»Das ist ja furchtbar. Und jetzt werden sie nicht mehr mit Ihnen reden.«

»Das ist möglich. Ich glaube, wegen des familienpsychologischen Gutachtens sollten Sie sich mit Ihren Kindern an eine Klinik wenden, die auf die Aufklärung von sexuellem Missbrauch spezialisiert ist. Ich habe Ihnen ja bereits ein paar Namen gegeben, erinnern Sie sich?«

»Ja, und ich habe mich dort auch schon erkundigt. Sie sind teuer – Tausende von Dollars – und sie sind nur bereit, sich unseres Falls anzunehmen, wenn Roger ebenfalls teilnimmt. Und das wird er niemals tun. Pamela, wie konnte er wissen, dass Sie mit Allison gesprochen haben? Ich habe es ihm nicht gesagt.«

»Vielleicht weiß er es von seinem Anwalt.«

»Aber woher sollte sein Anwalt das wissen?«

»Ich weiß nicht, aber vielleicht ...«

»Vielleicht was?«

»Ich weiß nicht, wie das passieren konnte, aber möglicherweise –«

»Möglicherweise?«

»Nun ja, der Anwalt, den der Kinderschutzbund engagiert, wenn in einem Fall Anklage erhoben werden muss, arbeitet in derselben Kanzlei wie der Anwalt Ihres Mannes.«

»Also könnte *Ihr* Anwalt es *seinem* Anwalt erzählt haben?«

»Ich weiß nicht. Das ist nur eine Vermutung.«

»Aber das wäre ein Interessenkonflikt. Das würde bedeuten, Roger hat Zugang zu allen Ihren Unterlagen. Es wäre sogar möglich, dass er Kopien davon besitzt!«

»Ich weiß nicht. Vielleicht möchten Sie lieber zu einer anderen Sozialarbeiterin wechseln. Ich könnte veranlassen, das Ihr Fall neu vergeben wird.«

»Und was würde das nützen? Wenn Roger schon einmal an die Informationen gekommen ist, wird es ihm bestimmt wieder gelingen. Das heißt, jeder Mitarbeiter des Kinderschutzbundes, der mit Allison oder Erica spricht, gibt willentlich oder nicht Informationen preis, die in Rogers Händen landen könnten. Da können Sie die Mädchen ja gleich mit ihrem Vater in ein Zimmer setzen und sie fragen, ob er sie missbraucht hat. Sie werden nichts sagen, da bin ich mir sicher.«

Ich beendete das Gespräch, wütend über die verfahrene Situation, die Roger immer wieder zum Vorteil gereichte. Ich musste eine sichere Möglichkeit finden, dass meine Töchter reden konnten, ohne dass Roger sich einmischte. Bevor das Gefühl der Depression und die damit einhergehende Erschöpfung meine Wut verdrängen konnten, erledigte ich noch schnell zwei Anrufe: Ich rief zum einen bei einer Kinderpsychologin und zum anderen bei einer auf familienpsychologische Gutachten spezialisierten Klinik in Ann Arbor, Michigan, an. Ich ließ mir einen Termin bei der Therapeutin geben und drängte in der Klinik darauf, meinen Fall anzunehmen – für einen geringeren Betrag und ohne Rogers Zustimmung. Ich konnte mich in der finanziellen Frage durchsetzen, aber man sagte mir, Roger müsse sich zu den Gesprächen und der psychologischen Untersuchung bereit erklären. Dann spielten die Dame, die für die Neuaufnahmen zuständig war, und ich ein Wortspiel.

»Sie sagen also, Roger müsse sich zur Teilnahme bereit erklären?«

»Ja.«

»Und was, wenn Roger sagt, er würde mitmachen, aber dann nicht erscheint?«

»Wenn er die Unterlagen unterzeichnet, aber nicht erscheint, können wir nichts daran ändern.«

»Heißt das, Sie würden uns das familienpsychologische Gutachten dann wieder streichen, oder würden dann meine Töchter und ich allein weitermachen?«

»Es würde weiterlaufen.«

»Also, wenn Roger die Unterlagen unterzeichnen und dann seine Meinung ändern würde, würden die Untersuchungen ohne ihn weiterlaufen?«

»Ja.«

»Das könnte funktionieren. Ich bin mir sicher, dass sich Roger zur Teilnahme bereit erklären wird. Er wird Sie vermutlich sogar anrufen und Ihnen sagen, wie froh er ist, dass er endlich Gelegenheit bekommt, seine Version der Geschichte zu erzählen. Und ebenso sicher bin ich, dass er niemals erscheinen wird. Aber wenn Ihnen seine Unterschrift auf den Unterlagen genügt, dann sind wir dabei.«

»Gut. Wir werden ihn anrufen, um eine mündliche Zusage von ihm zu erhalten. Anschließend schicken wir ihm die Unterlagen zur Unterschrift zu.«

»Und Sie sind sich absolut sicher, dass die Untersuchungen für das Gutachten auch ohne Roger weiterlaufen, solange er die Unterlagen unterzeichnet?«

»Ja.«

»Vielen Dank.« Endlich hatte ich Erfolg, aber was für ein unerfreulicher Sieg das war. Ich wollte nicht analysiert werden. Ich wollte nicht, dass noch mehr Geheimnisse ans Licht kämen. Ich wollte nicht hören, dass ich eine furchtbare Mutter sei und meine Töchter Schäden davongetragen hätten, die nicht wieder gutzumachen seien, und dass sie mich hassen würden, wenn das nicht bereits der Fall war. Ich wollte den Kopf in den Sand stecken, aber unser emotionales Überleben hing davon ab, dass ich die Wahrheit erfuhr.

Ich lernte nur langsam, und Roger war mir immer einen Schritt voraus. Allison hatte zum Beispiel an einem Mittwoch nach der Schule einen Termin bei Sally Weeks, einer von einer Hand voll Kinderpsychologinnen in Windsor. Ich hatte Allison gesagt, dass Dr. Weeks eine *private* Psychologin sei, der sie alles erzählen könne. Dass niemand – nicht einmal ich – erfahren würde, was sie gesagt hatte, und dass sich das Kinderschutzbund-Fiasko nicht wiederholen würde.

Als wir in den Parkplatz einbogen, waren die fünf Stellplätze belegt – Rogers Wagen beanspruchte gleich zwei davon. Ich hatte keine Ahnung, woher er wusste, wohin ich fuhr, und wie er noch vor mir eintreffen konnte. Es dauerte zehn Minuten, bis ich einen anderen Parkplatz für den Minibus gefunden hatte, und als wir das rote Backsteingebäude betraten und die Treppen hinaufstiegen, wartete Roger schon auf uns. Er hatte bereits mit Dr. Weeks gesprochen und sie davon überzeugt, dass er bei dieser ersten Sitzung dabei sein sollte. Schließlich saßen Allison und Erica von den fünfzig Minuten der Sitzung vierzig im Wartezimmer, während Roger unaufhörlich im singenden Plauderton darüber sprach, wie sehr er die Kinder liebte und wie sehr er mich respektierte, dass er aber fürchtete, eine Therapie würde mehr Probleme aufwerfen als lösen. Ich hatte das Gefühl, aufs Kreuz gelegt worden zu sein, und konnte meine Wut über Roger und Dr. Weeks nicht länger für mich behalten, und so artete das Gespräch zu einem katastrophalen Streitgespräch zwischen Roger und mir aus. Roger ging, nachdem sich das Band in seinem Kassettenrekorder (den er in einem Rucksack versteckt hatte) mit einem lauten Klicken abgeschaltet hatte, und endlich durfte Allison Dr. Weeks kennen lernen. Alles in allem kostete mich diese Erfahrung hundert Dollar für die Sitzung und fünfundzwanzig Dollar für den Strafzettel und brachte mir eine Anklage wegen Missachtung des Gerichts ein. (Wir mussten zwei Häuserblocks zum Wagen laufen und kamen deshalb zwanzig Minuten zu spät für das Abendessen der Mädchen mit ihrem Vater. Die Anklage wurde fallen gelassen, aber ich wurde streng gerügt, weil ich eine Sitzung mit Dr. Weeks vereinbart hatte, *wohlwissend, dass sich der Termin mit den Besuchszeiten überschnitt.*) Und obwohl klar war, dass Allison die Psychologin wechseln sollte, warnte mich Jonathon davor. Es würde aussehen, als probierte ich alle Seelenklempner durch, was man mir im Sorgerechtsprozess natürlich negativ auslegen würde. Also ging Allison noch weitere neun Mal zu Dr. Weeks – bis von den tausend Dollar, die mir mein Bruder für die Therapie gegeben hatte, nichts mehr übrig war und ich einen gerichtlich anerkannten Grund hatte, mein Geld und Allisons Atem zu sparen.

Allerdings hatte ich schon bald erneut juristische Probleme, und dieses Mal war auch die Polizei darin verwickelt. Ich befolgte den Rat des Kinderschutzbundes und hatte Allison und Erica versprochen, sie nicht zu dem zweiten geplanten Wochenendbesuch bei ihrem Vater zu schicken. Ich sagte ihnen deutlich, dass es sich um eine einmalige Sache handelte, dass ich über diesen Besuch hinaus keine weiteren Versprechen geben konnte, außer dass ich weiterhin versuchen würde, die Besuche mit Übernachtung gänzlich einstellen zu lassen. Ich erklärte allen, einschließlich Roger, dass die Mädchen keine Zeit hätten, und bat den Kinderschutzbund, eine Mitarbeiterin als Zeugin zu uns zu schicken. Sie rieten uns, wir sollten zur festgesetzten Uhrzeit nicht zu Hause sein. Jack war in der Stadt, er hatte sich ein Hotelzimmer genommen, und holte uns zum Schwimmen und Abendessen ab. Es war bereits dunkel, als wir nach Hause kamen, aber die Lichter von Jacks Wagen strahlten die Fassade unseres Hauses und den Minibus an, der in der Einfahrt stand.

Beide waren mit Graffiti beschmiert. Überall hatte Roger seine Nachrichten hinterlassen. Die meisten kreisten um das Thema »Ich liebe dich, ich vermisse dich«, doch manche enthielten subtile Seitenhiebe und Drohungen – »Ich hoffe, Mom kommt wieder zur Vernunft und merkt, dass sie einen großen Fehler macht« und »Das wird Mom noch bereuen«. Der Minibus sah aus, als sei er für den Highschoolabschluss geschmückt. Auf den Türen befanden sich rote Herzen mit Initialen, und Kühlerhaube und Kofferraum des Wagens waren mit blauen Sprüchen wie »Ich und du – für immer vereint« bekritzelt. Ähnliche Schmierereien zierten die Fassade unseres Hauses, und auf dem Erkerfenster befanden sich zudem kindliche Zeichnungen von grinsenden Monstern.

Wir gingen ins Haus, aber wir waren zu verwirrt, um die Tür zu schließen, unsere Mäntel auszuziehen oder Oxford gebührend zu begrüßen. Wir standen einfach im Wohnzimmer, lasen die Graffiti von hinten und fragten uns, ob wir diesen unheimlichen Akt des Vandalismus der Polizei melden sollten, als – tata! – ein Streifenwagen in unsere Einfahrt fuhr, hinter meinem Minibus anhielt und ein großer, blonder Polizist in der Tür erschien. Was für ein Service! Hatte ein Nachbar die Polizei alarmiert? Gab es Zeugen? Bitte, treten Sie ein, treten Sie doch ein. Junge, sind wir froh, Sie zu sehen.

Aber der Polizist war wütend – und zwar auf mich. Er käme jetzt schon zum dritten Mal zu unserem Haus – hatten wir uns vorher darin verschanzt? –, und er hätte gute Lust, mich wegen Missachtung einer gerichtlichen Anordnung zu verhaften.

»Was?«, donnerte Jack los und spuckte beinahe den letzten Konsonanten aus. »Was für eine gerichtliche Anordnung? Und wieso waren Sie überhaupt hier?«

»Ihr Mann«, sagte der Polizist und richtete seinen wütenden Blick auf mich, »ist heute Abend bei uns auf dem Revier gewesen und hat gesagt, Sie würden ihm den Besuch seiner Kinder verweigern.« Er deutete auf Allison und Erica, die sich unter dem Klavier zusammenkauerten. »Er hat mich gebeten, das Besuchsrecht durchzusetzen, das ihm der Richter eingeräumt hatte. Ich bin mit ihm hergefahren, aber es war offenbar niemand zu Hause. Er ist dann nach Hause gefahren, glaube ich, und ich bin noch einmal allein hergekommen. Ich war ziemlich wütend, dass Sie nicht aufgemacht haben.«

»Wir waren nicht zu Hause. Und mein von mir getrennt lebender Mann war darüber informiert, dass die Mädchen dieses Wochenende nicht mit ihm verbringen würden. Alle waren darüber informiert – sein Anwalt, mein Anwalt, der Kinderschutzbund –«

»Wenn Sie schon einmal da waren«, unterbrach mich Jack, »dann dürften Sie ja wohl gesehen haben, was dieser kranke Bastard mit ihrem Wagen und dem Haus angestellt hat?«

»Ja, er hat es mir gezeigt. Er hat gesagt, dass er es bereut, aber er sei so aufgeregt gewesen, als er seine Töchter nicht sehen konnte, dass er ihnen lediglich eine Botschaft zukommen lassen wollte.«

»Und warum haben Sie ihn nicht verhaftet?«, fragte Jack. »Sachbeschädigung ist doch eine Straftat, oder? Außerdem hat er es Ihnen gegenüber ja selbst zugegeben.«

»Er wollte nur seinen Gefühlen Ausdruck verleihen«, gab der Polizist zurück. »Und er hat gesagt, die Stifte, die er im Wagen hatte und die er benutzt hat, sind abwaschbar.«

Jack schüttelte den Kopf, wie es Männer taten, wenn sie wütend waren, aber nicht wussten, was sie sagen sollten. Der Polizist bemerkte es nicht. Er griff mich erneut an.

»Ich denke, Sie sollten wissen, dass ich dazu befugt bin, gerichtliche Anordnungen durchzusetzen und jeden zu verhaften, der sich nicht daran hält.«

»Sir«, setzte ich an. Ich wollte ihn nur noch loswerden und zu Bett gehen. »Diese Angelegenheit liegt in den Händen von Anwälten und dem Kinderschutzbund. Es waren Mitarbeiter des Kinderschutzbundes, die uns geraten haben, heute Abend nicht zu Hause zu sein.« Bevor er antworten konnte, drückte ich ihm einen Stapel mit Unterlagen in die Hand. »Der Brief, den ich heute geschrieben habe, liegt gleich obenauf. Sie werden feststellen, dass es zahlreiche Beweise für meine Aussage gibt. Sie können auch gern beim Kinderschutzbund anrufen, wenn Sie wollen. Sie haben gesagt, sie würden meinen Namen auf die Notfallliste für das Wochenende setzen.«

»Haben Sie die Nummer da?«, fragte er. Er saß inzwischen am Küchentisch und hielt die Unterlagen von sich weg, als handele es sich um schmutzige Windeln.

Er wählte, sprach und legte wieder auf.

»Die diensthabende Mitarbeiterin sagt, Ihr Name stehe auf keiner Liste und sie hätte noch nie von Ihnen gehört.«

»Nun, wenn Sie einen Blick in die Unterlagen werfen, die ich Ihnen gerade gegeben habe, werden Sie feststellen, dass ich mehrmals mit dem Kinderschutzbund Kontakt hatte. Wir haben eine Aktennummer, eine zugeteilte Sozialarbeiterin und alles. Jack wird Ihnen helfen, wenn Sie noch Fragen haben. Und solange Sie die Unterlagen durchsehen, bringe ich meine Töchter ins Bett.«

Ich blieb oben, bis der Polizist gegangen war. Ich hatte genug von seiner Skepsis und seinen Drohungen. Vor vier Monaten hätte ich nicht gedacht, dass ich überhaupt zur Wut fähig war. Schimpfwörter kamen in meinen Gedanken nicht vor, geschweige denn, dass ich sie geäußert hätte. Ich war immer um Frieden bemüht, hätte diesem Polizisten einen Teller mit Schokokeksen angeboten, mich bei ihm entschuldigt und Besserung gelobt. Heute Abend war ich ungehalten. Doch statt die Lage noch zu verschärfen, überließ ich die Diskussion den Männern und spülte meine Wut in der Dusche herunter.

Aber nicht meine ganze Wut verschwand durch den Abfluss. Einen Teil davon hob ich mir dafür auf, jeden einzelnen ausfindig zu machen, mit dem ich beim Kinderschutzbund gesprochen hatte. Ich wollte wissen, warum sie ihren Rat, ich solle die Kinder zu Hause lassen, gegenüber der Polizei nicht wiederholt hätten. Und jeder, mit dem ich sprach, wiederholte den Satz, zu dem ihnen wohl von ihrem Anwalt geraten worden war: »Wir würden nie jemandem raten, sich einer richterlichen Anordnung zu widersetzen.« Ich sagte ihnen, ich hätte die Unterhaltungen auf Band und würde »Namen und Zitate anführen«, sollte ich noch einmal eine Anklage wegen Missachtung des Gerichts bekommen. Jack, der noch nie über einen Mangel an Wut klagen konnte, rief mehrfach beim Anwalt des Kinderschutzbundes an und machte einen solchen Wirbel um den vorliegenden Interessenskonflikt, dass Roger sich einen neuen Anwalt suchen musste.

Während er sich auf die Suche nach einem neuen Anwalt machte, suchten die Mädchen nach Ostereiern. Der Hase, der sie versteckt hatte, hatte jedes Geschenk mit einem farbig gekennzeichneten Bändchen verpackt und schmutzige Pfotenspuren in der Diele hinterlassen. Bunte Eier beanspruchten noch immer Platz im Kühlschrank, als die Mädchen das nächste Wochenende mit ihrem Vater verbringen mussten. Und dieses Mal musste ich sie gehen lassen, wenn ich nicht untertauchen oder mein Ansehen vor Gericht einbüßen wollte. Ich gab ihnen Ratschläge und tröstete sie, und als am Freitagnachmittag die Tränen kamen, während wir auf Roger warteten, brachte ich ihnen den Text von Helen Reddys Lied *I Am Woman* bei. Sie sangen noch, als sie ihre kleinen Köfferchen zum Wagen trugen. Ich blieb im Haus, um ein Zusammentreffen mit Roger zu vermeiden, der so lange in der Einfahrt stehen blieb, bis Allison und Erica zu weinen begonnen hatten. Dann grinste er mich an und raste auf und davon.

Dieses Mal war die Trennung leichter, und umso tiefer war mein Schmerz darüber, dass ich sie mit ihrem Vater gehen lassen musste. Die Erinnerung an den ersten Besuch war noch zu frisch

– und würde es wohl noch lange bleiben. Ich versprach den Mädchen nicht mehr, dass alles gut werden würde. Stattdessen brachte ich ihnen bei, wie sie mit der Situation fertig werden konnten. Sie wussten, wie man von privaten und öffentlichen Telefonen ein R-Gespräch anmeldete, wussten, dass sie zusammenbleiben und sich so viel wie möglich in der Öffentlichkeit aufhalten sollten. Ich hatte ihnen auch gesagt, dass sie Spaß haben und Geschichten mit nach Hause bringen sollten. Ich hoffte, meine Ratschläge würden sie trösten, ihnen vielleicht sogar ein Gefühl der Kontrolle geben, aber für mich selbst gab es weder tröstende Worte, noch durchströmte mich ein Gefühl der Macht.

Doch am nächsten Morgen schmiedeten Jack und ich einen zuckersüßen Racheplan.

Rache ist süß

Jack verlangte es nach ausgleichender Gerechtigkeit. Ich wollte lediglich wissen, wo meine Babys waren. Und so besorgte er den Zucker, ich die Straßenkarte, und gemeinsam lieferten wir den Beweis, dass die Lektüre von drei Krimis die Woche noch lange keinen Meisterdetektiv aus einem machte. In der Rolle der Spione waren wir eher Nullen, denn 007 und unser kriminelles Potenzial reichten gerade mal für den Trickfilm, aber bestimmt nicht zum Trickdieb. Wieder einmal bewiesen meine Töchter die meiste Kompetenz. Sie waren die einzig wahren Sherlock-Holmes-Figuren in unserem Detektivspiel.

Am zweiten Tag des Wochenendbesuchs war ich ein nervliches Wrack. Ich wusste ja nicht einmal, wo Roger wohnte. Derselbe Richter, der mir befohlen hatte, Roger meine Adresse und Telefonnummer auszuhändigen, hatte entschieden, dass ich nicht wissen müsse, wo Allison und Erica sich aufhielten, wenn sie mit ihrem Vater die Grenze nach Michigan überquerten. Aber meine Mädchen lernten schnell, wie man in diesem Spiel an Informationen kam. Sie riefen mich am frühen Samstagmorgen an, als ihr Vater noch schlief, und gaben mir zwei Hinweise darauf, wo sie sich befanden. Erica sagte: »Daddy wohnt in einem Haus, das Polo-Club heißt. Mom, was ist ein Polo?«, und Allison erzählte mir, sie würden den Tag »an dem Strand verbringen, an den Daddy mit dir bei eurer ersten Verabredung gefahren ist«. Dann las sie mir einen Straßennamen vor, den sie auf dem Vertrag eines Kabelfernsehanbieters entdeckt hatte, der auf der Küchenablage gelegen hatte. Ich sagte ihnen, dass sie sich beide ein Eis verdient hätten, weil sie so gute Detektivinnen waren, und erinnerte sie daran, sich am Strand dick mit Sonnenschutz einzucremen. Wir schickten uns Umarmungen und Küsschen durchs Telefon, bevor die Tränen überhand nahmen (oder ihr Vater aufwachte), und sie sagten, sie würden anrufen, sooft sie könnten.

Wir legten auf, aber ich wurde meine Schuldgefühle und meine Angst nicht los und beschloss, zumindest herauszufinden, wo sich die Mädchen aufhielten – wo dieser Polo-Club war. Ich würde es mir niemals verzeihen, wenn etwas passieren würde und ich nicht in der Lage wäre, sie zu finden. Ich packte ein paar Dosen Cola light für mich ein, erklärte Jack, er könne seinen Kaffee und seine Muffins unterwegs essen, füllte Oxfords Wassernapf auf, stopfte die Notiz mit Rogers Adresse in meine Tasche und lief zum Wagen. Wir hielten bei einem Nichtraucher-Schnellrestaurant an. Nicht, weil wir unbedingt dort essen wollten, sondern weil ich nicht wollte, dass mein Frühstück nach altem Zigarettenrauch schmeckte. Jack kam mit sechs Muffins, einem großen koffeinfreien Kaffee und zwei Päckchen Süßstoff zum Wagen zurück, wo ich mit laufender Heizung wartete, damit mir warm genug war, um meine Cola zu trinken. Gegen Mittag würden die Temperaturen fünfundzwanzig Grad erreichen, aber die Morgenluft war kühl. Dann bemerkte ich, dass Zuckerbeutelchen aus Jacks Hosen- und Jackentaschen quollen, und er fing an, den Inhalt seiner Taschen in meinen Schoß zu leeren.

»Was hast du denn mit dem ganzen Zucker vor? Wenn du dich jetzt hier in meiner Gegenwart wie eine alte Dame aufführen willst, Jack, lass es mich rechtzeitig wissen. Und wenn du noch irgendwo Kaffeelöffel oder Unterteller unter deinem Hemd versteckt hast, dann wirst du sie sofort wieder zurückbringen. Das ist ja peinlich.«

»Psst!«, mahnte mich Jack zur Vorsicht, als er in den Wagen stieg. »Es muss ja nicht gleich jeder wissen.«

»Was denn, um Himmels willen?«

»Ich habe das mal in einem Krimi gelesen. Wenn man Zucker in den Tank eines Wagens kippt, geht der Motor kaputt. Und weil sich der Zucker auflöst, kann man nicht erwischt werden.«

»Wobei erwischt werden?«

»Wenn wir diesem Hurensohn Zucker in den Tank kippen. Das ist das Ende für seinen schönen BMW – nach allem, was er dir und deinem Auto angetan hat, hat er das auch verdient.«

»Aber was wird das mir antun?«

»Dir gibt das ein gutes Gefühl.«

Ich schwieg. Wir hatten die Ambassador-Brücke fast erreicht, und ich wollte nichts sagen, das Jack zum Umkehren veranlassen könnte. Wenn Jack vorhatte, den wilden Mann zu spielen, entdeckte er gewöhnlich recht schnell den wunden Punkt seiner Pläne, wenn er genügend Zeit zum Nachdenken hatte. Ich machte mir also kaum Sorgen, dass ich im Gefängnis landen könnte, weil ich mit dem Inhalt eines Tanks Schindluder getrieben hatte. Und sollte sich Jack nicht von seiner Idee trennen können, würde er schließlich an deren Ausführung scheitern, da war ich mir sicher. Bei der Vorstellung, dass Jack – mit Glatze und Bierbauch, Blazer und Turnschuhen – ein Zuckertütchen nach dem anderen aufriss und Teelöffel für Teelöffel in den Tank von Rogers Wagen kippte, musste ich laut auflachen. Und wie wollte Öko-Jack die Tütchen loswerden? Schließlich würde er sie niemals einfach so auf den Boden werfen. Wollte er an Rogers Tür klopfen und ihn fragen, ob er ihm wohl eine Mülltüte leihen könnte? Und vielleicht auch eine Tasse Zucker, da ich befürchtete, der Inhalt dieser kleinen Tütchen würde nicht ausreichen, um ernsthaften Schaden anzurichten.

Als wir das Mauthäuschen erreicht hatten, kicherte ich ungehemmt. Die Szenen, die ich mir ausmalte, wurden immer alberner, und jedes Mal, wenn Jack fragte, was denn so lustig sei, lachte ich lauter. Auf der amerikanischen Seite der Brücke angekommen, warnte mich Jack, die Zollbeamten würden uns auffordern, rechts ranzufahren, wenn ich mich nicht beruhigte.

»Dann sollten wir den Zucker wohl besser verstecken«, sagte ich und fing an, Zuckertütchen in meinen BH zu stopfen. Jack sah aus, als sei er der Ohnmacht nahe. »Was ist los? Bist du allergisch gegen Zucker? Oder tust du nur so?«

Er warf mir einen wütenden Blick zu, grinste dann aber und brach schließlich in Gelächter aus. Endlich hatte er verstanden – nicht den Witz, sondern dass ich eine Zuckerwattepause brauchte von den Geisterbahnfahrten und den Besuchen im Gruselkabinett, die mein Leben ausmachten. Der Augenblick verging, bevor wir den Kontrollpunkt der amerikanischen Zoll- und Einwanderungsbehörde erreicht hatten, und der Beamte winkte uns durch, ohne meine knubbeligen Brüste eines Blickes zu würdigen.

Wir mussten ein paar Mal abbiegen und wieder einfädeln, bis wir auf der Autobahn Richtung Westen waren. Wir sprachen kaum, aßen unsere Muffins und nippten an unseren Getränken.

Jack hatte eine Kassette von Pavarotti eingelegt, den er verehrte, und ich wollte den Tenor nicht beim hohen C unterbrechen. Aber als wir uns der Ausfahrt in Livonia, einer Vorstadt im Nordwesten von Detroit, näherten, schlug ich vor, an der Tankstelle unmittelbar westlich der Abfahrt anzuhalten und einen Stadtplan mitzunehmen. Bei dem von mir mitgebrachten Plan fehlten die Namen der Wohnstraßen im Straßenverzeichnis. Jack verschwand in der Toilette, und ich kaufte zwei Stadtpläne und ein Päckchen rote Lakritze. Ich war zuerst wieder im Auto und kämpfte gerade damit, den Stadtplan zu entfalten, als Jack an mein Fenster klopfte.

»Was willst du denn mit einem Reservekanister?« fragte ich, als er einen roten Plastikkanister durch das Fenster schob, das ich gerade geöffnet hatte. »Hier wimmelt es doch nur so von Zapfsäulen.«

»Psst«, sagte er. »Mach das Fenster wieder zu.« Wir waren schon wieder unterwegs, als er mir seinen Plan erklärte. »Wir brauchen den Kanister, um den Zucker in Rogers Tank zu füllen.«

»Oh. Du meinst das also wirklich ernst, ja?«

»Natürlich. Ich hab den Kanister bar bezahlt, der Kauf kann also nicht zurückverfolgt werden. Und hinterher werfen wir ihn einfach auf irgendeine Müllhalde, damit sie uns nicht damit in Verbindung bringen können.«

»Und was ist mit Fingerabdrücken?«

»Die wischen wir einfach weg, bevor wir den Kanister wegwerfen – weit, weit von Rogers Wagen entfernt. Die Polizisten werden nicht besonders weiträumig nach einem leeren Kanister suchen.«

»Vielleicht sollten wir Handschuhe anziehen«, schlug ich grinsend vor. »Oder an der nächsten Tankstelle halten und zwei Liter Bleifrei in den Kanister füllen. Dann riecht er nach Benzin und nicht nach Zucker.«

»Und wozu soll das gut sein?«

»Wenn er nach Zucker riecht, könnten sich die Bienen drüber hermachen. Das könnte einem Polizisten auffallen, der wiederum überprüfen könnte, was die Bienen an dem Kanister wollen. Auf diese Weise könnte er unser Verbrechen aufdecken und uns verhaften, einfach so.«

»Ich fürchte, du nimmst das nicht ernst, Ellen.«

»So ernst, wie es die Situation eben erfordert, Jack.«

Er lachte, und das mochte ich besonders an ihm. Er verstand meinen Humor, selbst wenn er bissig oder schwarz war, ja sogar, wenn der Witz auf seine Kosten ging. Und Jack war ein sehr humorvoller Mann. Seine Art von Humor war derber, zotiger. Er scheute sich auch nicht, in Kaufhäusern in Tarzangebrüll auszubrechen oder mitten in einer Vorstandssitzung vom Stuhl zu fallen. Wir hatten viel zu lachen, was den manchmal unerträglichen Stress, unter dem ich stand, etwas abbaute.

Doch allmählich nahm der Stress wieder zu, denn weder in dem einen noch in dem anderen Stadtplan war ein Polo-Club oder ein Polo*irgendwas* verzeichnet.

»Wir werden sie schon finden«, sprach ich Jack und mir selbst Mut zu. »Vermutlich ist Polo-Club der Name der Wohnanlage. Wir fangen westlich von Haggerty und nördlich von Nine Mile in Farmington Hills an. Das sind nur ein paar Kilometer in jede Richtung. So schwer kann das ja wohl nicht sein.«

Drei Stunden, zwei Muffins und eine Toilettenpause später gestand ich mir ein, dass unsere Aufgabe ziemlich entmutigend war. Wir hatten den Radius um ein paar Kilometer vergrößert, aber einen Polo-Club hatten wir trotzdem nicht ausfindig machen können. Wir hatten die Leute auf der Straße gefragt, in den Maklerbüros der anderen Wohnanlagen nachgefragt und einen Streifenwagen angehalten. Niemand kannte einen Polo-Club. Langsam glaubte ich, Roger hatte den Zettel mit der falschen Adresse absichtlich dort hingelegt, wo Allison ihn finden würde, und Jack wurde allmählich brummelig. Ich äußerte den Verdacht, Polo-Club könnte der Name der Straße, nicht der der Wohnanlage sein, und schlug vor, auf der Suche nach dem Polo-Club alle Straßen abzufahren, deren Namen irgendwie nach Reitsport klangen. Das dürfte nicht allzu lange dauern, oder?

Nur zwei weitere Stunden. Offenbar verfügte jede zweite Wohnanlage in Farmington Hills über Polo-Potenzial, und jede einzelne davon hatte über ein Dutzend oder mehr Adressen aus dem Pferdesport: Stable Street, Corral Court, Trotters Trail, Racehorse Way, Gelding Place, Stallion Drive, Side-Saddle Lane, Palomino Place, Gallop Road oder Ähnliches. Es war ziemlich verwirrend. Die offiziellen Straßennamen waren sogar noch erlesener – Lord James's Thoroughbred Circle oder Westminster Filly Follies cul-de-sac. Wir sahen weit und breit kein Pferd (noch nicht mal einen Pferdeschwanz), aber die örtlichen Bauunternehmer hatten ganz offensichtlich eine Schwäche für das englische Landleben. Sie wussten, dass man für ein Einzimmer-Appartement ohne Lift, aber mit einem königlich klingenden Namen dreihundert Dollar mehr im Monat verlangen konnte als für eine vergleichbare Wohnung mit einem amerikanischen Namen.

Schließlich fanden wir, was wir gesucht hatten: Polo Club Court. Laut der Adresse, die mir Allison gegeben hatte, befand sich Rogers Wohnung im ersten Stock eines einstöckigen Gebäudes. Architektonisch gesehen war das Haus mit der gelbbraunen Holzverkleidung an den Seitenwänden, den Betonstufen und den kümmerlichen Grünflächen eine Enttäuschung. Nachdem wir fünf Stunden in Wohnanlagen herumgefahren waren, hatten wir uns zu Appartementsnobs entwickelt.

Nun waren wir zwar im Polo Club Court, aber die Mädchen nicht. Das überraschte uns nicht weiter, denn inzwischen war es halb drei Uhr nachmittags, und schließlich wollten sie an jenen Strand fahren, an den mich ihr Vater bei unserer ersten Verabredung gebracht hatte. Ich versprach Jack ein Mittagessen – und noch mehr Zuckertütchen –, wenn er mit mir an den Strand fahren würde. Es tröstete mich zu wissen, wo Allison und Erica diese Nacht schlafen würden. Trotzdem überwältigte mich der mütterliche Drang, wissen zu wollen, wo sie sich *genau in diesem Augenblick* aufhielten. Hätten sie in unserer Straße gespielt, nur wenige Meter von unserem Haus entfernt, hätte ich inzwischen längst nach ihnen gesehen. Schließlich waren sie erst sieben und vier Jahre alt. Wenn Allison und Erica bei Freunden waren, kam Oxford in den Genuss vieler zusätzlicher Streifzüge durch die Nachbarschaft. Ich hatte ein gutes System entwickelt, spähte durch Zäune, und wenn das nicht möglich war, jagte ich Oxford in den Hinterhof. Ich wäre also schon nervös, wenn die Mädchen mit einem *verantwortungsvollen* Erwachsenen an den Strand gefahren wären. Aber mit Roger? Im Badeanzug? Als Neuauflage unserer ersten Verabredung? Ich hatte schreckliche Angst.

Beim Mittagessen meldete ich gegenüber Jack meine Zweifel daran an, dass Roger mit den Mädchen tatsächlich an denselben

Strand fahren würde, an dem wir vor siebzehn Jahren gewesen waren. Die Fahrt würde mehr als zwei Stunden in Anspruch nehmen. Stattdessen, so argumentierte ich, würde er mit ihnen an einen nahe gelegenen See fahren und ihnen erzählen, es handele sich dabei um *den* Strand. Der See, der seiner Wohnung am nächsten war, war der Kent Lake im Kensington-Metropark, etwa zwanzig Minuten entfernt in Milford. Jack hatte sich den Bauch mit einem mittelmäßigen Salat vollgeschlagen, meine Handtasche war voller Zuckertütchen, und so war er für meinen Plan empfänglich.

In Michigan fühlt sich der Mai nicht immer wie Frühling an. Es ist oft kalt und regnerisch. Ein Samstag mit angenehmen Temperaturen und blauem Himmel war somit ein Grund zum Feiern, und Tausende hatten sich dafür entschieden, ihre Party in den großen Park zu verlegen. Der Parkplatz war voll, und wir erregten keinerlei Verdacht, als wir langsam durch die Reihen fuhren. Viele Möchtegern-Ausflügler, Kanuten, Schwimmer und Wanderer inspizierten ebenfalls jedes freie Fleckchen, doch Jack und ich waren vermutlich die einzigen, die nicht an einem freien Parkplatz interessiert waren. Trotz der vielen Autos sollte es uns nicht allzu schwer fallen, Rogers schwarzen BMW 535i zu entdecken, falls er irgendwo stand. Im Gegensatz zu Südkalifornien, wo der Anblick eines BMW so vertraut war wie der eines Honda, brüstete sich der Südosten Michigans damit, dass es hier nur wenige deutsche Autos gab. Es war das Land von Ford, General Motors und Chrysler, und wer sich eine Luxuslimousine leisten konnte, entschied sich nicht leichtfertig für einen BMW.

Wir fuhren den Parkplatz zweimal ab, konnten Rogers Wagen aber nicht finden. Wir durchsuchten den Spielplatz mit den Schaukeln und Rutschen, den Streichelzoo und den Anlegeplatz bei den Bootsverleihern. Nichts. Noch einmal drehten wir eine Runde um den Parkplatz. Inzwischen hatten auch wir das dringende Bedürfnis, einen Parkplatz zu finden, ein Abstecher zur Toilette tat Not. Und nachdem wir nun schon einmal ausgestiegen waren, schlug ich Jack einen kurzen Strandspaziergang vor – damit wir ganz sicher sein konnten. Noch immer nichts. Inzwischen war es halb fünf Uhr und wir hatten uns acht Stunden lang erfolglos bemüht. Trotz meiner Sorge um die Mädchen hatte ich Jacks wiederholtem Aufschrei: »Jetzt reicht's aber«, nichts mehr entgegenzusetzen.

Wir brachen auf, fuhren Richtung Osten zurück nach Detroit und über die Grenze. Nur ein paar Muffin-Krümel und ein Pfund Zucker erinnerten an unsere Spionage- und Sabotagebemühungen. Ich sagte Jack, dass es vermutlich besser sei, dass wir den Wagen nicht gefunden hatten. Ich glaubte nicht, dass wir zu Gangstern geboren waren. Jack meinte, ich solle mir keine Sorgen um die Mädchen machen. Roger sei wohl doch mit ihnen an den anderen Strand gefahren, und zumindest wüsste ich, wo sie in dieser Nacht schlafen würden. Es waren die üblichen Phrasen, mit denen sich Verlierer trösteten, aber auf unserer einstündigen Heimfahrt vertrieben sie etwas die Müdigkeit und linderten unsere Frustration.

Kurz vor acht Uhr klingelte das Telefon. Jack und ich wechselten uns dabei ab, Oxford zu kraulen, der zwischen uns auf dem Sofa lag. Ich hörte laute Geräusche im Hintergrund, dann Allisons gedämpfte Stimme.

»Mommy?«

»Hallo, Allison. Schön, dass du anrufst.«

»Mom?«

»Ja, ich kann dich hören, Allison. Ist alles in Ordnung?«

»Kannst du einen Augenblick dranbleiben? Ich geh in ein anderes Zimmer.« Ich hörte ein Rauschen, hörte, wie eine Tür auf- und zugemacht wurde, dann war Allison wieder am Apparat.

»In Ordnung, jetzt ist es besser. Ich will nicht, dass Daddy mich hört. Ich bin jetzt im Badezimmer«, berichtete sie. Ihre Stimme klang normal, trotzdem stieg Panik in mir auf.

»Was ist los?« Ich bemühte mich ebenfalls, so normal wie möglich zu klingen, aber Allisons emotionaler Radarmelder ließ sich nur selten täuschen. Ich bezweifelte, dass ihr meine Anspannung entgangen war.

»Mom, hattest du heute deine weiße kurzärmelige Bluse und deine schwarze Jeans an?«

»J-a-a. Wieso?«

»Und Jack hatte diesen komischen grünen Hut auf und ein gestreiftes Hemd und eine blaue Jacke an?«

Ich warf Jack einen schnellen Blick zu. Die Anglermütze lag auf der Sofalehne. »Ja.«

»Und hattest du deinen Pferdeschwanz mit dem rosa Gummiband zusammengebunden, das dir Erica zum Geburtstag geschenkt hat?«

»Ja, Allison.« Hatte uns jemand beobachtet, als wir uns in der Wohnanlage herumgetrieben hatten? Hatte uns ein Nachbar bei der Polizei angezeigt? Hatte uns eine Sicherheitskamera aufgenommen? Ich konnte Allisons detaillierte Fragen kaum ertragen, aber ich wagte nicht, sie zu drängen, da sie dann unter Umständen den Mut verlieren und auflegen könnte.

»Mom, warst du heute mit Jack am Strand?«

»Du hast uns gesehen?«

»Also *doch*! Ich hab Erica gesagt, dass ihr das wart. Ich hab's ihr ja gesagt. Was habt ihr denn da gemacht?«

»Wir waren auf der Suche nach dir und Erica. Ich wollte nur einen kurzen Blick auf euch werfen, um sicherzugehen, dass mit euch alles in Ordnung ist. Aber wir konnten euch nicht finden. Und du hast uns gesehen? Was ist mit Dad?«

»Der nicht. Erica und ich waren auf dem Weg zur Toilette. Ich hab dich gesehen – na ja, jedenfalls dachte ich das – und Erica in die Toilette hineingezogen und ihr erzählt, dass ich dich gesehen habe, aber dass sie Dad nichts davon sagen darf.«

»Allison, du hast dir eine doppelte Portion Eis verdient. Wir waren stundenlang unterwegs, aber wir konnten euch nicht finden. Aber dank deiner – und Ericas – Detektivarbeit haben wir heute die Wohnung von eurem Dad ausfindig gemacht. Jetzt weiß ich wenigstens, von wo aus du anrufst und wo ihr heute Nacht schlafen werdet. Jetzt geht es mir schon viel besser. Erica hat sich auch noch ein Eis verdient.«

»Ich hab dich lieb, Mom.«

»Ich hab dich auch lieb, Allison.«

»Ich leg jetzt auf und erzähle Erica alles.«

»In Ordnung. Sag ihr, dass ich sie auch lieb habe.«

»Mach ich. Ich hab dich lieb, Mom. Tschüss.«

»Ich hab dich lieb. Tschüss.«

Es war ein schöner Augenblick, und er stärkte mich in dem Glauben, dass wir zusammen alles schaffen konnten. Wir waren stark. Wir waren unbesiegbar. Wir waren die Singer-Frauen.

Immobilienverstand

Ich bitte Gott niemals um einen Gefallen. Ich bitte niemals um einen dickeren Gehaltsscheck, schönes Haar oder die Gelegenheit, Roger zu vergiften und ungestraft davonzukommen. Stattdessen bete ich ohne Unterlass um zwei Dinge: Die *Kraft*, gegen die Widrigkeiten des Lebens anzukämpfen, und die *Phantasie*, über, unter oder neben den Steinen in meinem Weg vorbeizukommen. Und so geschah es, dass ich, obwohl ich meinen Scheidungsprozess Stück für Stück verlor (und mir das auch noch rund tausend Dollar die Woche kosten ließ), immer wieder einen Weg fand, noch mehr Zeit mit Auseinandersetzungen zu verbringen, und mit jedem Vermieter, Hotelmanager, Handwerker, Bäcker, Eisstadionbetreiber und Krämerladenbesitzer stritt, der mich übervorteilte.

Gott allein wusste, weshalb. Die gemeinen Sterblichen – Freunde, Therapeutinnen, Familienangehörige – wiesen mit Recht darauf hin, ich solle meine Kräfte für den Kampf um das Sorgerecht, die Durchsetzung von Unterhaltszahlungen, die Psychotests und die Ansprüche aufsparen, die der Alltag an eine allein erziehende Mutter stellte, die in Teilzeit als Englischlehrerin arbeitete, um zwei emotional gefährdete Kinder und einen Setter zu ernähren, der mindestens zweimal am Tag Auslauf brauchte. Aber irgendwie gaben mir diese kleinen Streitereien zusätzlich Kraft, statt mich auszulaugen. Durch sie veränderte sich mein Leben nicht großartig. Wenn ich beispielsweise den Muffin-Fall verlor, konnte ich immer noch Donuts essen. Aber wenn ich mich durchsetzte, gewann ich dadurch etwas von dem Selbstvertrauen zurück, das in den Jahren, in denen mich Roger als dämliche Kuh und Hure beschimpft hatte, verloren gegangen war. Zudem stärkte es meinen Entschluss, für Gerechtigkeit und Sicherheit für meine Kinder zu sorgen.

Nancy Braxton, meine erste Anwältin – die Frau, die einem Besuchsrecht mit Übernachtungen zugestimmt hatte –, schickte mir eine Mahnung über zehntausend Dollar, ihr Honorar für etwas weniger als drei Monate juristischen Beistand. Ich schenkte der ersten und zweiten Mahnung keine Beachtung, aber als man mir im dritten Schreiben mit einem Verfahren drohte, schritt ich zur Tat. Ich wandte mich an die Anwaltskammer und forderte, meine arbeitsscheue Anwältin solle von der Anwaltschaft ausgeschlossen werden. Sie hätte meinen Aussichten auf Erfolg in meinem Scheidungsprozess erheblichen Schaden zugefügt und meine Töchter in Gefahr gebracht. Es war ein wütender, detaillierter Brief, und ich hatte die entsprechenden Unterlagen beigefügt – was mein Schreiben von den Anträgen unterschied, die Nancy für mich vorbereitet hatte. Ich machte mir wenig Hoffnungen, dass die Anwaltskammer etwas unternehmen würde, aber ich sorgte dafür, dass dem Brief die ihm gebührende Aufmerksamkeit zukam: Ich schickte Kopien davon an jeden Teilhaber der Kanzlei, in der Nancy arbeitete. Daraufhin kamen über ein Jahr lang keine Rechnungen mehr. Dann fand eine neue Angestellte der Rechnungsabteilung meinen Namen im Computer, was mir erneut Gelegenheit gab, Nancy an ihre Inkompetenz zu erinnern und meinerseits eine Rechnung an die Kanzlei zu stellen, über die Kosten, die mir *direkt* auf Grund Nancys ungeheuerlicher Fehler und ihrer völligen Missachtung meiner Anweisungen entstanden waren. Die Kanzlei erließ mir zwar nicht die Anwaltsgebühren, die ich ihnen angeblich schuldete – etwa vierzigtausend Dollar –, aber ich zahlte nicht und erhielt nie wieder eine einzige Mahnung.

Dann kam die Anordnung des Scheidungsrichters, dass wir das Haus verkaufen mussten. Für Jonathon, meinen derzeitigen Anwalt, war dieser Beschluss bares Geld wert. (Er bekam ebenfalls einen meiner wütenden Briefe, als er noch an dem Tag, an dem der Gewinn aus dem Verkauf ausgezahlt wurde, eine Rechnung faxte, die mehr als meinen Teil am Verkauf des Hauses ausmachte, und vorschlug, ich solle ihm den Scheck am besten gleich überschreiben.) Gleichzeitig bedeutete es für meine Töchter und mich, dass wir packen und uns ein neues Haus suchen mussten, was zu neuerlichen juristischen Verwicklungen führte, als mein neuer Vermieter in der kritischen Phase nach Roger unangenehm wurde.

Verkauf und der Umzug selbst erwiesen sich als Spaß. Sowohl Allison als auch Erica waren froh, dass wir aus dem »schlimmen Haus« auszogen, und störten sich nicht an den Besuchen der Immobilienmakler und potenziellen Käufer. Ein wenig peinlich waren ihnen nur die beiden »Zu verkaufen«-Schilder, die in unserem Garten steckten (vermutlich, weil sie mir *ausgesprochen* peinlich waren). Ich hatte den Makler beauftragt, der uns das Haus verkauft hatte. Roger hatte jemanden engagiert, den ihm sein Anwalt empfohlen hatte, und bestand auf beiden Schildern. Meiner Meinung nach waren die beiden Schilder ein eindeutiger Hinweis darauf, dass es sich bei unserem Haus um ein Scheidungsschnäppchen handelte, aber ich wurde wie immer gewarnt, den Richter nicht zu verärgern, indem ich eines davon entfernte. Die Mädchen hatten ihren Spaß daran, ihre eigenen Umzugskartons zu packen, sie zu verschließen und zu kennzeichnen, wie sie wollten. Außerdem liebten sie Garagenflohmärkte, und das erst recht, nachdem ich ihnen gesagt hatte, dass sie die Preise für alles, was sie dazu beisteuerten, selbst festsetzen und den Erlös daraus behalten dürften. Allison zeichnete die Plüschtiere, von denen sie sich eigentlich nicht trennen wollte, mit zwanzig Dollar aus, verkaufte dann aber zwei andere zum Preis von einem, als sich Ericas Geldkassette schneller füllte als ihre eigene. Ich dehnte mein Angebot, den Profit zu teilen, auf ihre alten Babysachen aus, bereute die Entscheidung jedoch, als die Mädchen dadurch noch einmal fünfhundert Dollar einnahmen. Aber ich hielt mein Versprechen. Bei unserem ersten Flohmarkt verdienten wir genügend Geld, um die Kaution für unser neues Haus zahlen zu können, und nach dem fünften Flohmarkt reichte es, um uns bis Weihnachten über Wasser zu halten.

Ich wollte, dass Allison und Erica in ihrer Schule bleiben konnten, damit sich nicht alles in ihrem Leben veränderte, was unsere Möglichkeiten bei der Wohnungssuche einschränkte. In unserem Viertel standen meist große Häuser und keine Wohnblöcke, und als ich ein mehrstöckiges Haus entdeckte, das für achthundert Dollar monatlich zu vermieten war (eigentlich sollte es tausend Dollar kosten, aber die Vermieter ließen sich auf Grund des Prestiges, an eine Universitätsdozentin zu vermieten, etwas herunterhandeln), unterschrieb ich den Mietvertrag und stellte einen

Scheck über Kaution und Miete aus, bevor die Eigentümer es sich anders überlegen konnten. Der einzige Haken war offenbar, dass die Eigentümer das Haus *unter Umständen* verkaufen wollten. Ich handelte eine neunzigtägige Frist aus, um sichergehen zu können, dass ich mich noch vor September ummelden konnte und genügend Zeit hatte, die Genehmigung für einen Umzug zu beantragen, falls wir uns doch eine neue Wohnung suchen mussten.

Das gemietete Haus war größer und neuer und kostete mich jeden Monat weniger Geld als das Haus, aus dem wir auszogen. Ich war zufrieden. Die Mädchen mochten den rosafarbenen Teppich, mit dem es ausgelegt war, und tauften unser neues Heim »Kaffeekränzchen-Haus«. Etwa drei Wochen lang brachten wir unser Hab und Gut Stück für Stück ins neue Haus, und wir legten größten Wert darauf, *alles* bis auf die Waschmaschine, den Trockner und den Kühlschrank, selbst zu transportieren. Tag für Tag packten wir zu dritt Schränkchen, Sofas und Tische in den Minibus, fuhren die drei Kilometer zu unserem neuen Haus und trugen die Möbel in die Schlafzimmer hinauf, in den Aufenthaltsraum und von der Garage aus direkt in Esszimmer und Küche. Wir machten ein Spiel daraus, so dass unsere Aufgabe uns kaum wie Arbeit erschien. Wir reichten die Kisten von einer zur anderen weiter und wechselten dabei so oft durch, bis wir in dem gewünschten Zimmer angelangt waren. Wir veranstalteten Kleiderschrank-Wettbewerbe, um zu ermitteln, wer in kürzester Zeit die meisten Kleider aufhängen konnte, und Dosen-Ratespiele – wie kann ich die Gläser mit Apfelsauce, Aprikosen und Artischocken in alphabetischer Reihenfolge aufstellen? Jeden Abend spannten Allison und Erica ihre Armmuskeln an und verglichen sie. Anschließend versuchten sie, mich vom Boden hochzuheben. Es wäre einfacher gewesen, ein Umzugsunternehmen anzuheuern oder Freunde um Hilfe zu bitten, aber dass wir die ganze Arbeit selbst erledigten, war ein wichtiges Zeichen der Unabhängigkeit von Roger und der Solidarität unter uns dreien. Die Gewinnerin der jeweiligen Wettbewerbe bekam zwar keinen Preis, aber wir alle lernten, zusammenzuarbeiten und unsere jeweiligen Stärken zu schätzen. Allison war die Beste beim Kleideraufhängen und Erica erwies sich in einem anderen unserer Spiele – raten, was sich in welcher Kiste verbarg –

als Genie und gab Allison und mir regelmäßig Tipps, damit auch wir langsam besser wurden. Ein paar Tage später verriet Allison Erica ein paar ihrer Tricks beim Kleideraufhängen, und zusammen brachten sie mir bei, wie man am besten mit den Kisten zurechtkam.

Schließlich nahmen wir mit einem Gefühl des Triumphes Abschied von dem einzigen Zuhause, das Erica je gekannt hatte, schlossen die Tür und ließen die Grausamkeiten hinter uns, die in den leeren Räumen noch widerhallten. Doch bevor wir gingen, hinterließen wir eine Botschaft im vorderen Erkerfenster. Ich hängte ein von der Regierung herausgegebenes Poster auf, das alle Arten von Missbrauch – psychischen, körperlichen und sexuellen – anklagte. Erica klebte ein handgemaltes Bild daneben, das ein für eine Vierjährige ungewöhnliches künstlerisches Talent und einen scharfen Verstand verriet. Es war ein Bild ihres Vaters, samt Brille und Bartstoppeln. Sie hatte einen Kreis um seinen Kopf gezeichnet und durchgestrichen – das weltweite Symbol für Nein. Über und unter den Kreis hatte sie in Großbuchstaben geschrieben: Böser Daddy.

Wir feierten die erste Nacht in unserem neuen Haus mit einem Pizzaessen auf dem Wohnzimmerfußboden. Pizzaschachtel, Pappteller und unsere Beine lagen durcheinander auf dem rosa Teppich, da kam Oxford mit der Nase an eine Safttüte und dunkelroter Saft ergoss sich auf den Boden. Oxford kauerte sich zusammen, und die Mädchen erstarrten. Ich kämpfte mit den Tränen. Wie traurig, dass ein Teelöffel voll Traubensaft so viel Schrecken verbreiten konnte, und um so trauriger, dass ich es nie zuvor bemerkt hatte. Mit Absicht stieß ich meine Dose Colalight um und beobachtete, wie ein schäumendes Rinnsal auf den dunkelroten Fleck zukroch.

»Es ist in Ordnung, wenn man etwas verschüttet. Das passiert jedem einmal. Man muss zwar hinterher das Chaos wieder aufwischen, aber das ist nicht weiter schlimm«, sagte ich. »Oxford und ich haben heute Abend ja schon gekleckert, aber Erica und Allison, ihr beiden habt euere Kleckerquote noch nicht erfüllt. Also los, traut euch!«

Die überraschten Blicke, das Kichern und Schwanzwedeln waren das Aufwischen wert. Später einmal würde ich ihnen erklären, dass sich Traubensaft sehr viel leichter von einem Fliesenboden als von einem Teppich entfernen ließ und dass man Saft am besten gleich in der Küche trinken sollte, aber diese Lektion würden sie behalten. Ich wusste nicht, wie lange es dauern würde, bis ihre – und meine – Ängste beseitigt waren, aber ich hoffte, mit genügend Zeit und Liebe würden wir Frieden finden.

Am nächsten Morgen wurde ich von einem Hämmern geweckt. Irgendjemand schlug ein »Zuverkaufen«-Schild in den Rasen in unserem Vorgarten. Dann klingelte das Telefon. Am Apparat war ein Immobilienmakler, der verkündete, er werde das Haus in einer Stunde mit einem Kunden besichtigen.

»Nein, das werden Sie nicht.«

»Wie bitte?«, fragte der Makler, empört ob meines Mangels an Entgegenkommen.

»Erstens weiß ich erst seit fünf Minuten, dass das Haus zum Verkauf steht, und ich habe gerade mal eine Nacht hier geschlafen. Zweitens steht in meinem Mietvertrag, dass niemand, nicht einmal der Vermieter, das Haus betreten darf, ohne vierundzwanzig Stunden vorher Bescheid zu geben. Wenn Sie also für morgen einen Termin vereinbaren möchten, soll mir das recht sein. Aber heute nicht.«

»Diese Leute kommen von außerhalb und haben nur –«

»Und ich wohne hier, und eigentlich gehen weder Sie noch Ihre Kunden mich etwas an. Wenn Sie für morgen einen Termin vereinbaren möchten, sollten Sie das jetzt gleich tun oder auflegen.«

»In einer Viertelstunde ist doch alles erledigt.«

»Nein, Sie kommen mir heute nicht ins Haus. Und da Sie mein Angebot offenbar nicht annehmen und einen Termin für morgen vereinbaren wollen, lege ich jetzt auf. Auf Wiederhören.«

Noch bevor ich die Telefonnummer des Vermieters in meiner Handtasche finden konnte, klingelte es erneut. Am Telefon war Sally, die Lebensgefährtin unseres Vermieters. Er brüllte im Hintergrund, sie in mein Ohr.

»Sie müssen dem Makler heute erlauben, seinen Kunden das Haus zu zeigen«, fing sie an. »Das war so vereinbart.«

»Es war vereinbart, dass ich vierundzwanzig Stunden vor einem Besichtigungstermin Bescheid bekomme.«

»Wir dachten, Sie würden uns in diesem Punkt entgegenkommen.«

»Es ist weder besonders entgegenkommend noch ethisch vertretbar, wenn Sie mir erzählen, Sie *dächten darüber nach*, das Haus zu verkaufen, und dann zwölf Stunden nach meinem Einzug ein »Zuverkaufen«-Schild in den Garten stecken. Ich denke –«

»Aber Sie müssen –«

»Entschuldigen Sie, aber ich war noch nicht fertig. Ich denke, Sie *wussten* bereits, dass Sie das Haus verkaufen wollten, und *wussten*, dass es sich eingerichtet besser verkaufen lässt als leer. Sie wollten, dass ich mit meiner Miete Ihre Maklerkosten finanziere, bis das Haus verkauft ist.«

»Diese Leute kommen von außerhalb.«

»Das ist nicht mein Problem, aber ich bin ein vernünftiger Mensch und werde mich an den Mietvertrag halten, obwohl ich glaube, dass Sie sich des Betrugs schuldig gemacht haben. Ich werde, wie im Mietvertrag vereinbart, Hausbesichtigungen zulassen, sofern ich vierundzwanzig Stunden zuvor darüber informiert werde.«

»Aber das ist nicht immer möglich.«

»Aber natürlich ist es das, da werden Sie mir sicher beipflichten. Sie haben genau wie Ihr Lebensgefährte einen Mietvertrag unterschrieben, in dem steht, dass ich *mindestens* vierundzwanzig Stunden vorher Bescheid bekomme, *sollten* Sie sich dazu entschließen, das Haus zu verkaufen.«

»Also, wir werden dem Makler jetzt einfach sagen, dass er zum Haus fahren soll, und wenn Sie ihn nicht ins Haus lassen, dann lassen wir ihn eben rein.«

»Wenn Sie nicht wegen Hausfriedensbruch ins Gefängnis wandern und wegen Verletzung des Mietvertrags vor Gericht erscheinen möchten, dann schlage ich vor, Sie raten Ihrem Makler, einen Termin für morgen zu vereinbaren *und* auch einen für sich selbst auszumachen, wenn Sie ebenfalls vorbeikommen möchten.«

»Ich hole jetzt Ed ans Telefon.«

»Wenn Ed mit mir sprechen möchte, kann er selbst anrufen. Außerdem fühle ich mich langsam etwas bedrängt. Ich würde Ihnen raten, ihm zu sagen, dass er höflich sein soll. Ich lege jetzt auf. Auf Wiederhören.«

Verdammt, was für ein Spaß. Ja, ich war wütend und empört, aber gleichzeitig durchströmte mich ein Gefühl der Macht und des

Selbstbewusstseins, genau wie damals, bei den Debatten in der Highschool und an der Uni. Mit meinen Argumenten war ich beinahe jedem Gegner überlegen und rhetorisch konnte ich sie alle besiegen. Ich war nur ein bisschen außer Übung. Aus jedem Streit mit Roger war ich *nach Punkten* als Sieger hervorgegangen, aber seine Reaktion auf die Niederlage – wie auf beinahe alles andere auch – war Wut, und mein Preis waren blaue Flecken, nicht blaue Glückwunschbänder. Nachdem die Angst nun aus dem Wettbewerb gewichen war, kam die Redegewandtheit zurück. Als das Telefon Sekunden später klingelte, griff ich zum Hörer.

»Was soll das, dass Sie sich weigern, mit uns und den Maklern zusammenzuarbeiten«, knurrte Ed.

»Ich weiß nicht genau, was Sie gehört haben. Außerdem haben Sie Ihren Namen noch nicht genannt.«

»Ich bin's, Ed, mir gehört das Haus.«

»Hallo, Ed. Kann ich Ihnen helfen?«

»In einer Stunde wird sich der Makler mit Interessenten das Haus ansehen, und Sie werden sie hineinlassen!«

»Nein, Ed, das werde ich nicht. Da müssen Sie etwas falsch verstanden haben.«

»Wenn sie kommen, werden Sie sie hineinlassen!« Ed war ein großer Mann, mit einer tiefen und (wie sich herausstellte) lauten Stimme. Er war Anfang sechzig, hatte den Körperbau eines ehemaligen Sportlers und ein einschüchterndes Auftreten. Ed konnte nicht wissen, dass ich von einem Meister seines Faches eingeschüchtert worden war, und wenn er nicht auch noch psychopathisch veranlagt war, würde ich mich weder von seiner Körpergröße noch von seinem Benehmen beeindrucken lassen.

»Ed, ich bemühe mich wirklich sehr, Ihnen entgegenzukommen. Immer wieder biete ich an, einen Termin für morgen zu vereinbaren, wie es im Mietvertrag steht, aber niemand will etwas davon hören.«

»Jetzt hören Sie mal zu, junge Frau. Entweder lassen Sie sie rein, oder Sie können Ihre Sachen packen!«

»War das eine Drohung, Ed?«

»Sie haben mich schon verstanden.«

»Ich denke, Sie sollten sich das noch einmal überlegen, Ed. Ich bemühe mich wirklich sehr, den Mietvertrag einzuhalten, den wir beide, Sie und ich, unterzeichnet haben. Und jetzt wollen Sie mich rauswerfen, weil ich mich an die Bestimmungen des Mietvertrages halte? Das geht nicht, Ed.«

»Das ist mein Haus. Ich kann machen, was ich will.«

»Aber es ist mein Zuhause, Ed, und es gibt Gesetze, die Mieter vor dieser Art von Willkür schützen.«

»Verdammt noch mal, wieso können Sie nicht vernünftig sein?«

»Ed, Sie schreien schon wieder, und davon tut mein Ohr weh. Bevor ich auflege, möchte ich Sie aus Gründen der Höflichkeit noch darauf hinweisen, dass ich alle Telefongespräche auf Band aufzeichne. Auf Wiederhören.«

Es dauerte zwanzig Minuten, bis Sally, von Ed vorgeschoben, anrief und höflichst anfragte, ob sich ein Interessent am nächsten Tag um zehn Uhr das Haus ansehen könne, obwohl es jetzt schon halb zwölf und der Zeitraum dadurch etwas knapp sei.

»Das würde passen, Sally. Ich wüsste nur gern den Namen des Maklers und den der Agentur, damit ich weiß, wer kommt. Außerdem habe ich selbst gerade ein Haus verkauft und es zur Regel gemacht, dass die Makler einen Termin telefonisch absagen, wenn sie ihn nicht einhalten können – ich habe wenig Geduld mit Leuten, die Termine platzen lassen. Sollte es also ein Problem geben, dann ist es besser, wenn ich den Namen des Maklers weiß. So kann ich direkt im Büro anrufen, ohne erst Sie oder Ed belästigen zu müssen.«

»In Ordnung«, sagte sie und gab mir die gewünschten Informationen, einschließlich der Faxnummer. »Ähm, ich hätte da noch eine Frage. Es könnte manchmal etwas schwierig sein, die Termine genau vierundzwanzig Stunden vorher zu vereinbaren. Wären Sie bereit, auch einmal eine Ausnahme zu machen?«

»Darüber können wir gern reden, genau wie heute. Ich kann Ihnen allerdings nichts versprechen, außer, dass ich mich an den Mietvertrag halten werde, aber Sie können gern fragen.«

Runde eins ging an mich, aber der Kampf war noch nicht vorbei.

Zwei Tage nach unserer ersten Auseinandersetzung standen Ed und Sally vor meiner Tür, klopften einmal, betraten das Haus, erschreckten Allison und Erica und verärgerten mich, als ich aus der Dusche stieg und die Eindringlinge vorfand, wie sie unter dem

Vorwand, sie würden »nachsehen, ob auch wirklich alles in Ordnung ist«, in der Küche herumschnüffelten. Ich reichte wegen dieser Verletzung meiner Privatsphäre Klage am Gericht für Bagatellforderungen ein. Sie revanchierten sich mit einer Räumungsklage. Ich reichte am Gericht für Mietstreitigkeiten auf Grund eines Paragraphen im Mietrecht (ich besaß eine Ausgabe) Klage ein, wonach ein Vermieter den Mieter nicht dafür bestrafen darf, dass dieser sein Recht geltend macht. Sie versuchten es noch einmal mit einer Räumungsklage, dieses Mal mit der Begründung, ein Familienmitglied wolle das Haus beziehen. Ich antwortete in dreifacher Ausführung, die Behauptung sei vorgeschoben, und reichte noch einmal Klage wegen Belästigung ein, als sie mich weiterhin spät am Abend wütend und betrunken anriefen und mich bedrohten.

Nur eine einzige dieser Klagen ging vor Gericht – die Verletzung meiner Privatsphäre –, aber ich verlor. Der Richter meinte, da die Tür nicht abgeschlossen gewesen sei, liege kein Tatbestand vor. Doch mit dem Papierkrieg und den Verhandlungen gewann ich Zeit – mein oberstes Ziel –, und wir zogen erst um, als ich es wollte. Ed engagierte einen Anwalt, ich hatte einen kostenlosen Rechtsbeistand in Anspruch genommen. Es wäre sinnvoller und weniger anstrengend gewesen, wenn ich uns eine neue Bleibe gesucht hätte. Für sich allein betrachtet war dieser Kampf es einfach nicht wert. Wenn mir heute etwas Ähnliches passieren würde, würde ich aus- und weiterziehen. Ich habe nicht den Wunsch, meinen eigenen oder den Frieden anderer zu stören. Doch der Sorgerechtstreit mit Roger steuerte langsam auf einen Krieg zu, und in den letzten zehn Jahren war ich jeder Auseinandersetzung aus dem Weg gegangen. Ich brauchte einen Grundkurs in Selbstverteidigung gegen Tyrannen, und die Auseinandersetzung mit meinem Vermieter war eine Art Trainingslager. Deshalb war ich so streitlustig, und deshalb ließ ich es auf ein letztes Kräftemessen ankommen, als Ed das Gesetz umging und die Schlösser an meiner Tür auswechseln ließ.

Da man mich ausgesperrt hatte, ich nicht in meiner Ausgabe des Mietrechts nachsehen und den Paragraphen zitieren konnte, gegen den verstoßen worden war, galt mein erster Anruf dem Mieterschutzbund. Danach rief ich bei Ed an (Sally ging ans Telefon und sagte, Ed sei nicht zu Hause) und forderte, dass mir binnen einer halben Stunde einer von ihnen vor dem Haus einen neuen Schlüssel auszuhändigen hatte. Zuletzt rief ich bei der Polizei an und bestand darauf, dass ein Beamter zum Haus kam. Die Polizisten zögerten, sagten, sie seien für Auseinandersetzungen zwischen Mietern und Vermietern nicht zuständig. Ich zitierte den Paragraphen und den entsprechenden Absatz des Mietrechts, der besagte, die Polizei habe zu verhindern, dass ein Mieter ausgesperrt werde. Als ich eintraf, standen Ed und der Polizist plaudernd in der Einfahrt. Ganz offensichtlich handelte es sich um eine freundschaftliche Unterhaltung der Kategorie »Wir Jungs haben das hier schon alles geregelt«. Ich ging zu den beiden Männern hinüber, die zusammen mehr als drei Meter siebzig groß und hundertachtzig Kilo schwer waren, und sagte leise: »Ich möchte die Schlüssel zu meiner Wohnung.«

»Das ist nicht so einfach, Miss«, fing der Polizist an.

»Doch, es ist so einfach. Ein Vermieter, der ohne Zustimmung des Mieters die Schlösser an dessen Haus auswechseln lässt, verstößt gegen das Gesetz. Ich wurde nicht gefragt, also hat Ed gegen das Gesetz verstoßen. Ich werde nur dann von einer Klage absehen, wenn ich *sofort* einen Schlüssel für mein Haus bekomme.«

»Ich dachte, das Haus sei unbewohnt«, behauptete Ed, der offenbar per Handy seinen Anwalt angerufen und von ihm erfahren hatte, dass ein Mieter den Großteil seiner Rechte einbüßt, wenn er oder sie das Anwesen nicht bewohnt.

»Hier trifft keine der Bedingungen für solche Fälle zu. Die Miete ist ordnungsgemäß bezahlt, und ich bin hier, um meinen Schlüssel zu verlangen. Und den möchte ich jetzt bitte sofort haben.«

»Also, man kann diese Sache auch anders sehen, Miss«, sagte der Beamte. »Der Wasserschaden im Waschraum ist beträchtlich.«

»Was?«

»Sie haben einen Wasserschaden im Waschraum. Sieht aus, als hätte jemand vergessen, einen Schlauch abzudrehen.«

»Wenn vergessen wurde, einen Schlauch abzudrehen, dann muss Ed dafür verantwortlich sein. Ich habe keinen Schlauch angerührt. Ich besitze nicht einmal einen. Ich hoffe nur, Ed, Sie haben der Polizei nicht gesagt, ich sei für den Wasserschaden verantwortlich.«

»Also, ich, ähm …«, sagte Ed.

»Ist das wahr, Sir?«, fragte der Polizeibeamte.

»Also, ja. Ich wollte den Rasen gießen, weil er schon braun wurde.«

»Das ändert die Sachlage«, sagte der Beamte.

»Und wieso wissen Sie beide von einem Wasserschaden, von dem ich erst jetzt erfahre?«

»Ed hat es mir gezeigt«, sagte der Polizist.

»Ed hatte nicht das Recht, es Ihnen oder irgendjemand sonst zu zeigen. Keiner von Ihnen hatte das Recht, mein Haus zu betreten.«

»Vielleicht lässt sich diese Angelegenheit in Ruhe regeln«, sagte der Polizeibeamte.

»Ich will die Schlüssel zu meinem Haus«, sagte ich und hielt Ed, der die glänzenden, neuen Schlüssel in der Hand hielt, den ausgestreckten Arm hin.

»Ich will von Ihnen die Garantie, dass Sie mich den Waschraum in Ordnung bringen lassen«, sagte Ed.

»Ich will die Schlüssel zu meinem Haus.«

»Und woher soll ich wissen, dass Sie zum vereinbarten Termin auch tatsächlich ausziehen?«, fuhr er fort.

»Ich will die Schlüssel zu meinem Haus. Sie haben unbefugt die Schlösser ausgewechselt und unbefugt mein Haus betreten. Geben Sie mir jetzt die Schlüssel.«

Ich weiß nicht, wie ich es schaffte, die nächsten Minuten der Auseinandersetzung mit ausgestrecktem – und ruhigem – Arm dazustehen, und schließlich lenkten sowohl Ed als auch der Polizeibeamte ein, bevor mir die Kraft ausging. Als ich Ed etwa zum siebten Mal aufgefordert hatte, mir die Schlüssel zu geben, wies der Polizist Ed an, sie mir auszuhändigen, was er auch tat. Ich nahm die Schlüssel, bedankte mich, ging an den beiden Männern vorbei zur Haustür, sperrte auf, ging hinein und setzte mich auf die unterste Treppenstufe. Von dort aus konnte ich beobachten, wie sich die beiden Männer voneinander verabschiedeten und davonfuhren.

Das Haus würde mir nur noch eine Woche gehören – der Mietvertrag lief in Kürze aus –, und ich hatte seit drei Monaten nicht mehr darin geschlafen. Eine Tracht Prügel nach der Trennung hatte mich außer Gefecht gesetzt, und ich war mit den Mädchen ins

Frauenhaus zurückgekehrt. Ich hätte dieses letzte Vergehen ignorieren und mich stattdessen um meine gebrochenen Knochen und überdehnten Muskeln kümmern können, aber der Sieg gab mir ein gutes Gefühl (als ich ins Hiatus-Haus zurückkam, wurde ich wie eine Heldin empfangen). Meine Töchter, die die Schlüsselübergabe vom Wagen aus beobachteten, sahen, dass ihre hinkende Mutter nicht nur schwächende Verluste vor dem Scheidungsrichter hinnehmen musste, sondern auch Siege errang.

Es würde noch einige Zeit dauern, bis Allison und Erica glaubten, dass ich sie vor ihrem Vater beschützen konnte, aber langsam sahen sie mich als eine Mutter, die Unrecht wieder gutmachte. Und was noch wichtiger war, ihr Vertrauen in ihre eigenen Fähigkeiten, Probleme zu lösen, wuchs – wie eine Taco-Bestellung zeigte, die durcheinander geraten war.

Die Mädchen hatten Besuch von Freundinnen, die bei ihnen übernachteten und einen späten abendlichen Imbiss in einem Fast-Food-Restaurant vorschlugen. Die vier hatten einen ganzen Tag miteinander verbracht, in dessen Verlauf ich dafür gekämpft hatte, dass sie auf die Eislaufbahn zurück duften, als ein Aufpasser willkürlich entschied, ihr Tagespass gäbe ihnen nicht das Recht, das Gelände zu verlassen und wieder zurückzukommen. Zudem hatte ich einen kleinen finanziellen Disput aus der Welt geschafft, als ein Krämerladenbesitzer zuerst das Geld von den Mädchen haben wollte, *bevor* sie etwas bei ihm einkaufen durften. Als sich herausstellte, dass in den Taco-Tüten nur die Hälfte der eingepackten Sachen korrekt war, erwarteten alle, dass ich mich auf das Problem stürzen würde.

»Es ist schon spät, Mädchen. Ich habe wirklich keine Lust, dort anzurufen, und ich werde heute Abend ganz bestimmt nicht noch einmal dorthin fahren. Wir können uns morgen um die Sache kümmern, aber wenn ihr wollt, kann eine von euch anrufen. Die Hauptsache ist, ihr bleibt höflich und hartnäckig.«

Die Wahl fiel auf Allison, und ich dachte, ihre angeborene Schüchternheit würde sie zurückhalten. Aber sie rief an und blieb so lange am Telefon, bis sie hatte, was sie wollte. Die korrekte Bestellung wurde hergerichtet und geliefert – »schließlich ist es nicht fair, wenn meine Mom noch einmal losfahren muss, obwohl es Ihr Fehler war«.

In Gesellschaft anderer ist Allison noch immer ziemlich still und fühlt sich etwas unbehaglich, aber wenn es darum geht, nach ihrem Gewissen zu handeln, kennt sie keine Furcht. Sie zeigt Klassenkameraden an, die rassistische Bemerkungen machen, und Tierbesitzer, die ihre Haustiere quälen. Sie lehnt Rollen ab, die sie anstößig findet, und steht bei Klassenversammlungen auf, um ihre Meinung zu Sex, Sexismus und ungerechter Benotung zu äußern. Und als ich vor kurzem mit leeren Händen aus der Apotheke kam, weil der Apotheker keine ärztliche Anweisung hatte, um mir einen Nachfüllpack meiner Schmerzmittel zu geben, sprach Allison mit ihm und kam mit Tabletten für drei Tage zurück.

Inzwischen bin ich etwas wählerischer, welche moralischen Verstöße ich verfolge. Der örtliche Muffinbäcker verliert mich als Kundin, aber nicht gleich seine Lizenz, wenn sich ein Haar um eine Rosine gewickelt hat. Ich melde ihn nicht beim Gewerbeaufsichtsamt, wie die kanadischen Bäcker, die in der Backstube rauchten, und deren Zigarettenqualm jeden Muffin und jeden Keks durchdrang. Doch wenn ich sehe, wie eine Frau oder ein Kind in der Öffentlichkeit misshandelt wird, schreite ich noch immer ein. Ich kämpfe in meiner Nachbarschaft für ein Verbot von Pflanzenschutzmitteln und dränge die Lebensmittelhändler, ihre vegetarische Produktpalette zu erweitern. Heute habe ich Besseres zu tun, als Streite vom Zaun zu brechen und deswegen Prozesse anzustrengen. Ich lasse nicht mehr wegen jeder Kleinigkeit meine Muskeln spielen, denn ich weiß, dass ich gewinnen kann. Aber die Wortgefechte mit Vermietern und Anwälten schärften meine Reflexe und stärkten mein Durchhaltevermögen im Kampf gegen Roger, den Meister der Gemeinheiten und der Manipulation.

Zungenbrecher

An ihrem ersten Kindergartentag sah Erica aus wie ein Vorzeigekind meiner Alma Mater. Ihr blaues Kleid bauschte sich vor den gelben Türen des Schulbusses wie die La-Ola-Welle der Fans im Stadion und erinnerte mich an Football an Samstagen an der Universität von Michigan. Erica umarmte mich wie nach einem Touchdown, lächelte mich an wie ein Cheerleader, kletterte behende die Treppenstufen hinauf, die höher waren, als es für die Beine von Vierjährigen bequem ist, und setzte sich hinter den Fahrer.

Sie war auf dem Weg zu der Schule, die auch ihre Schwester besuchte und die an einem Französisch-Modellprojekt teilnahm.

Für Allison lag die Zeit des ersten Erstaunens und der Verwirrung bereits drei Jahre zurück. Seit drei Jahren teilte sie Bücher und Stifte mit dreißig Kindern, kannte sich mit den Gängen und den Schließfachkombinationen aus und wusste, welche Lehrer unordentliche Tische duldeten und welche die Schüler jeden Tag die Teppiche saugen und Schränke putzen ließen. Und obwohl Allison mit den Gesichtern und der Routine vertraut war, gab es an diesem Dienstag auch für sie eine ergreifende Premiere.

Es sei das erste Mal, berichtete Madame Renaud, dass Allison in der Schule gelächelt habe. Es war auch das erste Mal, dass Roger am ersten Schultag nicht dabei war. Seit zwei Monaten hatte Allison ihren Vater weder gesprochen noch gesehen. Sie glaubte – wie man es ihr versprochen hatte –, nie wieder mit ihm allein sein zu müssen, *wenn* sie ihn überhaupt je wiedersah. Konnte ihr Lächeln da ein Zufall sein? Das sind genau die auf Anekdoten beruhenden Beweise, die Richter mit der Begründung ablehnen, sie entsprängen den Vorurteilen einer Mutter und beruhten nicht auf Fakten. Aber ich weiß, dass Allisons Lächeln ein Lächeln der Erleichterung war, weil ich es drei Monate später verschwinden sah, als ich sie mit der Nachricht von Rogers Rückkehr in der Schule störte.

Für Allison nahm die kurze Zeit der Erlösung von ihrem Vater am vierten Juli ihren Anfang, als die Mitglieder der familienpsychologischen Klinik in Ann Arbor das Picknicken und Softballspielen einstellten und eine Krisensitzung wegen Allison abhielten. Ich hatte darauf bestanden, dass sie die Ergebnisse in einem Bericht festhielten, der dem Gericht vorgelegt werden konnte. Er enthielt die psychologischen Gutachten über Allison und mich (sie sagten, mit vier Jahren sei Erica noch zu jung), mehr als ein Dutzend Stunden Interviews sowie das Ergebnis einer Beratung mit dem kanadischen Kinderschutzbund.

Ich hatte der Leiterin der Einrichtung geschrieben und sie angerufen, als der Prozess offenbar aus mangelndem Interesse und Ungeduld mit den Schwierigkeiten, die sich bei der Umsetzung der Empfehlungen zwischen Kanada und Amerika ergaben, ins Stocken geraten war. Schon Monate zuvor hatte Dr. Doris Climer bereits nach einem viertelstündigen Gespräch mit Allison zum Telefon gegriffen, Pamela Miller vom Kinderschutzbund angerufen und gefordert, dass die Besuche mit Roger ausgesetzt würden, da Allison »direkte Angaben über unangemessenes sexuelles Verhalten« gemacht habe. Als sich Pamela zierte und erklärte, der Kinderschutzbund habe nicht die Befugnis, Rogers Besuchsrechte aufzuheben, sondern könne ihn nur bitten, die Besuche freiwillig einzustellen, füllte Dr. Climers Wut die gesamte Eingangshalle der Klinik.

»Das Mädchen wird nicht reden, wenn sie weiß, dass ihr Vater weiß, dass sie redet. Wenn wir ihn bitten, sich von ihr fern zu halten, dann können wir ihm das auch gleich ins Gesicht sagen, was sie in Gefahr bringt, wenn er weiter darauf besteht, sie zu sehen – und davon gehe ich aus.«

Ihre Wut änderte nichts, und das Versprechen, das sie Allison gegeben hatte, »du wirst deinen Vater eine Zeit lang nicht sehen müssen«, erwies sich als hinfällig. An jenem Abend musste Allison laut Gerichtsbeschluss mit Roger zu Abend essen und kam mit einem geschwollenen Knie (»Daddy hat gesagt, ich soll ein Rad schlagen, und mir dann einen Fuß gestellt«) und blauen Fingern (»Daddy wollte mir zeigen, wie man mit einem Billardstock umgeht und hat ganz, ganz fest zugedrückt«) zurück.

Drei Wochen später beschwerte sich Dr. Climer, dass Allison nicht besonders mitteilsam sei. Ich gab ihre Prognose an Pamela

Miller weiter, Allison würde so lange nichts sagen, wie sie ihren Vater weiterhin sehen müsse. Zudem informierte ich Pamela Miller darüber, dass Dr. Climer gesagt habe, sie hätte keinerlei Befugnis, etwas in Kanada zu unternehmen.

»Dann werde ich nach Michigan ziehen.«

»Das würden Sie tun?«

»Natürlich. Wenn Allison eine Pause von ihrem Vater braucht, um zu reden, werde ich tun, was notwendig ist, damit sie diese Pause auch bekommt.«

»Das ist aber immer noch keine Garantie dafür, dass sie etwas sagen wird. Es kann sein, dass sie sich ein Jahr oder auch zwanzig Jahre Zeit lässt«, sagte Dr. Climer.

»Aber das Entscheidende ist doch, dass wir ihr die Gelegenheit dazu geben. Das haben Sie an dem Tag, als Sie zum ersten Mal mit Allison gesprochen haben, selbst gesagt. Ich glaube, es wäre sehr viel besser für sie, wenn sie sich jetzt mit der Sache auseinander setzen würde – wenn sie kann –, als später, wenn sie erst einmal dreißig oder vierzig ist.«

»Ich werde noch einmal mit Pamela sprechen und sehen, was wir tun können.«

»Danke. Und ich hätte da noch einen Vorschlag. Wenn sie keine Fortschritte mit Ihnen macht, könnten Sie die psychologischen Tests nicht gleich jetzt machen, statt bis zum Ende der Gespräche zu warten? Vielleicht bekommen Sie so neue Antworten oder zumindest ein paar Hinweise. Ich weiß nicht, was zwischen Allison und ihrem Vater vorgefallen ist, als sie mit ihm allein war, aber ich wurde Zeugin eines jahrelangen emotionalen Missbrauchs und ich weiß, dass Allison panische Angst vor ihrem Vater hat. Wenn diese Tests also irgendeinen Wert haben, sollten sie diesen Missbrauch bestätigen.«

In den nächsten Wochen erarbeiteten Dr. Climer und Pamela Miller eine Strategie, um die Besuche zumindest vorläufig auszusetzen, während Allison und ich uns Intelligenztests, Tintenklecks-Tests und anderen standardisierten Persönlichkeitstests unterzogen. Darüber hinaus informierte ich mich über die Möglichkeiten, nach Michigan zu ziehen, und sprach dort zuerst mit dem Leiter der Kinderschutzbehörde, um zu erfahren, ob er in den Staaten eine einstweilige Verfügung erwirken könne, um die Besuchsrechte während der Beurteilungsphase auszusetzen.

Er war mitfühlend, engagiert (er las alle Unterlagen, die ich ihm faxte) und ehrlich.

»Wir nehmen Dr. Climers Empfehlungen sehr ernst. Sie genießt hier großen Respekt. Wenn wir die Sache allerdings vor Gericht bringen wollen, brauchen wir entweder einen offiziellen Bericht oder eine unwiderlegbare Aussage des Kindes.« Wäre Erica älter gewesen, hätte ihr Kommentar, sie wolle ihre Klitoris herausschneiden, Gültigkeit gehabt. Allisons Behauptung, Roger hätte ihre Vagina berührt, galt dagegen nicht.

Und so war es zu früh, die Koffer zu packen, und zu früh, das Gericht einzuschalten. Alles, was wir tun konnten, war warten. Die Wochen vergingen, die Besuche am Mittwochabend und an jedem zweiten Wochenende liefen weiter wie bisher, und das Nervenkostüm der beiden Mädchen wurde immer dünner. Sie berichteten, dass Rogers Hosenstall bei jedem Besuch offen stünde, dass er weißes Pulver schnüffelte »und verrückt spielte« und ihnen immer wieder »aus Versehen« wehtat. Er befahl Erica, von einem sich drehenden Karussell zu springen, wobei sie sich den Knöchel verstauchte. Allison erlitt eine Brustkorbprellung, als Roger sie beim Festschnallen ihres Sicherheitsgurtes mit seinem Körper in den Rücksitz drückte. Er sagte den Mädchen, er würde sie nach Hause bringen, fuhr dann aber an unserer Straße vorbei und drehte eine Runde nach der anderen, während er sie über Jack (»Hat er euch Mom schon weggenommen?«), die Therapeuten in der familienpsychologischen Klinik (»Sagt einfach, was ihr tief in eurem Herzen wisst. Und sagt nichts, was mich ins Gefängnis bringen könnte«) und meinen Alltag ausfragte. Er versprach, in unsere Straße einzubiegen, »sobald ihr diese eine Frage beantwortet habt«, raste dann aber in einem Tempo weiter, das die Mädchen in Panik versetzte und ihm bei vier Besuchen zwei Strafzettel wegen Geschwindigkeitsübertretung einbrachte. Erica wachte jede Nacht mindestens dreimal schreiend auf und musste Beruhigungsmittel nehmen. Allison magerte um zehn Pfund ab, lief zweimal vor ein Auto und schrie: »Ich will mich umbringen.«

Ich fürchtete, das Gutachten der Familienpsychologen käme zu spät, und das sagte ich der Klinikleiterin auch. Daraufhin folgten die Krisensitzung und der Bericht des Teams, der mir Dinge offenbarte, die zu wissen ich mir gewünscht hatte, und Dinge, die ich lieber nicht gewusst hätte:

1. Alle Besuche der Mädchen bei ihrem Vater sollten mindestens so lange ausgesetzt werden, bis eine gründlichere Untersuchung – zu der auch Gespräche mit Roger gehörten – abgeschlossen sei. Falls Allison weiterhin mit ihrem Vater allein sein müsse, würde sie einen Nervenzusammenbruch erleiden, da war sich das Team einig.

2. Die Beweise für einen sexuellen Missbrauch reichten nicht aus, es lägen jedoch Berichte über ein unangemessenes sexuelles Verhalten vor.

3. Es gebe Beweise für schwerwiegenden emotionalen Missbrauch, Depression mit Selbstmordgefährdung und eine panische Angst vor Roger.

4. Sollten die Besuche der Mädchen bei ihrem Vater jemals wieder aufgenommen werden, dann nur unter Aufsicht.

Diese Ergebnisse und Empfehlungen stützten sich auf viele Seiten detaillierter schriftlicher Nachweise. Ich erfuhr nichts, was ich nicht bereits gewusst oder geahnt hätte, und der Bericht bestätigte, dass meine Ängste begründet waren. Endlich schenkte man uns Glauben. Endlich hatten wir eine qualifizierte, unabhängige Bestätigung dessen, was ich gesagt hatte. Doch die Worte waren überwältigend, niederschmetternd. Es war sehr viel leichter, um den Schutz meiner Töchter zu kämpfen – eine sinnvolle, intellektuelle Aufgabe –, als zu akzeptieren, dass sie tatsächlich Schutz brauchten. Ich wünschte mir noch immer, man würde mir das Gegenteil beweisen. Ich wollte die Fachleute sagen hören: *Gut gemacht, Ellen. Eins mit Stern für Ihre Bemühungen. Aber das alles war nur ein Missverständnis, eine Ungenauigkeit in der Terminologie, ein Mangel an Kommunikation. Gehen Sie mit den Mädchen ein Eis essen und vergessen Sie die ganze Angelegenheit. Gehen Sie in Frieden, mein Kind.*

Das war es, was ich eigentlich wollte. Das kleine Mädchen *in mir* sehnte sich nach der Bestätigung, dass das Katerfrühstück seiner Eltern – Bloody Mary – ebenso gesund war wie die Ovomaltine in seiner Milch. Ich wollte in eine Welt zurück, in der meine Eltern mir nicht erlaubten, bestimmte Filme anzusehen (immerhin hatten einige Schauspielerinnen Brüste und küssten Männer), und in der ich die Realität mit derselben Leichtigkeit zensieren konnte. Aber das war nicht möglich. Ich weinte, trocknete meine Tränen und rief meinen Anwalt an.

Jonathon bereitete den nötigen Antrag auf Aussetzung des Besuchsrechts vor und reichte ihn am nächsten Tag ein. Roger reagierte nicht. Der Mann, der mich an manchen Tagen bis zu zwanzig Mal anrief, der das Telefon bis zu neunzig Minuten lang läuten ließ, wenn ich nicht abhob, der Jack in der Arbeit, zu Hause und auf seinem Autotelefon anrief, der meinen Eltern Briefe schrieb, in denen er mich als Hure beschimpfte, der meiner Mutter drohte, sie würde in der Hölle schmoren, der meine Verwandten und die wenigen Freunde terrorisierte, die mir geblieben waren, der weinerliche Nachrichten auf dem Anrufbeantworter meines Anwalts hinterließ, der versuchte, die Universität dazu zu bringen, mich als Dozentin zu feuern, der jeden Vorwand nutzte, um mich vor Gericht zu zerren – dieser Mann ließ nichts von sich hören. Von Juli bis Ende November 1992 meldete sich Roger weder bei seinem Anwalt noch bei den Kindern oder bei mir. Keine Anrufe, bei denen der Hörer aufgelegt wurde, keine nächtlichen Drohungen, die Mädchen zu entführen, keine Rosen, die Allison nach Hause oder in die Schule geliefert wurden, keine Nachforschungen bei den Nachbarn, um herauszufinden, wer oder was bei uns einund ausging, kein Geburtstagsgeschenk für Erica, keine Gefühlsduseleien an unserem Hochzeitstag. Kein Roger.

In diesen wenigen Monaten wurden Allisons Noten besser. Sie nahm wieder zu, fand Freunde, gewann einen Redewettbewerb, kicherte, lachte, weinte und benahm sich wieder wie ein Kind, nicht wie eine der Welt überdrüssige Frau, die zu viele Nachtschichten hinter sich und zu wenig Freizeit gehabt hatte. Ericas Bilder erregten die Aufmerksamkeit ortsansässiger Künstler, und mit den Albträumen verschwanden auch die dunklen Ringe unter ihren Augen.

Wie sich jedoch herausstellte, war Roger zurückhaltend, aber nicht untätig gewesen. Er hatte in Michigan einen Psychiater besucht, zu dem die Anwälte gern Klienten schickten, die des Kindesmissbrauchs angeklagt waren. Dieser Arzt konnte bei Roger keine pädophile Veranlagung feststellen (eine unerhebliche

Schlussfolgerung, da Inzest keine sexuelle Perversion, sondern ein Missbrauch von Macht ist) und warf mir seinerseits vor, ich hätte meine Töchter gestillt, um *meine* sexuellen Perversionen zu befriedigen. Merkwürdig war dem Psychiater lediglich vorgekommen, dass Rogers Aggression *den Höchstwert* noch überschritt. Da der Arzt der Ansicht war, dieser tödliche Wert stünde in keinem Verhältnis zu Rogers Gebaren während der Gespräche, ließ er ihn den Test wiederholen. Dieses Mal lag Rogers Aggressionspotenzial gemäß den Antworten im Normalbereich.

Der Bericht war von einem Antrag begleitet, die Besuche mit Übernachtung auf jedes Wochenende sowie den gesamten Monat August auszudehnen. Darüber hinaus verlangte Roger zusätzliche Besuche zum Ausgleich für diejenigen, die er hatte ausfallen lassen, sowie längere Telefonate und geringere Unterhaltszahlungen. (Weniger als nichts? Er hatte seit Monaten nicht gezahlt.) Der Antrag verfolgte mehrere Ziele und war mehrere Pfund schwer. Als Jonathon mir das Dokument zufaxte, druckte, schnitt und spuckte mein Gerät mehr als eine Stunde lang Seiten aus.

Der Richter befand Rogers psychologische Untersuchung für unglaubwürdig, weil er der einzige Teilnehmer gewesen war. Er entschied, das in Ann Arbor gefällte Urteil über Allison, Erica und mich sei ebenso verfälscht, weil das Ergebnis Roger nicht berücksichtigte. Dass Roger die Aufforderung erhalten hatte, daran teilzunehmen, dass er gesagt hatte, er würde teilnehmen, und dann die Teilnahme verweigert hatte, spielte keine Rolle. Der Richter sagte, ein familienpsychologisches Gutachten habe nur dann Gültigkeit, wenn die gesamte Familie teilgenommen habe, und ordnete eine neue Untersuchung an (und das von dem Richter, der sieben Monate zuvor meine Bitte um die richterliche Anordnung eines Gutachtens abgelehnt hatte). Inzwischen wollte er wissen, ob es einen Therapeuten gebe, der mit allen Familienmitgliedern gesprochen hatte.

Ja, Euer Ehren. Sally Weeks, die Psychologin, die zuließ, das Roger in Allisons erste Sitzung platzte, und damit vermutlich dafür sorgte, dass Allison niemals etwas enthüllen würde, das ihrem Vater tatsächlich schaden konnte. Dennoch hatte Dr. Weeks genug gehört, um bestätigen zu können, dass Allison extrem verletzlich war, dass sie emotional missbraucht worden war und Angst vor

Roger hatte – und das mit gutem Grund. Dr. Weeks gab zu, sie wolle selbst nicht gern mit Roger allein sein. Doch dann weigerte sie sich, diese Aussage schriftlich festzuhalten. Stattdessen schrieb sie einen Bericht, so schwach wie Tee, wenn ein Beutel ein zweites Mal aufgebrüht wird, und gespickt mit psychologischen Fachbegriffen. Sie erklärte, sie wisse nicht, warum Allison nervös sei oder warum sie sich in der Gegenwart ihres Vaters unwohl fühle, aber dass sie – möglicherweise, unter Umständen, vielleicht – ihren Vater nicht übers Wochenende besuchen sollte, bis er einer Familientherapie zugestimmt hatte. Später, als Dr. Weeks lediglich bestätigen sollte, an welchen Tagen sie mit Roger gesprochen hätte, verweigerte sie diese Angaben: »Ich möchte da nicht hineingezogen werden.« Mit ihrer Feigheit war sie nicht allein. Zu ihr gesellten sich viele andere Angehörige der so genannten helfenden Berufe, die wussten, dass Roger ein Monster war, die mir gesagt hatten, dass er ein Monster sei, die meinen Kindern gesagt hatten, dass er ein Monster sei, und dann vor Gericht aussagten, er sei nur haarig und blau und esse gern Kekse.

Und doch wurde Dr. Weeks' feiger Bericht Gesetz. Die Besuche würden weitergehen – ohne Aufsicht.

Roger dürfe die Mädchen abwechselnd an Samstagen und Sonntagen sehen, müsse sie aber jedes Mal Punkt sechs Uhr wieder abliefern, damit sie zu Hause schlafen konnten. Außerdem dürfe er sie – beginnend mit dem Ausstellungsdatum der Verfügung – jeden Mittwochabend besuchen. Mir blieben vier Stunden (eigentlich waren es nur dreißig Minuten, wenn ich den schulischen Stundenplan berücksichtigte), um Allison und Erica davon zu unterrichten, dass die Atempause vorbei und ein weiteres Versprechen gebrochen war und ein gefühlloser Richter verfügt hatte, dass sie mit dem Mann allein sein sollten, den sie des Inzests und der Grausamkeit beschuldigt hatten. Einem Mann, der von seinem eigenen Psychiater als möglicherweise gewalttätig eingestuft worden war.

Erica schloss gerade den Reißverschluss ihres Rucksacks und die Klettverschlüsse ihrer Schuhe und sah zum Küchenfenster zum Bus hinaus, als ich ihr sagte, dass sie an diesem Nachmittag nicht zur Schule gehen würde. Ihre lautlosen Tränen sammelten sich zu einem dunklen Fleck auf dem erdbeerfarbenen Teppich, als ich ihr die Entscheidung des Richters mitteilte. Dann schlang sie die Arme um meinen Hals.

»Danke, Mom. Danke, dass wir nicht bei ihm schlafen müssen. Ich danke dir dafür.«

Dankbarkeit? Sie war in der Tat die Tochter eines Opfers. Ich schwor mir, aus ihr das Kind einer Überlebenden zu machen – sobald ich selbst wusste, wie es ging. Doch nicht heute. Vielleicht morgen. Erica und ich fuhren gemeinsam los, um Allison abzuholen. Wir machten uns beide Sorgen, wie sie reagieren würde. Doch als wir in den Schulparkplatz einbogen, lieferte mir Erica einen ganz anderen Grund zur Besorgnis.

»Ich hoffe, Dad gibt mir keinen Kuss, Mom. Er küsst mich mit seiner Zunge, und das mag ich nicht.«

»Mit seiner Zunge?«

»Ja. Wenn er mich küsst, ist das immer so feucht und glitschig. Ich hasse das.«

Ich bemühte mich sehr, die augenscheinliche Erklärung für das zu ignorieren, was sie mir soeben gesagt hatte.

»Meinst du, Dads Küsse sind feucht, weil sein Mund nass ist?«

»Nein, sie sind feucht wegen seiner Zunge!«

»Sind sie feucht, weil er dir mit der Zunge über das Gesicht leckt, so wie ein Hund?«

»Nein, Mom. Er steckt seine Zunge in meinen Mund. Das ist eklig.«

Ich fuhr einmal um den ganzen Platz auf der Suche nach einem freien Parkplatz. Wie üblich waren die meisten besetzt. Gott sei Dank. Ich brauchte Zeit, um mir eine angemessene Antwort, eine angemessene Reaktion zu überlegen. Was sollte ich darauf sagen? *Ja, meine Kleine, das ist tatsächlich eklig, aber er ist dein Dad, also ist das schon in Ordnung? ... Es tut mir Leid, das zu hören, aber ich hoffe, du wirst heute Abend viel Spaß haben? ... Wie interessant, aber jetzt wollen wir nicht mehr davon sprechen? ...*

Ich zog all diese Antworten in Betracht, als ich den Minibus parkte. Dann sah ich die Angst in Ericas leuchtenden Augen und sagte: Es ist falsch, wenn ein Vater sein kleines Mädchen mit der Zunge küsst, und ich hoffe, es passiert nie mehr. Aber wenn Dad seine Zunge jemals wieder in deinen Mund steckt, dann beiß sie ab!«

»Mom!«

»Na ja, du musst sie nicht *ganz* abbeißen, sondern nur draufbeißen – dann muss Dad jedem erklären, warum seine Zunge geschwollen ist. Und bitte erzähle mir sofort, wenn so etwas passiert. Dein Dad sollte dich niemals auf diese Weise küssen – und weder er noch irgendjemand sonst darf dich anfassen, wenn du es nicht magst.«

Dann gingen wir langsam auf die Schule zu. Ich hatte keine Zeit, noch länger über diese schreckliche Enthüllung nachzudenken oder irgendetwas zu fühlen. Mir blieben weniger als drei Stunden, um Allison von dem Besuch bei Roger zu erzählen, beide Mädchen bei meinen Eltern abzuliefern und die Grenze zu überqueren, um dreißig Studenten drei Stunden lang zu unterhalten. Jeder weitere Gedanke an Ericas Enthüllung würde warten müssen, bis der Unterricht vorbei war, ich Allison und Erica abgeholt, nach Hause gefahren, mich nach dem Besuch bei ihrem Vater erkundigt und sie ins Bett gesteckt hatte. Dann, und erst dann, würde ich mich entscheiden können, ob ich lesen, mit Oxford spielen oder mich mit der Vorstellung von Rogers Zunge in Ericas Mund auseinander setzen wollte.

Allison umarmte mich nicht, als ich ihr die Neuigkeiten überbrachte.

»Allein? Wir werden allein mit ihm sein? Sie haben uns versprochen, dass wir nie wieder mit ihm allein sein müssen. Dr. Climer hat es versprochen – du hast es versprochen. Warum hält sich niemand an seine Versprechen? Warum lügen alle?«

Allison hatte meine Erklärungen zu oft gehört, um Trost in meinen Worten zu finden. Wieder einmal war sie verraten worden, und es war ihr egal, welche Rolle die Richter, Anwälte oder Therapeuten dabei gespielt hatten. Ich war diejenige, die die Sache in Ordnung zu bringen, ihr Leben sicher zu machen hatte, und ich war diejenige, die ihr erzählte, dass nichts in Ordnung und ihr Leben noch immer gefährlich war. Ich war diejenige, die ankündigte, dass ihr Vater sie und Erica um vier Uhr abholen würde. Ich war diejenige, die sie hasste.

All ihr Hass war umsonst. Roger versetzte sie. Ich war erleichtert, dass ihnen der Besuch erspart blieb, aber ich war stocksauer auf Roger, weil er uns auf diese Achterbahn der Gefühle geschickt hatte. Dieser Bastard. Er hatte vor Gericht gewonnen, und ich hatte erwartet, dass er schadenfroh auf seinem Recht bestehen würde, selbst wenn er die Kinder nicht sehen wollte. Doch nicht einmal nach all diesen Jahren hatte mich die Erfahrung gelehrt, dass Roger jegliches väterliche Interesse an seinen Töchtern abging. Ich konnte noch immer nicht glauben, dass er sie nicht sehen wollte. Seine Ausrede, die ich am nächsten Tag erfuhr – dass er entweder einen Arzttermin oder eine Laboruntersuchung vereinbart hatte –, war hanebüchen. Ich an seiner Stelle hätte mir nie die Gelegenheit entgehen lassen, Allison und Erica zu sehen – erst recht nicht nach vier Monaten. Ich hätte alles getan, um meine Mädchen wiederzusehen.

Roger tat gar nichts. Er rief nicht einmal seinen Anwalt an, um den Besuch abzusagen, sondern hinterließ lediglich die Nachricht auf dessen Anrufbeantworter, es könne »ein bisschen später werden«. Und es blieb mir überlassen, Allison und Erica das Unmögliche zu erklären, als ich von der Universität zurückkam. Selbst wenn ich Rogers Ausreden gekannt hätte, hätte ich sie meinen Töchtern nicht plausibel machen können. Sie waren es einfach nicht.

Irgendwann nachdem ich die Mädchen ins Bett gebracht hatte und bevor ich mich selbst hinlegte, entschied ich, dass ich nicht länger warten konnte, bis ich eine Überlebende wurde. Ich musste die Opferrolle ablegen – schnell und endgültig –, wenn ich mehr erreichen wollte als ein Schulterklopfen von denjenigen, die die Macht hatten, denen aber die Motivation fehlte, meiner Familie zu helfen. Es spielte keine Rolle, dass ich ein Opfer war und mich auch so fühlte. Ich musste aufhören, mich wie ein Opfer zu benehmen. Ich musste aufhören, Ausreden zu akzeptieren, und anfangen, Ergebnisse zu verlangen. Ich musste aufhören zu warten und anfangen zu handeln. Ich wusste, Opfer erregten häufig Mitleid, manchmal sogar Mitgefühl, aber sie bekamen niemals Respekt.

Ich absolvierte Trainingsläufe mit Jonathon, spürte ihn im Gericht auf, wenn ich Fragen oder Bedenken hatte, die nicht warten konnten, bis er zurückrief. Ich ging durch die Hallen, erklomm die Stufen, umkreiste den Brunnen, schlich mich in die juristische Bibliothek, klopfte an Konferenztüren, plauderte mit den Sicherheitsbeamten und wartete vor Gerichtsälen, wenn mein Kommunikationsbedürfnis größer war als Jonathons. Wenn all diese Strategien versagten, wenn er beim Mittagessen war oder in einem anderen Gebäude Aussagen aufnahm, hinterließ ich eine Nachricht an der Windschutzscheibe seiner Chrysler-Limousine. Jonathons Büro befand sich im hundertfünfzig Kilometer entfernten London, Ontario, und wenn ich ihm einen persönlichen Besuch abstatten wollte, war das Gericht meine einzige Chance.

Mein bestimmteres Auftreten brachte mir Jonathons Respekt ein und sorgte für die gewünschte Reaktion. Aber Jonathon arbeitete für mich, mochte mich und war geistig gesund. Ich hatte noch einen Plan, bei dem es ebenfalls darum ging, Nachrichten hinter Scheibenwischer zu klemmen. Einen Plan, der Rogers Nimbus des braven Vaters ein für alle Mal ein Ende machen sollte. Stattdessen machte mein Plan fast mir selbst ein Ende.

Aufschlag

Meine Lungen schmerzten. Ich hatte den ganzen Morgen über die Dämpfe des Abbeizmittels eingeatmet, und ich hatte es satt, alle fünfundvierzig Minuten die Gummihandschuhe auszuziehen, um meinen Anwalt anzurufen, dessen stets freundliche Empfangsdame mir wiederholt ausrichtete: »Mr. Everett hat einen Termin mit einem Klienten. Möchten Sie eine Nachricht für ihn hinterlassen?«

»Ja. Würden Sie ihm bitte sagen, dass mir langsam die Möbel ausgehen, die ich noch verkaufen könnte, um die Miete zu zahlen, und dass Roger mit den Unterhaltszahlungen für die Kinder inzwischen fünfundzwanzigtausend Dollar im Rückstand ist?«

»Ersetzt diese Nachricht die vorherige, Sie würden ›in Folge des Einatmens giftiger Dämpfe sterben‹?«

»Nein, Mary, bitte sorgen Sie dafür, dass er alle Nachrichten bekommt. Es ist *wirklich* dringend.«

Jonathon Everett würde wissen, dass es dringend war. Er war seit vierzehn Monaten mein Anwalt und wusste, dass ich ihn niemals ohne einen triftigen Grund anrief und meinen seelischen Schmerz oft hinter Humor verbarg. Ich für meinen Teil lernte, dass er mich jedes Mal, sobald er konnte, zurückrief, selbst wenn das erst um zehn Uhr abends war. Doch wenn Jonathon tagsüber in London war, wie an diesem Tag, konnte, ich ihn nicht einfach mitten in der Woche überraschen, wie ich das im Gerichtsgebäude von Windsor machte (an ein paar Samstagen setzte ich mich allerdings mit den Mädchen ins Auto und machte den vierstündigen Rundtrip). Zu meinem Glück war Jonathon ein Workaholic, der jeden Morgen um sechs Uhr sein Büro betrat – außer an den Tagen, an denen er um fünf Uhr im Auto saß, um Hunderte von Kilometern zu pendeln, weil er für mich und ein halbes Dutzend anderer Klienten von außerhalb Anträge stellen musste. Die Gründe, weshalb er diese Klienten angenommen hatte, waren selbst seinen engsten Freunden ein Rätsel. Jonathon und ich respektierten und mochten einander. Es bestand eine gewisse Nähe zwischen uns, vor der wir uns schützten, indem wir uns niemals berührten. Wir schüttelten einander nicht einmal die Hand. Und wir telefonierten nur, um Dinge von unmittelbarer Bedeutung zu besprechen. Ich wusste also, dass Jonathon mich an jenem Tag zurückrufen würde, aber ich war nicht in der Stimmung zu warten.

Ich wartete seit eineinhalb Jahren auf die gerichtlich angeordneten Unterhaltszahlungen für die Kinder, kämpfte sowohl mit den amerikanischen als auch den kanadischen Vollstreckungsbehörden, deren Aufgabe es war, das Geld einzutreiben, das Roger mir schuldete. Als ich an jenem Morgen anrief, um nachzufragen, geriet ich wie bei jedem anderen Mal auch an ein weiteres Opfer von Rogers soziopathischer Blendungskunst.

»Oh, hallo Mrs. Blumberg. Ich habe gerade heute Morgen erst mit Ihrem Mann gesprochen«, erzählte mir eine der Damen, die für die säumigen Zahler im Südosten von Michigan zuständig waren. »Eigentlich hat er mich angerufen, die meisten Väter würden das nie tun, und mir versichert, er werde das Geld bis Ende des Tages einzahlen.«

»Seit wann ist Ihr Büro mit diesem Fall betraut?«

»Seit fast acht Monaten, Mrs. Blumberg.«

»Und enthalten Ihre Aufzeichnungen Hinweise darauf, dass Mr. Blumberg schon vorher einmal angerufen hat?«

»O ja, schon ein paar Mal. Wir hatten erst vergangene Woche zwei Anrufe von Mr. Blumberg, und einen weiteren in der Woche davor.«

»Und enthalten die Gesprächsnotizen irgendwelche Anhaltspunkte, dass Mr. Blumberg versprochen hatte, die ausstehenden Unterhaltszahlungen für seine Kinder zu begleichen?«

»Nun, ja – in den Notizen heißt es ein paar Mal ›Zahlung erfolgt heute‹.«

»Wenn Sie die gesamte Akte einmal durchsehen, werden Sie sicher feststellen, dass Mr. Blumberg Dutzende von Malen versprochen hat zu zahlen. Aber er zahlt nicht, und er wird auch niemals zahlen, wenn Sie seine Lügen immer wieder schlucken und nichts gegen ihn unternehmen. Warum ziehen Sie das Geld, das er mir schuldet, nicht von seinem Gehalt ab? Oder stecken ihn ins Gefängnis?«

»Mrs. Blumberg, viele Frauen müssen länger auf ihre Unterhaltszahlungen warten als Sie –«

»Deswegen ist es noch lange nicht in Ordnung.«

»– und Mr. Blumberg ist wirklich sehr entgegenkommend. Er ist immer höflich, und ich muss sagen, die Scheidung erschüttert ihn schwer. Als er mir erzählte, Sie hätten ihm letzten Samstag verboten, seiner Tochter ein Eis zu kaufen, schien er den Tränen nahe.«

»Hat er Ihnen auch erzählt, dass Allison eine gefährliche Milchallergie hat und wir sie ins Krankenhaus bringen mussten, als er ihr das letzte Mal Eis spendierte? Aber egal. Sie sind nicht unsere Eheberaterin. Ihr Job ist es, den Unterhalt für die Kinder einzutreiben, und ich kann Ihnen garantieren, Mr. Blumberg wird weder heute noch irgendwann sonst zahlen, wenn Sie ihn nicht dazu zwingen.«

Dies war mein Erlebnis mit den amerikanischen Behörden an jenem Tag. Als ich mich anschließend beim kanadischen Büro erkundigte, erzählte mir eine Frau mit einem zartem Stimmchen, sie hätte ebenfalls »letzte Woche mit Mr. Blumberg gesprochen, und er sagte, er täte sein Möglichstes, damit Michigan seine Zahlungen an uns weiterleite, und er könne nicht verstehen, warum das Geld nicht schon längst hier sei«.

»Weil das Konto in Michigan leer ist«, erwiderte ich. »Er hat nicht einen Penny gezahlt. Ich habe gerade mit jemandem vom dortigen Büro gesprochen, Mr. Blumberg hat nicht ein einziges Mal gezahlt. Haben Sie selbst mit Michigan gesprochen?«

»Nun ja, Mr. Blumberg hat gesagt –«

»Mr. Blumberg hat gelogen. Und er wird so lange weiterlügen und nicht zahlen, wie Sie ihn damit davonkommen lassen. Ich muss meine Möbel und meinen Schmuck verkaufen und werde demnächst wohl sogar Sozialhilfe beantragen müssen, und er kauft Häuser und schippert mit seiner Freundin in der Karibik herum. Er belügt Sie nach Strich und Faden und lässt seine Kinder verhungern. Hat Ihnen Mr. Blumberg das gesagt?«

»Nein –«

»Natürlich nicht. Rufen Sie in Michigan an. Beschaffen Sie mein Geld. Machen Sie Ihren Job. Vom Charme meines Mannes können Sie sich ja in Ihrer Freizeit betören lassen.«

Ich legte auf. Mein energisches Auftreten (und die Dämpfe des Beizmittels) war mir wohl zu Kopf gestiegen, aber das Hochgefühl verflog so schnell wie der Dunst über dem Meer an einem Morgen im April. Ich war allein mit meinem Schaber, dem Lösungsmittel und einem halb abgebeizten Esstisch. Müdigkeit und Wut rangen in mir um eine Entscheidung. Sollte ich mir ein kleines Nickerchen gönnen und staatliche Hilfe annehmen, bis ich a) eine Stelle als Journalistin in der Stadt der Automobilhersteller und Fließbänder bekam, oder b) einen Doktortitel erwerben in der Hoffnung, eine Vollzeitanstellung als Dozentin zu bekommen? Oder sollte ich neue Wege finden, wie ich das System zwingen konnte, seinen Verpflichtungen nachzukommen, und mein Versprechen gegenüber Allison und Erica erfüllen, dass ich niemals aufhören würde, das von ihrem Vater angerichtete Unheil in Ordnung zu bringen? Die fehlenden Unterhaltszahlungen waren nicht Rogers schlimmstes Vergehen, aber wenn ich die lässlichen Sünden schleifen ließ, würde ich dann irgendwann auch davon absehen, die Todsünden zu verfolgen?

Ich warf einen sehnsüchtigen Blick auf die Couch und dann auf die Schachtel, die auf einem Tisch dahinter stand und Staub ansetzte. In dieser Schachtel lagen zweihundert leuchtend gelbe Flugblätter mit der Aufschrift »Alimentepreller«. Punkt für Punkt waren darauf die Höhe der Unterhaltszahlungen, mit denen Roger im Rückstand war, sein Jahreseinkommen, der Preis seines gerade eben erworbenen Hauses, die auf der Karibikkreuzfahrt angefahrenen Inseln sowie die offiziellen Aktenzeichen und Telefonnummern des Gerichtsbeschlusses aufgeführt, der Roger zur Zahlung von Unterhalt für die Kinder verurteilte.

Ich hatte die Flugblätter vor einem Monat entworfen. Es war eine Geste gewesen, um mich besser zu fühlen. Ich hatte über einen Detroiter Radiosender von der Idee erfahren. In einer Sendung hatte dieser über eine an der Basis arbeitende Gruppe berichtet, die Unterhaltszahlungen eintrieb und versprach, säumige Elternteile mit einem Foto im Fernsehen und auf Werbetafeln öffentlich anzuprangern, damit diese ihren Verpflichtungen nachkämen. In Ohio verfolgte man eine ähnliche Strategie. Dort hatte man vor, Flugblätter mit den Fotos von Vätern, die ihre Alimente nicht zahlten, gleich neben die »Wanted«-Poster in öffentlichen Gebäuden und Parks zu hängen. Ich nahm mit beiden Gruppen Kontakt auf. Das Projekt in Michigan befand sich erst im Anfangsstadium und die Testphase sollte frühestens in einem Jahr anlaufen. Bei der Organisation in Ohio sagte man mir, das Programm beschränke sich auf Bewohner des Staates Ohio. So kam es, dass ich meine eigene Negativkampagne zusammenstellte. Ich würde den Menschen, auf deren Meinung er am meisten gab, die Wahrheit über den so sehr auf sein Image bedachten Roger enthüllen: seinen Kollegen, Nachbarn und Verwandten. Ich hatte kein Geld, um Sendezeit beim Fernsehen zu kaufen, aber Papier und Kopien für drei Cent konnte ich mir leisten.

Und an dem Abend, als der Richter sich geweigert hatte, den Bericht einer landesweit angesehenen klinischen Testeinrichtung als Beweismittel zuzulassen, der mit der Bemerkung schloss »Allison ist bei ihrem Vater nicht sicher«, entwarf ich mit meiner Schreibmaschine und einem schwarzen Filzstift ein Flugblatt und brachte das Original zu einem Copyshop, der die ganze Nacht über geöffnet hatte. Am nächsten Tag holte ich die Schachtel mit den Flugblättern ab und stellte sie auf den Tisch. Gelegentlich benutzte ich sie als Untersetzer, dachte aber nicht weiter über die Schachtel und ihren Inhalt nach.

Doch jetzt heischten die Flugblätter nach meiner Aufmerksamkeit. Nun, überlegte ich, es war eine Sache, wenn die Bürokraten *mich* ignorierten. Schließlich war ich nur eine weitere jammernde Ehefrau (die ihrer Tochter nicht einmal ein Eis gönnte), die um Haushaltsgeld bettelte. Aber was, wenn ich nicht die einzige Anruferin wäre? Was, wenn die allein erziehenden Eltern an Rogers Arbeitsplatz zum Hörer griffen? Was, wenn sein Chef Roger zur Rede stellte, ob diese Behauptungen wahr seien, und ein paar Anrufe tätigte, um die aufgeführten Zahlen zu überprüfen? Was, wenn Rogers Kollegen nicht zur Einweihungsfeier seines neuen Hauses kämen, weil er seine Gäste mit Hummerhäppchen verwöhnte, während seine Kinder an drei Abenden in der Woche mit Thunfischpastete vorlieb nehmen mussten? Was, wenn die Flugblätter genügend Sand ins Getriebe des Systems streuten, dass mein Fall ganz oben auf dem Aktenberg landete und Roger gezwungen würde, seine Schulden mir gegenüber zu begleichen?

Ich stieg in meine Flugblatt-Verteiler-Kluft (Nike-Laufschuhe, Jeans, einen Pulli, dessen Kapuze ich über mein Gesicht ziehen konnte, und eine Kängurutasche, in die ich mein Pfefferspray, das Handy und die Autoschlüssel steckte) und lief zum Wagen. Die Schachtel mit den Flugblättern hatte ich unter den linken Arm geklemmt.

Als ich über die Ambassador-Brücke nach Detroit fuhr, warf ich einen Blick auf die Uhr: zwölf Uhr vierzig. Ich hatte noch genügend Zeit, etwas weiter den Fluss hinunter zu Rogers Büro zu fahren und den Parkplatz zu beobachten, bis ich sicher wäre, dass er und die anderen von ihrer späten Mittagspause an die Schreibtische zurückgekehrt waren, die Flugblätter schnell und heimlich hinter die Scheibenwischer zu klemmen, über die Grenze zurückzufahren und um halb vier Allison und Erica abzuholen.

Als fünfundzwanzig Minuten vergangen waren, in denen niemand das Gebäude verlassen oder betreten hatte, glaubte ich, meine Mission ohne Probleme ausführen zu können. Ich zog die Kapuze ins Gesicht und hoffte, sie würde mich sowohl vor dem kalten Nieselregen schützen, der langsam den Asphalt benetzte, als auch davor, erkannt zu werden. Ich packte eine Hand voll Flugblätter und sprintete über die Jefferson Avenue, als der Verkehr kurzzeitig nachließ. Ich hatte etwa vierzig von den gelben Blättern mit der Schrift nach unten unter die Scheibenwischer der Autos, einschließlich der an Rogers Wagen, geklemmt. Ich lief gerade zur Jefferson Avenue zurück, hatte noch immer ein Dutzend Flugblätter in der Hand und war etwas außer Atem, als ich schnelle Schritte hinter mir vernahm.

»Was zum Teufel soll das?«

Ich warf einen Blick über die Schulter und sah Roger auf mich zulaufen. Bevor ich den Mund aufmachen, denken oder mich umdrehen konnte, krachte seine Faust in meine linke Wange. Als ich nach hinten stolperte, packte er mich an den Brüsten und stieß mich vom Gehweg auf die Straße hinunter.

Ich schlug mit dem Kopf zuerst auf und landete auf dem Rücken. Als ich mich aufsetzen wollte, schlug Roger noch einmal zu, und mein Kopf prallte ein zweites Mal auf den Asphalt. Er hatte sich auf mich geworfen, verschwommen sah ich sein wutverzerrtes Gesicht. Ich wollte ihn wegschubsen, aber er schlug weiter auf mich ein. Ich zählte bis zum neunten Schlag, dann verlor ich den Faden und vielleicht auch das Bewusstsein. Ich hörte Roger noch knurren: »Stirb, du Schlampe«, dann stand er auf, versetzte mir einen Tritt gegen das Knie, ging davon und ließ mich auf der Straße liegen, wo Dodge-Kombis und Ford Escorts auf mich zurasten.

Ich hörte lautes Hupen, Bremsen, und Reifen quietschten. Dann stand ich mitten auf der Straße und schrie: »Hilfe! Helfen Sie mir doch! Ich bin verletzt! Er hat mich verletzt!«

Autotüren wurden auf- und wieder zugemacht. Ein Mann ging auf mich zu, das Handy am Ohr, ein Tuch in der Hand.

»Hier, halten Sie das aufs Gesicht. Sie bluten.«

Irgendjemand setzte mich auf den Randstein. Ein Mann und eine Frau unterhielten sich.

»Haben Sie gesehen, was dieser Scheißkerl gemacht hat? Und das in aller Öffentlichkeit. Stellen Sie sich einmal vor, was er ihr erst angetan hätte, wenn er mit ihr allein gewesen wäre. Ich hasse solche Typen. Sie sollte den Arsch vor Gericht zerren. Ich habe einen Freund, der ist Anwalt, der würde den Fall sogar umsonst übernehmen.«

»Haben Sie gesehen, wie er sich die Hände abgewischt hat, nachdem er mit ihr fertig war? Als wäre sie Abfall! Und dann ist er ganz ruhig davonspaziert, als wäre nichts geschehen. Ich habe noch nie jemanden gesehen, der so kaltschnäuzig ist. Sehen Sie ihn sich doch an.«

Sie deutete auf Roger. »Er hat sich nicht einmal umgedreht, nicht ein einziges Mal. Er sieht aus, als machte er einen Sonntagsspaziergang.«

Sie hatte nicht mit mir gesprochen, aber ich sah trotzdem zu ihm hinüber, und tatsächlich ging Roger gemächlich zu seinem Büro zurück. Beiläufig entfernte er ein paar Flugblätter von Windschutzscheiben, wie ein umweltbewusster Bürger, dann wandte er sich um und betrat das Gebäude.

Seine Gleichgültigkeit erschreckte mich, damals und auch heute noch, und noch immer quälen mich die vier Gedanken, die mir damals in schneller Folge durch den Kopf schossen: *Zumindest hat er nicht rumgebrüllt. Es war ziemlich schnell vorbei. Vielleicht habe ich das gebraucht, damit mir klar wird, dass Roger ein wirklich übler Kerl ist. Er hat mir schon Schlimmeres angetan.*

Dann, endlich, tauchte dank der Arbeit meiner Therapeutin ein fünfter Gedanke auf:

Bin ich das perfekte Opfer, oder was?

Bald trafen Polizei und Rettungsdienst ein, und meine Gedanken kreisten – beinahe hysterisch – nur noch um Allison und Erica.

»Wissen Sie, wer Ihnen das angetan hat, Ma'am?«, fragte ein uniformierter Polizist.

»Wie spät ist es? Ich muss meine Töchter von der Schule abholen.«

»Können Sie den Angreifer identifizieren?«

»Ja, es war mein Mann. Er steigt gerade dort drüben in seinen Wagen. Hören Sie zu, ich muss unbedingt zu meinen Töchtern.«

»Was Sie brauchen, ist ein Arzt.«

»Ich muss zu meinen Töchtern.«

»Wir müssen Ihre Halswirbelsäule fixieren und Sie auf die Trage legen.«

»Bitte. Lassen Sie mich wenigstens jemanden anrufen, der meine Töchter von der Schule abholt. Wenn ich nicht da bin, steigen sie in den Bus, und dann sind sie in dem leeren Haus allein und –«

»Wir bringen Sie jetzt erst einmal ins Krankenhaus. Dort wird Ihnen jemand bei den Anrufen helfen.«

»Aber ich muss sie erwischen, bevor sie in den Bus steigen. Versprechen Sie mir, dass ich sie noch erwische, bevor sie in den Bus steigen? Moment. Mein Handy. Lassen Sie mich nur schnell in der Schule anrufen, dann können wir ins Krankenhaus fahren.«

Zu diesem Zeitpunkt waren mein Hals und mein Kopf bereits in ein Material eingepackt, das sich wie Styropor anfühlte, und mein Körper war auf ein Brett gespannt, das in einen Krankenwagen geschoben wurde.

Ich griff gerade nach dem Handy, das in der Tasche steckte, als ein Sanitäter meinen Arm packte und sagte: »Wir werden wegen der Infusion den Jackenärmel abschneiden müssen. Es tut mir Leid, aber die Jacke ist sowieso voller Blut.«

»Geben Sie mir nur schnell mein Handy.«

»Einen Augenblick, ich will nur noch diese Infusion zum Laufen bringen und – oh, wie ich sehe, werden wir wohl auch das Hosenbein aufschneiden müssen, aber das lässt sich vermutlich wieder richten.«

Dreißig Sekunden später suchte der Sanitäter nach meinem Handy und zog stattdessen das Pfefferspray aus der Tasche. »Oha. Was für ein Pech, dass Sie damit nicht auf Ihren Ehemann gezielt haben. Dann wär er auf der Straße gelandet – aber sagen Sie's nicht weiter.«

»Auf keinen Fall. Geben Sie mir jetzt bitte das Telefon?«

Der Rettungswagen hielt an, die Türen gingen auf und ich wurde wieder davongetragen.

»Halt, warten Sie! Ich muss telefonieren.«

Aber niemand blieb stehen, und die Reaktionen des Krankenhauspersonals auf meine Bitten reichten von ablehnendem Brummen bis hin zu therapeutischen Ansätzen. »Ich bin sicher, Ihre Töchter werden zurechtkommen. Sie sollten jetzt wirklich an sich selbst denken.«

»Bitte, wenn meine Töchter allein zu Hause sind und mein Mann das erfährt, wird er ihnen erzählen, ich sei tot, und sie kidnappen. Wenn Sie meine Eltern nicht innerhalb der nächsten Viertelstunde erreichen, werde ich die Mädchen nie wiedersehen, und ich werde Sie und dieses Krankenhaus dafür zur Verantwortung ziehen.«

Es geht nichts über die Androhung eines Verfahrens, um die gewünschte Aufmerksamkeit zu erregen. Drei Minuten später erklärte mir eine Schwester, sie hätte mit meinen Eltern gesprochen, die erst die Mädchen von der Schule und dann etwas später mich vom Krankenhaus abholen würden. Sie war verschwunden, bevor mein Mund das Wort »Danke« artikulieren konnte, bevor ich in Tränen ausbrach, bevor ich mir des Schmerzes, der Angst, der Verzweiflung und der Schuldgefühle bewusst wurde.

In den nächsten Stunden war ich eine gefügige, ruhige Patientin, die überarbeitete Schwestern leichter ignorieren können. Und das taten sie auch, bis eine männliche Stimme mein stummes Elend störte.

»Also, was haben Sie gemacht, dass er so wütend wurde?«

Wie bitte? Ich konnte den Mann nicht sehen, der mir die Frage gestellt hatte. Aber ganz sicher konnte er mich sehen. Ich lag noch immer auf dem Rücken in der Notaufnahme des Sinai-Krankenhauses in Detroit, noch immer an ein Brett gefesselt, so dass ich nur meine Beine bewegen konne. In meinem Kopf tobten noch immer Schmerzen. Blut sickerte aus meiner linken Wange. Roger hatte mit dem Ring seiner Studentenverbindung erst die Haut verletzt und mir dann beim nächsten Schlag den Wangenknochen gebrochen. Ich bekam immer noch keine Luft durch die Nase (ebenfalls gebrochen), noch konnte ich mit dem linken Ohr etwas hören (mein Trommelfell war gerissen), und mein rechter Fuß war (nach einem Fußtritt) so groß wie ein Globus für den Erdkundeunterricht. Und da kam dieser Bulle mit seiner Kamera, sein Partner hatte ihn mir als Polizeibeamten vorgestellt, legte mir ein paar Broschüren über die Rechte von Opfern und Gewalt gegen Frauen auf die Brust und wollte wissen, was *ich* getan hatte.

»Eine Frau muss nichts *tun*, damit ein wütender Mann gewalttätig wird«, schulmeisterte ich absurderweise, als der Blitz seiner Kamera die Sicht auf die Zimmerdecke verdeckte und mich blendete.

»Mach ein Foto von ihrer rechten Hand. Die könnte gebrochen sein« – sie war gebrochen – »und schieb die blutige Jacke weg, dann machen wir auch davon ein Bild«, wies ihn sein Partner an.

»Gewalttätige Männer sind einfach so. Niemand hat einen Einfluss darauf«, sprach ich in meinem besten Dozentinnenton weiter. »Und *selbst wenn* eine Frau einen Mann auf irgendeine Weise reizt, gibt ihm das nicht das Recht, sie zu schlagen. Sie sollten mich also nicht *fragen*, was ich getan habe, sonden mir *sagen*, dass mein von mir getrennt lebender Mann im Gefängnis sitzt und ich gefahrlos wieder nach Hause gehen kann.«

»Ähm, gute Frau –«

»Er sitzt doch im Gefängnis, oder?«

»Nun ja, das kommt darauf an.«

»Worauf?«

»Ob er heute Abend noch dem Haftrichter vorgeführt wurde. In Fällen einfacher Körperverletzung und häuslicher Gewalt behalten wir sie normalerweise über Nacht drin, dann haben sie Zeit, sich wieder abzuregen, aber das geht nur, wenn er dem Haftrichter rechtzeitig vorgeführt wird.«

»Also, wo ist er?«

»Vermutlich im Gefängnis. Wollen Sie, dass ich das für Sie herausfinde?«

»Ja, bitte.«

Dreißig Sekunden später berichtete mir der Beamte mit der Kamera, Roger sei im Gefängnis und würde dort bis neun Uhr morgens bleiben. »Sie sollten also genug Zeit haben, um nach Hause zu fahren.«

»Und was passiert dann?«

»Nichts, wenn er die hundert Dollar Strafe zahlt«, sagte der andere Polizist. »Das ist alles, was wir im Falle einer einfachen Körperverletzung tun können.«

»Roger kann sich eine Strafe von hundert Dollar leisten. Wenn das der Preis dafür ist, dass er mich verprügeln darf, bricht er mir zweimal wöchentlich die Knochen und setzt die Ausgaben nächsten April von der Steuer ab.«

»Ma'am –«

»Und warum haben Sie Fotos von mir gemacht? Fürs Familienalbum?«

»Wir legen die Fotos zu den Akten, falls Sie Anzeige erstatten möchten.«

»Ich kann Anzeige erstatten?«

»Ja, aber die meisten Frauen sehen davon ab.«

»Vielleicht, weil Sie sich nicht die Mühe machen, es ihnen zu erzählen.«

»Sie finden alle nötigen Informationen in den Broschüren, die wir Ihnen gegeben haben.«

»Aber ich kann sie nicht lesen.«

»Wenn Sie, ähm, Analphabetin sind, können Sie die Informationen auch telefonisch bekommen.«

»Ich *kann* lesen. Aber es ist mir nicht möglich, eine Broschüre zu lesen, die auf meinem Bauch liegt, wenn meine Arme an der Seite festgeschnallt sind.«

»In Ordnung, Lady. Wir müssen jetzt gehen«, sagte der Polizist mit der Kamera, kritzelte das Aktenzeichen des Vorfalls auf ein leeres Stück Papier und legte es ganz oben auf die Broschüren auf meinem Bauch. »Das müssen Sie angeben, wenn Sie die Angelegenheit weiterverfolgen wollen.«

Es beschämt mich, sagen zu müssen, dass ich den Polizisten dankte, als sie gingen, dass ich ihnen für ihre Hilfe dankte. Zu jenem Zeitpunkt war alle meine zur Schau gestellte Tapferkeit dahin. Als ich auf der Trage lag, fühlte ich mich wie jedes andere Opfer auch, ich hatte Schmerzen und Angst und ein paar tröstende Worte dringend nötig. Aber bis irgendjemand meine Verletzungen untersuchte, würde es noch sechs Stunden dauern, und weitere zwei, bevor ich ein nettes Wort hörte.

»Ich werde die Wunde mit einem Klammerpflaster verbinden, dann bleibt keine so große Narbe zurück«, sagte die Bereitschaftsärztin. »Ich bin keine Schönheitschirurgin, aber ich werde mein Bestes tun.«

Dann schickte sie mich zum Röntgen. Die Strahlen bestätigten, dass ein halbes Dutzend Knochen abgesplittert und gebrochen waren. Die gebrochenen Knochen wurden eingerichtet, meine Wunden genäht und versorgt, während ich Anrufe abwehrte.

Da ist eine Dame am Apparat, die behauptet, sie sei Ihre Schwägerin. Möchten Sie mit ihr sprechen?

»Nein! Sie hat seit zwei Jahren nicht mit mir gesprochen, also ist das bestimmt kein Höflichkeitsanruf. Und verraten Sie ihr nichts. Sie erzählt es sonst meinem Mann.«

Ich habe da einen Jonathon Everett am Telefon. Er behauptet, er sei Ihr Anwalt. Möchten Sie ihn sprechen?

»Wenn es wirklich mein Anwalt ist, dann ja. Er könnte aber auch zur Familie meines Mannes gehören. Ich weiß, das klingt jetzt vermutlich nach Verfolgungswahn, aber könnten Sie ihn nach dem Namen der Sekretärin fragen, die letzten Monat gekündigt hat? Wenn der Anrufer Elaine sagt, ist es mein Anwalt, und dann will ich mit ihm reden. Wenn nicht, sagen Sie bitte nicht einmal, dass ich hier bin.«

Ihre Mutter hat angerufen. Sie sagt, Ihren Mädchen geht es gut, und sie nimmt sie mit, wenn sie Sie abholen kommt.

Um ein Uhr nachts, dreizehn Stunden nachdem ein Autofahrer den Notruf alarmiert hatte, verließ ich das Krankenhaus im Rollstuhl, und man half mir in den Wagen meiner Eltern, der am Randstein geparkt war. Meine Mutter faselte vor sich hin. (»Ich wusste, dass das irgendwann passieren würde. Ich hatte Albträume davon.«) Mein Vater saß schweigend am Steuer, sah mich nicht an und tröstete mich weder mit einer Geste noch mit Worten. Meine kleine Tochter entschuldigte sich dafür, dass sie sich von mir abwandte (»Es tut mir Leid, Mom, aber ich kann dich nicht ansehen. Ich hab dich lieb, aber ich kann dich nicht ansehen«), und meine große Tochter starrte mich an (»Als Grandma mir gesagt hat, dass Dad dir wehgetan hat, dachte ich, du wärst tot. Dad hat gesagt, er würde dich umbringen, und ich dachte, du wärst tot. Du wirst doch nicht sterben, Mom, oder?«).

Ich erstattete Anzeige gegen Roger, bestand darauf, dass der Staat Anklage erhob (nach dem Gesetz in Michigan erfüllte der Tritt gegen mein Knie den Straftatbestand der gefährlichen Körperverletzung), und reichte Beschwerde gegen die Polizisten mit der Kamera ein. Dann drängte ich auf eine Verhandlung und der Staatsanwalt setzte einen Termin fest. Zwei Tage vor der Anhörung verschwand ein Großteil des Beweismaterials, einschließlich der in der Notaufnahme gemachten Fotos. Roger bekannte sich der »Körperverletzung« schuldig und musste nie wieder einen einzigen Tag im Gefängnis verbringen. Er wurde zu zwei Jahren auf Bewährung verurteilt. Der Eintrag würde gelöscht, wenn er die folgenden Bedingungen erfüllte: Er durfte keinen Kontakt mit mir aufnehmen, musste eine Therapie für gewalttätige Partner absolvieren, für meine Krankenhauskosten aufkommen und die überfälligen Unterhaltszahlungen leisten.

Grün und blau, aber mutig

Erica besitzt keine Kristallkugel, aber ihre bösen Vorahnungen erweisen sich so häufig als wahr, dass ich mich stets anschnalle, nach rechts und links sehe und etwas Salz über die Schulter streue, wenn sie ein *komisches Gefühl* hat. Sie sagte zum Beispiel die Schläge voraus, unter deren Folgen ich mein Leben lang leiden würde. Ich hatte ihrer Warnung keine Beachtung geschenkt, denn ich hielt ihre Angst nicht für hellsichtig, sondern für vorhersehbar. Doch ihren Kommentar, am Tag *nachdem* Roger meinen Kopf wiederholt auf die Straße geschlagen hatte, konnte ich nicht so einfach übergehen.

»Ich will nicht mit Dad reden, wenn er anruft, Mom. Ich weiß nämlich genau, was er zu deinen Verletzungen sagen wird. Er wird sagen, es wäre alles deine Schuld gewesen. Er wird sagen, du seist gestolpert und hingefallen und hättest dich dann selbst geschlagen, um ihm eins auszuwischen.«

»Nicht mal dein Dad würde eine solch offenkundige Lüge erzählen, meine Süße. Es gab Zeugen. Andere Menschen haben gesehen, was passiert ist.«

»Das ist egal. Er wird es trotzdem sagen.«

Ich wollte nicht weiter darüber diskutieren. Das Sprechen – und Atmen – tat mir weh, und es hatte wenig Sinn, Erica zu sagen, dass sie vermutlich Unrecht hatte. Zwei Tage später besorgte ich mir eine Kopie des Polizeiberichts und las Rogers Aussage: »Sie ist gestolpert und hingefallen, dann hat sie sich selbst geschlagen, um mir eins auszuwischen.«

Wenn ich es nicht besser gewusst hätte, hätte ich geschworen, dass Erica während des Verhörs mit dem Beamten, der Roger festgenommen hatte, im Streifenwagen war. Wenn Jack nicht neben mir auf der Couch gesessen hätte, als Erica diese Aussage machte, hätte ich wohl geglaubt, ich leide an Halluzinationen, die von dem Cocktail aus Codein, Beruhigungsmitteln und Tabletten zur

Muskelentspannung ausgelöst worden waren. Aber ich hatte mich nicht verhört und ich konnte klar genug denken, dass mir Ericas Worte und später Rogers Anruf einen Schauer über den Rücken jagten.

»Ich hab dich heute am Bahnhof gesehen. Ich hatte den Tag frei und war gegen Mittag auf dem Golfplatz gegenüber Golf spielen. Du hattest einen Jeansrock und eine weiß-blau gestreifte Bluse an und bist schrecklich langsam gelaufen. Was ist los? Hat Jack dich geschwängert oder was?«

Um sechs Uhr abends, der gerichtlich festgesetzten Zeit für seine freitäglichen Telefonate mit Allison und Erica, rief er erneut an.

»Ich möchte mit den Mädchen sprechen.«

»Sie aber nicht mit dir.«

»Hol Allison ans Telefon.«

»Lass sie in Ruhe. Es geht ihnen nicht gut.«

»Ich denke eher, dass es dir nicht gut geht. Tut wohl ziemlich weh, hä? Ich wette, so wie du beieinander bist, ist es nicht gerade einfach, für die Mädchen zu sorgen. Vielleicht sollte ich sie eine Zeit lang zu mir holen.«

Um halb sieben:

»Ich werde die Mädchen morgen abholen. Und wenn du ihre Sachen nicht gepackt hast, wanderst du ins Gefängnis.«

»Sie werden dieses Wochenende nicht zu dir kommen, Roger, also lass uns in Ruhe.«

»Ich werde da sein. Ich werde sie mir schon holen. Und wenn ich dich umbringen muss.«

Um halb acht:

»Huhu, Schatzilein. Wie geht's dir? Ich sitze hier am Pool und gehe jetzt gleich schwimmen. Dann leg ich mir ein bisschen was auf den Grill. Weißt du, Ellen, ich habe dich wirklich geliebt. Irgendwie liebe ich dich immer noch. Du warst einfach die Beste. Wir waren eine Familie. Wir können noch immer eine Familie sein, weißt du.«

Um viertel nach acht:

»Haaaalllooooo! Hier spricht Jonathon Everett, Ihr Anwalt.« (Gekicher) »Und ich muss Ihnen etwas wirklich, wirklich Wichtiges mitteilen.« (Macht ein Furzgeräusch.) »Haben Sie das verstanden?«

(Gekicher) »Vielleicht sollten Sie sich das besser aufschreiben.« (Macht ein Furzgeräusch und kichert.)

Um halb neun:

»Hallo, Jack Barrett am Apparat.« (Gekicher, lange Pause.) »Könnte ich bitte mit Rogers Frau sprechen?«

Die Anrufe gingen den ganzen Freitagabend, die Nacht über und das Wochenende weiter. Ich schaltete den Anrufbeantworter ab, damit die Mädchen seine Stimme nicht hören mussten. Ich versuchte, ihn zu entmutigen. Ich hob nicht ab, hob ab und legte sofort wieder auf, hob ab und sagte ihm, dass die Telefongesellschaft alle seine Anrufe aufzeichnete. Nichts funktionierte. Nie lagen mehr als zwei Stunden zwischen den Anrufen. Am Montagmorgen prüfte eine panische Erica immer wieder, ob Türen und Fenster verschlossen waren, und flehte mich an, wir sollten ins Frauenhaus zurückkehren. Allison war in der Schule, hatte aber bereits zweimal angerufen, ob bei mir alles in Ordnung sei, und da Anrufe zu Hause gegen die Schulpolitik waren, muss ihre Angst für das Schulpersonal offensichtlich gewesen sein. Ich sagte ihr, sie bräuchte eine Zeit lang nicht mehr anrufen, da ich mich hinlegen wollte und das Telefon nicht hören würde. (Ich hatte vor, das Klingelgeräusch des Telefons ganz abzustellen und die Lautstärke des Anrufbeantworters herunterzudrehen, aber das sagte ich ihr nicht.) Ich lenkte Erica mit einem Gesangs- und Tanz-Video und Oxford mit einem Rinderhautknochen ab. Ich brauchte etwas Ruhe, um meine Möglichkeiten zu prüfen.

Ich wollte nicht ins Frauenhaus zurück. Die Menschen dort waren großartig, aber das Leben in der Gemeinschaft war es nicht. Ich hatte fünfzehn Monate allein mit den Mädchen gelebt und freute mich auf meine Zeitung vor Sonnenaufgang, deren Titelseite stets Spuren von Oxfords Zähnen aufwies. Ich genoss es, nachmittags beim Hausputz Lieder aus Musicals zu singen. Ich aß liebend gern Popcorn im Bett, machte Mitternachtsspaziergänge mit Oxford und sah mir Gewinnshows an. Ich mochte meine lockere Routine, mein vegetarisches Essen und meine eigene Dusche. Ich wollte mich nicht jeden Morgen um halb zehn anstellen müssen, um die zweiundzwanzig Dollar fünfzig abzuholen, die mir pro Tag zugeteilt wurden. Ich wollte keine drei Stück Kuchen zu Abend essen müssen, weil ich kein Fleisch aß und keine Milchprodukte vertrug. Und ich konnte ganz bestimmt keine langweiligen Videos mehr sehen.

Aber ich musste realistisch sein. Meine Augen waren zu verquollen, um Zeitung zu lesen, mit einem verstauchten Rücken konnte ich nicht mit Oxford spazieren gehen und mit einem gebrochenen Kiefer kein Popcorn essen. Eigentlich konnte ich überhaupt nichts essen. Sogar Suppe war ein Problem, weil ich den Löffel nicht in den Mund brachte. Ich war körperlich nicht in der Lage, für Allison und Erica zu sorgen. Ich konnte weder kochen noch putzen noch Auto fahren, ich war pleite, weil ich mit einem gebrochenen Kiefer keinen Unterricht geben konnte. Ich konnte nicht einmal Lunchpakete packen. Und mit dem dreifachen Trauma, bestehend aus hysterischen Töchtern, Rogers Terror und meiner Hilflosigkeit würde ich nicht fertig werden. Es wäre schön gewesen, hätten wir drei gemeinsam auf eine tropische Insel fliegen, den Zimmerservice rufen und am Pool Eistee schlürfen können, während ich mich erholte und die Mädchen das Mambotanzen lernten. Aber wenn kein Wunder geschah, würden wir wohl nicht auf die Bahamas fliegen. Die Mädchen liebten das Hiatus-Haus und ich mochte die Donuts am Sonntagmorgen, und so war die Rückkehr ins Frauenhaus vielleicht doch keine schlechte Idee.

Ich hatte bereits zur Hälfte gepackt und mich beinahe entschieden, als Allison aus der Schule zurückkam. Ich fragte sie, was sie davon hielt, wenn wir drei für einige Zeit ins Frauenhaus zurückgingen, und sie war beinahe froh darüber. Oxfords Begeisterung hielt sich in Grenzen, aber er liebte meine Eltern und sie liebten ihn, und ich wusste, dass er bei ihnen gut versorgt war.

Wir kehrten ins Frauenhaus zurück. Das wie eine Burg gebaute Haus besaß einen Schlossgraben aus schusssicheren Fenstern, Videoüberwachung und drei verschlossene Türen, deren Zugangscode häufig geändert wurde. Dieses Mal kamen wir mit dem Taxi, und ich gab dem Fahrer ein großzügiges Trinkgeld. Die Fahrt selbst würde vom Hiatus-Haus bezahlt. Alle neuen Bewohner wurden mit dieser aufmunternden Geste empfangen. Wir kamen unangemeldet, und ich hoffte, irgendjemand würde sich an die Zeit vor zwei Wintern erinnern, als ich vor dem Videomonitor am Eingang gestanden hatte. Um eingelassen zu werden, war es nicht nötig, dass man erkannt wurde oder reserviert hatte (das Frauenhaus wies niemanden ab), aber es wäre tröstlich gewesen, ein bekanntes Gesicht zu sehen. Ich hatte nicht daran gedacht, dass mich das Personal wegen meines verschwollenen und genähten Gesichts möglicherweise nicht erkennen könnte. Die ersten Willkommensrufe galten meinen Töchtern, nicht mir.

Doch bis zum nächsten Morgen, als ich zwei Bananen für Allison und Erica zum Frühstück organisiert (frisches Obst war hier eine Besonderheit, aber ich kannte die Verstecke) und bemerkt hatte, dass sich die Auswahl der vorhandenen Toastaufstriche nicht geändert hatte – Senf, Ketchup und Frischkäse, in dieser Reihenfolge –, hatte sich die Nachricht von meinem Protest gegen einen Vater, der seine Alimente nicht zahlte, verbreitet und man gratulierte mir zu meinem Mut. Obwohl ich gezögert hatte, ins Frauenhaus zurückzukehren, freute mich dieser Empfang, und die vertraute Umgebung beruhigte mich.

In Struktur und Organisation ähnelte das Hiatus-Haus einem Studentenwohnheim. Die Mädchen und ich bekamen unsere alten aneinander angrenzenden Zimmer im zweiten Stock. In jedem befanden sich zwei Betten, ein Spind, ein Schränkchen und eine fürchterlich grelle Deckenlampe. Wir wussten, dass das blaue Bettzeug und die weißen Laken vom Haus gewaschen wurden – wir mussten sie nur in einen Wäschekorb legen – und dass man die Türen der Zimmer sowohl von innen als auch von außen absperren konnte. Wir mussten uns keine Sorgen machen, uns könnten Zahnpasta oder Shampoo ausgehen – Toilettenartikel gab es umsonst, man brauchte nur danach zu fragen –, und Allison und Erica wurden mit Dingen wie handgehäkelten Hausschuhen, Lockenstäben und Badeanzügen verwöhnt (alle diese Dinge waren neu, und meist handelte es sich um Spenden). Auf unserem Stockwerk gab es acht Zimmer und drei Badezimmer, aber wir erinnerten uns, dass man sich nur selten ein Badezimmer teilen musste, und wenn, war es nicht allzu schlimm, die Bäder wurden täglich geputzt. Wir mussten die Fliesenböden in unseren Zimmern selbst schrubben und uns um die eigene Wäsche kümmern, aber wir wussten, wo die Wischmopps waren und welcher Trockner am besten funktionierte.

Wie Studenten, die nach den Ferien an die Uni zurückkamen, hatten wir Insiderwissen: wo es den Schlüssel zum Nintendoraum gab, wo man die telefonischen Nachrichten abholen musste, wo die Fernbedienung für den Fernseher versteckt war. Wir kannten auch die Regeln – im Haus galt ein Rauch-, auf dem ganzen Gelände ein Alkoholverbot, Schläge und jeglicher Kontakt zu gewalttätigen Partnern waren ebenfalls verboten – und die Gratisgeschenke, darunter auch Gutscheine für Schneiden und Färben in einem der besten Friseursalons der Stadt und Eintrittskarten für den Zirkus und Vergnügungsparks.

In dieser bekannten Umgebung wurde mir klar, wie sehr ich mich verändert hatte. Ich hatte mich unmerklich, aber zugleich auch drastisch verändert. Statt mich ruhig in den Alltag im Frauenhaus einzufügen, versuchte ich zum Beispiel, ihn zu beleben. Wie so oft nahmen meine Bemühungen mit meinen Töchtern ihren Anfang. Sie waren enttäuscht, dass das Lied *Goodnight, Ladies*, das bei unserem letzten Aufenthalt zu unserer allabendlichen Zubettgeh-Routine gehörte, mit der Therapeutin verschwunden war, die es gesungen hatte. Ich schlug Allison und Erica vor, ihre eigene Zubettgeh-Tradition im Hiatus-Haus einzuführen, und zwei Abende führten sie vor dem Personal *So Long, Farewell* auf. Eine Woche später hatten sie ihre Aufführung von der Empfangshalle in den Aufenthaltsraum verlegt und zogen die Aufmerksamkeit aller Frauen und Kinder im Raum auf sich.

Dann forderte ich die Therapeutinnen auf, mitzumachen und die abendliche Aufführung um ein Lied oder einen Tanz zu erweitern. Zur Freude aller nahm eine sechzigjährige Frau die Herausforderung an und führte eine Reihe Tänzerinnen die Treppen die drei Stockwerke hinauf. An einem anderen Abend ließ ich mich dazu überreden, zur Begleitung eines Polkakurses *Roll Out the Barrel* zu singen.

Damit auch die Kinder mitmachen konnten, brachten wir uns gegenseitig Diskotänze bei. An einem Abend führte ich eine Polonaise von siebenunddreißig Leuten durch den Speisesaal in den Hof hinaus. Wir sangen gemeinsam *Hava Nagila* und steuerten die Schlange mit der Begeisterung von Gästen, die zum ersten Mal auf einer Bar-Mizwa waren. Obwohl ich weder meinen Kopf drehen, geschweige denn meinen Partner führen konnte, schlurfte ich ein paar Schritte, dann führte ich die anderen verbal durch den Tanz. Mit Allison und Erica organisierte ich sogar Talentshows und Sackhüpfen, an denen auch die Erwachsenen teilnehmen mussten und jeder einen Preis bekam. Ich predigte, wie wichtig es war, Spaß am Leben zu haben, dass Lachen lebensnotwendig und kein Luxus war und uns eine Dosis Freude pro Tag die Energie gab, denen fernzubleiben, die uns misshandelten – und ich lebte danach.

Zu meiner Überraschung fand ich mich bald in der Rolle der Cheerleaderin wieder. Einer Frau, die handgemachte Afghanenteppiche und Quilts verschenkte (und darauf beharrte, sie hätte keine Talente, die sie zu Geld machen könne), erzählte ich, dass ein Freund auf einer Handwerksmesse gerade erst achthundert Dollar für einen Secondhand-Quilt ausgegeben hatte. Einer Frau, die ihrer Töchter Zöpfchen flocht, sagte ich, dass die Touristen auf den Bahamas vierzig Dollar dafür zahlten und ich gehört hatte, ein Friseursalon in Toronto verlange fünfundsiebzig. Ich sagte der Frau, die unsere Wäsche aus dem Trockner genommen und zusammengelegt hatte, ich würde ihr zehn Dollar dafür geben und drei Dollar pro Waschladung zahlen – oder eine Bewerbung für sie schreiben –, wenn sie sich weiterhin um meine Wäsche kümmerte. Ich wollte meine Mitbewohnerinnen auf ihr Potenzial aufmerksam machen, sie davon überzeugen, dass mangelndes Selbstvertrauen nichts mit Referenzen zu tun hatte, dass man den Glauben an sich selbst zurückgewinnen, neue Wege einschlagen, ein neues Leben aufbauen konnte. Ich wollte mein Mantra mit ihnen teilen: Der schlimmste Tag ohne einen Partner, der dich misshandelt, ist besser als der beste Tag mit ihm, denn nur ohne ihn gibt es Hoffnung.

Und ich lernte, dass Hoffnung mehr sein kann als nur eine intellektuelle Medizin gegen Verzweiflung. Dass sie Veränderungen anregen kann – Veränderungen, die man nur selbst vornehmen kann. Die Vorstellung, Hoffnung als Chance zu sehen, bekam für mich neue Bedeutung, als ich einen unerwarteten Anruf von einer Frau erhielt, die ich in der Gruppentherapie kennen gelernt hatte.

Wir hatten außerhalb der Gruppe nie miteinander gesprochen und in den zweistündigen Sitzungen, die das Hiatus-Haus den Frauen anbot, die den Mann verlassen hatten, der sie misshandelte, sagte sie nur wenig. Als Tamara mich zum ersten Mal im Frauenhaus anrief, war ich verwirrt und ignorierte drei kleine rosa Nachrichtenzettel, bevor ich zurückrief.

Zu meiner Überraschung hatte sie angerufen, um mir ein paar clevere Tipps zu geben. Sie erklärte mir, wie ich meine Verletzungen zu meinem Vorteil, wie ich sie als Marketingwerkzeug einsetzen konnte.

»Ich weiß, dass du schwer verletzt bist und dich schonen willst, bis es dir besser geht. Das hättest du auch verdient, aber das kannst du nicht. Du musst da hinausgehen und allen dein zugeschwollenes Gesicht zeigen, die deine Bitten in der Vergangenheit ignoriert haben. Du musst deine gebrochenen Knochen allen Leuten präsentieren, die dir in der Zukunft nützlich sein könnten.«

»Aber –«

»Kein Aber. Erholen kannst du dich später. Ich werde dir helfen – kochen, putzen, was immer du brauchst –, aber du musst jetzt deinen Hintern hochkriegen und dich und deine Mädchen retten. Hat irgendjemand Fotos gemacht, seit er dich verprügelt hat?«

»Jack hat am Tag danach ein paar Fotos gemacht. Ich wollte es nicht, aber er sagte, es könne wichtig sein.«

»Du kannst dich bei Jack bedanken und ihm sagen, dass er ein Dutzend Abzüge machen lassen und dich herumfahren soll, damit du sie verteilen kannst. Wenn er keine Zeit hat, fahre ich dich. Du schaffst das, Ellen. Ich weiß, dass du das schaffst. Also, Kopf hoch und los.«

Es dauerte noch ein Jahr, bis Tamara und ich Freundinnen wurden. Vor diesem Telefonat wusste ich von ihr nur das, was ich in den Gruppensitzungen erfahren hatte – dass ein Top-Anwalt (der nächste auf meiner Liste nach Jonathon) vor einigen Jahren ihren Fall aus sozialem Engagement heraus kostenlos übernommen und ihr geholfen hatte, ihren Exmann aus dem Land zu jagen. Trotzdem schenkte ich ihren drängenden Worten Vertrauen. Ich nahm noch eine Schmerztablette und machte mich an die Arbeit.

Am nächsten Morgen traf Jack aus Cincinnati ein, im Gepäck unzählige Abzüge von den Dutzend Bildern, die er von meinem geschundenen Gesicht gemacht hatte. Er holte mich im Frauenhaus ab und fuhr mit mir zu meinem Haus, wo wir meine Schreibmaschine, Fax und Telefon benutzen konnten. Mein erstes Ziel war es, Anzeige gegen Roger zu erstatten. Ich wusste, eine Nacht im Gefängnis und eine Geldstrafe von hundert Dollar – weniger als sein Limit beim Pokerspielen – würden ihn nicht abschrecken.

Jack stellte erste telefonische Kontakte her, ermittelte Adressen und Faxnummern und stellte meinen Fall in den Grundzügen dar, aber er bestand darauf, dass ich die Briefe schrieb und die folgenden Anrufe selbst erledigte.

»Das muss in deinen eigenen Worten geschehen. Die Menschen müssen deine Geschichte von dir hören.«

Noch heute, sieben Jahre nachdem Roger mich zusammengeschlagen hat und trotz Therapie, Biofeedback, muskelentspannender Mittel und entzündungshemmender Medikamente, leide ich unter ständigen Schmerzen. Ich kann weder länger als eine halbe Stunde am Stück schmerzfrei vor der Schreibmaschine sitzen noch mich mit Menschen unterhalten, die neben mir sitzen, oder einen Zwölferpack Colalight vom Wagen in die Küche tragen. Mein Kiefer schmerzt jedesmal, wenn es regnet oder ich ein Brötchen esse, mein Wangenknochen fühlt sich an, als sei er frisch gebrochen, wenn meine Hunde ihre Schnauzen an mir reiben, und in meiner Nase habe ich ständig das Gefühl, als hätte ich eine Erkältung eingefangen. Im Laufe der Zeit habe ich mich mit diesen Einschränkungen und sogar mit den alle drei Tage wiederkehrenden Kopfschmerzen abgefunden. Aber als die Verletzungen noch frisch waren, fiel es mir schwer, meinen Brief an den Staatsanwalt in zusammenhängenden Sätzen zu formulieren und darauf zu bestehen, dass Anzeige gegen Roger erstattet wurde, wenn mein einziger Wunsch war, mich hinzulegen. Glücklicherweise überzeugte mein Brief den Oberstaatsanwalt, der meinen Fall an den Staat Michigan übergab, damit schwerwiegendere Anklage erhoben werden konnte.

Die »GBM-Kampagne« – »Grün und blau, aber mutig« – war ins Rollen gekommen. Mein nächster Brief ging an den Oberstaatsanwalt von Oakland County, der zu diesem Zeitpunkt landesweite Bekanntschaft erlangt hatte, weil er gegen einen Arzt, der Sterbehilfe geleistet hatte, wegen Beihilfe zum Selbstmord Anklage erhob. Ich argumentierte, mein Fall gebe ihm die Gelegenheit, Leben zu retten, und ohne meine eigene Position in Fragen der Sterbehilfe zu kompromittieren, behauptete ich, es sei mehr wert, den Mord an jemandem zu verhindern, der leben wollte, als jemanden einzusperren, der einem Menschen geholfen hatte, der sterben wollte. Etwas dramatisch? Sicher, aber es funktionierte. Der Fall wurde der Stellvertreterin des Staatsanwaltes übergeben. Dieser Frau lagen Fälle von häuslicher Gewalt im Allgemeinen, und meiner im Besonderen, so sehr am Herzen, dass sie sich später um eine Stelle als Richterin bewarb und mich bei ihrem Bewerbungsfeldzug zitierte.

Sie war ebenso enttäuscht wie ich, als Richterin Silverstein den Vergleichsantrag von Rogers Anwalt annahm. Zusammen mit dem leitenden Kriminalbeamten, der auf meinen Fall angesetzt war (er gab Roger unter uns den Namen eines Serienmörders und brachte mich höchstpersönlich vom Gerichtssaal zu meinem Wagen), hatte sie hart gekämpft, um meinen Fall vor Gericht zu bringen. Sie hatten eine ungewöhnliche Mischung aus greifbaren Beweisen (Jacks Bilder, obwohl die von der Polizei gemachten Fotos verloren gegangen waren), die Aussagen privater Ärzte und der Ärzte im Krankenhaus bezüglich meiner Verletzungen, glaubhafte Zeugen und ein Opfer, das bereit war auszusagen. Am schwersten war es gewesen, die Polizei davon zu überzeugen, dass mein Fall es wert sei, weiterverfolgt zu werden, und dass ich ihnen helfen würde, eine Verurteilung zu bekommen. Ich musste ein halbes Dutzend Mal anrufen, einige Briefe faxen (unter anderem auch eine Beschwerde über die Polizisten mit der Kamera, die mich in der Notaufnahme fotografiert hatten) und den Beamten einen persönlichen Besuch abstatten, um mich der versprochenen Hilfe zu versichern. Doch als sie erst einmal überzeugt waren, sammelten die Polizisten ihre Kräfte, riefen mich im Frauenhaus an, um Fragen zu stellen oder mich über den neuesten Stand zu informieren, sorgten dafür, dass mir bei der Verhandlung ein Opferanwalt zur Seite stand, und versprachen, sie würden »den Mistkerl schon kriegen und hinter Schloss und Riegel bringen«.

Wie sich herausstellte, verließ der Mistkerl den Gerichtssaal als freier Mann. Richterin Silverstein akzeptierte Rogers Vergleichsantrag ohne Änderungen. Der Antrag sah vor, dass Roger keine Gefängnisstrafe verbüßen musste und seine Verurteilung gelöscht würde, wenn er in der zweijährigen Bewährungszeit die auferlegten Bedingungen erfüllte: Teilnahme an einer Gruppentherapie für Gewalttäter, monatliche Termine bei seiner Bewährungshelferin, Begleichung meiner Krankenhauskosten und der überfälligen Unterhaltszahlungen.

Richterin Silverstein ließ mich zudem wissen, dass sie eine persönliche Abneigung gegen Zettel an ihrer Windschutzscheibe hatte. Wenn sie mich beim Verteilen der Flugblätter erwischt hätte, »hätte ich Ihnen vermutlich selbst eine geschmiert«. (Jack, die Staatsanwältin und der leitende Kriminalbeamte können sich deutlich an diese Aussage erinnern – und Jack konfrontierte Richterin Silverstein in einer Reihe wütender Briefe und Telefonate damit –, doch im von mir angeforderten Verhandlungsprotokoll war die Bemerkung nicht enthalten.)

Nach der Verhandlungsfarce überreichte ich der Staatsanwältin ein Geschenk, mit dem ich ihr eigentlich hatte gratulieren wollen: ein Poster mit einem vergrößerten Bild meines geschwollenen und blutigen Gesichts und den Worten *Hier hilft kein Make-up ... nur das Gesetz!* (Die Staatsanwältin machte diesen Spruch zu ihrem Slogan, als sie sich um eine Stelle als Richterin bewarb.) Ganz unten auf dem Poster stand: *Bringen Sie Gewalttäter zur Vernunft – bringen Sie sie vor Gericht. Ich hab's getan. Mit Erfolg.*

Das Gesetz war offensichtlich nicht uneingeschränkt auf meiner Seite, aber ich hörte nie auf, an das Versprechen des Slogans zu glauben. Noch wichtiger war vielleicht, dass das Poster Tamaras Behauptung bestätigte, meine Sicherheit hänge von meinen Marketingfähigkeiten ab. Eine Kopie des Posters hängt jetzt an der Wand gegenüber dem Aufenthaltsraum im Hiatus-Haus. Es erschien auf der Titelseite der lokalen Tageszeitung und im Vorspann einer lokalen Fernsehsendung. Das Poster erwies sich auch als großartiger Einstieg, um mich und mein Anliegen vorzustellen, und gab mir eine Möglichkeit, an Rogers Gentleman-Image zu kratzen.

Noch *vor* Rogers erstem Termin mit seiner Bewährungshelferin traf ich mich mit ihr in Michigan. Ich sagte ihr, Roger würde höflich, pünktlich, charmant sein und offensichtlich Reue zeigen. Sie sollte ihm allerdings unbedingt tief in die Augen sehen, fügte ich hinzu. Als ich sie ein paar Monate später anrief, sagte sie mir: »Er macht einen ehrlichen Eindruck und sein Benehmen ist hervorragend, aber er hat die kältesten Augen, die ich je gesehen habe. Es läuft mir jedes Mal kalt den Rücken hinunter.«

Darüber hinaus machte ich mir eine neue Strategie zu Eigen, und hätte ich nicht so wenig für Vereinssport übrig, hätte ich mich wohl früher daran erinnert: Ich ging in die Offensive. Es war leichter, meine Version der Realität zu verkaufen, bevor Roger seine Sicht der Dinge dargelegt hatte. Ich fand heraus, dass ich glaubwürdiger war, wenn ich Rogers Verhalten genau vorhersagen konnte, als wenn ich versuchte, ihn Lügen zu strafen, da diese so oft glaubwürdiger waren als die Wahrheit.

Als ich mir meine Rentenversicherung auszahlen lassen wollte, um etwa die Rechnungen meines Anwalts zahlen zu können, weigerte sich die Firma in Michigan, bei der Roger angestellt war. Warum? Roger hatte ihnen gesagt, ein gerichtlicher Beschluss würde es mir verbieten. Als Beweis hatte er sogar eine Kopie des Gerichtsbeschlusses vorgelegt. Ich erklärte dem zuständigen Sachbearbeiter der Firma, dass es sich dabei um eine Fälschung handeln müsse, da es keinen solchen Gerichtsbeschluss gebe. Seine Antwort war deutlich: So etwas würde Roger nie tun. Man kenne ihn in der Firma, und er würde niemals juristische Dokumente fälschen.

Aber er hatte es getan. Es dauerte über zwei Wochen, die Wahrheit zu beweisen. Die Firma forderte von mir sehr viel mehr Beweise (eine eidesstattliche Erklärung meines Anwalts, Kopien aller rechtskräftigen Gerichtsbeschlüsse und die notariell beglaubigte Aussage des kanadischen Scheidungsrichters, die bestätigte, dass die Unterlagen gefälscht seien) als von Roger.

Ähnlich hatte Roger dem Scheidungsanwalt erzählt, er könne der Anordnung nicht nachkommen, die Kinder und mich krankenzuversichern, da er selbst keine Krankenversicherung hätte und über seine Firma auch keine bekommen könne. Ich sagte dem Richter, dass Roger seit einigen Jahren versichert sei und nannte ihm die Versicherung. Das Gericht glaubte Roger, denn »wer würde schon eine solch offensichtliche Lüge erzählen?«. Roger natürlich, und ich machte mich daran, es zu beweisen. Ich ging sogar so weit, dass ich die letzten sechs von der Krankenkasse geleisteten Zahlungen aufführte. Der Aufwand war enorm und lohnte sich auch nicht besonders, denn der Richter wollte nicht zugeben, dass er sich in seinem Urteil geirrt hatte.

Es war so viel einfacher, die Leute damit zu verblüffen, dass ich Rogers Verhalten vorhersagte. Nachdem ich erst einmal das Vertrauen in meine Instinkte zurückgewonnen hatte, war das nicht besonders schwierig. Roger schuldete der kanadischen Regierung ungefähr zehntausend Dollar an Steuernachzahlungen. Doch solange er in den Vereinigten Staaten lebte, konnten diese Ansprüche nicht geltend gemacht werden. Ich wettete mit meinem Anwalt Jonathon um ein Päckchen Kaugummi, dass Roger sich stellen und die Steuern zahlen würde, weil das den Wert unseres gemeinsamen Vermögens verringerte.

»Nein«, widersprach Jonathon. »Nicht einmal Roger würde das tun. Das ist Unsinn. Ihnen stünde ja nur die Hälfte der zehntausend Dollar zu. Er würde nicht fünftausend Dollar verlieren, nur damit Sie sie nicht bekommen. Er würde sich niemals selbst schaden, nur um Ihnen zu schaden.« Aber er hat es getan, und ich habe ein Päckchen Wrigleys zum Beweis.

Bei dieser Wette war es um weit mehr als nur den Preis eines Kaugummipäckchens gegangen, denn sie hatte mir bestätigt, dass die neue Offensivstrategie im Kampf um meine persönliche Sicherheit funktionierte. Ich sammelte Munition – Fotos und Dokumente –, gewann die Unterstützung der Regierungsführer, scharte meine Helfer um mich und stellte sie gleichzeitig in Frage.

Auch meinen Freund Jack. Er kannte die detaillierten Schilderungen meines Alltags oder war selbst Zeuge davon gewesen, und er war unermüdlich in seinen Bemühungen, unbekannte Amtsinhaber davon zu überzeugen, dass Roger brutal und gefährlich war – er nannte ihn gern »O.J. für Arme«.* Trotzdem verlor er die Folgen von Rogers Grausamkeit oft aus den Augen. Wenn er zum Beispiel auf der Couch schlief und mitten in der Nacht von Ericas Schreien geweckt wurde, brummelte er: »Was ist eigentlich los mit ihr?«

Jack hatte mir außerordentlich viel geholfen, hatte mich und die Kinder immer unterstützt, und so versuchte ich, ebenfalls Geduld zu zeigen, wenn unsere Situation zu viel für ihn wurde. Ich hatte schwerwiegende Probleme, die mich manchmal überwältigten, und ich konnte verstehen, dass Freunde und Familienmitglie-

---

* Nach dem Boxer O.J. Simpson, der trotz massiven Belastungsmaterials von dem Vorwurf freigesprochen wurde, seine Frau und deren Begleiter getötet zu haben. (A.d.Ü.)

der manchmal eine – kurze oder längere – Pause von meinem Elend brauchten. Aber wenn sie sich dafür entschieden hatten, ein Teil meines Lebens zu sein, ließ ich es nicht zu, dass sie so taten, als wüssten sie nicht, warum Erica an Albtäumen litt, warum sich Allison unter Schlabberklamotten und hüftlangem Haar versteckte oder warum mich Rogers Anrufe um vier Uhr morgens in Panik versetzten. Ich konnte mir den Luxus nicht leisten, die Realität nicht sehen zu wollen, und ich ärgerte mich über diejenigen, die es konnten – ob das nun gerechtfertigt war oder nicht.

Ich hatte mich tatsächlich vollkommen verändert. Ich litt nicht mehr unter dem »Es könnte schlimmer sein«-Syndrom geschlagener Frauen, und ich war willens, meinen Anspruch auf Heiligsprechung aufzugeben, um Sicherheit zu erlangen. Ich war noch nicht bereit unterzutauchen, wie es mir meine Therapeutin, die Frauen im Frauenhaus und eine pensionierte Richterin (nach einer zufälligen Begegnung bei der Maniküre in einem inoffiziellen Gespräch hinter verschlossenen Türen) geraten hatten. Aber ich war endlich bereit, einen weiteren Rat von Tamara anzunehmen: Ich war bereit zu lügen.

Eine Frage der Ehrlichkeit

Ich log nicht gern. Ich befürchtete, damit nicht besser zu sein als Roger. Ich wusste auch, dass man sich Tatsachen besser merken konnte als erfundene Geschichten, und so war die Wahrheit abgesehen vom moralischen Aspekt auch noch zeitsparend. Aber meine »GBM-Kampagne« hatte einen Rückschlag erlitten und ich wollte mein Ziel erreichen.

Vor Gericht waren meine Verletzungen keinen Pfifferling wert. Auf beiden Seiten der Grenze war man davon überzeugt (sowohl die Gerichte in den Vereinigten Staaten als auch in Kanada glaubten daran), dass die Gewalt gegen die Mutter nur dann einen Einfluss auf die Kinder hätte, wenn sie Zeuge eines bestimmten Vorfalls würden. Da Allison und Erica nicht neben mir gestanden hatten, als ihr Vater mich auf die Straße stieß, argumentierte das Gericht, sie hätten keinen emotionalen Schaden erlitten. Wenn sie sich daran störten, wie ich aussah oder dass ich humpelte, dann sei das meine Schuld. Es liege entweder daran, dass ich Roger schlecht machte oder sich meine Angst auf sie »übertrug«. Ich wurde sogar gerügt, weil ich meine Eltern gebeten hatte, die Mädchen mit ins Krankenhaus zu bringen. Stattdessen hätte ich mich wohl von der Trage abschnallen und verlangen sollen, das Telefon im Schwesternzimmer benutzen zu dürfen, um einen Spielenachmittag mit ihren Freunden zu organisieren, damit meine Eltern mich allein hätten abholen können. Und so gingen die Treffen mit dem Vater – nach dem Willen Gottes und des Gerichts – ohne Unterbrechung weiter, und es blieb mir überlassen, vom Hiatus-Haus zum Burger King zu humpeln, damit Roger die Mädchen sehen konnte.

Das Treffen an einem öffentlichen Ort war die Lösung für die in Michigan geltende einstweilige Verfügung, die Roger den Kontakt mit mir untersagte. Ich habe nie gehört, dass man das Opfer eines Raubüberfalls gezwungen hätte, mit dem Täter Kaffee zu trinken, aber laut Gesetz musste ich Roger »im Interesse der Kinder« gegenübertreten. Leider handelte es sich dabei nicht um einen Einzelfall. Ich erlebte es noch einmal in New York, und es ist jedem Opfer häuslicher Gewalt in meinem Bekanntenkreis passiert. Angesichts der Tatsache, dass ich von vielen Menschen umgeben war, als Roger mich vor seinem Büro zusammenschlug, fühlte ich mich kein bisschen wohl dabei, mich mit ihm in einem Fast-Food-Restaurant treffen zu müssen. Es gefiel mir noch weniger, als ich Allison und Erica zu dem Burger King gegenüber der Einfahrt in den Tunnel von Windsor nach Detroit brachte und Roger (der vor dem Restaurant hätte warten sollen) wie bei dem Überfall auf der Straße von hinten auf mich zulief, mir sein »Haallloooo!« ins Ohr plärrte und kicherte, als ich nach vorne stolperte und Allisons Orangensaft verschüttete.

Ungefähr zur selben Zeit fing Roger an, sich in der Nähe des Frauenhauses herumzutreiben. Er stand an der nächsten Straßenecke oder fuhr im Wagen seiner Freundin vorbei, folgte mir bei meinen Erledigungen in der Innenstadt von Windsor und hinterließ Nachrichten mit genauesten Aufzeichnungen meiner Aktivitäten auf meinem Anrufbeantworter. Sein Verhalten machte mir Angst, war aber für das kanadische Gericht bedeutungslos. Gesetze gegen diese Art von Psychoterror, die sich selbst jetzt in Nordamerika nur schwer durchsetzen lassen, waren 1993 noch kein Thema. Sogar mein Anwalt reagierte auf meine Nachfragen, als hätte ich ihn nach einem Sonderangebot für Damenstrumpfhosen gefragt. Und all die Unterlagen, die Rogers Verurteilung wegen gefährlicher Körperverletzung in Michigan bewiesen, boten mir keinerlei Schutz in Kanada, weil »er in diesem Land gegen kein Gesetz verstoßen hat«.

Ach, wirklich? Sehen Sie sich mein Gesicht, diese Bilder und diese Krankenakten an, und glauben Sie mir: *Mein von mir getrennt lebender Mann hat gerade angerufen und gedroht, mich umzubringen.*

Das ist die Lüge, die mein Verhältnis zu den kanadischen Behörden ein für alle Mal veränderte.

Roger hatte in der Vergangenheit *tatsächlich* gedroht, mich umzubringen, aber weil ich mein zerschundenes Gesicht nicht gezeigt und meine Geschichte nicht erzählt hatte und in Ermangelung vorheriger Gewalttätigkeiten, hatten Polizei und Gericht sie außer Acht gelassen. Nun erregten meine Verletzungen und die erfundene Drohung Aufmerksamkeit von offizieller Seite. Zumindest teilweise.

Die Polizisten gaben mir eine Kopie ihres Berichts, wollten aber keinen Haftbefehl ausstellen. Dafür musste ich den Friedensrichter bemühen, die Lüge wiederholen, meine Aussage beschwören, warten, bis der Richter ein paar Ehen geschlossen und meine Klage gelesen, mir tief in die Augen gesehen (sie waren noch zu verschwollen und blutunterlaufen, als dass er die Täuschung darin hätte erkennen können) und die Papiere abgestempelt hatte, was der Anzeige offiziell Gültigkeit verlieh. Wann und wie würde der Haftbefehl also vollstreckt?

»Nun, da er in den Staaten lebt, vermutlich dann, wenn die Polizei ihn das nächste Mal aus dem einen oder anderen Grund anhält, zum Beispiel wegen eines Verkehrsdeliktes.«

Obwohl Roger gern zu schnell fuhr und rücksichtslos die Spur wechselte, hatte ihn die Polizei bislang nur einmal in Windsor angehalten (wegen seines Radar-Detektors), und bis zum nächsten Mal könnten Monate oder sogar Jahre vergehen. Die Mädchen und ich konnten nicht so lange warten.

Jack und ich beschlossen, die Angelegenheit zu beschleunigen. Zuallererst gaben wir den Polizisten einen Übersichtsplan über die normalen Besuchszeiten sowie die Orte, wo er die Mädchen abholte und später wieder ablieferte. Zwei Tage vor seinem nächsten Besuch bekamen die Polizisten eine telefonische Erinnerung von uns. Schließlich riefen wir eine Stunde vor Rogers voraussichtlicher Ankunft erneut an, gaben den Ort und die genaue Zeit an, wann er in Windsor sein würde, und nahmen ihnen das Versprechen ab, dass sie einen Streifenwagen schicken und ihn verhaften würden.

Der Streifenwagen kam, Roger nicht. Aber Roger hatte gesagt, er würde kommen.

»Hallo Allison, hier ist dein Daddy. Schade, dass Mom dir nicht erlaubt hat, heute mir mir zu Abend zu essen. Ich war da, wie immer. Aber ich schätze, deine Mom hatte wohl irgendein Problem. Ich werde es am Samstag noch einmal versuchen. Grüß Erica schön von mir. Ich liebe dich. Auf Wiederhören.«

Diese Szene wiederholte sich sechs Wochen lang. Ich rief die Polizei. Die Polizei kam (wenn auch nicht mehr ganz so prompt, nachdem Roger uns dreimal versetzt hatte). Roger hinterließ auf meinem Anrufbeantworter die Nachricht, er sei da gewesen und es sei schade, dass er wegen nichts und wieder nichts nach Windsor gefahren sei.

Ich weiß nicht, wie Roger von dem Haftbefehl erfahren hatte, aber mir drängte sich eine Reihe von paranoiden Fragen auf. Waren meine Telefone angezapft? Gab es einen Maulwurf bei der Polizei? Warnte Jack ihn? Oder meine Eltern? Mein Anwalt? War Roger nicht nur ein normal sterblicher Fiesling, sondern hatte übernatürliche Fähigkeiten? Ich zog all diese Möglichkeiten in Betracht und ließ sie wieder fallen. Ich wusste weder damals noch weiß ich heute, wer ihm den Tipp gegeben hatte. Sein späterer Schwiegervater war ein ehemaliger Polizist aus Michigan. Vielleicht kannte er ja jemanden bei der Polizei in Windsor. Außerdem spielte Roger mit ein paar Anwälten aus der Gegend Golf und hatte es möglicherweise auf diesem Weg erfahren. Es war weder das erste noch das letzte Mal, dass er bevorstehende Ereignisse auf geradezu unheimliche Weise vorauszuahnen schien. Meine Mutter beschloss zum Beispiel (leider zu spät), dem Kinderschutzbund mitzuteilen, was sie über den möglichen sexuellen Missbrauch Allisons wusste. Sie hatte berechtigte Angst vor Roger, und es dauerte Monate, ehe sie all ihren Mut zusammengenommen hatte, um offizielle Angaben zu allem zu machen, was sie wusste. Sie wusste nicht, dass ihre Enthüllung aus zeitlichen Gründen vor Gericht keinen Bestand haben würde. Roger war sich dessen vielleicht ebenso wenig bewusst. An dem Abend, als meine Mutter ihren Termin hatte, hatte irgendjemand alle vier Reifen ihres Wagens übel zugerichtet. Es gibt keine Beweise, dass Roger dafür verantwortlich war, aber ich beobachtete, wie er gegen zwei Uhr morgens in meine Einfahrt fuhr und sie wieder verließ, als ich das Verandalicht andrehte.

Die Behauptungen auf meinem Anrufbeantworter, er sei zu den Besuchszeiten gekommen, obwohl er nicht erschienen war, waren typisch für Roger. Er war derjenige, der unhaltbar falsche Anschuldigungen machte. Er verließ sich darauf, dass ich fair blieb, mich peinlich genau an die Wahrheit hielt. Zur Abwechslung hatte ich nun eine Lüge erzählt, die glaubwürdiger war als seine Beteuerungen der Wahrheit. Er muss fuchsteufelswild gewesen sein, dass ich ihn in eine solch unhaltbare Lage gebracht hatte. Ich vermutete, er wollte mir das mit seinem neuesten Spielchen heimzahlen. Außerdem dachte er vermutlich, die Nachrichten würden mir eine weitere Anzeige wegen Missachtung des Gerichts einbringen, was mir zumindest so viele Sorgen machte, dass ich vor jedem geplanten Besuch für Zeugen sorgte, die bestätigen konnten, dass er nicht erschienen war.

Schließlich nahm er die Hilfe eines Strafverteidigers in Anspruch und stellte sich selbst. Er versprach, zum angesetzten Gerichtstermin zu erscheinen, und vermied so Handschellen oder eine Nacht im Gefängnis. Zu den nächsten Besuchszeiten tauchte er auf, als hätte es nie eine Unterbrechung gegeben. Offenbar geht auch für Psychopathen das Leben und das Lügen weiter. Ich kämpfte noch immer mit Schuldgefühlen, und selbst heute liegt mir die Erinnerung an meine einzige Lüge manchmal schwer im Magen.

Ungefähr zur der Zeit, als Roger die Besuche wieder aufnahm, gab es zwei neue Entwicklungen bei unserer Scheidung. Die erste schien eine Wiedergutmachung für meine fehlgeschlagenen Bemühungen, die zweite die Strafe für meine Sünde zu sein. Beide bewiesen, dass die Sorgerechtsgesetze und die Menschen, die sie anwenden, fehlbar, wenn nicht sogar bösartig sind.

Mitte Juli, etwa sieben Wochen nach unserer Rückkehr ins Hiatus-Haus, rief Jonathon an. Zum ersten Mal, seit ich mich erinnern kann, klang er zuversichtlich. Die landesweit renommierte familienpsychologische Klinik in London, Ontario, hatte sich bereit erklärt, unseren Fall anzunehmen. Ihr eilte der Ruf voraus, beim Schutz der Kinder aus gewalttätigen Familien so weit zu gehen, dass dem gewalttätigen Elternteil jeglicher Kontakt untersagt wurde. Jonathon hatte offensichtlich ein paar Gefallen eingefordert und lange mit dem Direktor der Klinik gesprochen und sagte mir: »Sie sollten sich keine allzu großen Hoffnungen machen. Aber zumindest steht Ihnen jetzt endlich jemand zur Seite, dem Ihre Kinder wirklich am Herzen liegen.«

Die Betreuerinnen im Hiatus-Haus waren euphorisch. »Das ist die beste, die absolut beste Klinik. Der Direktor hat eine feste Meinung in Sachen häusliche Gewalt. Im Grunde ist er der Ansicht, gewalttätige Eltern sollten *keinerlei* Sorgerecht bekommen.«

Trotz Jonathons Warnung keimte in mir die Hoffnung, das System würde meine Mädchen schließlich doch beschützen. Noch fehlte uns die Zustimmung des Richters, und wenn Roger Einwände erhob, konnte das die Angelegenheit bremsen. Aber wie Jonathon gesagt hatte: Er könnte schwerlich behaupten, die renommierteste Klinik für familienpsychologische Gutachten in ganz Ontario sei nicht gut genug für ihn. Roger hatte keine Einwände. Dafür beschwerte er sich bei Gericht, er hätte den Sommer über nicht viel von seinen Kindern gehabt und würde im August gern eine Woche mit ihnen verbringen, um sie vor der psychologischen Untersuchung im Herbst wieder besser kennen zu lernen. Ohne den Gründen für die verpassten Besuchszeiten Beachtung zu schenken – Roger war nicht aufgetaucht –, gewährte der Richter seinen Antrag.

(Monate später, als Roger gegen seine Bewährung verstoßen und die Auflage erhalten hatte, an vier Samstagen mit einem Zug Straßenarbeiter entlang der Autobahn Müll einzusammeln, bat er das Gericht erneut um zusätzliche Besuchszeiten. Er sei damit beschäftigt gewesen, »die Landschaft ein bisschen zu verschönern«.)

NEIN. Nein, das konnte nicht wahr sein. Das Einzige, was ich bei Gericht erreicht hatte, mein einziger Erfolg, um Allison und Erica zu schützen, war es gewesen, dass ich den Wochenendbesuchen mit Übernachtung ein Ende gesetzt hatte. Und nun sollte ich ihnen sagen, dass sie eine ganze Woche mit ihrem Vater verbringen mussten? Nein, das konnte und würde ich nicht tun. Ich erinnerte Jonathon an den Bericht aus Ann Arbor, dass Allison einen Nervenzusammenbruch erleiden würde, wenn sie mit ihrem Vater allein wäre, und sagte ihm, dass wir Berufung einlegen mussten.

»Das wird eine sehr kostspielige Angelegenheit, und vor dem geplanten Besuch bleibt uns nur wenig Zeit. Es könnte sein, dass der Antrag nicht mehr rechtzeitig verhandelt wird. Außerdem stehen die Chancen, dass Sie gewinnen, sehr schlecht. Die Richter in Windsor halten zusammen und entscheiden nur selten anders als ihre Kollegen.«

»Das weiß ich alles, Jonathon. Aber ich muss es versuchen. Ich habe meinen Töchtern versprochen, dass ich niemals aufhören würde zu versuchen, sie vor ihrem Vater zu beschützen. Ich weiß nicht, ob ich es ertragen kann, sie sieben Tage mit Roger gehen zu lassen – wenn ich muss, werde ich es wohl tun. Aber ich werde ihnen nicht sagen, ich hätte nicht versucht, den Urlaub zu verhindern. Ich werde ihnen nicht in die Augen sehen und sagen, ich hätte es nicht versucht. Ich bin der einzige Mensch auf der Welt, dem sie vertrauen – und selbst da bin ich mir nicht sicher. Ich kann dieses Vertrauen nicht verraten und einfach nichts tun.«

»Also gut, Ellen, ich werde einen Antrag auf Berufung vorbereiten. Geben Sie die Hoffnung nicht auf. Am Ende wird alles gut.«

Jonathon legte Berufung ein, hatte aber Urlaub, als über den Antrag entschieden werden sollte. Es war nicht das erste Mal, dass Jonathon einen anderen Anwalt bat, seinen Platz bei Gericht einzunehmen. Aber in allen anderen Fällen hatte er sich von seinem Schützling Robert Evans vertreten lassen, der die Fakten und Details des Falles kannte und ein ehrliches Interesse an seinem Ausgang hatte.

Doch Robert hatte keine Zeit und die Berufung wurde jemandem zugeteilt, von dem ich noch nie gehört hatte. Jemandem, den ich eine halbe Stunde vor der Verhandlung zum ersten Mal sah und der fragte: »Was soll das Ganze überhaupt? Sie werden verlieren. Und überhaupt, was ist so schlimm daran, wenn ein Vater mit seinen Kindern Urlaub macht?« Dann reichte er mir den Antrag zur Unterschrift, wurde wütend, als ich mir die Zeit nahm, ihn noch einmal durchzulesen, und noch wütender, als ich um Änderungen bat.

»Wir haben keine Zeit für Änderungen. Ich muss zusehen, dass ich ins Gericht komme.«

»Nun, ich halte die Änderung für wichtig. Außerdem wäre es eine große Hilfe, wenn Sie Ihre Einstellung ebenfalls etwas ändern würden. Wie sollen wir mit der Berufung durchkommen, wenn Sie immer wieder betonen, dass der Fall hoffnungslos ist?«

Der Vertretungsanwalt rief Jonathon zu Hause an, drückte den Lautsprecherknopf und beschwerte sich über die von mir vorgeschlagene Änderung.

»Machen Sie die Änderungen«, war Jonathons Antwort. »Wenn Ellen sagt, dass es wichtig ist, dann ist es wichtig. In diesem Fall vertraue ich voll und ganz auf ihren Instinkt – mehr als auf meinen eigenen.«

Der Anwalt fügte die Zusätze ein, bat mich, sie mit meinen Initialen abzuzeichnen, und stürmte aus dem Büro. Ich ging, in Tränen aufgelöst.

»Ich weiß, was Sie denken«, sagte Jonathon, als er um die Mittagszeit im Frauenhaus anrief, um mir mitzuteilen, dass unser Antrag auf Berufung abgelehnt worden war und die Mädchen in zwei Tagen mit ihrem Vater in Urlaub fahren würden. »Sie sind clever, entschlossen, und bis jetzt war Ihnen das System keine Hilfe. Vielleicht denken Sie darüber nach, die Mädchen zu nehmen und zu verschwinden. Tun Sie das nicht. Ich weiß, wie schwer es für Sie ist, Ihre Töchter eine Woche lang gehen zu lassen, aber Sie müssen es tun. Letzten Endes wird sich alles zum Guten wenden. Bitte vertrauen Sie mir. Geben Sie die Hoffnung nicht auf.«

Unterzutauchen, das war genau der Rat, den man mir im Frauenhaus gab, als ich von der gescheiterten Berufung erzählte. Aus juristischen Gründen durften sie mir eigentlich nicht dazu raten, und so beschrieben sie in allen Einzelheiten, wie es anderen Frauen gelungen war, erfolgreich unterzutauchen. Ich blieb – nicht, weil ich die Idee an sich ablehnte, nicht, weil ich noch Hoffnung hatte, sondern weil ich körperlich nicht in der Lage und emotional noch nicht bereit war zu verschwinden. Und so erzählte ich Allison und Erica, dass sie in zwei Tagen mit ihrem Vater in Urlaub fahren würden.

Wir saßen im Zimmer der Mädchen im dritten Stock auf dem Bett, und soweit ich weiß, hörte niemand uns weinen. Wir schliefen ein, unsere Körper zu einem Knäuel verknotet, unsere Köpfe verrenkt. Ich wachte ein paar Stunden später auf, entwirrte meine Glieder, deckte Allison und Erica zu, ging langsam und steif in mein angrenzendes Zimmer und flehte wieder einmal zu Gott, er möge uns die Kraft geben, es zu ertragen.

Stunde um Stunde lag ich auf dem Bett, starrte zu dem trüben Deckenlicht hinauf, zwang meine Muskeln, sich zu entspannen, und meinen Verstand, zu arbeiten. Ich musste einen Weg finden, die Mädchen und mich auf den bevorstehenden Urlaub vorzubereiten. Inzwischen hatte ich dafür weniger als sechsunddreißig Stunden Zeit. Ich wollte, dass ihnen die Woche, die sie fort sein würden, nicht so sehr wie die Ewigkeit erschien, die sie fürchteten. Wenn Erica dem Weihnachtsfest oder ihrem Geburtstag ungeduldig entgegenfieberte, verkürzte ich ihr die Wartezeit, indem ich ihr sagte, wie oft sie bis zu dem großen Tag noch schlafen müsse. Diesmal wollte ich die Betonung nicht darauf legen, die es noch dauerte, sondern die Anzahl der Nächte zählen, bis sie wieder bei mir waren. Ich dachte mir eine Möglichkeit aus, wie die Mädchen auch weit entfernt von zu Hause die Tage bis zu ihrer Rückkehr im Auge behalten konnten. Ich suchte nach Briefpapier und schrieb Allison und Erica jeweils acht Briefe. Am ersten Abend sollten sie den Umschlag mit der Aufschrift »Noch sieben Mal schlafen« öffnen. Dann durften sie nacheinander jeden Abend einen weiteren Brief lesen, bis sie am Tag ihrer Rückkehr bei dem »Kein Mal mehr schlafen«-Brief angelangt waren. Ich schrieb bis zum Morgengrauen ermutigende Briefchen, verzierte die Umschläge mit selbst gemalten Bären, Hunden, Hasen und Luftballons. Ich glaubte, dass es für Allison und Erica wichtig sei, sich jeden Morgen auf etwas freuen zu können, und auch für mich war das Briefeschreiben wie eine Therapie – so konnte ich mir vorstellen, dass unser Abschied nicht für immer war.

Als die Mädchen aufstanden, ging ihr Guten-Morgen-Gruß sofort in Tränen unter. Ich lächelte sie an, erklärte ihnen das Countdown-Spiel und versprach, dass sie nach der Schule eine Überraschung von mir bekämen, die sie mit auf die Reise nehmen konnten. Meine beiden Töchter sahen mich an, als sei ich verrückt geworden – warum war ich so fröhlich? –, und mir wurde bewusst, dass sie meine Suche nach der positiven Seite verschlafen hatten und vermutlich sehr verwirrt waren.

»Hört zu«, sagte ich so sanft ich konnte, »ich bin heute auch nicht glücklicher über die Entscheidung des Richters als gestern. Aber es ist beschlossene Sache, und ich möchte, dass ihr euch so wohl wie nur möglich dabei fühlt. Ihr könnt euch doch sicher daran erinnern, dass ihr mir gestern gesagt habt, ihr würdet euch besser fühlen, wenn ihr wüsstet, wo Dad mit euch hinfährt? Also, ich glaube, ich weiß es, und wenn ich Recht habe, könnt ihr sehr viel Spaß damit haben zu raten, wohin die Reise geht. Vielleicht schafft ihr es sogar, dass euer Dad euch eine große Überraschung verspricht, wenn ihr gleich auf Anhieb richtig ratet.«

Und so machten sie es auch. Das Ziel ihrer Reise war die Insel Mackinac, wie ich vorausgesagt hatte. Von Detroit aus waren das etwa viereinhalb Stunden mit dem Auto. In der ersten Zeit war Roger beinahe jedes Jahr mit mir dorthin gefahren, und ich glaubte nicht, dass er sich die Chance entgehen lassen würde, mit den Mädchen in Nostalgie zu schwelgen. Erica und Allison konnten sich noch vage an Mackinac erinnern, sie waren noch ziemlich klein gewesen. Dafür saugten sie alles auf, was ich ihnen erzählte – angefangen vom Namen der Hütte, in der sie vermutlich wohnen würden, bis hin zu den riesigen Zimtschnecken, die es in der Bäckerei im Ort gab –, damit sie ihren Dad damit beeindrucken konnten. Viel wichtiger (aber das sagte ich ihnen nicht) war mir allerdings, dass ihnen die Landmarken und Anekdoten Sicherheit und ein vertrautes Gefühl gaben. Selbst wenn sie nicht mit einem bösartigen Vater unterwegs sind, mögen kleine Kinder auf Reisen keine Überraschungen. Sie wollen ganz genau wissen, wohin sie fahren, wie lange es dauert, in was für einem Bett sie schlafen werden und wie oft sie sich etwas am Süßigkeitenautomaten holen dürfen.

Ich vereinbarte Notfalltermine mit Allisons und Ericas Therapeutinnen, damit sie eine zusätzliche Dosis an Hilfe bekämen, und mit dem Geld, das ich von meinem täglichen Taschengeld im Frauenhaus übrig hatte, spendierte ich jedem Mädchen ein Stofftier (ihre Reiseteddys) und Abendessen bei McDonald's. Ich packte ihre Koffer, während sie in der Schule waren, bat die Kindertherapeutin im Hiatus-Haus, sich ganz besonders um sie zu kümmern, und erfand eine lange Einschlafgeschichte. Als sie einschliefen, war sie noch lange nicht zu Ende.

Am Samstagmorgen waren die Mädchen nervös, stritten wegen Kleinigkeiten, weinten und trödelten herum. Allison wechselte dreimal die Socken (zu eng, zu weit, zu hoch), und Erica putzte die Zähne, als sei sie der Star in einem Werbefilm für Mundpflege. Ich konnte nichts heben, und so schleppten sie ihre Koffer selbst die drei Stockwerke hinunter und zum Burger King hinüber. Ich sang ihnen auf dem Weg etwas vor, umarmte sie kurz, als wir den Parkplatz des Restaurants erreicht hatten, und ließ sie den Rest des Weges allein gehen, nachdem wir Roger und seine Freundin Audrey entdeckt hatten, die nur noch ein paar Meter entfernt waren.

Nur so konnte ich das Versprechen halten, das ich Erica gegeben hatte, nicht zu weinen (»Wenn du weinst, Mom, muss ich auch weinen, und dann höre ich nie mehr auf«) oder Roger zu provozieren.

Ich war froh, dass sich meine Vermutung in Bezug auf Rogers Pläne als richtig erwiesen hatte. Jedes Mal, wenn Allison anrief, klang sie sowohl erleichtert als auch erfreut, wenn sie sagte: »Es ist genauso, wie du gesagt hast, Mom.« Und sowohl die Mädchen als auch ich waren froh, dass Audrey sie auf diesem Ausflug begleitete.

Audrey war Mitte zwanzig, so dünn und groß wie ein Model. Ihre Gesichtszüge waren zu grob, um als schön zu gelten, aber sie war Aufsehen erregend, modisch gekleidet und stets gebräunt. Die Mädchen mochten Audrey lange Zeit und waren froh, wenn sie bei den Besuchen bei ihrem Vater ebenfalls dabei war. Sie flocht ihre Haare, lackierte ihnen die Fingernägel und machte ihnen Geschenke. »Und sie ist nett, und wenn sie dabei ist, ist Daddy netter zu uns.« Diese Bemerkung von Allison genügte mir, um Roger und Audrey eine lange Beziehung zu wünschen. Als Frau wollte ich ihr den Rat geben, *sofort zu verschwinden*, aber als Mutter betete ich, dass sie in die Familie einheiraten würde, was sie zwei Jahre später auch tat.

Allison fragte häufig: »Was passiert, wenn Audrey herausfindet, wie Daddy wirklich ist?«, und ich antwortete dann: »Um euretwillen hoffe ich, dass sie bleibt, aber um Audreys willen hoffe ich, dass sie geht.« Einige Zeit später kamen die Mädchen von ihren Besuchen zurück und klagten, dass ihr Vater Audrey schlecht behandle. Jetzt fragte Allison: »Warum bleibt sie bei ihm?« Noch trauriger war die Reaktion der Mädchen auf die Geburt ihrer Halbschwester. Erica, die bereits vor Audreys Schwangerschaft aufgehört hatte, ihren Vater zu besuchen, zeigte weder Freude noch Bitterkeit. Sie wollte lediglich wissen: »Wird Daddy dem Baby genauso wehtun wie uns?« Allison, die auf der zweiten Hochzeit ihres Vaters gewesen war und das Baby ein paarmal gesehen hatte, sagte: »Das Baby ist süß, aber eigentlich sollte Daddy keine Kinder haben dürfen.«

Als die Mädchen auf die Insel Mackinac fuhren, waren die Geburt des Babys und ihre Bedenken noch zwei Jahre entfernt. Wie ich erwartet hatte, waren Roger, Audrey und die Mädchen in einer Hütte gegenüber der Insel in Mackinaw-Stadt untergebracht. Sie nahmen die Fähre und setzten für einen Tag über, an dem sie Rad fuhren, Picknick machten und Karamellbonbons kauften. Anschließend fuhren sie mit dem Pferdewagen (auf der Insel herrscht Autoverbot) und kehrten zum Festland zurück, wo sie die nächsten Tage Minigolf spielten, Drachen steigen ließen, durch die Souvenirläden zogen und Forellen angelten.

Die nächsten sieben Tage lang starrte ich aus Fenstern, pflückte Grashalme im Park und wartete neben dem Telefon auf einen Anruf von den Mädchen. Ich wusste nichts mit meiner Zeit anzufangen, und so tat ich nichts. Ich stand im Hiatus-Haus auf der Krankenliste und war sogar von den täglichen Pflichten befreit. (Gesunde Bewohnerinnen hatten jeden Tag zwei Aufgaben zu erledigen. Es handelte sich dabei normalerweise um eine leichtere, zum Beispiel die Aschenbecher auszuleeren, und eine schwerere Arbeit, wie den abendlichen Abwasch.) Dass ich von den Hausarbeiten befreit war und kaum Appetit hatte, machte es mir noch leichter, den anderen Frauen aus dem Weg zu gehen. Ich drückte mich sowohl vor Gruppen- als auch vor Einzelsitzungen, ließ Therapeutinnen abblitzen, die mit mir reden wollten, und traf mich so wenig wie möglich mit Jack. Er hatte sich die Woche über in einem Hotel in der Nähe eingemietet, und so fühlte ich mich verpflichtet, jeden Tag zumindest ein paar Stunden mit ihm zu verbringen. Aber ich konnte nichts anfangen mit seinen Witzen, seinen juristischen Erledigungslisten, seinen orangefarbenen Socken mit den grünen Punkten, seinen Auslandskorrespondenten-Geschichten oder seiner Angewohnheit, meine Aussprache und meine Kleidung zu kritisieren. Ich konnte überhaupt nichts mit ihm anfangen. Oder mit sonst jemandem.

Ich steckte in einer tiefen, dunklen Depression, ausgelöst von der Abwesenheit der Mädchen. Sieben Tage lang musste ich weder beruhigend noch humorvoll noch optimistisch sein. Mir war der Luxus vergönnt, mich hundeelend zu fühlen, was ich auch tat. Ich hatte es mir verdient, mich in Selbstmitleid zu suhlen, einmal schwach zu sein. Ich spürte, dass ich erst in tiefer Mutlosigkeit versinken musste, bevor ich daraus mit neuem Kampfeswillen auftauchen und wieder für die Sicherheit meiner Familie sorgen konnte.

Auf die Rückkehr der Mädchen von der Insel Mackinac folgte neuer Optimismus. Tagelang sprachen sie kaum über den Urlaub, ja sie redeten überhaupt nur wenig mit mir – oder den anderen. Sie spielten stundenlang Nintendo. Ich dachte mir, dass sie auf diese Weise ihren Druck abbauten. Gegen Ende der Woche wurden sie geselliger und lebhafter. In jener Woche erhielt ich einen Anruf von der Staatsanwältin aus Michigan, die für Rogers Strafverfahren zuständig war. Sie machte es sich in den nächsten Jahren zur Gewohnheit – sogar während der Zeit, in der ich in New York lebte –, ein paar Erkundigungen für mich einzuziehen, und wollte mich über die neuesten Ergebnisse informieren. Dieses Mal hatte sie gute Nachrichten: Ein Scheck über zehntausend Dollar (die Hälfte dessen, was Roger mir an Unterhalt für die Kinder schuldete) war von der Beistandschaft in Michigan zu den Kollegen in Kanada unterwegs – weniger als das Honorar, das ich Jonathon schuldete. Er würde den Rest bekommen, nachdem ich den Mädchen neue Kleider für die Schule gekauft und die erste und letzte Monatsmiete für die neue Wohnung gezahlt hatte.

Nach vier Monaten im Hiatus-Haus zogen wir im Oktober in eine Hochhauswohnung in Amherstburg, Ontario, mit Blick auf Boblo Island. Die Insel war eine beliebte Touristenattraktion, bevor der Vergnügungspark dort 1993 geschlossen wurde. Entlang des Flusses und im Stadtzentrum standen luxuriöse moderne und viktorianische Häuser, es gab eine Eisdiele, zwei mittelmäßige Restaurants und viele leere Geschäfte. Wir wohnten am Stadtrand (von der Stadtmitte aus in fünf Minuten zu Fuß zu erreichen) neben einem Supermarkt. Die meisten unserer Nachbarn hatten bereits weiße Haare. Allison und Erica waren die einzigen Kinder in unserem Wohnblock, aber das störte sie nicht. Sie verlangten von unserem neuen Heim nur, dass es über ein Sicherheitssystem ähnlich dem im Hiatus-Haus verfügte. Normalerweise war die Haustür abgesperrt, es gab eine Videoüberwachung, eine Gegensprechanlage und einen neurotischen Manager, der ebenfalls im Haus wohnte und der so aufmerksam war, dass er mich jedes Mal anrief, wenn ich die Wäsche aus dem Trockner holen musste. Diese Angewohnheit war mehr als störend (schließlich brachte ich unsere Wäsche in den Waschsalon gegenüber), aber ein zusätzlicher Schutz für uns.

Unsere neue Wohnung lag mehr als zwölf Meilen außerhalb des Einzugsbereichs der Schule, die die Mädchen besuchten. Doch da sie an dem noch in der Entwicklung befindlichen Modellprojekt für Französisch im Unterricht teilnahmen, das vor vier Jahren begonnen hatte, als Allison in den Kindergarten kam, durften sie bleiben – und wurden sogar mit dem Bus von Haustür zu Haustür gebracht. Nach der Schule konnten sie ihre Freundinnen mit dem Bus zum Spielen mit nach Hause bringen (ein Haus mit Aufzug übte eine große Anziehung auf Kinder aus, die selbst in Einfamilien- und Halbgeschosshäusern wohnten), und wir durften den Hobbyraum für Partys und Tischtennisspiele nutzen.

Oxford durften wir nicht mitbringen. Auf meiner Suche nach Frieden habe ich viele Opfer gebracht, aber keines war größer als das, meine Eltern zu bitten, meinem Hund ein neues Heim zu geben. Fünf Jahre lang war er mein Vertrauter gewesen, hatte mich getröstet, war in meiner Nähe gewesen, wenn ich krank war oder Angst hatte, und ohne Leine und Würgehalsband an meiner Seite geblieben. Wie oft hatte er sich die Zeitung eines Nachbarn geschnappt, wenn meine nicht rechtzeitig gekommen war, und er konnte mich erfolgreich von jeder Aufgabe ablenken, wenn er seinen Kopf unter meinem Arm vergrub, wie damals in der ersten Zeit, als ich ihn im einen und Erica im anderen Arm hielt. Allison und Erica waren am Boden zerstört und befürchteten, Oxford könne sich ungeliebt oder verlassen fühlen, und bei jedem Besuch lebten ihre Ängste von neuem auf. Als Oxford vor einigen Jahren starb, trauerte ich und fand mich mit seinem Tod ab, aber unsere verlorene Freundschaft schmerzt noch immer.

Die schwarze Couch war das einzige Überbleibsel unserer Vergangenheit, das wir aus dem in klarem Rot, Weiß und Grau eingerichteten Haus, aus dem wir entkommen waren, in das in verschiedenen Rosatönen gehaltene Kaffeekränzchen-Haus und schließlich mit dem Aufzug in unsere Wohnung mit zwei Schlafzimmern mitgenommen hatten. Ich konnte mir keine neue Couch leisten, außerdem war sie in unserer Wohnung die einzige Schlafgelegenheit für Jack, und so stellte ich alles andere um das Sofa herum.

Jack erstand ein paar Vorhänge. Sie waren aus ungleichmäßig rot, orange, pink, violett, grün, blau und golden gestreifter Baumwolle. Ich kaufte Wandfarben in allen diesen Tönen und bemalte die Gardinenblende mit horizontalen Streifen. Auf der gegenüberliegenden Wand griffen wir die Farben noch einmal auf. Die Mädchen betupften in Schwammtechnik das untere Drittel, Jack den oberen Teil, und ich verband die verschiedenen Kleckssstreifen in der Mitte. Die Wand sah aus wie ein durch das Kaleidoskop betrachteter Sonnenuntergang, und immer, wenn ich das Zimmer betrat, musste ich lächeln. Ich brach alle Regeln über Malerarbeiten, die ich kannte, und wir kamen überein, dass man eigentlich gar keinen Fehler machen konnte – die gelegentlichen Kleckse oder der etwas kräftigere Schwammabdruck waren »inspirierte künstlerische Akte«, und wir priesen den Maler, dem diese »Erweiterung des abstrakten Mosaik-Ausdrucks« gelungen war. Die Wand war das Herzstück des Wohnzimmers und machte die Wohnung zu einem Heim – unserem Heim. Ich legte Stoffservietten und Tischtücher auf die Couch und verteilte ein paar kräftig bunte Kissen darauf. Drei Drucke von Tarkay mit Damen, die im Straßencafé saßen, rundeten die fröhliche, freie und feminine Atmosphäre ab.

Vor, während und nach unserem Umzug fuhren wir immer wieder nach London, um uns erneut einer Reihe von psychologischen Tests und Gesprächen zu unterziehen. Die Standardtests waren weniger häufig und auch weniger umfassend als in Ann Arbor. Am längsten dauerte ein Test, bei dem man nur mit Ja oder Nein antworten durfte: Hörte ich Stimmen in meinem Kopf? Hatte ich unkontrollierbare Bedürfnisse? Dachte ich, die Menschen hätten es auf mich abgesehen? Nein. Nein. Ja. Ich *wusste*, dass es *zumindest einer* auf mich abgesehen hatte. Dann lud der Direktor der Klinik Jack und mich zu einer Unterredung ein. Er sagte, er hätte die Gerichtsakten, den Bericht der Psychologen aus Ann Arbor und die Testergebnisse und Gesprächsnotizen seiner eigenen Klinik gelesen und sei zu folgendem Schluss gekommen:

»Ihre Geschichte liest sich wie ein schlechter Fernsehfilm der Woche. Das Gericht hätte Ihnen all das niemals zumuten dürfen. Roger sollte weder mit Ihnen noch mit den Kindern – je wieder – Kontakt haben, und das werde ich auch vor Gericht aussagen. Er ist gewalttätig und hat in Ihrem Leben nichts zu suchen.«

Die Therapeutin, die die Untersuchungen bis jetzt geleitet hatte, nickte und lächelte zustimmend. Jack saß neben mir auf dem Sofa und weinte. Ich nahm seine Hand, drückte seinen Arm, kämpfte mit den Tränen und durchlebte das ganze Gefühlsspektrum, von Freude über Trauer bis zu Hoffnung. Ich spürte, wie die Ängste, Zweifel und die Ohnmacht vieler Jahre von mir abfielen wie Sandsäcke aus einem Ballon, und ich atmete Sauerstoff und Zuversicht in tiefen Zügen ein.

Treibsand

Ich steckte im Treibsand, war umgeben von einer sich ständig verändernden Realität, meine Wirklichkeit war mit Schlamm bespritzt. Mit jeder Bewegung, die mich befreien sollte, sank ich tiefer. Ich bekam keinen festen Boden unter die Füße, um mich aus dem Sumpf zu drücken. Wenn ich still stand, blieb ich an der Oberfläche, aber entkommen konnte ich nicht. Fester Boden war in Sicht-, aber nicht nicht in Reichweite. Wenn ich um mich schlug und mit den Armen wedelte, würde man mich vielleicht bemerken, aber ich lief Gefahr, ganz und gar nach unten gezogen zu werden.

So war mein Leben mit Roger, erklärte ich Gruppen geschlagener Frauen, Aktivisten für die Rechte von Opfern, Reportern und Gesetzgebern. Nichts war von Bestand. Es gab kein Ende des Wahnsinns, keinen Rest von Vernunft, an den ich mich hätte klammern können.

Man kann in jeder Beziehung in ein Abhängigkeitsverhältnis geraten oder in das Loch der Misshandlung fallen, aber in den meisten Fällen ist der Weg nach oben und aus dem Problem hinaus klar. Wenn eine Frau meint, sie würde sich bei den Reparaturen im Haushalt zu sehr auf ihren Mann verlassen, kann sie zum Beispiel selbst das Klempnern lernen oder einem Handwerker den Auftrag geben. Diese Lösung ist vielleicht unbequem oder kostspielig, aber es gibt sie und sie birgt kaum ein Risiko. Mit Roger hingegen waren alle meine Entscheidungen mit Angst und Verwirrung überfrachtet. Als ich zum ersten Mal das Problem mit der tropfenden Toilette hatte, rief ich meinen Vater an. Er kam, baute ein neues Schwimmerventil ein, und Roger war dankbar. Das Problem tauchte erneut auf, mein Vater beseitigte es, und Roger tobte. »Ich will weder ihn noch sonst jemanden in unserem Badezimmer haben. Unser Badezimmer ist Privatsache, und da hat er nichts zu suchen.« Wir hatten drei Badezimmer und häufig Probleme mit der Installation, und wie ich sie auch löste, Roger war wütend. Als ich das nächste Schwimmerventil selbst einbaute, riss Roger es wieder heraus. »Du hältst dich wohl für besonders schlau! Du denkst wohl, du könntest alles? Na, dann kannst du's ja gleich noch mal machen.« Roger bestand darauf, das nächste Schwimmerventil selbst einzubauen, kaufte das falsche und zerschlug vor Wut die Klobrille, als es nicht funktionierte. Dann rief er meinen Vater an, bat gut gelaunt um seine Hilfe und nahm sie gern an. Und das nächste Mal? Da rief ich meinen Vater an und Roger schimpfte, ich sei dumm, faul und idiotisch. »Warum hast du ihn überhaupt angerufen, wenn du selbst weißt, wie's geht?« Und so weiter. Diese aberwitzigen Launen bestimmten mein Leben. Nichts war, wie es schien, und in Rogers Welt blieb nichts beim Alten.

Nach unserer Trennung wurden Rogers psychische Abgründe nicht kleiner, sondern taten sich nur noch weiter auf. Offenbar reichten sie bis nach London, wo Dr. Louis Harding, der Direktor der familienpsychologischen Klinik, sich in den Treibsand gewagt hatte, um mich und die Mädchen herauszuholen.

Einen Monat nachdem er mir – und Jack, Jonathon, Allison und Erica – gesagt hatte, dass er Roger aus unserem Leben verbannen würde, rief er mich an und vereinbarte ein neues Treffen, um mir mitzuteilen, dass er seine Meinung geändert hatte.

»Was halten Sie davon, dass die Mädchen jedes zweite Wochenende und den ganzen August bei Roger verbringen?«

»Das wäre schrecklich, aber wovon reden Sie überhaupt? Erst sagen Sie, dass Roger der Kontakt mit den Mädchen gänzlich verboten werden sollte, und jetzt sagen Sie, sie sollen mehr Zeit mit ihm verbringen? Was ist passiert?«

»Ihr Mann ist wie ein Waldbrand, Ellen. Wir können bestenfalls darauf hoffen, ihn einzudämmen.«

»Wovon reden Sie?«

»Ihr Mann kann sehr, sehr überzeugend sein.«

»Soll das heißen, Sie *glauben* ihm?«

»Nein, ich sage nur, dass er sehr überzeugend ist. Ich weiß nicht, ob ich vor Gericht damit durchkomme, wenn ich darauf plädiere, ihm das Besuchsrecht zu entziehen.«

»Aber Sie sind der angesehenste Experte für Sorgerecht und Besuchsrechte in der ganzen Region. Wie können Sie das Gegenteil von dem empfehlen, was Sie für richtig halten?«

»Sie und Ihr Mann leben, was die Realität angeht, in zwei völlig verschiedenen Welten. Er ist sehr aggressiv, und wir wissen, wie man mit gewalttätigen Männern umgeht. In diesem Fall halte ich es jedoch für sicherer, zumindest zum Teil auf seine Wünsche einzugehen.«

»Sicherer für wen? Für meine Mädchen? Wie kann es gut für *sie* sein, wenn wir auf Rogers Wünsche eingehen?«

»Nun ja, wir würden auch empfehlen, die Telefonanrufe zu streichen, dann hätten Sie nichts mehr mit ihm zu tun.«

»Und was nützt das meinen Töchtern? Sie erzählen mir, Roger sei wie ein Waldbrand, und wollen gleichzeitig meine Mädchen in die Flammenhölle schicken. Da mache ich nicht mit. Auf keinen Fall.«

»Es tut mir Leid, aber vor Gericht könnte es schlimmer für uns ausgehen«, warnte mich Dr. Harding. »Ich glaube wirklich, dass Sie sich das noch einmal überlegen sollten.«

»Nein. Da gibt es nichts zu überlegen. Ich weiß nicht, was Ihnen Sorge bereitet, das Wohlergehen meiner Kinder kann es jedenfalls nicht sein, denn sonst würden Sie nicht vorschlagen, dass sie einen Monat am Stück bei ihm verbringen.«

»Sie sind eine gute Mutter, Ellen, eine hervorragende Mutter. Die Mädchen lieben Sie und identifizieren sich mit Ihnen. Wir glauben, dass Ihr positiver Einfluss die negativen Auswirkungen der Besuchsregelung ausgleichen kann. Das haben Sie ja bereits bei dem Ausflug nach Mackinac unter Beweis gestellt.«

»Was?«

»Sie haben die Mädchen ganz großartig auf eine schreckliche Tortur vorbereitet. Sie haben das sogar so gut gemacht, dass sie die Woche gut überstanden haben, und das macht es uns umso schwerer zu argumentieren, dass Besuche mit Übernachtung ein Problem darstellen.«

»Ja, und? Sollen meine Mädchen jetzt dafür bestraft werden, dass sie eine gute Muter haben?«

»Ich denke wirklich, dass es zum Besten aller wäre.«

»Nein, das ist es nicht. Es ist vielleicht die einfachste, aber sicher nicht die beste Lösung. Und im Grunde sind Sie meiner Meinung, denn sonst hätten Sie nicht gesagt, dass die Mädchen Roger nie wieder sehen sollten.«

»Wir werden in der Angelegenheit auf Ihre Gefühle Rücksicht nehmen, Ellen, aber das ist der Vorschlag, den ich Roger unterbreiten werde. Es ist nicht das, was er will, aber wir halten diese Lösung für einen angemessenen Kompromiss.«

»Nein, nicht angemessen – falsch. Vollkommen falsch. Sie setzen lieber die Sicherheit meiner Töchter aufs Spiel, als das berufliche Risiko einzugehen, vor Gericht ein wenig ins Schwimmen zu geraten.«

Das Protokoll dieses Gesprächs (es enthielt mehr als ein Dutzend verdrehter Tatsachen) wurde mir zwei Wochen später zugefaxt. Ich schickte eine zehnseitige Ablehnung zurück, eine Kopie davon faxte ich an Jonathon.

»Haben Sie den Brief tatsächlich abgeschickt?«, fragte mich Jonathon eine Stunde später am Telefon.

»Ja, natürlich.«

»Ich wünschte, ich hätte so viel Mut wie Sie.«

»Danke, aber eigentlich sollte ich gar nicht so viel Mut nötig haben. Ich sollte nicht die Einzige sein, die nach ihren Überzeugungen handelt, die Einzige, die keinen Rückzieher macht, wenn es ein wenig schwierig wird.«

»Da wäre nur noch eines«, sagte Jonathon. »Sie haben dem Gericht gesagt, Sie würden sich der Empfehlung des familienpsychologischen Gutachtens beugen.«

»Diese Empfehlung hat nichts mit dem Gutachten zu tun. Und wenn es zu einer Verhandlung kommt, habe ich Zeugen – zu denen auch Sie gehören –, die bestätigen können, dass Dr. Harding aus rein egoistischen Gründen umgekippt ist.«

Ich lehnte die Empfehlung rundweg ab. Roger bat um einige Änderungen – er verlangte weitere Besuche am Mittwochabend und zwei Telefonate die Woche –, und der Richter, der von unserer, wie er sagte, beiderseitigen Unvernunft verärgert war, verwarnte uns beide offiziell: Falls Roger den Unterhalt, den er mir schuldete, nicht zahlte und mit den Zahlungen auf dem Laufenden blieb, würde er vom Verfahren ausgeschlossen, und alle von ihm vorgelegten Beweise und Anträge würden missachtet. Gleiches galt für mich. Sollte ich verhindern, dass Allison und Erica zu den Besuchszeiten verfügbar wären (die Besuchszeiten blieben gleich – Mittwochabend sowie abwechselnd Samstag oder Sonntag ohne Übernachtungen), würde ich des Gerichts verwiesen und könnte das Sorgerecht für die Mädchen verlieren.

Roger machte zuerst einen Fehler. Er versäumte eine Unterhaltszahlung, und obwohl er den Behörden in Michigan die Schuld für diese Verzögerung gab, wurde er vom Richter dafür zur Verantwortung gezogen. Jonathon wollte die Gelegenheit, Roger vom Verfahren ausschließen zu lassen, nicht nutzen. Er hielt die Strafe für zu drakonisch – das Geld kam nur ein paar Tage zu spät –, und sollte der Richter Roger doch nicht ausschließen, würde dieser vermutlich versuchen, mich aufgrund einer ähnlichen Formsache hinauswerfen zu lassen.

Ich war anderer Meinung. »Sie wissen, dass Roger nichts unversucht lassen wird, damit ich aus dem Verfahren ausgeschlossen werde. Und deswegen müssen wir diese Chance nutzen. Was macht das schon, wenn es eine Formsache ist? Al Capone haben sie wegen Steuerhinterziehung drangekriegt, weil es das Einzige war, was sie ihm beweisen konnten. Nichts, was bisher in diesem Verfahren passiert ist, war fair.«

Jonathon seufzte (aber ich glaubte den Anflug eines Lächelns zu entdecken, als ich Al Capone erwähnte) und beantragte, Roger vom Verfahren auszuschließen. Er hatte Erfolg, doch der stets vorsichtige Jonathon bestand darauf, dass ich mich verhielt, als sei nichts geschehen – ich sollte die festgesetzten Besuchszeiten einhalten, bis der Scheidungstermin feststand und man mir das Sorgerecht zugesprochen hatte. Ich fügte mich.

Leider erwies sich dieser kleine Sieg nicht als der allumfassende Triumph, den der juristische Wortlaut versprach. Und als ich Zeit hatte, darüber nachzudenken, fiel mir noch etwas auf. Ich hatte nicht deshalb den Sieg errungen, weil die von mir erbrachten Beweise für Rogers Grausamkeiten (Beweise im Wert von zwei Jahren und fünfzigtausend Dollar) den Richter beeindruckt hatten, sondern schlicht und ergreifend deshalb, weil Roger ihn verärgert hatte. Es widerstrebte meinem Gerechtigkeitsgefühl – oder zumindest dem, was trotz meiner stetig zynischer werdenden Haltung gegenüber dem Rechtssystem noch davon übrig geblieben war –, aber ich war dankbar für die Pause von den Scheidungsverhandlungen und nutzte sie, um neue Wege zu finden, Roger von mir fern zu halten.

Am ersten Januar 1994 schrieb ich einen Brief an meinen Parlamentsabgeordneten, in dem ich nachfragte, was ich tun musste, damit Roger die Einreise nach Kanada verwehrt wurde. Jack steckte ihn noch am selben Nachmittag persönlich in den Briefkasten des Abgeordneten. Brian Murphy war neu im Parlament. Ich wusste weder etwas über seine politischen Interessen noch über seinen Einfluss. Ich wusste nicht einmal, wie er aussah. Der Brief war nur einer von den vielen hundert anderen, die Jack und ich verschickten, wie Arbeitssuchende stapelweise Bewerbungen versandten, in der Hoffnung, es würde sich auszahlen.

Ich habe Brian Murphy niemals persönlich kennen gelernt – auch nicht mit ihm gesprochen –, aber er betraute seine Assistentin mit der Aufgabe, sich meine Geschichte anzuhören. Aus der Aufgabe wurde ein Kreuzzug, der zwei Jahre dauerte und mir mit großer Wahrscheinlichkeit sogar das Leben rettete.

Seine Assistentin Sharon Woodward rief binnen einer Woche an und stellte mir zwei Fragen: Ob ich meine Behauptungen gegenüber Roger beweisen könne und ob ein Eingreifen von Seiten des Parlaments einen Einfluss auf das Sorgerecht und die Besuchsrechte hätte. Mit anderen Worten, ob ich die Wahrheit sagte, und ob ich nur deshalb um Brian Murphys Hilfe bat, weil ich Roger von seinen Kindern fern halten wollte.

Ich schickte ihr die gewünschten Unterlagen zu und zeigte eine Möglichkeit auf, wie sowohl meinem Wunsch nach Sicherheit entsprochen als auch Rogers Besuchsrecht gewahrt werden konnten: Rogers Freundin könne die Mädchen bei mir zu Hause oder, noch besser, weil neutral, am vereinbarten Übergabepunkt in Windsor abholen und wieder abliefern (sie hatte sich während der psychologischen Untersuchungen in London dazu bereit erklärt).

Auf die Bitte ihres Chefs hin fragte Sharon immer wieder nach weiteren Informationen. Schließlich lag Sharon und Brian fast die gesamte Scheidungsakte vor, und sie hatten mehrfach bei Jonathon angerufen, um Lücken zu füllen und Einzelheiten zu klären. Die ganze Zeit über gab uns Sharon nie das Gefühl, sie würde uns misstrauen. Ihre Haltung war eher: »Helfen Sie uns, Ihnen zu helfen.« Es war keine Kleinigkeit, jemanden des Landes zu verweisen, und Brian Murphy, der nicht nur neu im Parlament, sondern auch

Anwalt war, wollte mit Bedacht vorgehen. Glücklicherweise wuchs seine Entschlossenheit, meine Familie zu schützen, je mehr er von meinem Fall las. Ich drängte auch meinen Vater, mit dem für ihn zuständigen Abgeordneten Kontakt aufzunehmen, einem alten Hasen und beliebten Liberalen, und zu erklären, dass er und meine Mutter um ihre Sicherheit fürchteten. (Was der Wahrheit entsprach. Sie hatten schreckliche Angst. Roger rief mitten in der Nacht bei ihnen an, belästigte sie und drohte ihnen. Er wusste genau, dass sie nichts unternehmen würden – nicht einmal ihre Telefonnummer ändern.)

Diese Schritte führten zu einem regen Austausch von Notizen auf dem parlamentarischen Parkett, zu Manövern hinter den Kulissen, häufigen und verschlüsselten Gesprächen mit mir, wenn keine sichere Telefonleitung zur Verfügung stand, Bitten um weitere Informationen und schließlich einer Unterschrift des Einwanderungsministers, die Roger die Einreise nach Kanada verwehrte. Es gibt verschiedene Stufen der Verbannung. In Rogers Fall handelte es sich um eine so genannte Umkehraufforderung: Sein Autokennzeichen wurde im Polizeicomputer gespeichert, und wenn bei nächster Gelegenheit ein Grenzbeamter die Nummer eingab, würde man Roger auffordern, in die Vereinigten Staaten zurückzukehren. Das konnte eine Weile dauern. Nicht immer wurden die Kennzeichen von den Zoll- und Einwanderungsbeamten überprüft, und die Computeranlage auf der Ambassador-Brücke wurde gerade auf den neuesten Stand gebracht, was eine solche Abfrage unmöglich machte. Aber ein paar Anrufe und ein paar Wochen später wurde Roger die Einreise verweigert.

Voller Freude stellte sich Jack die demütigende Szene an der Grenze vor, aber Roger zu demütigen stand nicht auf meiner Tagesordnung. Alle Punkte darauf beschäftigten sich mit der Aufgabe, am Leben zu bleiben. Nun, da Roger die Einreise nach Kanada verwehrt war, konnte ich nachts besser schlafen und durch die Stadt gehen, ohne ständig über die Schulter zu blicken. Ich wusste, dass das Einreiseverbot keine Sicherheitsgarantie war. Roger konnte die Grenze in einem fremden Wagen überqueren. Doch wenn er gefasst würde, hätte das seine Verhaftung zur Folge, und ich glaubte nicht, dass er es darauf ankommen lassen würde – er hatte schon genug juristische Probleme.

Roger versuchte, nach Kanada einzureisen – allerdings nicht, indem er sich über die Grenze schlich. Er bat den kanadischen Einwanderungsminister, den Landesverweis rückgängig zu machen. Als seine Bitte abgelehnt wurde, verlegte er sich auf seinen Charme, um die Behörden zu täuschen, und erhielt eine Sondereinreiseerlaubnis von der kanadischen Tourismus- und Visabehörde in Detroit. Sharon Woodward, die Assistentin meines Parlamentsabgeordneten, rief aus Ottawa an, um mich auf diesen und zwei weitere Versuche Rogers aufmerksam zu machen, ins Land einzureisen. Es gelang ihr, alle seine Bemühungen zu vereiteln, aber einmal wurde sogar sie ein Opfer von Rogers Tricks.

Eines Tages kam ich nach dem Unterricht von der Universität nach Hause und fand drei Notfallnachrichten vor. Sharon hatte angerufen, um mich zu warnen, dass Roger am nächsten Tag in Kanada sein würde und sie nichts dagegen tun könne. Aus Mitgefühl, so sagte sie, habe die Regierung Roger erlaubt, an seiner Scheidung teilzunehmen.

»Scheidung? Was für eine Scheidung?«, fragte ich Sharon in dem Augenblick, als sie abhob. »Es wurde weder für morgen noch für sonst irgendwann ein Scheidungstermin festgesetzt.«

»Vielleicht handelt es sich um eine Anhörung wegen des Sorgerechts? Offenbar liegen Unterlagen über einen Gerichtstermin vor, und weil es dabei auch um die Kinder geht, wurde Roger erlaubt, daran teilzunehmen.«

»Einen Augenblick. Wenn ich nicht vollkommen falsch informiert bin, gibt es keinen Termin für irgendeine Anhörung. Und selbst wenn, würde das keine Rolle spielen. Roger wurde vom Verfahren ausgeschlossen.«

»Das ist doch unsinnig«, erwiderte Sharon, und zum ersten Mal schlichen sich Zweifel in ihre Stimme. »Ich kann mir nicht vorstellen, dass Roger einen Gerichtstermin fälschen oder der Einwanderungsminister eine Erlaubnis erteilen würde, ohne den Termin prüfen zu lassen.«

»Ich werde Jonathon anrufen, ob da irgendetwas läuft, von dem ich nichts weiß. Ich rufe Sie entweder gleich selbst zurück, oder Sie bekommen einen Anruf von Jonathon.«

Jonathon war nicht im Büro, aber ich bat seine Angestellten, einen Blick in seinen Kalender und den des Gerichts in Windsor zu werfen, ob man vergessen hatte, ihn oder mich über eine wichtige Entwicklung bei Gericht zu informieren.

Wir hatten nichts verpasst. Roger hatte keinen rechtmäßigen Grund, am nächsten Tag nach Kanada zu kommen, aber er war im Besitz einer offiziellen Einreiseerlaubnis. Ich war in heller Aufregung. Was hatte er vor? Warum sollte Roger einen Gerichtstermin erfinden, wenn nicht, um mir wehzutun? Und wie ließ sich diese »aus Gründen des Mitgefühls« erteilte Ausnahmegenehmigung wieder aufheben?

Sharon war es peinlich, Rogers Täuschung zum Opfer gefallen zu sein. Sie war entschlossen, die Sache wieder in Ordnung zu bringen, was ihr auch gelang. Innerhalb einer Stunde rief sie mich an und sagte mir, dass Rogers Einreiseerlaubnis widerrufen sei und sie die entscheidenden Stellen in Kenntnis setzen und alle erdenklichen Hürden aufbauen würde, um sicherzustellen, dass die Tage der freien Einreise für Roger vorüber waren.

Obwohl ich fest davon überzeugt war, dass Roger eine Gefahr für Allison und Erica darstellte, hielt ich das Sharon und Jonathon gegebene Versprechen und nutzte Rogers Landesverweis nicht dazu, die Besuche zu verhindern. Bis wir nach New York umzogen, fuhr Audrey viermal im Monat mit den Mädchen über die Grenze und wieder zurück. Ich hatte bei dieser Regelung kein gutes Gefühl, denn Audrey war amerikanische Staatsbürgerin und nicht Teil des Scheidungsverfahrens. Sie war also nicht gesetzlich verpflichtet, die Kinder zurückzubringen, aber Audrey erwies sich als pünklich und verantwortungsvoll.

Nachdem ein gewisser Grad an Sicherheit und Stabilität wiederhergestellt war, konnte ich mich anderen Angelegenheiten widmen. Ich bewarb mich um Stellen als Reporterin und Universitätsdozentin, doch ungünstige Umstände schmälerten meine Chancen, einen Job zu finden: a) Ich hatte seit acht Jahren nicht mehr bei einer Zeitung gearbeitet, b) ich hatte keinen Doktortitel, was an den meisten Universitäten Voraussetzung für eine Vollzeitanstellung war, und c) hatte mir das Gericht auferlegt, in Windsor zu bleiben. Für jemanden, dessen Selbstvertrauen mehr als zehn Jahre mit Füßen getreten worden war, waren diese Hindernisse entmutigend, aber ich bewarb mich sowohl in der näheren als auch der weiteren Umgebung und hoffte, ein Stellenangebot könne den Richter dazu veranlassen, seine Anordnung aufzuheben. Ich bekam Dutzende höflicher Absagen sowie ein paar Postkarten und einige Briefe, in denen Interesse bekundet wurde, zum Beispiel von der Universität Toronto. Dort teilte man mir mit, dass *unter Umständen* eine befristete Stelle frei würde, da sich ein Dozent für ein Jahr aus dem Lehrbetrieb zurückziehen wollte.

Stellenangebote bekam ich keine, also arbeitete ich weiter in Teilzeit als Dozentin an der Universität von Michigan und drängte auf einen Scheidungstermin. Die Prozessliste war ein Jahr lang ausgebucht, aber ich sagte Jonathon, er solle mich anrufen, falls ein Termin frei wurde. Ich würde dann sofort ins Gericht eilen. Zweimal rief er an, zweimal eilte ich ins Gericht, und zweimal gelang es Roger – dem gemäß Gerichtsakten das Recht, am Verfahren teilzunehmen, entzogen worden war –, die Verhandlung zu stoppen. Er behauptete, sein Ausschluss vom Verfahren sei unrechtmäßig, und legte »Beweisdokumente« vor, die genügend Verwirrung stifteten, dass die für unsere Verhandlung angesetzte Zeit abgelaufen war, noch bevor seine Behauptungen erfolgreich widerlegt werden konnten.

Es dauerte ein Jahr, bis ich endlich meine Aussage machen und das Gericht bitten konnte, mir die Scheidung zu gewähren. Der Richter – inzwischen nicht mehr jener, der den Fall ursprünglich bearbeitet hatte – ließ Rogers dritten Verzögerungsversuch nicht gelten. Zum Scheidungstermin erschienen sowohl Rogers dritter als auch sein vierter Anwalt, um zu erklären, der vierte Anwalt hätte noch keine Zeit gehabt, die gesamten Akten einzusehen (meine Unterlagen füllten einen Aktenschrank mit vier Schüben), und um gegen die vor einem Jahr ergangene Verfügung Berufung einzulegen, alle Aussagen Rogers aus dem Protokoll zu streichen. Der Richter verwies die beiden Männer des Gerichtssaals.

Übrig blieben nur wir drei: der Richter, Jonathon und ich, und wir nahmen nicht besonders viel Platz vorne im Gericht ein. Nicht einmal ein Gerichtsreporter schrieb unsere Worte mit. Ganz sicher würde während dieser unerwarteten Gelegenheit etwas Großartiges geschehen: Der Richter würde mir erlauben umzuziehen, würde Rogers Besuchsrechte streichen, den Unterhalt verdoppeln, mir Rogers BMW zusprechen und ihn dazu verdonnern, die Verfahrenskosten zu tragen. Ich hatte lange und hart dafür gearbeitet, hatte die Hilfe eines angesehenen Anwalts in Anspruch genommen und Unterstützung aus den obersten Regierungskreisen gehabt. Ganz sicher würde das Urteil zu meinen Gunsten ausfallen.

Doch obwohl der Richter nur *meine* Aussage gehört, nur *Jonathons* Argumente vernommen und nur die Unterlagen gelesen hatte, die wir vorgelegt hatten, wurde ich nicht anders behandelt als die meisten geschlagenen Frauen: Ich bekam das Sorgerecht für die Kinder, unzureichende Unterhaltszahlungen und die Auflage, zu bleiben, wo ich war. Roger bekam, was die meisten gewalttätigen Ehemänner bekommen: das Recht, die Kinder zu besuchen, und die Werkzeuge (Telefonnummern und Adressen), um mich zu belästigen, zu verfolgen und zu verletzen.

Vor dem Gerichtssaal, in den Gängen, die so oft leer waren, drückte Jonathon sein Bedauern aus, dass ich keine Erlaubnis zum Umzug erhalten hatte. »Es ist noch nicht vorbei. Das heute war nur eine Formalität. Der Kampf mit einem Menschen wie ihm wird nie wirklich vorbei sein.«

Ich hatte diese Worte schon mehrmals gehört und würde die Warnung, dass Roger niemals aufgeben würde, noch viele Male von Therapeuten, Polizisten, Anwälten, Privatdetektiven und Angehörigen von Frauen hören, die von ihren Ex-Ehemännern getötet worden waren. Jeden Tag wiederholte ich diese Warnung. Es fiel mir schwer, sie zu akzeptieren – eine Psychologin sagte einmal, ich könne nicht an die Existenz des Bösen glauben, was sicher zutraf, als ich Roger verließ. Zwei Jahre später hatte ich schon eine bessere Vorstellung davon, aber ich war immer noch nicht bereit, die Konsequenzen daraus zu ziehen.

Nachdem Jonathon und ich uns vorläufig voneinander verabschiedet hatten – »Wir sprechen uns wieder, wenn Roger Berufung einlegt« –, stieg ich die Wendeltreppe ins Erdgeschoss des Gerichtsgebäudes hinab, stellte mich vor den Springbrunnen, hoffte auf das Unmögliche und dachte über mein Leben nach. Ich war siebenunddreißig, allein stehend, laut Gesetz frei von dem Mann, der vor zwanzig Jahren zu spät zu unserer ersten Verabredung gekommen war. Frei von dem gut aussehenden, charismatischen Menschen, dessen Grausamkeit tiefe, hässliche Bilder in meine Erinnerungen geschnitzt hatte. Aber die Albträume, die mich wach hielten, gaben mir auch Sicherheit. Angst würde mich am Leben halten, Selbstzufriedenheit konnte mich töten. Ich konnte es mir nicht leisten, in einsamen Nächten in alten Fotoalben zu blättern und einem Leben nachzutrauern, das nie Wirklichkeit gewesen war. Ich konnte es mir nicht leisten, sentimentale Trinksprüche auf unsere erste Umarmung oder unseren zweiten Urlaub auszubringen. Ich konnte es mir nicht leisten, mich daran zu erinnern, dass wir einmal glücklich waren, dass es eine Zeit gegeben hatte, als er am Samstagmorgen ein Omelette gemacht und am Samstagabend zu Hause geblieben war, dass ich ihm Blumen zur Beförderung schickte und Suppe brachte, wenn er erkältet war. Ich konnte ihn nicht hassen – davor bewahrten ihn Allison und Erica –, aber ich durfte nicht vergessen, dass er mich hasste, dass seine Besessenheit niemals enden würde, dass ich erst dann wirklich frei von ihm wäre, wenn einer von uns tot war.

Was nun? Ich dankte Gott, dass Allison und Erica bei mir bleiben durften, dankte ihm, dass ich nicht mehr Rogers Frau war, und sagte einen letzten Dank, dass ich gelernt hatte, mein Leben selbst in die Hand zu nehmen, meine eigenen Entscheidungen zu treffen und Fehler zu machen. Ich war keine gehorsame Tochter mehr oder die pflichtbewusste Ehefrau oder irgendjemandes Besitz. Ich war kein braves Mädchen, aber ich war ein guter Mensch. Ich war nicht perfekt, aber gut genug. Und langsam gelang es mir tatsächlich, mich selbst zu mögen – auch dafür dankte ich Gott. Dann warf ich eine Dollarmünze in den Brunnen und kramte einen Vierteldollar für die Parkuhr hervor. Es war ein Tag der Veränderungen.

Der saure Apfel

Bis auf die vielversprechenden Titelbilder der Zeitschriften oder vielleicht Eiscreme in drei Geschmacksrichtungen hat Windsor nichts von einer Großstadt. Geschweige denn Amherstburg, das um ein Zwanzigfaches kleiner ist und wo Allison, Erica und ich unsere letzten beiden Jahre in Kanada verbrachten. Ich konnte mittags den gesamten Park am Fluss durchqueren, ohne dass irgendjemand mich aus meinen Gedanken riss. Ich musste mich nicht ausweisen, wenn ich einen Scheck einlöste, und brauchte kein Glück, um einen Parkplatz zu finden. Wenn die Kasse im Buchladen verwaist war, tippte ich meinen Einkauf selbst ein oder hinterließ dem Besitzer einen Zettel, dass ich bei meinem nächsten Besuch zahlen würde. Ich konnte Videos ausleihen, aber nicht ins Kino gehen. Die Gänge in den Lebensmittelgeschäften hatten die Breite von drei Einkaufswagen, und die Kunden sahen so homogen aus wie die Milch in Litertüten.

Wir waren ganz offensichtlich die schlechtesten möglichen Kandidaten für einen erfolgreichen Umzug nach New York. Dort gab es in einem Straßenblock mehr Obdachlose als Straßenlampen in ganz Amherstburg, meine Töchter würden in ihren öffentlichen Schulen einer Minderheit angehören, auf den Gehwegen lag mehr Abfall als hier auf den Müllhalden, und die Ratten waren dort schneller als die hiesigen Bauprojekte.

Aber New York war der Ort, an dem ich arbeiten würde – ich hatte eine Stelle als Autorin für Sonderprojekte bei einem Büro für Öffentlichkeitsarbeit gefunden –, und der Umzug ermöglichte es mir, siebenhundertfünfzig statt nur fünfundsiebzig Kilometer Abstand von Roger zu gewinnen. Ein Präzendenzfall sorgte dafür, dass ich die gerichtliche Erlaubnis zum Umzug erhielt. In London hatte ein Richter entschieden, das Recht einer Frau, selbst für ihren Unterhalt zu sorgen, sei wichtiger als das Anrecht eines Mannes, jeden Mittwoch mit seinen Kindern zu Abend zu essen. Als

Jonathon sechs Monate nach meiner rechtskräftigen Scheidung anrief, um mich auf das Londoner Urteil aufmerksam zu machen, drängte er mich, es sofort zu meinem Vorteil zu nutzen. Er war sich sicher, dass der Richterspruch juristisch anfechtbar war und aufgehoben werden würde. Es dauerte sechs Monate, bis ich einen anständigen Arbeitsplatz gefunden hatte (dass Jack ein Jahr zuvor nach New York gezogen war, um eine neue Zeitschrift aufzubauen, erleichterte die Sache – schließlich hatte er den größten Teil seiner vierzigjährigen journalistischen Karriere dort verbracht), das Gericht in Windsor davon überzeugt hatte, dass das Londoner Urteil auch in meinem Fall zutraf (es half, dass Roger behauptet hatte, seine Einkünfte seien um fünfundsiebzig Prozent auf etwa fünfundzwanzigtausend Dollar im Jahr gesunken und er könne keinen Unterhalt mehr zahlen), und das nötige Geld aufgetrieben hatte, um die Gerichtskosten zu zahlen (es gelang mir schließlich, indem ich mein Auto verkaufte).

Einundzwanzig Tage später – so lange mussten wir warten, um den Spartarif von im Voraus gebuchten Flugtickets nutzen zu können – landeten wir auf dem La-Guardia-Flughafen, winkten ein Taxi heran, das uns an die Upper West Side bringen sollte, und gewöhnten uns an unser neues Leben. Anfangs standen wir noch etwas wacklig auf den Beinen, wie Inline-Skater, die mit ihren gerade gemieteten Rollerblades die Columbus Avenue überqueren wollen. Doch genau wie sie fanden wir unser Gleichgewicht schnell wieder. An unserem dritten Tag in New York rief Erica, damals sieben, im Feinkostgeschäft zwei Häuser weiter an und fragte, ob sie ein paar Muffins liefern könnten, »weil es regnet, und meine Schwester und ich sehen uns Zeichentrickfilme an«. Ende der Woche wollte Allison wissen, ob sie »für dieses Stück vorsprechen darf – es ist zwar nicht am Broadway, aber der Bruder meines Lehrers führt Regie«, und ich war im Diamantenviertel gewesen, um meinen alten Verlobungsring zu verkaufen, und hatte Greenwich Village nach einem Sofa durchkämmt.

Wenn New York weniger liebenswerte Seiten hat, so sind sie uns in den zwei Jahren, in denen wir dort gelebt haben, nicht aufgefallen. Zugegeben, unsere Wohnung war nur einen halben Block vom Central Park entfernt, Jack gab uns einen Grundkurs in U-Bahn-Sicherheit, und wir hatten genügend Geld, um Sushi zu probieren und dann Pizza zu essen, als wir feststellten, dass die Röllchen aus Fisch und Reis besser aussahen als sie schmeckten. Aber wenn wir uns nicht so schnell in New York verliebt hätten, hätten all diese Vorzüge keine Rolle gespielt.

Allison und Erica waren von einer Umgebung fasziniert, in der es Antworten auf all ihre Fragen gab. Ist das Empire State Building immer noch das höchste Gebäude der Welt? *Gehen wir hin und sehen nach.* Wo bekommen wir die Noten für ein Lied, das in der Verfilmung von *Gigi*, nicht aber in der Broadway-Partitur vorkommt? *Die Bibliothek für Darstellende Künste ist zu Fuß fünf Minuten von unserer Wohnung entfernt.* Wie groß ist der größte Wal wirklich? *Im Naturgeschichtsmuseum, acht Blöcke die Columbus Avenue hinauf, befindet sich eine lebensgroße Nachbildung. Wenn ihr wollt, sehen wir sie uns nach der Schule an. Dann holen wir auf dem Heimweg unsere Wäsche ab und die Sachen aus der Reinigung, stöbern in den modischen Sonderangeboten, tauschen bei Gap ein Paar Jeans um, kaufen Muffins, Stifte und einen Handtuchhalter, geben allen Obdachlosen in unserer Nachbarschaft einen Dollar und sperren rechtzeitig zu den Fünf-Uhr-Nachrichten die Tür zu unserem Appartement im elften Stock auf. Oder wir gehen nicht nach Hause, sondern setzen uns zu Barnes & Noble in die Buchhandlung, wo ich meine Arbeit und ihr Mädchen eure Hausaufgaben erledigen könnt. Danach sehen wir im CD-Laden noch die Regale mit den Neuerscheinungen durch, beobachten die Konzertbesucher auf ihrem Weg ins Lincoln Center, lauschen den Gesprächen gestresster Studenten und Fernsehproduzenten und gönnen uns irgendwo ein schnelles Abendessen mit Gemüsetaschen oder Ziegenkäse-Pizza. Oder ...*

Wir liebten die vielen Möglichkeiten, die Auswahl. Wir verbrachten so wenig Zeit zu Hause, dass die Zwei-Zimmer-Wohnung – ich schlief auf einem Bettsofa im Wohnzimmer – größer erschien als das Haus mit den zehn Zimmern, in dem wir mit Roger gewohnt hatten. (Wir brauchten schließlich lange nicht mehr so viele Ecken, in denen wir uns verstecken konnten.)

Jeden Monat flog Roger für ein Wochenende nach New York, um sich mit Allison zu treffen, und das Gericht verlangte von mir, dass ich mit derselben Häufigkeit nach Windsor zurückkehrte. Hier handelte es sich um ein weiteres Beispiel unlogischer Rechtsprechung, da mir das Gericht zwar erlaubte, mich von dem Mann zu entfernen, der mich töten wollte, ihm aber gleichzeitig erlaubte, sich zwölf Mal im Jahr in meiner Nähe aufzuhalten. Vermutlich hätte ich die Anordnung des Gerichts einfach ignorieren können und von den Schwierigkeiten bei ihrer Durchsetzung über die Landesgrenzen hinweg profitieren können, wie es Roger getan hatte, als er seinen Unterhaltszahlungen nicht nachgekommen war. Aber ich hatte mich mein Leben lang an die Spielregeln gehalten, und ich war noch nicht bereit dazu, mich dem Gericht – oder Roger – zu widersetzen. Ich hatte noch immer Angst vor ihm. Und Allison war bereit, sich weiterhin mit ihm zu treffen. (Erica hatte ihren Vater seit einem Jahr nicht gesehen. In der Zeit, als Audrey die Mädchen am Treffpunkt in Windsor abholte, wo das Personal jeden Kontakt zwischen den Begleitpersonen unterband und über das Benehmen jedes Einzelnen Buch führte, weigerte sich Erica eines Samstags, von meinem Schoß zu klettern. Danach begleitete sie Allison nie wieder zu ihren Besuchen bei ihrem Vater.) Damals fühlte ich mich dazu verpflichtet, Allisons Recht, ihren Vater zu sehen, zu respektieren. Sie wusste, dass der Kontaktabbruch für Erica ohne Konsequenzen geblieben war. Roger hatte ihre Entscheidung nie vor Gericht in Frage gestellt. Wenn Allison also Zeit mit ihm verbringen wollte, musste ich ihre Entscheidung billigen, so sehr mir das auch widerstrebte.

Aber: aus den Augen, aus dem Sinn. Mein Wille wurde stärker, und allmählich gewann ich die Macht zurück, die Roger über mein Leben gehabt hatte. Als Allison zwölf wurde, sagte ich ihr, wenn sie weiterhin nach Windsor fahren wolle, müsse sie das allein tun. Für mich war die Reise ein zu großer Stress. Nicht nur, weil sie mich in Rogers Nähe brachte, sondern auch, weil ihm das erneut Gelegenheit gab, mich zu belästigen. Drei Monate in Folge hatte ich versucht, ein Hotelzimmer in Windsor zu buchen, um dann bei meiner Ankunft feststellen zu müssen, dass meine Reservierung gelöscht worden war (sie war nicht vergessen, sondern gelöscht worden – Datum und Uhrzeit befanden sich im Computer). Als es uns dann schließlich gelungen war, ein Hotelzimmer zu bekommen, wurden uns auch noch eine Pizza, Bettlaken und ein Bügelbrett geliefert, was wir nicht bestellt hatten. Zweimal musste das Hotel auf Grund einer Bombendrohung evakuiert werden, und jedesmal klingelte das Telefon rund um die Uhr und der Anrufer legte auf. Es schien, als seien Kobolde am Werk. Es war mir nicht möglich, all dieses Pech als Zufall abzutun, und es zehrte an meinen Kräften, die Bedenken der Mädchen zu zerstreuen. Ich beschloss, die Reise nur noch anzutreten, um Freunde oder Verwandte zu besuchen. Allison sagte, sie wolle ohne mich nicht fahren, und so nahmen die monatlichen Besuche in Windsor ein Ende.

Die nächste Änderung betraf die vereinbarten Telefonanrufe. Drei Jahre lang hatte ich das Gericht gebeten, die Vereinbarung dahingehend zu verändern, dass die Mädchen Roger anriefen. Jedes Mal befahl mir das Gericht, Roger meine Telefonnummer zu geben und jeden Montag- und Freitagabend am Telefon auf seinen Anruf zu warten, obwohl ich beweisen konnte, dass er das Telefon als Waffe benutzte, um uns zu ängstigen und einzuschüchtern. Ich fand mich mit der unangenehmen Realität ab, dass ich mich zweimal die Woche beeilen oder meine Pläne verschieben musste, aber es war unheimlich – und ärgerlich –, dass wir manchmal nach Hause eilen mussten, um einen Anruf unseres Peinigers entgegenzunehmen. Also setzte ich dem lebensgefährlichen Gehetze ein Ende, um nur ja rechtzeitig für Rogers Anruf um sechs zu Hause zu sein. Ich beantragte eine neue Telefonnummer und brachte Allison den Umgang mit einer Telefonkarte bei. An zwei Tagen im Monat brachte ich Allison zu einer Barnes-&-Noble-Filiale, wo sie sich mit Roger traf, aber in der übrigen Zeit genossen wir die Freiheit und die endlosen Möglichkeiten, die New York zu bieten hat. Und unsere einzige Sorge war, dass sich unsere Schirme im Regen umstülpen könnten.

Jack und ich lebten zwar nicht zusammen, aber er war ein Teil unserer Familie. Wir vier machten Picknick auf dem Dach, hatten Eintrittskarten zu den besten Broadwayshows und lachten, bis uns der Bauch wehtat. Am vierten Juli sahen wir uns das Feuerwerk aus seinem Büro im zweiundvierzigsten Stock des General-Motors-Hochhauses an, und die Aussicht war so atemberaubend, dass wir fünf verschiedene Feuerwerke erspähten. Im darauf folgenden Jahr steuerten wir erneut das Gebäude an. Dieses Mal waren wir mit Getränken, Sandwiches, Keksen und Kartoffelchips bewaffnet und über eine Stunde zu früh dran, damit unsere Stühle nur ja rechtzeitig zum Feuerwerk vor dem Fenster bereitstanden. Wir befanden uns dieses Mal in einem anderen Raum, ebenfalls einem Eckbüro mit zwei Glaswänden, etwas weiter den Gang hinunter. Der Himmel wurde stetig dunkler, doch bunte Lichtblitze sahen wir nicht. Wir ließen die Chips herumgehen. Das Feuerwerk hätte eigentlich schon vor zwanzig Minuten anfangen sollen, aber wir sahen noch immer nichts. Wir verteilten die Sandwiches und rückten unsere Stühle zurecht. Nichts. Zehn Minuten und eine Runde Chips später hörten wir gedämpfte Geräusche. Dann sahen wir ein blaues Licht zwischen zwei Häusern aufblitzen – vor lauter Aufregung verschütteten zwei von uns ihre Getränke – und warteten. Und dann warteten wir noch ein Weilchen.

Was für einen Unterschied ein Flur machen kann. Der geringfügige Standortwechsel verhinderte, dass wir mehr als nur einen gelegentlichen Lichtschein zu sehen bekamen, der kaum eindrucksvoller war als der Blitz eines Fotografen auf einer Hochzeit. Eine halbe Sekunde lang waren wir schrecklich enttäuscht (wir hatten den anderen gegenüber mit unserer Aussicht auf das Feuerwerk geprahlt), dann entdeckten wir langsam die komische Seite, und bald fanden wir die ganze Sache zum Totlachen. Jeden Lichtschimmer quittierten wir mit einem »Oh«, jeden dumpfen Kracher mit einem »Ah«, und bei diversen vermeintlichen Raketensichtungen ließen wir ein doppeltes »Oh« und »Ah« hören. Wir waren so sehr in unser Spiel vertieft, dass wir das Ende des Feuerwerks erst bemerkten, als die Menschenmassen vom Fluss Richtung Westen strömten. Es war das beste Feuerwerk, das wir je verpasst hatten.

Meine Arbeit ließ mir viel Freizeit (gewöhnlich arbeitete ich zu Hause, bewältigte meine Aufgaben in großen Arbeitsschüben und reichte die Texte dann kurz vor Abgabetermin ein), und dank Jack war mir jede Menge zusätzlicher Luxus vergönnt, zum Beispiel jede Woche eine Maniküre, alle zwei Wochen ein Besuch der Putzfrau, jeden Monat ein Haarschnitt und jedes halbe Jahr ein Urlaub. Seine Großzügigkeit führte uns auf die Bahamas, nach Puerto Rico und in die Pocono-Berge in Pennsylvania. Schließlich erarbeitete ich mir den Ruf, Aufgaben schnell und gut zu erledigen. Mein eigenes Einkommen wuchs, und mein beruflicher Stolz kehrte zurück. Es ist schwer, in der Medienwelt New Yorks Fuß zu fassen.

Erfolg zu haben ist schon leichter, weil die Arbeit hier einen professionellen Stellenwert hat. Ich bekam viel Geld für Aufträge – Jahresberichte und Broschüren –, deren kreativer Prozess nicht einmal genügend Kalorien verbrannte, um meinen morgendlichen Bagel zu rechtfertigen, aber für eine allein erziehende Mutter war es eine hervorragende Möglichkeit, die Zeit zwischen zwei Zeitschriftenartikeln zu überbrücken. Als Journalist lernt man, dass man auf der Jagd nach einer guten Geschichte dem Geld folgen muss. Ich folgte diesen gut bezahlten Projekten, um meinen Schuldenberg abzutragen. Als ich nach New York kam, hatte ich von Wirtschaft keine Ahnung, aber als ich mir den Auftrag erblufft hatte, das Unternehmensziel einer Firma in Worte zu kleiden (zweitausendfünfhundert Dollar für zwei Stunden Arbeit), beschloss ich dazuzulernen. Ich las jeden amerikanischen und ausländischen Artikel, jedes Buch und jede Zeitschrift, die sich mit Wirtschaft befassten, bis ich intelligente Beiträge zu Unterhaltungen über laterales Denken und die wirtschaftlichen Theorien des Ökonomen Adam Smith beisteuern konnte. Manchmal verlangten meine Aufträge, dass ich an Veranstaltungen teilnahm, bei denen für die Verpflegung eines einzigen Gastes mehr ausgegeben wurde, als ich Miete zahlte. Aber als ich mich davon nicht mehr einschüchtern ließ, scheffelte ich Aufträge von Generaldirektoren, die einen Redenschreiber brauchten, oder Managern, die sich zur Ruhe setzten und ihre Memoiren schreiben wollten.

Unser Leben in New York war ein wunderbares Gegenmittel gegen all die Jahre armseliger, eingeschränkter Existenz mit Roger, aber wirklich frei von ihm waren wir nie. Lange dachte ich, wir seien frei genug, sicher genug – und vielleicht waren wir es auch. Vielleicht wollte ich mir aber auch nur nicht eingestehen, dass es ein Fehler war, Roger Allison in New York besuchen zu lassen, oder dass ich sonstwie nicht genügend aufgepasst hatte. Ich *weiß*, dass ich zögerte, unser Leben in New York aufzugeben. Also hielt ich sein beunruhigendes Eindringen in unser Leben geheim und versuchte, meinen Verdacht beiseite zu schieben. Angeblich kannte Roger unsere Adresse nicht, und ich weiß, dass auch Allison sie ihm nicht gegeben hat. Trotzdem überraschte es mich kaum, dass er sie herausfand. Schließlich durfte er sich laut Gerichtsbeschluss in unserer Nähe aufhalten, und wenn er Allison genügend Fragen nach ihren Lieblingsrestaurants, ihren außerschulischen Aktivitäten und der Nähe zum Central Park stellte, konnte er unserer Adresse leicht auf die Spur kommen. Damals wusste ich noch nicht, dass Roger weit ausgefeiltere Überwachungstechniken zur Verfügung standen als Allisons Antworten und seine eigene Hartnäckigkeit. Ich wollte den unheimlichen Gedanken nicht akzeptieren, dass er meine Spuren im Internet verfolgen konnte. Es war das Jahr 1995, ich selbst hatte noch keinen Internetanschluss und auch keine Ahnung von den technischen Möglichkeiten. Inzwischen weiß ich, dass man die Schritte beinahe jedes Menschen per Internet verfolgen kann. Jeder, der den Namen und die Sozialversicherungsnummer einer Person besitzt, kann herausfinden, wo sie wohnt. Er kann jedes Mal, wenn derjenige seine Scheckkarte oder sein Handy benutzt, den genauen Standort ermitteln, und sogar herausfinden, wann er einen Termin bei seinem Arzt oder Friseur hat.

Es versetzte mich nicht weiter in Aufregung, dass Roger unsere Adresse kannte. Wir wohnten in einem Haus, in dem rund um die Uhr ein Portier Dienst tat. Nicht einmal der Lieferservice des chinesischen Restaurants schaffte es bis zum Aufzug, ohne dass der Portier sich bei uns das Okay holte – und wenn der Lieferdienst nicht innerhalb von ein paar Minuten wieder in der Lobby auftauchte, fragte er noch einmal telefonisch nach, ob alles in Ordnung sei. Ich machte mir allerdings Sorgen um Allisons und Ericas seelische Verfassung. Sie fragten oft: »Dad weiß nicht, wo wir wohnen, oder?« Damit sie sich sicher fühlten, bat ich die Portiers, an die Mädchen adressierte Briefe so lange zurückzuhalten, bis ich Poststempel und Handschrift überprüft hatte. Als Roger begann, ihnen Blumen zu schicken, bat ich die Portiers, alle an die Mädchen adressierten Lieferungen zurückzuhalten.

Um Roger keine Gelegenheit zu geben, die Mädchen in der Schule abzupassen (Allisons Mittelschule und Ericas Grundschule lagen nicht einmal einen Block auseinander), sprach ich mit Sicherheitskräften, Lehrern, Direktoren und Verwaltungsangestellten *und* ließ sein Bild in den Eingangshallen aushängen und den Schulakten beifügen. Als Roger schließlich auf die Idee kam, Allison und Erica Blumen in die Schule zu schicken, rief immer sofort eine der Angestellten bei mir an. Die Anruferin durfte die Blumen behalten, und ich hatte es geschafft, dass meine Mädchen die Illusion von Sicherheit einen weiteren Tag aufrechterhalten konnten. So zermürbend diese Krisen auch waren, solange sie ungelöst waren, so halfen sie mir doch, das Sicherheitsnetz um Allison und Erica auszubauen und zu verstärken. Das Sicherheitspersonal in den öffentlichen Schulen in New York besteht aus ausgebildeten Sicherheitsbeamten, nicht nur aus Schülerlotsen oder Vermittlern in Spielplatzstreitigkeiten. Ich holte die Mädchen Tag für Tag von der Schule ab, und nicht ein einziges Mal kam ich am Empfang vorbei, ohne dass ich aufgefordert wurde, mich auszuweisen und anzumelden, obwohl die Personenkontrollen nach ein paar Monaten nachließen. Wenn die Sicherheitsbeamten sagten, dass die Mädchen in der Schule nichts zu befürchten hätten, glaubte ich ihnen. Und jeden Tag, wenn Allison und Erica mich nach der Schule begrüßten, nickte mir einer von ihnen zu, um mich wissen zu lassen, dass er uns gesehen hatte.

Wenn wir nicht in der Stadt waren und ich ohne meine Roger-Vorsichtsmaßnahmen auskommen musste, konnte ich die Mädchen nicht so leicht vor seinen Streichen und meiner Beunruhigung darüber schützen. Als ich auf den Bahamas im Hotel Atlantis am Pool lag, wurde ich ans Telefon gerufen. Alle, die wussten, dass ich auf den Bahamas war – Allison, Erica und Jack –, waren im Wasser, also dachte ich, es handele sich um einen Anruf des Hotelmanagements oder von jemandem an der Rezeption. Ich hob den Hörer eines Hoteltelefons ab, das nur ein paar Schritte von meiner Liege entfernt war, hörte das vertraute »Haallooo!« und ein Klicken. Ich zwang mich, den Mund zu schließen und ein neutrales Gesicht aufzusetzen, bevor die Mädchen fragen konnten, wer angerufen hatte. Dann verbarg ich meine Panik hinter meiner Sonnenbrille und einem Krimi von Sara Paretsky.

Ich wusste, Roger konnte unseren Aufenthaltsort nicht von Allison erfahren haben. Ich hatte absichtlich weder ihr noch Erica erzählt, wohin – oder wann – wir in Urlaub fahren würden, bis ich mir sicher war, dass unsere Abreise zwischen die beiden wöchentlichen Telefonate von Allison mit ihrem Vater fallen würde. Ich hatte weder einem meiner Redakteure noch einem meiner Kunden gesagt, wohin die Reise ging (nicht aus Sicherheitsgründen, sondern einfach, um ungestört Urlaub machen zu können).

In Jacks Büro wusste nur ein Kollege, wo wir zu erreichen waren, aber er war nicht nur ein Angestellter, sondern auch ein Freund, und ich konnte mir nicht vorstellen, dass er einen solchen Vertrauensbruch begehen würde. Wie hatte Roger mich also aufgespürt? Ich überlegte, ob er vielleicht einen Computerhacker kannte oder einen Privatdetektiv angeheuert hatte, verwarf den Gedanken aber bald. Während ich meine Töchter davon überzeugte, dass der Anruf ganz harmlos war, redete ich mir auch irgendwann meine eigene Panik aus. Der Anrufer hatte nur ein Wort gesagt. Wie konnte ich da sicher sein, dass es Roger gewesen war? Und selbst wenn es Roger gewesen wäre, na und? Zugegeben, er hatte sich große Mühe gemacht, nur um mich mit seinem Anruf zu verunsichern, aber von seiner Besessenheit musste ich mir noch lange nicht den Urlaub verderben lassen. Als ich das Taschenbuch ausgelesen hatte, hatten sich meine Ängste gelegt.

In den fünf Tagen im Hotel Atlantis erhielt ich noch zwei ähnliche Anrufe. Ich erzählte Jack davon, der zwar auch keine plausible Erklärung hatte, aber mir versicherte: »In meiner Nähe seid ihr sicher. Ich hätte nur zu gern einen Vorwand, den Scheißkerl umzubringen.« Machosprüche dieser Art aus dem Mund eines fünfundsechzigjährigen Mannes, der die Spinnen in seiner Wohnung einfing und nach draußen trug, um sie freizulassen, statt sie zu zertreten, erfüllten mich nicht gerade mit Zuversicht. Natürlich behielt ich meine Bedenken für mich, und wenn Jack mich verteidigen wollte, sollte mir das recht sein.

Aber dieser zur Schau gestellte Mut machte es mir nicht gerade leicht, mich ihm anzuvertrauen. Als andere merkwürdige Dinge passierten – eine Pizzalieferung in den Poconos, ein Aufruf am Flughafen eines Zielortes, von dem niemand wusste –, schwieg ich. Als mir bei unserem zweiten Urlaub auf den Bahamas Champagner aufs Zimmer gebracht wurde, ließ ich Jack in dem Glauben, er wäre von einem heimlichen Verehrer, obwohl ich wusste, dass ihn ein besessener Psychopath geschickt hatte. Aber wem konnte ich das sagen? Ich konnte nichts beweisen, und selbst wenn, würde die Polizei auf der Bahamas-Insel Paradise Island eine Ausweisung Rogers erwirken, um ihm den Prozess zu machen, weil er mir ein Geschenk schicken ließ? Würde die Polizei in den

Poconos es tun? Natürlich nicht. Vermutlich würden sie mich für verrückt halten.

Und manchmal fragte ich mich selbst, ob mich die Angst nicht hatte übervorsichtig werden lassen, ob ich nach all dem, was ich mit Roger durchgemacht hatte, nicht vielleicht paranoid geworden war. Roger hatte eine neue Frau, eine neue Tochter, ein hübsches Haus in der Vorstadt, eine Familie, Freunde und seine Arbeit in Michigan. Logisch betrachtet sollte seine emotionale Bindung an Audrey und das Baby zu stark sein, als dass er sich noch für mich interessierte. Realistisch gesehen sollte er viel zu viel zu tun haben, als dass er seine Freizeit damit verbachte, mir einen Schrecken einzujagen. Vielleicht war es an der Zeit, dass ich aufhörte, Roger für alles Merkwürdige verantwortlich zu machen, das mir zustieß.

Und doch ... Ich konnte nicht umhin zu bemerken, dass beinahe jedes Mal, wenn ich mit den Mädchen in New York eine öffentliche Veranstaltung besuchte – einen Straßenbazar, eine Kunstausstellung, eine Handwerksmesse, einen Bücherflohmarkt –, jemand ein Foto von uns machte. Allison, Erica und ich lächeln und lachen tatsächlich gern, so dass wir durchaus gelegentlich das Interesse eines Fotografen auf uns ziehen könnten. Aber wir lebten in einer Stadt, in der Stars mit ihren Hunden spazieren gingen und im Supermarkt einkauften, ohne Aufmerksamkeit zu erregen. Vielleicht standen wir manchmal einem Touristen bei seinem Schnappschuss im Weg oder störten professionelle Fotoaufnahmen, aber jedes Wochenende? Entweder wurden wir verfolgt, oder ich brauchte ein Medikament, das noch sehr viel stärker war als die Antidepressiva, die ich zweimal am Tag nahm.

Von beiden Alternativen wollte ich nichts wissen. Ich behielt meinen Tagesablauf bei – ein langer Spaziergang am Morgen, wenn ich die Mädchen zur Schule gebracht hatte, ein kurzer Stopp auf dem Heimweg, um einen fettfreien Muffin und einen großen Eistee mit extra Zitrone zu trinken, dann um halb drei wieder aus dem Haus, die Mädchen abholen und zu Gesangsstunden, Therapiesitzungen und überall dorthin zu bringen, wohin uns die Hausaufgaben führten oder wohin unsere restliche Energie uns verschlug. Ich schlief nicht mehr so gut, und meine Sorge um Allison und Erica wuchs. Jeden Nachmittag fiel mir ein Stein vom Herzen, wenn ich einen kastanienbraunen Haarschopf oder eine Holzfällerjacke auf der Schultreppe erspähte. Ich hielt die Mädchen nicht von ihren üblichen Streifzügen durch die Nachbarschaft ab, aber ich bat Chuck und Steve, die beiden Obdachlosen an der Ecke, ein Auge auf sie zu haben. Chuck, der mich eher um ein Buch als um einen Dollar bat (er bestellte sogar bestimmte Autoren), begleitete sie häufig nach Hause. Diese Strategie schien mir eine vernünftige Antwort auf meine vielleicht unvernünftige Angst zu sein. Sicher hätte man mir vorwerfen können, ich beschütze meine Kinder etwas zu sehr. Aber solange ich den Verdacht verschwieg, dass man uns verfolgte, konnte zumindest niemand behaupten, ich litte unter Wahnvorstellungen.

Manchmal ist so ein Verfolgungswahn auch ganz praktisch. Und wenn eine kleine Angstneurose half, uns zu schützen, nun, dann dankte ich Gott dafür – das Beruhigungsmittel können Sie behalten. Lieber bin ich psychisch krank als tot.

Das Exil

Verfolgt

Aber hin und wieder verbergen sich tatsächlich Schlangen unter dem Bett, versteckt sich ein schwarzer Mann im Schrank und lauern große, böse Wölfe im Wald. Manchmal existiert das Böse. Es war nicht nur meine lebhafte Phantasie, als ich dachte, all diese Objektive seien auf meine Familie gerichtet. Mit der Kamera, dem Computer und zu Fuß setzte Roger uns nach. Und kurz nachdem ich gelernt hatte, was Neutralität in der Praxis bedeutete, legte Rogers Terrorkampagne einen Gang zu.

Ich war etwa ein halbes Jahr jede Woche einmal bei Dr. Lucy Barren gewesen, einer Psychologin, deren Praxis ein wenig abseits der Empfangshalle in einem Wohngebäude in der Upper East Side versteckt war, als ich ihr Allisons Enthüllungen anvertraute, dass möglicherweise ein sexueller Missbrauch stattgefunden hatte. Mit lange geübter Zurückhaltung berichtete ich von den juristischen Hindernissen, die Allison jedes Mal zum Schweigen brachten, wenn sie ihre Geheimnisse enthüllen wollte, und wie schmerzlich es für mich war, mit den Andeutungen leben zu müssen, ohne die Gewissheit zu haben, dass ein Missbrauch stattgefunden hatte.

»Wie können Sie daran zweifeln, dass Allison von ihrem Vater missbraucht wurde?«, fragte Dr. Barren, und ihre samtweiche Stimme wurde eine Spur schärfer.

»Nun, ich bin mir zu achtundneunzig Prozent sicher«, wagte ich mich vor. Die Frage hatte mich verblüfft. »Die Anwälte und Sachverständigen haben mir immer wieder gesagt, Allison hätte keine stichhaltige, vor Gericht verwertbare Aussage gemacht und ich müsse neutral bleiben, damit niemand behaupten könne, ich würde Allison beeinflussen oder ihr einreden, was sie zu sagen hatte.«

»Also gut, das sagen die Anwälte, und jeder Anwalt will vor Gericht gewinnen. Was glauben Sie?«

»Ich glaube alles, was Allison mir erzählt hat, und ich glaube, dass da noch einiges mehr ist. Aber ich habe so hart daran gearbeitet, mein Gleichgewicht zu finden, neutral zu sein, dass ich mich wohl an die zwei Prozent Zweifel geklammert habe, weil das nicht so schmerzhaft war.«

»Aber in Ihrem Herzen, in Ihrem Kopf, in Ihrem Bauch glauben Sie, dass Allison von ihrem Vater sexuell missbraucht wurde?«

Es war mir nicht bewusst, dass ich auf den Boden gestarrt hatte, bis Dr. Barrens Frage meinen Kopf nach oben schnellen ließ. Und als ich ihr in die Augen sah, wusste ich die hundertprozentig richtige Antwort.

»Ja ... ja.«

»Allison muss das wissen. Allison muss wissen, dass Sie ihr glauben, dass sie Sie nicht vor der Wahrheit schützen muss. Neutralität *ist* eine Geisteshaltung. Neutralität ist Zweifel. Jedes Mal, wenn Sie Allison erzählen, Sie würden ihr glauben, wenn sie sagte, sie sei missbraucht worden, hört sie Skepsis und Zweifel. Sie muss wissen, dass Sie nicht nur die Worte glauben, die Sie hören, sondern auch deren Bedeutung. Sie muss wissen, dass Sie glauben, dass ein Missbrauch stattgefunden hat. Damit beinflussen Sie sie nicht. Damit unterstützen Sie sie.«

Bevor ich etwas erwidern konnte, waren die fünfzig Minuten um, und ich stand ohne Schirm vor der Tür auf der Park Avenue und winkte ein Taxi heran. Meine politischen und persönlichen Überzeugungen waren ebenso besudelt wie meine Jeans, nachdem das vierte Taxi vorbeigerast war. Nicht, dass Dr. Barrens Worte ein so großer Schock oder eine Enthüllung gewesen wären, aber noch nie zuvor war Neutralität etwas Negatives für mich gewesen. Im Debattierclub hatte man mir beigebracht, in einer Auseinandersetzung beide Seiten zu sehen. Als Journalistin hatte ich gelernt, nicht Partei zu ergreifen. Im Sorgerechtsstreit hatte man mir eingeschärft, mich nicht zu offensichtlich hinter Allison zu stellen oder sie dazu zu bringen, sich im Scheidungsverfahren auf meine Seite zu stellen. Und nun sagte mir Dr. Barren, das sei falsch gewesen? Wie konnte sie es wagen! Wusste sie denn nicht, dass ich Gefahr lief, Allison und Erica zu verlieren, wenn Roger beweisen konnte, dass ich sie in irgendeiner Weise beeinflusst hatte? Wusste sie denn nicht, wie schwer es war, neutral zu bleiben, niemals ein böses Wort über Roger zu sagen, ruhig zuzuhören, wenn sie schreckliche Dinge von ihrem Vater erzählten oder mir von den teuren Geschenken berichteten, die er ihnen gekauft hatte? Mit welchem Recht jagte sie mir Schuldgefühle ein, weil ich mich so verhalten hatte, wie man es mir gesagt hatte?

Ich wütete stumm, während ich im Taxi die zweiundsiebzigste Straße entlang und durch den Central Park fuhr. Als ich zu Hause ankam, hatten sich meine Gedanken wieder etwas beruhigt. Dr. Barren hatte mir keine Vorwürfe gemacht. Sie hatte lediglich ein paar Fragen gestellt, und wenn mir bei meinen Antworten wohl gewesen wäre, wäre ich nicht so wütend geworden. Ich war nicht mehr im Debattierclub, ich war weder in der Nachrichtenredaktion noch im Zeugenstand. Ich saß auf dem Sofa – eine Mutter, die darauf wartete, dass ihre Töchter von der Schule nach Hause kamen. Nicht mehr und nicht weniger. Ich war eine Mutter, und Mütter sind ihren Kindern gegenüber nicht neutral. Sie unterstützen sie, beschützen sie, und ihre Loyalität ist unerschütterlich. Mütter ergreifen Partei. Sie sind Verbündete, weder unschlüssig noch neutral.

Endlich wusste ich, dass ich Allison sagen musste, dass ich ihr glaubte. Aber ich konnte nicht einfach zur Schule laufen, sie aus dem Unterricht zerren und ihr das auf dem Flur eröffnen – selbst wenn mein katholisches Beichtbedürfnis mich dazu drängte. Ich würde damit auf einen ruhigen, ungestörten Augenblick warten müssen. Zwei Tage darauf ergab sich eine bessere Gelegenheit.

Allison kam in Tränen aufgelöst von einem ihrer samstäglichen Treffen mit ihrem Vater zurück. Sie war danach oft niedergeschlagen, wütend, redselig oder schlicht erschöpft, aber ich hatte sie seit langem nicht mehr so aus dem Häuschen gesehen. Was sie über die gemeinsam verbrachte Zeit erzählte, klang unerfreulich, aber nicht furchtbar. Ihr Vater war in Begleitung seines Bruders nach New York geflogen. Obwohl sie nicht wollte, hatten sie im Central Park Räder gemietet. Dann saßen sie stundenlang in dem kleinen, heruntergekommenen Hotelzimmer ihres Vaters. Am Ende ihres Berichts erklärte Allison vehement, sie wolle ihren Vater am nächsten Tag nicht sehen. Sie würde sich weder an jenem Sonntag noch sonst irgendwann je wieder freiwillig mit ihm treffen.

Allisons Entschluss, zu Hause zu bleiben, gab uns unerwartet Gelegenheit zu einem Gespräch. Jack und Erica hatten sich bereits zuvor zu einem Frühstück mit anschließendem Einkaufsbummel verabredet (was gut in meinen Plan gepasst hatte, bei Barnes & Noble etwas zu schreiben, nachdem ich Allison zum Treffen mit ihrem Vater abgeliefert hatte), und Allison und ich waren allein in der Wohnung.

Wir saßen einander im Schneidersitz auf dem Boden gegenüber, und ich erklärte Allison, dass ich glaubte, dass ihr Vater ihr wehgetan hatte – körperlich, emotional und sexuell – und dass ich nun, da die Scheidung vorbei war, nie mehr vorgeben würde, neutral zu sein.

Allison sagte nicht viel, aber sie wandte den Blick niemals ab. Lautlos tropften die Tränen von ihren Wangen in ihren Schoß. Als mir die Worte ausgingen, nahm sie mich in den Arm, und wir saßen lange Zeit einfach nur so da. Ich wiegte sie sanft, und sie legte den Kopf auf meine Schulter. Mit jedem Mal Ausatmen wurde sie ruhiger, und ich sah auf sie hinunter, ob sie schlief. Ihre Augen erforschten mein Gesicht, als könne sie darin einen Hinweis auf etwas seit langem Vergessenes finden. Als sie klein war, hatte sie mich mit der gleichen Eindringlichkeit gemustert, meinen Kopf in die eine und die andere Richtung gedreht, mich von allen Seiten betrachtet. Vielleicht wollte sie die Erinnerung daran wachrufen, an das Gesicht, dem sie vertraut hatte, die Brust, die ihr Nahrung gab, die Mutter, die sie im einen Arm hielt und mit dem anderen alle Hindernisse des Lebens hinwegfegte.

Ich hatte meine Tochter wieder. Ich hatte das Baby zurück, das mich geliebt hatte, ohne zu wissen warum. Und zum ersten Mal spürte ich die Verbindung zu der jungen Frau, die ohne jeden Zweifel wusste, dass ich sie liebte.

Im Laufe der nächsten Wochen ging Allison dreimal zum Friseur. Zuerst ließ sie sich ihre hüftlange Mähne nur um ein paar Zentimeter, dann auf Schulterlänge kürzen und schließlich zu einem Bob schneiden, der beim Gehen ihr Schlüsselbein umspielte. Sie warf ihre alten Jogginghosen in den Müll und kaufte sich bei Gap ihre erste Jeans, die sie mit einem waldgrünen Pulli mit rundem Ausschnitt kombinierte, der ihr bis zur Taille ging und die roten und goldenen Reflexe in ihrem Haar betonte. Als der nächste Besuch ihres Vaters in New York näher rückte, fragte ich sie, ob sie sich mit ihm treffen wollte. Sie sagte, sie sei sich nicht sicher. Ein paar Tage später fragte ich noch einmal. Ich musste meinem Anwalt Bescheid geben, damit dieser Rogers Anwalt von der Absage unterrichtete. Allison sagte: »Das geht schon in Ordnung. Ich werde anrufen und es ihm selbst sagen.« Was sie auch tat.

Roger focht Allisons Entscheidung nicht vor dem kanadischen Gericht an. Er stellte auch keinen neuen Sorgerechtsantrag in New York, wie er es hätte tun können. Niemand rief auf unserer vierten geheimen Telefonnummer in New York an, und weder Briefe noch Blumen wurden ins Haus oder in die Schulen der Mädchen geliefert. Roger hatte Jacks private und geschäftliche Telefonnummer, aber er meldete sich auf keiner von beiden. Er nahm weder mit meinen Eltern noch meinen Freunden in Michigan oder Ontario Kontakt auf.

Carolyn Birch war mir bei meinem ersten Aufenthalt im Hiatus-Haus als Therapeutin zugeteilt worden, und sie setzte schließlich sogar ihren beruflichen Status aufs Spiel, um mein Vertrauen zu gewinnen. Sie war die Erste, die mir erklärt hatte, dass Roger die Kontrolle über mich niemals aufgeben würde, dass ich niemals vor ihm sicher wäre, dass er in die Bis-dass-der-Tod-uns-scheidet-Kategorie der Gewalttäter gehörte. Sechs Jahre lang hatte sich ihre Theorie als richtig erwiesen, aber ich konnte mir nicht vorstellen, welche Möglichkeiten Roger noch blieben, und ich hoffte, er konnte es auch nicht.

An einem Mittwochmorgen drei Wochen später beugte ich mich vor, um Allison vor dem Schulhof einen Abschiedskuss zu geben, bevor ich Erica über die Straße zu ihrer Schule brachte. Plötzlich versteifte sich Allison, Erica schrie auf und ich hörte hinter mir schnelle Schritte und das dämonische »Haallooo!«, das Rogers Markenzeichen geworden war.

Ich drehte mich um und sah Roger auf uns zulaufen. Ich packte die Mädchen, und wir drückten uns rückwärts den Gehsteig entlang, liefen gegen einen fünf Meter hohen Zaun, bevor wir das offene Tor erreichten und uns unter eine Gruppe verwirrter Teenager mischten. Dann fing ich an zu schreien. Nicht aus Instinkt (normalerweise lähmt mich meine Angst), sondern weil man mir in einem Selbstverteidigungskurs beigebracht hatte: Machen Sie eine Szene.

»Hilfe! Hilfe! Das ist der Mann, der versucht hat, mich umzubringen! Helft uns, bitte!«

Sofort waren wir von einem Dutzend Schülern umringt. Einige riefen nach dem Sicherheitsdienst, andere erkundigten sich, ob wir verletzt seien, und alle versicherten uns, dass wir in Sicherheit seien. Ich konnte Roger durch die V-förmige Lücke zwischen den Schultern der Teenager vor mir sehen. Er hatte kehrtgemacht und lief die Columbus Avenue in südlicher Richtung hinunter. Einen Block lang konnte ich ihn mit den Augen verfolgen, dann verschwand er.

Zwei Sicherheitsbeamte, beide größer als die größten Jungen unseres menschlichen Schutzschildes, führten uns in das Schulgebäude und das Hauptbüro, wo wir drei uns auf zwei Holzstühlen aneinander drückten, während wir auf den Direktor und die Polizei warteten. Zwei Polizisten stellten Allison und Erica behutsam Fragen, um zu sehen, ob ihre Schilderung der Ereignisse mit der meinen übereinstimmte, gaben mir eine Aktennummer und gingen.

Der Direktor ließ umgehend die Sicherheitsleute rufen, die neue Vorsichtsmaßnahmen vorschlugen. Ich sollte Allison jeden Morgen direkt im Schulgebäude beim Sicherheitsdienst abliefern, und jeden Nachmittag würde sie dort auf mich warten. Darüber hinaus, erklärte der Direktor, werde er bei der Sitzung am Nachmittag Abzüge von Rogers Foto an das gesamte Lehrpersonal verteilen und die Anweisung erteilen, sofort die Polizei zu rufen, wenn jemand außer mir sich nach Allison erkundigte oder sie abholen wollte.

»Solange du hier in der Schule bist, werden wir dafür sorgen, dass du in Sicherheit bist«, versicherte er Allison. »Und niemand wird dich gegen deinen Willen aus unserer Schule holen. Ich würde nicht einmal *deiner Mutter* erlauben, dich nach Hause zu holen, wenn du mir sagen würdest, dass du Angst hast, mit ihr zu gehen.«

Seine Worte – und die darauf folgenden Taten – verschafften Allison das ganze restliche Schuljahr über eine Sicherheitszone. Bis zum Ende der Woche waren alle Lehrer auf sie zugekommen und hatten ihr das Versprechen gegeben, sie zu beschützen. Und in den seltenen Fällen, wenn Allison mich vor einem Mitglied des Schulpersonals erspähte und Anstalten machte, das Schulgebäude zu verlassen, wurde sie von einem Sicherheitsbeamten daran gehindert und musste im Haus warten, bis ich mich angemeldet hatte.

An diesem Mittwochmorgen schien uns jedoch keine dieser Vorkehrungen sicher genug, und ich beschloss, Allison und auch Erica wieder mit nach Hause zu nehmen. Wir kehrten in unseren Wohnblock zurück, baten einen Pförtner, uns im Lift nach oben zu begleiten, und sperrten uns in unserem Appartement ein. In diesem Augenblick schien es uns nur vernünftig, es nie wieder zu verlassen. Wir konnten uns alles, was wir brauchten, liefern lassen – Lebensmittel, Videos, Bücher, Gemüsetäschchen, Medikamente und sogar die Wäsche. Ich konnte die Mädchen zu Hause unterrichten und meine Arbeit per Kurier bringen lassen und verschicken.

Aber gegen Mittag jagte uns unsere Wohnung Angst ein. Jedes Geräusch auf dem Flur ließ uns zusammenzucken. Wir erschreckten uns selbst mit endlosen Was-wäre-wenn-Gedankenspielen (»Was, wenn Dad sich als Bote verkleidet? Was, wenn sich Dad mitten in der Nacht am schlafenden Portier vorbeischleicht und die Tür aufbricht?«) und stellten uns in allen Einzelheiten vor, was an jenem Morgen Schreckliches hätte passieren können oder was an den kommenden Schultagen noch passieren könnte. Um drei Uhr nachmittags war mir klar, dass wir binnen einer Stunde das Haus verlassen mussten, andernfalls wären wir am nächsten Morgen außer uns vor Angst.

Ich schlug vor, im Delikatessgeschäft um die Ecke einen Happen essen zu gehen. Allison und Erica schrien eine halbe Stunde lang in den höchsten Tönen: »Nein, nein, bitte zwing uns nicht. Er wird uns umbringen!«, bis ich schließlich zurückbrüllte: »Zieht eure Mäntel an. Wir gehen *jetzt*! Und wenn ihr mir nicht durch diese Tür hinaus folgen wollt, gehe ich ohne euch.« Panik ist einer vernünftigen Konversation nicht gerade zuträglich. Aber der Teil meines Gehirns, der mir geholfen hatte, mich von Rogers Schimpftiraden zu distanzieren, half mir jetzt zu erkennen, dass wir vor lauter Angst nicht mehr klar denken konnten. Meine nächsten Worte waren schon ruhiger.

»Also gut, gut. Wir holen jetzt alle mal tief Luft. Ich auch. Dreimal tief Luft holen. Eins ... zwei, drei. Allison, Erica, ich weiß, dass ihr

Angst habt. Ich habe auch Angst. Aber wir können nicht zulassen, dass Dad – oder sonst irgendjemand – uns zu Gefangenen in unserer eigenen Wohnung macht. Wir werden besonders vorsichtig sein. Wir können im Delikatessgeschäft essen oder die Sachen mit nach Hause nehmen, aber es ist wirklich wichtig, dass wir da jetzt hinausgehen. Wir müssen uns beweisen, dass wir es können.«

Und so zogen wir los. Erica klammerte sich an mich, Allison sah bei jedem fünften Schritt über die Schulter. Ich schwitzte und fror, als wir (nach ungefähr drei Minuten) endlich atemlos bei unserem Delikatessgeschäft ankamen. Wir wurden unter begeistertem Hurra empfangen. Als wir die Theke erreichten, standen Ericas Schwarz-weiß-Kekse und mein Eistee schon bereit, und der Bäcker erklärte Allison, ihre Calzone ohne Käse sei in zehn Minuten fertig. Die Verzögerung lieferte uns einen Vorwand, uns hinzusetzen, durchzuatmen und – trotz der Anspannung – eine der einfachen Freuden (und Geheimnisse) des Lebens in New York zu genießen: die Freundlichkeit unter Nachbarn. In den meisten nordamerikanischen Vorstädten ist es möglich, dass man, wenn man aus dem Haus geht und sich auf den Weg zur Arbeit macht, kein einziges vertrautes Gesicht sieht. In Windsor ging ich fünfzehn Jahre zu ein und demselben Arzt, und ich bin ihm nicht einmal außerhalb seiner Praxis begegnet. In New York grüßten wir jeden Kioskbesitzer und jeden Obdachlosen mit Namen. Wir trafen die Lehrerinnen der Mädchen auf dem Flohmarkt, standen vor dem Kino hinter meinem Zahnarzt in der Schlange, saßen im Park drei Tische von Ericas Psychologin entfernt und ignorierten im Restaurant einen Kunden, der eine Dame mit Caffè latte fütterte, die nicht seine Frau war.

Diese Zugehörigkeit machte es uns möglich, uns aus unserer Wohnung zu wagen und zu versuchen, das Gefühl von Sicherheit zurückzugewinnen, das Rogers Auftreten zerstört hatte. Aber unsere neue Pufferzone war nicht mehr so stark. Mit den Augen suchten wir die Gehsteige ab, sahen uns jeden mediterran-jüdischen, mittelgroßen Mann von mittlerer Statur mit dunklen Locken besonders genau an. Auf der Upper West Side, wo diese Beschreibung scheinbar auf jeden dritten Mann zutrifft, war das eine ermüdende Aufgabe. Erica deutete auf jeden *möglichen* Roger und rief: »Da ist Daddy!« Ein weiterer Vorteil in New York ist, das normale Unterhaltungen schnell im allgemeinen Getöse untergehen, so dass die zu Unrecht beschuldigten Männer Ericas Ausruf nicht hörten.

Am Morgen nach der Konfrontation mit Roger war die Anspannung groß, und ich ließ das Frühstück ausfallen. Ich brauchte eine Kraft, die mir kein Müsli der Welt geben konnte – ich musste mich in dem Entschluss bestärken, unserer ganz normalen Alltagsroutine zu folgen, obwohl ich mich am liebsten ins Bett gelegt und den ganzen Tag Zeichentrickfilme angesehen hätte. An jenem Morgen wollte ich keine Mutter sein. Ich wollte nicht entscheiden, ob ich es riskieren wollte, meine Töchter emotional zu schädigen, indem ich sie zu Hause behielt, oder sie der Gefahr für Leib und Leben auszusetzen, weil ich sie in die Schule schickte. *Ich* wollte bemuttert werden, wollte, dass mir jemand Buttertoast und heißen Kakao brachte, mir eine Geschichte vorlas und mir sagte, alles würde wieder gut. Stattdessen schickte ich ein Stoßgebet zum Himmel, ging auf den Flur hinaus, um den Aufzug anzufordern, und drängte Allison und Erica zur Eile, bevor er unser Stockwerk erreichte.

In der Lobby wartete Jack auf uns. Ich war überrascht und dankbar, als er erklärte, er würde uns zur Schule begleiten (obwohl er mit seiner »Ich-konnte-nicht-mehr-schlafen«-Behauptung niemandem etwas vormachen konnte). Als wir in Allisons Schule ankamen, wurde sie bereits vom Direktor und einem Sicherheitsbeamten erwartet, die noch einmal versprachen, sie zu beschützen. Nach einem schnellen Abschiedskuss verschwand Allison mit den beiden Männern im Schulgebäude. Da Erica am Mittwoch nicht im Unterricht gewesen war, rechnete ich nicht mit einer Eskorte und brachte Erica selbst in ihr Klassenzimmer im zweiten Stock. Ich erklärte, warum Erica nicht zur Schule gekommen war und dass ihrer Sicherheit besondere Aufmerksamkeit zu schenken sei, umarmte meine Jüngste, gab ihr einen Kuss und kehrte in die Eingangshalle zurück. Ich sagte Jack, dass ich die Schule nicht eher verlassen würde, bis ich mit der Direktorin gesprochen hatte. Jack wollte mit mir warten, und zwanzig Minuten später sprachen wir beide mit der Direktorin, die neu an der Schule war, und ihrem Stellvertreter, der bis auf die Geschehnisse des Vortags über Ericas Geschichte informiert war.

Ich schilderte die Einzelheiten von Rogers Überraschungsbesuch, mit dem er gegen die einstweilige Verfügung des kanadischen Gerichts verstoßen hatte, die auch Ericas Schulakte beigefügt worden war. Jack erläuterte kurz, wie Allisons Schule darauf reagiert hatte und schlug vor, hier ähnliche Sicherheitsmaßnahmen zu ergreifen. Debra Bryant, die frisch ernannte Direktorin, konnte ihre Mitteilungsfreude kaum zügeln, und als Jack geendet hatte, setzte sie umgehend zu einer Antwort an.

»Natürlich liegt uns die Sicherheit der Kinder an unserer Schule am Herzen, und wir danken Ihnen, dass Sie uns auf Ericas besonderes Sicherheitsbedürfnis hingewiesen haben«, sagte sie und schlug mehrmals die Beine übereinander. »Sie sollten allerdings wissen, dass wir gesetzlich dazu verpflichtet wären, Erica mit ihrem Vater gehen zu lassen, sollte er hier in der Schule auftauchen und sie abholen wollen.«

»Wie bitte? Sie würden sie einfach so mit ihrem Vater gehen lassen?«

»Ja, dazu sind wir gesetzlich verpflichtet.«

»Aber er hat nicht einmal das Sorgerecht. Er hat kein Besuchsrecht an Schultagen. Und selbst wenn Sie das, was ich Ihnen gerade erzählt habe, nicht glauben würden, wie können Sie sagen, dass Sie ein Kind mit einem Elternteil gehen lassen würden, der nicht einmal das Sorgerecht hat?«

»Also, ich habe nicht gesagt, dass ich Ihnen nicht glaube, auch wenn wir in solchen Angelegenheiten unvoreingenommen bleiben sollen. Was Sie sagen, klingt glaubwürdig, aber Ericas Vater könnte hier mit einer ebenso glaubwürdigen Geschichte aufkreuzen –«

»Entschuldigen Sie, wenn ich Sie unterbreche, aber Ericas Sicherheit ist wichtiger als Ihre Unvoreingenommenheit. Und wenn Sie sagen, dass Sie hier nicht für ihre Sicherheit sorgen können, werde ich sie sofort mit nach Hause und von dieser Schule nehmen.«

»Ich glaube nicht, dass das eine Lösung ist«, mischte sich der stellvertretende Direktor Mike Thompson ein. »Niemand möchte, dass Erica etwas zustößt.«

»Wenn Sie beide mir erklären, dass Ericas Vater jederzeit hier auftauchen und sie aus der Schule holen kann, dann bleibt mir nur, Erica sofort mit nach Hause zu nehmen.«

»Es wäre einfacher, wenn die einstweilige Verfügung nicht nur den Kontakt zu Ihnen, sondern auch den zu Erica verbieten würde«, sagte Ms. Bryant.

»Mag sein, aber das ist nun einmal nicht der Fall und ich bin über siebenhundert Kilometer und eine Landesgrenze von dem einzigen Ort entfernt, wo ich eine solche einstweilige Verfügung bekommen könnte. Und selbst dann würde es Monate dauern, bis sie genehmigt würde – wenn sie überhaupt genehmigt würde –, und wenn Sie nicht gewillt sind, Erica in der Zwischenzeit zu beschützen, solange sie in der Schule ist, werde ich sie mit nach Hause nehmen.«

»Wie ich Erica kenne, glaube ich nicht, dass sie mit ihrem Vater irgendwohin gehen würde«, sagte Mr. Thompson.

»Wollen Sie einem achtjährigen Kind die Verantwortung für eine solche Entscheidung aufbürden? Wollen Sie von ihr verlangen, dass sie sich tapfer weigert, die Schule zu verlassen, obwohl ihr Vater – und Sie – ihr sagen, dass sie mit ihm gehen muss? Wenn Ihnen tatsächlich etwas an Ericas Sicherheit läge, würden Sie sie beschützen – Gesetz hin, Gesetz her. Wie wollen Sie überhaupt wissen, dass ein Mann, der behauptet, Ericas Vater zu sein, tatsächlich ihr Vater ist? Könnten Sie nicht einen Beweis verlangen? Könnten Sie ihn nicht auffordern, zuerst zweifelsfrei zu beweisen, dass er ihr Vater ist, bevor Sie es überhaupt in Betracht ziehen, Erica mit ihm gehen zu lassen? Und könnten Sie mich in der Zwischenzeit nicht anrufen und warnen? Ich wohne nur fünf Blocks entfernt und könnte Erica von der Schule abholen, bevor ihr Vater Gelegenheit dazu bekäme und bevor Sie sich zwischen dem Gesetz und dem Leben meiner Tochter entscheiden müssten.«

»Da ist etwas dran, zuerst einen Beweis von ihm zu verlangen«, wagte sich Mr. Thompson vor. »Ich habe noch nie darüber nachgedacht, aber das klingt vernünftig.«

»Wenn ich Erica vor Unterrichtsschluss von der Schule abholen möchte, muss ich mich ausweisen und anmelden – obwohl Sie mich jeden Tag sehen. Es sollte also durchaus möglich sein, einen Mann, der behauptet, Ericas Vater zu sein, einige Zeit aufzuhalten. Zumindest so lange, bis ich hier bin und Erica abgeholt habe, bevor ihr etwas zustoßen kann. Schließlich wollen Sie den Trauergästen bei ihrer Beerdigung doch nicht sagen müssen, die staatlichen Vorschriften hätten sie umgebracht.«

»Das wird nicht passieren«, sagte Ms. Bryant. »Ich denke, wir sehen die Situation nun klarer. Ihre Tochter ist hier sicher.«

»Wollen Sie damit sagen, dass Sie Erica nicht mit ihrem Vater gehen lassen werden?«

»Ja, ich denke, wir können das so sagen.«

»Es tut mir Leid, falls ich unhöflich erscheinen sollte, aber Ihre *Gedanken* werden Erica nicht schützen. Ich verlange die von Ihnen – und Mr. Thompson – unterzeichnete schriftliche Zusicherung, dass Sie Erica nur mir allein anvertrauen werden, solange ich nicht *persönlich* eine andere Regelung bezüglich ihrer Abholung treffe.«

»Wir sagten ja bereits –«

»Ich verlasse dieses Büro entweder mit einem von Ihnen und Mr. Thompson unterzeichneten Dokument oder mit meiner Tochter.«

Ein Schriftstück wurde aufgesetzt und unterzeichnet. Eine Kopie bekam ich, eine zweite kam in Ericas Akte. Jack und ich bedankten uns überschwänglich bei allen Beteiligten und gingen. Jack sagte, er hätte während des Treffens geschwiegen, »weil du die Sache offensichtlich bestens im Griff hattest, Ellen«. Meinen Vorschlag, gemeinsam zu frühstücken, lehnte er ab, er sei schon spät dran. Er setzte sich in das nächste Taxi Richtung Osten, und ich blieb allein auf dem Gehsteig zurück.

Ich wünschte mir, ich wäre geduldiger, sanfter mit Ms. Bryant umgegangen. Ich verstand nur zu gut, dass sie zögerte, meiner schrecklichen Schilderung von Rogers Charakter Glauben zu schenken. Aber seit sechs Jahren versuchte ich, der Welt begreiflich zu machen, was für ein Mensch er war, und seit sechs Jahren musste ich mir immer wieder anhören, er könne *gar nicht so schlimm sein.* Ich war es leid, Skeptiker zu bekehren. Ich musste für die Sicherheit meiner Töchter sorgen, und wenn dabei die Höflichkeit auf der Strecke blieb, dann war das nicht zu ändern. Entschuldigen konnte ich mich später immer noch, aber Allisons und Ericas Sicherheit konnte nicht warten.

Allison und Erica waren die nächsten sechs Stunden sicher. Dafür hatte ich gesorgt, wie es sich für eine gute Mutter gehört. Aber ich zitterte, war den Tränen nahe und erschöpft. Wer sorgte für mich? Auf dem Heimweg schaute ich bei unserem Delikatessgeschäft vorbei, kaufte Toast und eine heiße Schokolade zum Mitnehmen, verkroch mich im Bett und sah mir bis halb drei Uhr nachmittags Zeichentrickfilme an. Ich summte die Titelmusik, als ich das Haus verließ, um die Mädchen abzuholen.

Sofort wurde ich von dem Blitz eines Fotoapparates geblendet.

Der Auftragskiller

Ich hätte Marshmallows mitbringen sollen. Vielleicht auch Popcorn. Auf alle Fälle aber eine Taschenlampe. Und ich hätte Namensschilder in alle meine Kleidungsstücke nähen sollen. Denn die Geschichten, die ich meiner Psychologin eine Woche später erzählte – und die Geschichten, die sie mir erzählte –, waren eher Lagerfeuer-Anekdoten als psychotherapeutische Enthüllungen. Ich begann mit den jüngsten Ereignissen – der Konfrontation mit Roger, den erheblich abweichenden Reaktionen in den Schulen meiner Töchter und der Ohnmacht der New Yorker Polizei, Anzeige zu erstatten, weil das Kontaktverbot aus Kanada hier keine Gültigkeit hatte – und schloss mit meiner Angst, verfolgt und fotografiert zu werden.

»Ich weiß, das klingt jetzt nach Paranoia, aber ich denke, dass jemand Fotos von den Mädchen und mir macht. Ich glaube, das geht schon seit einiger Zeit so – beinahe jedes Wochenende hat uns jemand eine Kamera ins Gesicht gehalten –, aber ich habe es immer als zu abwegig abgetan. Allerdings ist es in letzter Zeit mehr geworden und der Fotograf ist anscheinend immer derselbe. Seit Roger aufgetaucht ist, bin ich ziemlich verängstigt, und vielleicht bilde ich mir das alles ja auch nur ein.«

»Können Sie die Person beschreiben, die die Fotos von Ihnen macht?«, fragte Dr. Barren.

Vermutlich war das eine Fangfrage und Bestandteil eines Tests auf beginnenden Wahnsinn. Dr. Barren hatte ziemlich nervös geklungen, als sie die Frage gestellt hatte. Machte sie sich Sorgen um mich? Hatte sie Grund dazu? Ich beantwortete die Frage trotzdem.

»Es ist ein Mann mit einem eher dunklen Teint. Aber ich glaube nicht, dass das von der Sonne kommt – seiner Haut fehlt dieser Schimmer. Er ist eher schlank, aber nicht auffallend dünn, und er hat ziemlich kantige Züge. Er dürfte so um die eins achtundsiebzig groß sein. Er sieht wirklich nicht aus wie ein Tourist, und als er mich fotografierte, stand ich auch nicht vor irgendwelchen bekannten Wahrzeichen oder so. Ich glaube, er hat weder einen Schnauzer noch eine Brille, aber da bin mir nicht absolut sicher. Meist verdeckt die Kamera den Großteil seines Gesichts, und er lässt sich nie lange blicken.«

»Ich frage«, sagte Dr. Barren, »weil mich gestern jemand fotografiert hat, als ich das Büro verließ. Das war so gegen elf – um die Zeit, um die Sie normalerweise zu mir kommen, aber ich hatte Sie diese Woche ja um eine Terminänderung gebeten –, und ich sah den Blitz einer Kamera. Als ich mich umsah, woher der Blitz gekommen war, sah ich einen Mann, wie den, den Sie beschrieben haben. Er saß in einem weißen Auto mit einem New Jerseyer Kennzeichen. Als ich ihn entdeckte, hatte er die Kamera noch in der Hand.«

»Mein Gott! Dann halten Sie mich also nicht für verrückt?«

»Nein, Sie sind nicht verrückt, aber vermutlich in Gefahr. Das war das erste Mal, dass mich jemand fotografiert hat – und ich habe es bemerkt. Wenn Sie also glauben, dass irgendjemand ständig Fotos von Ihnen macht, dann ist das vermutlich auch der Fall. Und wenn der Fotograf vor meinem Büro mit dem Mann identisch ist, der in der letzten Zeit Fotos von Ihnen gemacht hat, dann kennt er Ihren Tagesablauf.«

»Das ist nicht besonders gut«, sagte ich in meiner typisch untertriebenen Reaktion auf meine Angst, aber Dr. Barren ließ sich von meiner Ruhe nicht täuschen. Sie wusste, dass ich nur wenige Sekunden von einem hysterischen Anfall entfernt war.

»Das ist sogar ziemlich übel. Es ist durchaus möglich, dass es sich bei Ihrem und meinem Fotografen um zwei unterschiedliche Männer handelt. Ich denke jedoch, Sie sollten davon ausgehen, dass Sie verfolgt werden, und alle nötigen Vorsichtsmaßnahmen ergreifen, um sich und die Mädchen zu schützen. Vielleicht sollten Sie Ihre Gewohnheiten ändern – wir können damit anfangen, die Termine bei mir zu verlegen – und ganz besonders wachsam sein. Tun Sie Vorkommnisse dieser Art nicht als Paranoia oder überschäumende Phantasie ab. Vertrauen Sie Ihrem Bauch. Sie versuchen schon seit einem Jahr, Ihre Instinkte in dieser Sache zu unterdrücken. Schenken Sie ihnen jetzt ganz besonders viel Aufmerksamkeit.«

Das tat ich dann auch. Zum allerersten Mal bat ich den Portier in Dr. Barrens Haus, mir ein Taxi zu rufen und belohnte ihn mit einem großzügigen Trinkgeld. Ich bestand darauf, dass der Taxifahrer mich bis vor die Haustür brachte, statt mich auf der gegenüberliegenden Straßenseite abzusetzen, wo er leichter anhalten konnte. Normalerweise machte es mir nichts aus, die Straße zu überqueren, aber heute war das anders. Ich ging schnurstracks ins Haus, zum Lift, in meine Wohnung und sperrte die Tür hinter mir ab. Langsam wurde es zur Gewohnheit, dass ich mich in meiner Wohnung verschanzte – obwohl ich hier vermutlich gar nicht sicher war. Wer wusste, dass ich jeden Donnerstag um elf zur Upper East Side fuhr, bekam vermutlich auch heraus, dass ich im elften Stock wohnte. Und ich konnte nicht ewig hier bleiben – in ein paar Stunden musste ich die Mädchen abholen. Also nutzte ich meine Wohnung dazu, panisch darin auf und ab zu laufen. Ich bedauerte, dass keine schweren Rollos und keine dicken Vorhänge die Fenster in Wohn- und Esszimmer schützten (ich wollte jeden Sonnenstrahl ausnutzen). Außerdem bedauerte ich, dass unser Kater, ein Persermischling, den Erica zum Geburtstag bekommen hatte, nicht viel vom Kuscheln hielt. Liberty ließ sich nur dann von mir auf den Arm nehmen, wenn ich mit ihm nach draußen ging (im Augenblick war das kein besonders beruhigender Gedanke), aber er lief mit Begeisterung auf und ab, tappte schnurrend hinter mir her und leistete mir so Gesellschaft.

Als ich gehen musste, bat ich den Hausportier, mir ein Taxi zu rufen – auch das war das erste Mal – und bedankte mich auch bei ihm mit einem großzügigen Trinkgeld für seine Mühe. Den Taxifahrer lotste ich durch eine Einbahnstraße nach Norden, eine weitere Einbahnstraße nach Westen, dann wieder nach Norden und schließlich wieder durch eine Einbahnstraße Richtung Osten, so dass er mich direkt vor Ericas Schule absetzen konnte. Ich bezahlte den verwirrten Fahrer, gab ihm sein Trinkgeld und wartete in der Eingangshalle, bis die Schulglocke läutete. Dann gingen wir mit den anderen Eltern den Gehweg entlang. Ich wollte nicht, dass Erica meine wachsende Unruhe spürte.

Wir gingen mitten in einer Gruppe aus einem Dutzend Eltern und Schülern auf die Kreuzung zu. Gerade als die Ampel umschaltete und wir die Straße überqueren wollten, deutete Erica auf einen Mann und rief: »Mom, Mom! Der Mann macht ein Foto von uns!«

Ein Mann mit dunklem Haar, dunklem Teint und kantigen Gesichtszügen sprang in einen weißen Toyota Corolla mit New Jerseyer Kennzeichen und fuhr davon. Es war genügend Verkehr, so dass ich Zeit hatte, mir das Kennzeichen zu merken, bevor er um die Ecke bog. Wir überquerten die Straße, und ich sagte Erica die Nummer noch einmal vor – nicht so sehr, um sie mir besser einzuprägen, sondern damit Erica beschäftigt war. Ich wusste keine Antwort auf ihre Frage nach dem Mann mit der Kamera – oder zumindest keine, die ich ihr geben wollte. Ich war vor Angst wie betäubt.

Als Allison vor der Schule zu uns stieß, drängte ich uns in eine größere Gruppe mit größeren Menschen und sorgte dafür, dass wir immer in Bewegung blieben. Ich wehrte die Fragen der Mädchen ab, bis wir den Delikatessladen an unserer Ecke erreicht hatten und vor Eistee, Keksen und Pizza Calzone saßen. Zumindest bei jedem dritten Foto hatte eines der Mädchen den Fotografen entdeckt, oder alle beide. Ich tat also nicht so, als wäre das Ereignis an diesem Tag unerklärlich. Ich sagte ihnen aber auch nicht, dass ich (und meine Therapeutin) diesen Mann schon einmal gesehen hatte. Ich suchte den Mittelweg zwischen der Wahrheit und einem vollen Bekenntnis, zwischen Vorsicht und völliger Lähmung.

Also sprachen wir über das, was wir wussten – dass ihr Vater uns verfolgte und dass irgendjemand, vermutlich im Auftrag ihres Vaters, Fotos von uns machte. Ich versuchte zu verhindern, dass die Mädchen über den Hintergrund dieser Vorgänge nachgrübelten, indem ich ihre Aufmerksamkeit auf unsere nächsten Schritte lenkte. Ich versprach herauszufinden, wer der Mann war, und alles Nötige zu tun, damit wir auch weiterhin sicher waren. Meine Worte beruhigten meine Töchter, aber sie befriedigten sie nicht. Wie konnten sie auch? Ich hatte keine vernünftige Erklärung für diese beängstigende Situation.

In dieser Nacht schliefen die Mädchen bei mir im Wohnzimmer. Allison auf einem Klappbett und Erica auf einem Futon, den Jack uns geliehen hatte. Gegen elf Uhr hatte ihre Müdigkeit ihre Angst besiegt und beide Mädchen waren fest eingeschlafen. Ich schlief immer nur kurz, zehn oder fünfzehn Minuten, und schreckte jedesmal hoch, wenn sich der Fahrstuhl bewegte oder ich *dachte*, jemand sei an meiner Tür vorbeigegangen. Ich konnte mich nicht entspannen. Ich wusste auch nicht, ob ich mich überhaupt entspannen *durfte*. Ich hatte keine Ahnung, was diese neue Dimension der Überwachung bedeutete, hatte selbst keine bessere Erklärung als die, die ich den Mädchen gegeben hatte. Und obwohl ich seit sechs Jahren von Roger getrennt lebte, stellte er mir auf eine immer raffiniertere Art und Weise nach, nahm seine Besessenheit immer mehr zu. Möglicherweise hatte das Ende der Treffen mit Allison seine Wut gesteigert. Er hatte zu viel Kontrolle verloren und war entschlossen, sie sich zurückzuholen. Ich musste herausfinden, wer der Fotograf mit dem Jerseyer Kennzeichen war, musste wissen, welche Ausmaße Rogers psychopathisches Spiel erreicht hatte.

Am nächsten Morgen heuerte ich unsere zwei Lieblingsobdachlosen als Bodyguards an. Für den Preis eines Frühstücks und eines Mittagessens hatten wir morgens und nachmittags Begleitschutz auf dem Hin- und Rückweg. Einer von ihnen erbot sich außerdem immer, mit mir zum Lebensmittelgeschäft zu gehen (und wieder zurück, wenn ich fertig war) oder die Mädchen nach der Schule zu ihren Tanz- und Singstunden zu bringen. Einem New Yorker würden diese ungewöhnlichen Sicherheitsmaßnahmen ein anerkennendes Schmunzeln abringen, andere Leute dürften ob meiner Dummheit nach Luft schnappen – Sie vertrauen versoffenen, durchgeknallten Pennern das Leben Ihrer Kinder an? Diese Männer waren unsere Nachbarn. Sie kauften den Mädchen Geburtstagskarten und kamen zu einem von Allisons Konzerten. Sie würden uns verteidigen, als gehörten wir zu ihrer Familie, und nichts von dem, was auf der Straße passierte, entging ihnen. Außerdem brachten sie mich auf eine großartige Idee. Wenn sie ein Foto von Roger hätten, so sagten sie, könnten sie Ausschau nach ihm halten. Ich gab jedem von ihnen ein Foto – und verteilte dreißig weitere an Kellnerinnen, Verkäuferinnen und Streifenpolizisten. Es schien wie eine verrückte Aufnahme für die *Versteckte Kamera*, wenn ich die Leute mit den Worten ansprach: »Hi, ich heiße Ellen, und ich werde verfolgt«, aber niemand lachte und niemand verweigerte seine Hilfe. Und ich wusste, selbst wenn sie Roger nicht erkennen würden, würden sie sich jedesmal, wenn sie die Mädchen und mich sahen, daran erinnern und auf uns aufpassen.

Mein persönlicher Sicherheitsdienst stand also bereit, und in Allisons und Ericas Schulen waren alle Sicherheitsmaßnahmen ergriffen worden. Ich fühlte mich nicht völlig sicher vor Roger und dem unbekannten Fotografen, aber meine Angst war auf ein erträgliches Maß gesunken und ich war wieder in der Lage, mich auf die beiden nächsten Ziele zu konzentrieren: mir den Schutz des Gesetzes zu verschaffen und den Fotografen zu identifizieren. Keines von beidem würde leicht werden.

Vor einem Jahr hatte ich schon einmal versucht, auf der Basis der rechtskräftigen einstweiligen Verfügung des kanadischen Gerichts und der Auflagen des Gerichts in Michigan, wonach Roger keinen Kontakt zu mir aufnehmen durfte, eine einstweilige Verfügung für New York zu erhalten. Über eine Stunde hatte ich mit zwei jungen Staatsanwälten gesprochen. Sie hatten die Dokumente gelesen, auf die sich mein Antrag stützte und die ich ihnen zugefaxt hatte, als ich den Termin vereinbarte. Sie waren besorgt und ernsthaft bemüht, konnten aber nichts für mich tun. Laut damaligem Recht galten einstweilige Verfügungen nur innerhalb der Grenzen der einzelnen Bundesstaaten, selbst wenn das Opfer der Gewalt umzog. Kein Gesetz hinderte Roger also daran, mit seinem Psychoterror von neuem zu beginnen. Solange er hier in New York nicht gegen irgendwelche Gesetze verstieß, hatte ich keine Möglichkeit, meinen Wunsch nach Schutz vor ihm durchzusetzen.

Als ich mich nach Rogers Auftauchen und den Vorfällen mit dem Fotografen erneut an die Staatsanwaltschaft wandte, hatte sich das Gesetz zu Gunsten der Opfer häuslicher Gewalt geändert. Eine einstweilige Verfügung in einem Bundesstaat galt automatisch auch für die restlichen neunundvierzig. Doch auch diese Regelung ging nicht über die Landesgrenze der Vereinigten Staaten hinaus, und das kanadische Urteil war in New York nutzlos. Und die einstweilige Verfügung aus Michigan? Die war irgendwann zwischen meiner ersten und meiner zweiten Bitte um Schutz in New York ausgelaufen und ebenfalls keine Hilfe mehr. Ob ich in New York eine einstweilige Verfügung erwirken könne? Nein. Hinter seiner Exfrau herzulaufen und Menschen auf der Straße zu fotografieren verstieß hier gegen kein Gesetz.

Also rief ich meine Freundin bei der Staatsanwaltschaft in Oakland County an und fragte sie, ob ich dort eine einstweilige Verfügung erwirken könne. Die einfache, logische Antwort war nein, aber ich wusste, sie würde helfen, wo sie konnte. Sie stellte mir ein paar Suggestivfragen: Ob ich mich manchmal in Michigan aufhielte? Ob ich Verwandte in Michigan hätte? Ob ich während meines Aufenthaltes in Michigan um meine Sicherheit besorgt sei? Ganz offensichtlich fielen meine Antworten zu ihrer Zufriedenheit aus, denn sie schickte mir die Unterlagen zu, bat mich, sie an sie zurückzusenden, und sagte, sie würde jemanden aus ihrem Büro darum bitten, meinen Fall dem Richter vorzutragen.

Achtzehn Tage später hielt ich die unterzeichnete und rechtskräftige einstweilige Verfügung des Staates Michigan in Händen und war – tata! – damit auch in New York geschützt. Das Unmögliche war so einfach geworden, dass ich nicht einmal mehr ein Formular ausfüllen musste. Nach dem neuen Gesetz galt die einstweilige Verfügung in allen Bundesstaaten. Sie würde Roger nicht von mir fern halten – nichts konnte das –, aber sie verschaffte mir Glaubwürdigkeit bei den Polizisten (deren Naivität oder Gleichgültigkeit sie häufig zu der Frage verleitete: »Also, wenn Sie Angst vor ihm haben, wieso beantragen Sie dann keine einstweilige Verfügung?«) und gab ihnen einen legalen Grund, Roger festzunehmen, falls ich um Hilfe bat.

Als Nächstes versuchte ich, den Fotografen mit Hilfe des Kennzeichens seines Wagens aufzuspüren. Jack half mir dabei. Wir arbeiteten wie ein eingespieltes Team: Einer von uns erledigte Anrufe, bis er zu erschöpft oder frustriert war, um weiterzumachen, dann sprang der andere ein. Wir wechselten uns ab, bis wir die erforderlichen Informationen hatten. Wir hatten so viele verschiedene Leute angerufen, bis wir den Namen des Fahrzeughalters schließlich ermittelt hatten, dass ich nicht mehr weiß, wer ihn uns schließlich verraten hat. Ich glaube, Jack konnte das Mitleid irgendeines Mitarbeiters im Büro des Staatssekretärs gewinnen. Vielleicht war es aber auch eine verärgerte Beamtin, die uns die Information gab, weil ihr Chef gerade ihren Urlaubsantrag abgelehnt hatte.

Es handelte sich um eine kleine, unabhängige Autovermietung in New Jersey. Der Hinweis schien in eine Sackgasse zu führen, aber ich rief trotzdem an. Ohne dass ich groß nachfragen musste, erzählte mir die Frau am anderen Ende der Leitung, dass der Wagen für längere Zeit vermietet sei und erst in einigen Wochen wieder zurückerwartet würde. Der Mieter habe bar bezahlt und auch keine Kreditkartennummer für die Kaution hinterlassen. Der Wagen sei an einen Mann vermietet, der einen deutschen Führerschein vorgelegt hatte.

Plötzlich versiegte der Redestrom der Frau und sie weigerte sich, weitere Fragen zu beantworten. Ich flehte sie an, mir den Namen des Mannes zu sagen – ich würde von einem Mann verfolgt und fotografiert, der in einem anderen Bundesstaat einen Wagen gemietet hatte, im Ausland lebte, keine Kreditkarte benutzte und mindestens zwei Wochen nicht zu erreichen war. Sie weigerte sich. Ich bat sie, mich mit ihrem Chef zu verbinden – in dieser Angelegenheit ging es im wahrsten Sinne des Wortes um Leben und Tod. Schließlich gab sie nach. Wenn ich ihr meine Nummer gäbe, würde sie ihn zu Hause anrufen und ihn bitten, mich zurückzurufen.

Drei Minuten später klingelte Jacks Telefon. Es war Sam Moodie, der Besitzer der Autovermietung.

»Danke, dass Sie zurückgerufen haben, Mr. Moodie«, sagte ich. »Vielen Dank. Es ist von äußerster Wichtigkeit, dass ich mehr über den Fahrer erfahre, der den Wagen von Ihnen gemietet hat. Er verfolgt mich nämlich in New York –«

»Das ist nicht versichert«, unterbrach Mr. Moodie.

»Bitte?«

»New York. Fahrten nach Manhattan sind von der Versicherung ausgenommen. Er hat extra eine Erklärung unterschrieben, dass er nicht mit dem Auto nach Manhattan fährt.«

»Also, in meinen Augen macht das die ganze Sache nur noch beunruhigender, Mr. Moodie, denn es klingt, als wolle er nicht, dass bekannt wird, dass er sich hier aufhält.«

»Ich will mein Auto wiederhaben.«

»Ja?«

»Ich will mein Auto wiederhaben. Wenn Sie diesen Mann sehen, könnten Sie mir dann sagen, wo er ist, damit ich mein Auto wiederbekomme? Es dürfte gar nicht in New York sein.«

Ganz offensichtlich redeten Mr. Moodie und ich aneinander vorbei. Ich bat ihn um eine Information, die mein Leben retten konnte, und er wollte, dass ich ihm half, sein Auto zurückzubekommen. Ich schluckte meine Wut hinunter und versuchte, an Mr. Moodies niedere Instinkte zu appellieren.

»Mr. Moodie, ich kann verstehen, dass Sie sich Sorgen um Ihren Wagen machen.«

»Ja, New York ist in der Versicherung nicht mit drin.«

»Als Geschäftsmann beunruhigt es Sie sicher –«

»Ja, ja. Die Telefonnummer, die er auf dem Mietvertrag angegeben hat, gibt es gar nicht. Ich kann ihn nicht einmal anrufen.«

»Äußerst beunruhigend, Mr. Moodie. Aber sehen Sie, Mr. Moodie, ich bin ebenfalls beunruhigt – sehr sogar –, weil dieser unauffindbare Mann, der den Wagen von Ihnen gemietet hat, mir nachstellt und mein psychopathischer Exmann ihm möglicherweise den Auftrag gegeben hat, mich und meine Töchter zu töten.«

»Ich würde Ihnen ja gern helfen, aber –«

»Sie *können* mir helfen, Mr. Moodie. Und ich kann Ihnen helfen. Wenn Sie mir den Namen des Mannes verraten, der den Wagen gemietet hat, gebe ich ihn an die Polizei hier in New York weiter, und die Beamten werden Ihnen helfen, Ihren Wagen zurückzubekommen, wenn sie den Mann anhalten und zum Verhör mitnehmen.«

»Es widerspricht unseren Grundsätzen, die Namen von Kunden herauszugeben.«

»Dieser Mann hat seinen Vertrag gebrochen, Mr. Moodie – und es könnte sein, dass er mich und meine Familie töten will. Ich glaube, Sie sollten sich in diesem Fall über Ihre Grundsätze hinwegsetzen. Es könnte Ihnen helfen, Ihren Wagen zurückzubekommen.«

»Ich weiß nicht, ich will in diese Sache nicht mit hineingezogen werden. Ich kenne Sie nicht, ich weiß nicht einmal, ob die Geschichte stimmt, die Sie mir da erzählen – vielleicht haben Sie ja meinen Wagen. Ich weiß es nicht.«

»Mr. Moodie, wenn Sie mir nicht vertrauen, ist das in Ordnung. Sie können auch direkt bei der Polizei anrufen und ihnen die Information geben. Ich kann Ihnen den Namen und das Aktenzeichen nennen – haben Sie etwas zum Schreiben da?«

»Ich weiß nicht. Darüber muss ich erst nachdenken. Ich wollte mich gerade zum Abendessen hinsetzen, da hat meine Assistentin angerufen. Und meine Frau sagt, es wird langsam kalt. Ich muss jetzt auflegen.«

»Wenn Sie mir nur den Namen geben, Mr. Moodie, dann fange ich, noch während Sie essen, an, mich auf die Suche nach Ihrem Wagen zu machen.«

»Nein, ich muss erst darüber nachdenken. Außerdem ist das ein Ferngespräch und kostet mich eine Menge Geld.«

»Mr. Moodie, ich will Sie weder vom Essen abhalten noch Ihre Telefonrechnung in die Höhe treiben. Wenn Sie mir Ihre Nummer geben, rufe ich etwa in einer halben Stunde zurück. Was sagen Sie dazu?«

Ich notierte mir seine Telefonnummer, bedankte mich noch einmal und legte auf – ich hoffte nur, dass die Leitung unterbrochen wurde, und Mr. Moodie meinen Schrei nicht mehr hörte.

»Ich glaube, ich spinne! Ich dachte, er ruft an, weil er den guten Samariter spielen will, aber nein, er will nur, dass ich sein Auto für ihn finde und ihm sage, wo er es abholen kann. Und dann muss ich auch noch so tun, als läge mir was an seiner verdammten Kiste und seinen verdammten Versicherungsprämien, damit er mir den Namen des Fahrers verrät – und was macht er? Er fragt mich, ob *ich* sein Auto hätte.«

»Wir wissen nicht, ob es sich bei dem Fahrer tatsächlich um einen Verbrecher handelt«, sagte Jack.

»Du bist nicht mehr in der Redaktion der *New York Times*, Jack. Ich weiß nicht, wie die offizielle Jobbeschreibung dieses Mannes lautet, aber der Sandmann ist er bestimmt nicht. Wenn ich nur seinen Namen wüsste, könnte ich vielleicht an seinen Lebenslauf kommen. Mr. Moodie bekäme seinen Wagen zurück, du könntest die Fakten überprüfen, und ich bekäme vielleicht, nur vielleicht, weil ich schon dabei bin, heraus, warum mich dieser Kerl durch die ganze Stadt verfolgt.«

»Kein Grund, gleich so heftig zu werden, Ellen. Ich bin nicht der Böse hier.«

»Heftig? Ich bin nicht heftig. Ich bin wütend, ich bin frustriert, und ich habe Angst. Du sagst viel schlimmere Sachen zu mir, wenn ich deine Jalousien verstelle – und gnade Gott den Kindern, wenn sie eines von deinen Büchern falsch einsortieren. Ich bin nicht heftig. Das ist Ellen, wenn sie die Ruhe verliert. Das ist Ellen, die sich zu Tode ängstigt, weil sie von einem Ausländer verfolgt wird – oder sollte ich den *Ausländer* ändern in *einem Mann, der nach Angaben einer Angestellten der Autovermietung vermutlich einen deutschen Führerschein besitzt*? Hör auf, mich wie eine von deinen Geschichten zu behandeln, die du irgendwo auf den hinteren Seiten unterzubringen versuchst. Das ist mein Leben.«

»Entschuldige. Komm und lass dich in den Arm nehmen. Genau wie die Mädchen verlasse ich mich darauf, dass du der Fels in der Brandung bist, und es macht mir Angst, wenn das nicht der Fall ist. Es ist nicht fair, aber wir alle zählen darauf, dass die Mom stark ist.«

»Ich bin stark, weil ich stark sein muss, nicht weil ich stark sein will. Wenn ich schwach werde, sterben die Mädchen. Und ich. Und vielleicht auch du. Und im Augenblick fühle ich mich hilflos.«

»Hör zu«, sagte Jack, »wenn du willst, rufe ich Mr. Moodie zurück. Es ist nicht fair, aber du weißt, dass die Leute für einen Mann oft mehr tun als für eine Frau.«

Also rief Jack an. Er erzählte seine Geschichte, wie schrecklich Roger sei, in welcher Gefahr die Mädchen und ich schwebten und wie wichtig der Name des Fahrers für uns sei. Jack hat eine gewaltige Präsenz am Telefon und hatte bei Fremden mit meiner Geschichte oft mehr Erfolg als ich selbst. Vermutlich ist es die gleiche Geschichte wie bei jemandem, der einen anderen für einen Arbeitsplatz empfiehlt – er wirkt immer glaubwürdiger als der Bewerber selbst. Und Mr. Moodie schien ihm zuzuhören. Aber als Jack dann anfing, mit ihm über die Autodiebstähle in New York zu diskutieren, hielt ich es nicht mehr aus. Verzweifelt riss ich ihm den Hörer aus der Hand.

»Hören Sie, Mr. Moodie, Sie können gern in einem Monat oder so noch einmal anrufen und mit Jack über das Autovermieten plaudern. Aber bis dahin könnte ich tot sein. Würden Sie mir jetzt bitte sagen, ob Sie mir irgendetwas über diesen Hans von Strudel erzählen können oder nicht?«

»Von Strudel? Der Kerl heißt Claude Stroud. Ich glaube, Sie haben mir wegen dem Falschen in den Ohren gelegen.«

»Oh ... das könnte sein. Stroud, sagten Sie? Claude? Ich werde das noch einmal überprüfen. Es tut mir Leid, dass wir Sie damit belästigt haben, aber ich werde die Augen nach Ihrem Wagen offen halten. Vielen Dank, Mr. Moodie. Auf Wiederhören.«

Ich war außer mir vor Freude. »Jack! Jack! Schreib auf: C-l-a-u-d, vielleicht mit *e*, S-t-r-o-u-d. Wir haben den Namen!«

»Ziemlich cleverer Journalistentrick, aber was hättest du gemacht, wenn er nicht funktioniert hätte?«, fragte Jack.

»Was heißt hier Trick? Ich wollte ihn nicht reinlegen. Ich war nur so wütend, da ist irgendein deutscher Name aus meinem Mund gekommen. Entschuldigung, dass ich dir das Telefon aus der Hand gerissen habe, aber ich hatte einfach genug von seinem Gejammer wegen des Wagens.«

»Wie bist du überhaupt auf diesen Namen gekommen?«

»Von Strudel? Keine Ahnung. Vielleicht, weil ich Hunger habe.«

Es verlangte mich immer noch nach Kaffee und Kuchen, als ich am darauf folgenden Morgen das Frühstück ausfallen ließ, um der Polizei meine neuesten Erkenntnisse mitzuteilen. Ich hatte keine Eile. Ich musste so viele Informationen wie möglich über diesen Claude Stroud sammeln, fürchtete mich aber gleichzeitig davor, noch mehr zu erfahren.

Auf dem zwanzigsten Revier angekommen, teilte man mir mit, dass der einzige Polizist, den ich dort kannte, diese Woche die Nachmittagsschicht hatte. Alle anderen Schalterbeamten waren »zu beschäftigt«, um meine Aussage aufzunehmen. Also bat ich lediglich darum, dem Sergeant eine Nachricht und meine Notizen hinterlassen zu dürfen, und ging. Der Wahrheit würde ich mich ein andermal stellen. Um meine Feigheit zu sühnen, aß ich auf dem Heimweg einen einfachen, trockenen Bagel. Ich würde mir alle Gaumenfreuden vorenthalten, bis ich mich den Einzelheiten bezüglich Claude Stroud und seiner Kamera stellen konnte.

Heute kann ich auf drei friedliche Jahre ohne Kämpfe zurückblicken und würde mein Zögern, bei der Polizei auf Antworten zu drängen, nicht mehr als Feigheit bezeichnen. Natürlich hatte ich Angst, aber ich war auch überwältigt und erschöpft. Ich hatte zwölf Jahre mit und – zumindest auf dem Papier – sechs Jahre ohne Roger gelebt, und ich hatte das Gefühl, mein »Wehrdienst« würde niemals enden. Mein halbes Leben war ein Schlachtfeld gewesen, und ich glaubte allmählich, dass ich nie von meinen Verpflichtungen entbunden würde.

Wenn ich mich einer Herausforderung nicht gewachsen fühlte, fiel ich in die alte Gewohnheit zurück, mir selbst die Schuld zu geben. Es war leichter, die Verantwortung für meine Unfähigkeit, Roger aufzuhalten, auf mich zu nehmen, als zuzugeben, dass ich gegen diese Umstände machtlos war. Ich wollte nicht glauben, dass wir Roger ausgeliefert waren, egal was ich tat; dass wir ihm ausgeliefert waren, egal was er plante. Ich musste weiter im Dunklen Türen öffnen und um Ecken gehen, in tödliche Fallen stolpern und den Täuschungen ins Netz gehen, die der Schöpfer des Netzes zusammengeschustert hatte.

Ich verbrachte einen ruhigen und recht produktiven Morgen zu Hause, schrieb einen Zeitschriftenartikel über Moral am Arbeitsplatz oder ... irgendein Thema, das mich von meinen morbiden Gedanken ablenkte. Ich holte die Mädchen von der Schule ab, und es gab keinerlei Probleme auf dem Heimweg. An jenem Abend war in Allisons Schule Elternsprechstunde, und obwohl ich mich nach Einbruch der Nacht eigentlich nicht aus dem Haus wagen wollte, um zu hören, was ich bereits wusste – Allison ist eine angenehme und sehr gute Schülerin –, wollte ich den Lehrern, die meine Tochter im schulischen Alltag beschützten, meinen Respekt erweisen. Jack bot an, auf die Mädchen aufzupassen, und sie waren begeistert, dass sie sich etwas zum Essen bestellen und mit ihm Basketball schauen durften. Also machte ich mich auf den Weg.

Ich ging im Laufschritt zur Schule, verbesserte meine Durchschnittsgeschwindigkeit von einem Block in der Minute um fünfzehn Sekunden und lief die beiden Stockwerke zu Allisons Klassenzimmer hinauf. Im Flur hatte ich eigentlich erst einmal wieder zu Atem kommen wollen, aber Allisons Klassenlehrerin bemerkte mich und winkte mich in ihr Klassenzimmer. Ich war die einzige Mutter, und so plauderten wir zwanzig Minuten, bis ein Vater hereinspazierte, der einen nervösen und etwas verlegenen Eindruck machte. Ich dankte ihr, verabschiedete mich und stattete ohne große Eile Allisons Mathematik-, Naturwissenschafts- und Musiklehrern einen Besuch ab. Zu Beginn des zweiten Halbjahres lassen sich nicht viele Eltern bei den Lehrern der siebten Klasse blicken. Ich kannte alle Lehrer, und sie freuten sich genauso über die Gesellschaft wie ich über die Gelegenheit, über Roger, den Typen von der Autovermietung und den deutschen Fotografen zu sprechen. Es war fast neun, als ich das Schulgebäude verließ, zum Zaun lief, der die Schule umgab, und auf die Columbus Avenue hinaustrat, die ein paar Blocks weiter südlich hell erleuchtet und bevölkert, aber hier bei der Schule dunkel und beinahe verlassen war.

Auf der gegenüberliegenden Straßenseite stand ein Mann. Er hatte mir den Rücken zugewandt und schien in die pastellfarbige Auslage von Eileen Fishers Frühjahrskollektion vertieft. Meine ersten Gedanken waren, seinen guten Geschmack zu bewundern und die Frau zu beneiden, für die er einkaufte. Aber das Geschäft war geschlossen und im Schaufenster standen nur vier Schaufensterpuppen. Ich ging einen halben Block. Er hatte sich nicht bewegt. Sein anhaltendes Interesse an Seidenpullovern hatte keinen Sinn.

Ich befand mich fast auf gleicher Höhe mit ihm, als er sich in Bewegung setzte. Seine Schultern und sein Gesicht waren von der Straße abgewandt, als sei er von den mit Jalousien und Toren verschlossenen Geschäften und Kiosken fasziniert. Auch meine Straßenseite war dunkel. Ich konnte weder in das Blumengeschäft noch in den Secondhandladen schlüpfen. Alle Geschäfte hatten geschlossen.

Ich wollte laufen, hielt es aber für sicherer, hinter ihm zu bleiben. Bewusst verlangsamte ich meinen Schritt, um seinen Vorsprung zu vergrößern. Der Abstand zu ihm wuchs auf einen Viertelblock, und ich hatte schon gehofft, dass ich entweder seine Absicht verkannt oder er für heute aufgegeben hatte, als er stehen blieb und sich hinunterbeugte, als wolle er seine Schuhe binden.

Er trug gar keine Schnürschuhe.

Ich erstarrte. Zu meiner Rechten blockierte ein Zaun meinen Weg, der sich bis zur sechsundsiebzigsten Straße erstreckte. Bis zur nächsten Kreuzung war ich allein auf meiner Straßenseite und er allein auf der seinen. Ich wagte nicht, ihn zu überholen. Ich zwang mich, so lange zu warten, bis der Mann weiterging. Dann stolperte ich mit zitternden Knien los.

Zwischen der sechsundsiebzigsten und fünfundsiebzigsten Straße war die Columbus Avenue ähnlich dunkel und leer. Der Mann, der sein Gesicht noch immer ununterbrochen von der Straße abwandte, glich sich meiner Geschwindigkeit an und ahmte in einem perversen Schattenspiel meinen Schritt nach.

Als er die fünfundsiebzigste überquerte und die Straße zum ersten Mal gut beleuchtet war, versuchte ich, ihn mir genauer anzusehen, konnte aber nicht viel erkennen – eine hagere Gestalt mit beigem Regenmantel und grauer Hose. Ich hätte schwören können, dass es Claude Stroud war, aber ich entdeckte nichts, das den Fragen seines Anwalts im Kreuzverhör standgehalten hätte. Ich gab auf, ihn identifizieren zu wollen, und konzentrierte mich statt dessen darauf, ihm so lange auszuweichen, bis ich sicher zu Hause war.

An einer Kreuzung überquerte ich die Straße, so dass ich mich nun hinter ihm auf dem Gehsteig befand. Ich hoffte, dass er meinen Schritten nun nicht so leicht folgen konnte wie auf der anderen Straßenseite.

Das funktionierte etwa eine halbe Minute lang, dann blieb er stehen und wartete auf mich. Ich überquerte die Columbus Avenue noch zwei weitere Male, wollte ihn damit zwingen, weiterzugehen und sich von mir zu entfernen, aber auf dem Gebiet der Spionage und Gegenspionage hatte er mehr Erfahrung. Es war mir zwar gelungen, ihn vor mir zu halten, aber er stellte sicher, dass ich nie zu weit zurückfiel.

Wenn wir geradeaus weitergingen, würden mich meine Strategie, hinter ihm zu bleiben, durch Greenwich Village und schließlich zur Wall Street führen. Aber wenn ich nach Hause wollte, musste ich links abbiegen. Ich wusste, sobald ich abbog, würde er umkehren, dann wäre er hinter mir und ich in ernsthaften Schwierigkeiten.

Wie konnte ich abbiegen, ohne dass er mir folgte, und wie konnte ich nach Hause gelangen, ohne abzubiegen? Ich schwitzte, mein Atem ging schwer und mein Herz hämmerte gegen meinen Brustkorb. Ich war in Panik, meine Gedanken entbehrten jeder Logik, aber ich musste meine Ruhe und Besonnenheit zurückgewinnen, wenn ich dieser Verfolgungsjagd in Zeitlupe ein Ende machen wollte.

Ich sah eine Reihe von Telefonen. Die Chancen standen etwa zwanzig zu eins, dass eines davon funktionierte, aber ich dachte, ich könnte mit einem Anruf bei Jack Zeit gewinnen, bis mir etwas einfiel, auch wenn mir die offene Telefonzelle keine Deckung bot. Die ersten drei Apparate waren außer Betrieb, aber der vierte hatte einen Münzschlitz, einen Hörer und ein Freizeichen. Nach dem zweiten Klingeln hob Jack ab.

»Hi. Ich komme gerade vom Elternabend und dachte, du könntest mit den Mädchen zum Delikatessladen kommen.«

»Also, Ellen, ich weiß nicht. Ich laufe hier in T-Shirt und in Shorts herum ...«

»Sind die Mädchen bei dir?«

»Ja, sitzen direkt neben mir. Willst du sie sprechen?«

»Nein, aber es wäre wirklich schön, wenn ihr noch mit zum Delikatessladen kommen könntet. Ich will nicht allein essen. Außerdem habe ich *großen* Hunger, könntet ihr euch also *beeilen*? Und wenn Erica dich dazu überreden will, ihr ein Eis zu spendieren, dann geht nicht zu ihrem Lieblingscafé. Da lungern ein paar sonderbare Gestalten vor der Tür herum. Sind wohl nicht von hier. Ich glaube, es sind Ausländer.«

»Deutsche?«

»Ja, könnte sein. Danke, dass du mich verstehst. Wir sehen uns im Delikatessladen.«

Er hatte meinen lächerlichen Code geknackt. Gott sei Dank war es nicht nötig, Notizen mit Zitronensaft zu schreiben. Mit meinen aus Comic-Heften entliehenen Agententricks wollte ich weder Claude noch die Frau täuschen, die hinter mir auf das Telefon wartete. Als ich wählte, war mir eingefallen, dass Jack den Hörer normalerweise sehr weit vom Gesicht weg hielt und Erica sich über Jacks Schulter lehnte, damit sie hören konnte, was der Anrufer sagte. Hätte ich also gesagt, was ich dachte – Kommt schnell! Hilfe! Ich werde verfolgt, und ich glaube, der Kerl will mich umbringen! –, wäre Erica schreiend aus der Wohnung gerannt und Allison hinterher. Bis Jack in seine Jeans geschlüpft wäre, wären beide auf und davon gewesen.

Allmählich ging mir die ganze Sache ziemlich auf die Nerven. Gerade hatte ich das Leben meiner Töchter aufs Spiel gesetzt, damit sie mit mir einen Gute-Nacht-Snack aßen, und der Teil meines Gehirns, der noch nicht völlig von Panik ergriffen war, hatte tatsächlich Bedenken, so spät am Abend koffeinhaltige Getränke zu bestellen, und ich überlegte, ob ich bar oder mit Kreditkarte zahlen sollte. Mein Kopf – mein Leben – drehte sich im Kreis wie ein Eisläufer, der Aufputschmittel genommen hatte. Gesenkten Hauptes schlüpfte ich in den Delikatessladen.

Wer war dieser Claude Stroud, und warum verfolgte er mich?

Mord oder Exil

Am nächsten Tag hatte ich immer noch Angst. Claude Stroud war verschwunden, bevor Jack und die Mädchen im Delikatessladen eintrafen, und auch auf dem Heimweg konnte ich ihn nirgends entdecken. Aber der Vorfall war mir an die Nieren gegangen.

Als ich Ericas Schule am nächsten Morgen verließ und mich auf den Weg zum zwanzigsten Revier machte, sah ich zehn Meter von mir entfernt eine Frau, die eine Kamera auf mich richtete.

»Hey, lassen Sie das«, schrie ich und hielt die Hände vors Gesicht. »Ich will nicht, dass Sie ein Foto von mir machen!«

»Tue ich auch nicht. Ich fotografiere das Parkverbotsschild – und die ganzen Autos, die davor geparkt sind.«

In Ordnung. Einleuchtende Antwort. Schließlich befanden wir uns auf der Upper West Side, wo die Anwohner sowohl Zeit als auch Muße hatten, die Falschparker in ihrer Nachbarschaft zu fotografieren. Aber warum gerade jetzt? Und warum stand ich in der Schusslinie? Und warum lief sie davon? Steckte sie mit Claude unter einer Decke (ja, das war tatsächlich der genaue Wortlaut meiner Gedanken)? War sie seine Nachfolgerin? Oder lediglich eine Frau, die etwas gegen Gesetzesbrecher hatte?

Als ich auf dem Polizeirevier eintraf, zitterte ich am ganzen Körper und war entschlossen, nicht eher zu gehen, bis ich ein paar Antworten und Richtlinien bekommen hatte, wie ich am Leben – und bei Verstand – bleiben konnte.

Ich machte neue Kopien der Unterlagen, die ich am Tag zuvor eingereicht hatte, und sagte, ich wolle Anzeige gegen meinen Exmann erstatten, weil er gegen die einstweilige Verfügung verstoßen hatte. Einfach. Eindeutig. Direkt. Ich hatte gelernt, dass man dann am ehesten mit der Hilfe der Polizeibeamten rechnen konnte. Wenn jemand Anzeige erstatten wollte, gab es Formulare und Vorschriften. Wenn man Fragen über einen deutschen Fotografen stellen wollte, nicht.

Eine Viertelstunde später durfte ich neben einer Polizistin und ihrem Computer Platz nehmen. Sie stellte Fragen. Ich antwortete. Sie tippte. Wir kamen zügig voran, bis sie mich fragte, wo Roger wohnte – Michigan. Wo wir geschieden worden waren – Kanada. Von welchem Gericht die einstweilige Verfügung stammte – Michigan und Kanada. Sie war verwirrt, aber ihr Interesse war geweckt. Ich bat sie, meine – etwa zehn Seiten lange – Zusammenfassung der Ereignisse zu lesen, da der Hintergrund darin genauer dargelegt sei. Das war ihr Stichwort zu sagen, sie sei zu beschäftigt, eigentlich seien alle Beamten in der Abteilung zu beschäftigt, um lange Dokumente zu lesen, aber sie tat nichts dergleichen.

Sie las das Schriftstück Wort für Wort. Dann zeigte sie es einem anderen Polizisten, der es ebenfalls las, dann einem dritten und einem vierten, der schließlich sagte: »Wir können nichts für Sie tun. Hier in New York gelten Ihre einstweiligen Verfügungen nicht.«

»Doch, das tun sie«, sagte ich. »Das Gesetz wurde geändert. Die Verfügung aus Michigan gilt sowohl hier als auch überall sonst im ganzen Land.«

»Davon weiß ich nichts. Und selbst wenn die Verfügung aus Michigan übertragbar wäre, müssten Sie erst einen Antrag stellen – wie bei einem Führerschein.«

»Ich bin mir ziemlich sicher, dass sie automatisch gilt. Ich habe mich bei der Staatsanwaltschaft erkundigt, um sicherzugehen.«

»Tatsächlich? Hey, weiß irgendjemand hier etwas von einem Gesetz, dass einstweilige Verfügungen jetzt automatisch im ganzen Land gelten sollen?«

»Nein.«

»Vielleicht.«

»Ich hab was von einer Änderung gehört, aber das ist ziemlich neu. Und wie's genau funktionieren soll, weiß ich nicht.«

»Die Dame hier sagt, sie hätte mit der Staatsanwaltschaft gesprochen.«

»Na, dann soll sie dir sagen mit wem, und du rufst an und erkundigst dich.«

Der vierte Beamte machte genau das. Die stellvertretende Oberstaatsanwältin bestätigte, was ich gesagt hatte. Offenbar erzählte sie dem Polizisten noch mehr, denn er machte sich Notizen und griff anschließend noch einmal zum Telefon.

»Sie haben Recht«, sagte der vierte Polizist und drehte sich zu seinen Kollegen um. »Hey, alle mal herhören. Die gesetzliche Regelung bei einstweiligen Verfügungen hat sich geändert. Die stellvertretende Staatsanwältin sagt, ihr könnt es im aktuellen Rundbrief nachlesen.« Dann wandte er sich wieder an mich: »Sie kann sich an Sie erinnern. Sie spricht gerade mit dem Hauptkommissar. Ich werde jetzt Ihre Unterlagen nach oben bringen. Warten Sie hier. Man wird Ihnen ein Aktenzeichen geben und Sie dann hinaufbegleiten.«

Ein paar Minuten später hatte ich ein Aktenzeichen und kannte den Weg zum Büro der Kriminalpolizei. Eine halb hohe Mauer trennte mich von dem offenen Großraumbüro der Kriminalpolizisten. Meine Ankunft blieb offenbar unbemerkt. Ich setzte mich auf einen von zwei Plastikstühlen und wusste weder etwas mit dem Aktenzeichen noch mit mir selbst anzufangen. Die meisten Schreibtische waren leer. Im hinteren Teil des Raumes arbeiteten zwei Männer, die Köpfe gesenkt. Zwei weitere unterhielten sich leise zu meiner Linken.

Das tatsächliche Geschehen spielte sich direkt vor meiner Nase ab. Drei Kriminalbeamte sprachen jeweils auf ein Telefon ein und unterhielten sich miteinander. Der Beamte, der auf der Tischkante des mittleren Schreibtischs saß, war ganz offensichtlich der Chef. Er war blond, hatte grüne Augen und sah aus, als käme er gerade von irgendwelchen Dreharbeiten – vielleicht war ja auch nur ich zufällig da hineingestolpert. Seine Stimme war sanft, die Bügelfalten seiner Hosen saßen perfekt. Die beiden anderen Beamten standen neben ihm. Beide waren groß, breitschultrig und Furcht einflößend, aber sie waren weder so gut aussehend noch so selbstbewusst noch so perfekt gestylt wie der erste.

»Benson«, sagte der Chef – wie sich später herausstellte, hieß er Todd Scarpetti –, »sehen Sie nach, was wir über Stroud haben. Vielleicht liegt ein Haftbefehl gegen ihn vor, dann kriegen wir ihn so. Wir können ihn nicht einfach festnehmen, nur weil er in der Öffentlichkeit Fotos gemacht hat. Und Welsh, holen Sie mir diese stellvertretende Staatsanwältin aus Michigan ans Telefon – ihre Nummer steht auf Seite vier – und fragen Sie nach, ob sie noch etwas weiß. Irgendeine Idee, weswegen wir diesen Kerl beschuldigen könnten?«

Vorschläge wurden gemacht, besprochen, verworfen. Sogar einer der beiden Männer, die im hinteren Teil des Raumes gearbeitet hatten, prüfte Codes und beteiligte sich an der Diskussion. Ich verstand nichts von dem, was vorging. Ich wusste noch nicht einmal, welcher Beamte Benson und welcher Welsh war. Es war, als verlangte man mitten in einer Prüfung über die Grundrechenarten plötzlich höhere Analysis von mir. Dank Roger hatte ich sehr viel Zeit mit Polizisten verbracht – Streife, Bereitschaft, nett, unfreundlich, hässlich, nicht übel –, aber noch nie hatten sie auch nur annähernd so viel Geschäftigkeit entfaltet, wie dieses Team von Kriminalbeamten des New York Police Department.

Benson buchstabierte Strouds Namen. Welsh legte seine Hand über die Sprechmuschel des Telefonhörers und sagte, er werde jeden Moment zur stellvertretenden Oberstaatsanwältin in Michigan durchgestellt. Scarpetti erkundigte sich offenbar bei der New Yorker Staatsanwaltschaft, was man Roger, wenn überhaupt, zur Last legen konnte. Dann sagte Benson: »Verhaftungen? Aha. Verurteilungen? Haftbefehle? Straftaten?«, und Welsh erklärte der Staatsanwaltschaft in Michigan, wer er war.

Die Worte seines Gesprächspartners entlockten Benson einen Pfiff, dann lachte er und sagte: »Ja, wirklich schade, dass sie ihn nicht zuerst angeheuert hat.«

Scarpetti schnappte sich das Stück Papier, auf dem Benson seine Notizen gemacht hatte, und las es seinem Gesprächspartner am anderen Ende der Leitung leise vor, hörte eine Minute lang schweigend zu und legte auf.

»In Ordnung, wir haben's. Nötigung in einem besonders schweren Fall. Dann lasst uns das mal zusammenschreiben und sehen, ob wir Michigan dazu bringen können, den Haftbefehl auszustellen.«

Welsh fing an zu tippen und fragte Scarpetti und Benson immer wieder nach dem genauen Wortlaut und den Paragraphen im Strafgesetzbuch. Während einer Pause sagte Welsh den anderen, die Staatsanwältin in Michigan würde helfen, wo sie könnte. Als Scarpetti sicher war, dass Welsh den Haftbefehl zu seiner Zufriedenheit fertig schreiben würde, kam er zu dem Raumteiler herüber, der uns trennte.

»Ellen Singer?«

»Ja.« Ich stand auf und wandte mich ihm zu.

»Ist das die korrekte Anschrift Ihres Exmannes?«, fragte er und zeigte mir die zweite Seite des Dokumentes, das ich an jenem Morgen mitgebracht hatte.

»Ja.«

»Und die Stadt hat ein eigenes Polizeirevier?«

»Ja.«

»Gleiche Vorwahl wie bei Ihrem Ex?«

»Ich glaube schon.«

»Warten Sie hier. Ich bin in ein paar Minuten bei Ihnen.«

Dann machte er auf seinem blank geputzten Absatz kehrt und ging zu Welsh und Benson zurück, die gerade die Endfassung des Haftbefehls Korrektur lasen.

»Faxen Sie sofort eine Kopie an die stellvertretende Staatsanwältin und machen Sie noch eine für Michigan, falls sie dort die Verhaftung vornehmen. Und vergessen Sie die Kopie für Ms. Singer nicht«, wies Scarpetti sie an.

Ich spürte, wie meine Körpertemperatur sank und eine vertraute Taubheit meine Gefühle dämpfte. Ich war schlechte Nachrichten gewohnt und hatte gelernt, die Anzeichen im Voraus zu erkennen und reflexartig betäubende Botschaften an mein Gehirn zu schicken. Ich wusste nicht, was Scarpetti sagen würde, aber in seinen Augen lag eine Resignation, die seinen selbstbewussten und autoritären Tonfall Lügen strafte.

Fünfzehn Minuten später stand Scarpetti mir auf meiner Seite des Raumteilers gegenüber.

»Ms. Singer, ich habe hier eine Kopie des Haftbefehls. Es handelt sich um eine Strafanzeige, und wir werden versuchen, Michigan zur Zusammenarbeit zu bewegen, damit sie die Verhaftung vornehmen. Wenn Sie Ihren Exmann in New York sehen oder erfahren, dass er in die Stadt kommt, rufen Sie uns umgehend an. Geben Sie dem Polizisten am Telefon die Nummer hier oben, und dann schnappen wir uns Mr. Blumberg. Sollten Sie ihn sehen, wählen Sie den Notruf. Verschwenden Sie keine Zeit damit, einen von uns erreichen zu wollen.«

»In Ordnung, aber –«

»Kann ich Sie zum Aufzug bringen, Ms. Singer? Sie können Ihre Frage unterwegs stellen.«

Wir waren schon im Flur und standen vor dem Aufzug, bevor ich meinen Mund aufmachte. Keiner von uns drückte den Knopf nach unten, also holte ich tief Luft und fragte: »Was verschweigen Sie mir?«

»Was möchten Sie wissen?«

»Fast den ganzen Vormittag hatten meine familiären Probleme für Sie und die Hälfte Ihrer anwesenden Mitarbeiter oberste Priorität. Ich glaube, irgendjemand von der Staatsanwaltschaft hat mich heute Morgen zum VIP erklärt, und ich glaube, dass es etwas mit dem schwer zu fassenden Mr. Stroud zu tun hat.«

»Sie genießen sehr großes Ansehen, Ms. Singer, und man ist ziemlich frustriert, dass man Ihnen nicht besser helfen kann. Gesetze dienen mehr der Verfolgung von Straftaten als deren Vorbeugung.«

»Und Stroud?«

»Unter uns gesagt, Stroud ist sehr gefährlich. Er wurde nie verurteilt, aber er gilt international als – als ein Mann, den man engagiert, um –«

»Ein Auftragskiller?«

»Unter uns? Ja.«

Ich versuchte, diese Information zu verarbeiten. »Ob unter uns oder wie auch immer, was sollte ich Ihrer Ansicht nach tun? Ich habe den Eindruck, Sie haben nicht besonders viel Vertrauen in diesen Haftbefehl, und selbst wenn Roger verhaftet würde, was dann? Offenbar stellt die räumliche Entfernung kein Hindernis für ihn dar – es sei denn, Stroud wurde von jemandem angeheuert, den ich nicht kenne. Sie haben nichts gegen Stroud in der Hand, und wenn ich jetzt hier zur Tür hinausspaziere, bin ich all Ihren Bemühungen zum Trotz auf mich allein gestellt, und man wird mir erst helfen, wenn Stroud oder irgendein anderer seinem Ruf gerecht geworden ist. Was soll ich also machen?«

»Vielleicht sollten Sie einen Privatdetektiv engagieren. Diese Leute können das tun, was wir nicht dürfen.«

»Können Sie mir jemanden empfehlen?«

»Das darf ich leider nicht. Aber wenn Sie in den Gelben Seiten nachsehen, halten Sie sich an die Agenturen mit ehemaligen Beamten der New Yorker Kripo. Die haben die Erfahrung, die Sie brauchen.«

»Vielen Dank, Detective. Aber ganz unter uns, was würden Sie persönlich mir raten? Angenommen ich hätte Ihren Namen in den Gelben Seiten gefunden und Ihnen erzählt, was vorgefallen ist. Wenn ich Sie nun nach realistischen, machbaren Alternativen fragen würde, was würden Sie mir raten?«

»Ich würde sagen: ›Bringen Sie ihn um, oder tauchen Sie unter‹ – aber das haben Sie nicht von mir.«

Tolle Alternativen. Roger war allein schon beängstigend genug. Roger im Team mit einem mutmaßlicher Killer war ein Albtraum. Sechs Jahre lang war ich mit einer unendlichen Flut von Drohungen und Tricks fertig geworden, aber wie viele Fotos musste ich noch verteilen, wie viele obdachlose Bodyguards anheuern, wie vielen Claude Strouds entgehen? Ich konnte die Entscheidung nicht mehr aufschieben: ihn umzubringen oder unterzutauchen.

Roger umzubringen wäre bei weitem die gerechtere und sinnvollere Lösung gewesen. Warum sollte ich mein Leben in New York aufgeben, warum sollten sich Allison und Erica von Familie und Freunden trennen, warum sollten wir unsere Hoffnungen fahren lassen, damit Roger den seinen nachjagen konnte?

Es gab keinerlei Grund dafür.

Aber ich würde ihn nicht umbringen. Und ich würde ihn nicht umbringen lassen. Nicht, dass ich es nicht in Betracht gezogen hätte. Irgendwo in der Tasche einer Jeans steckte ein vom Waschen mürbe gewordener, ausgebleichter Zettel mit der Telefonnummer eines Killers mit Mafiaverbindungen. Auf einer zusammengeknüllten Serviette ganz unten in meiner Handtasche stand die Nummer eines Kerls, der wieder einen Kerl kennt, der für Geld tötet. Irgendwo hatte ich auch die Namen von Menschen hingelegt, die kostenlos arbeiteten »im Tausch gegen ähnliche Dienste« (was immer das heißen mochte). Keine dieser Nummern habe ich je angerufen, und ich würde es auch nicht tun. Hätte ich je vorgehabt, Roger zu töten, dann hätte ich es inzwischen wohl getan oder zumindest Erkundigungen eingezogen – und würde all diese belastenden Telefonnummern nicht einfach so herumliegen lassen.

Blieb noch unterzutauchen. Ich hatte schon sehr viel über diese Lösung nachgedacht. Ich wollte mich nicht verstecken, wollte nicht meine Wurzeln verlieren, ohne zu wissen, wo ich Fuß fassen würde. Ich wollte mich nicht von einem Leben trennen, für das ich so hart gekämpft hatte. Ich wollte nicht, dass Erica eines Morgens vor einer Schale voll Müsli saß und ihr eigenes Gesicht auf der Rückseite einer Milchtüte entdeckte. Ich wollte nicht, dass meine gefühlvolle, empfindsame Allison die Bürde noch größerer Geheimhaltung tragen musste.

Sechs Jahre lang hatte ich das Rechtssystem immer wieder angestoßen und gedrängt. Ich hatte jeden, der auch nur andeutungsweise in der Lage schien, uns helfen zu können, angefleht, aufgefordert und ihm geschmeichelt. Ich wusste, dass meine Familie trotzdem in Gefahr war, und ich wusste nicht, wie ich innerhalb der Grenzen eines so genannten normalen Lebens für ihre Sicherheit sorgen konnte.

Ich hatte alles getan, um Roger von uns fern zu halten, aber keine der Hürden war hoch genug gewesen. Die Frage war nicht mehr, *ob* wir untertauchen sollten. Die Frage war, ob wir es *konnten*, ob wir es tatsächlich *tun würden*, und wenn ja, *wie*?

Zuerst musste ich meine Einstellung ändern. Jahrelang hatte ich versucht, ein Untertauchen unnötig zu machen. Erst in den letzten Monaten hatte ich angefangen, diese Alternative als Lösung meines Problems zu sehen, nicht als Flucht davor. Solange ich nicht überzeugt war, dass ich alles – wirklich alles – getan hatte, um uns zu beschützen, konnte ich mich nicht dazu durchringen, meine Familie ihrem Alltag zu entreißen. Aber langsam akzeptierte ich, dass ich alle Möglichkeiten ausgeschöpft hatte. Dass ich nicht mehr tun konnte, und zum ersten Mal sah ich das Verschwinden als eine neue Möglichkeit, nicht mehr als Flucht vor einer Niederlage. Damals wagte ich es erstmals, das Thema bei meiner Psychologin anzureißen.

»Das ist eine ziemlich drastische Maßnahme«, lautete Dr. Barrens Kommentar, als ich ihr erzählte, dass ich den Fotografen bzw. Killer identifiziert, mit dem Chef der Kripo im zwanzigsten Revier gesprochen und mich nach Jahren des Grübelns entschlossen hatte, dass unterzutauchen die einzig logische Lösung und eine Möglichkeit war, die ich genauer erforschen musste.

»Natürlich ist es drastisch«, antwortete ich. »Aber nicht unvernünftig. Seit sechs Jahren bemühe ich mich, ein normales Leben zu führen, aber es gelingt mir nicht, es aufrechtzuerhalten. Wenn mir jemand sagen würde, dass es irgendwann aufhört – dass ich in zwei oder sechs oder zehn Jahren Ruhe vor Roger haben würde –, würde ich es weiter auf mich nehmen. Ich würde noch mehr Fotos verteilen, kugelsichere Westen kaufen – was immer nötig wäre, um Roger in Schach zu halten, bis seine Zeit als Psychoterrorist um wäre. Aber ein Ende ist nicht in Sicht. In sechs Jahren ist Rogers Besessenheit kein bisschen weniger geworden. Und niemand hat noch Ideen, die ich nicht schon versucht hätte. Ich kann nicht mit einer lebenslänglichen Strafe umgehen. Ich kann nicht immer zitternd darauf warten, was als Nächstes passiert, und mich davor fürchten, meine Töchter aus den Augen zu lassen. Ich kann nicht mein Leben lang über meine Schulter blicken, um nach Roger Ausschau zu halten oder danach, wen er gerade angeheuert hat, um mir nachzuspionieren.«

»Glauben Sie, dass Roger diesen Claude – Stroud, nicht wahr? – beauftragt hat, Sie zu töten?«

»Ich glaube, dass Roger Stroud angeheuert hat, und ich glaube, er könnte ihn beauftragt haben, mich zu töten. Ich weiß nicht, ob er mich tatsächlich tot sehen oder mich nur in Panik versetzen will. Das spielt auch keine Rolle. Ich kann nicht mehr. Ich bin erschöpft, und mir fehlt die Kraft, Rogers psychopathische Spielchen noch länger mitzumachen. Ich kämpfe schon so lange und sehe einfach kein Ende.«

»Sie haben viel darüber nachgedacht.«

»Ich habe, wohl schon als ich Roger verließ, angefangen, darüber nachzudenken – vielleicht auch früher. Zuerst hielt ich es für übertrieben, dann für zu schwierig und schließlich, als ich hierher zog, für unnötig. Aber ich habe meiner Mutter vor einem Jahr gesagt, dass sie vielleicht lange nichts mehr von mir hören würde. Ich habe die Briefe alter Freunde nicht beantwortet und mich nicht bemüht, neue Freunde zu finden. Ich habe mich auf mein Verschwinden vorbereitet, ohne wirklich darüber nachzudenken. Als ich noch in Kanada lebte, hatte ich drei Seesäcke von der Armee mit Kleidern, Waschzeug und Geld gepackt, falls wir fliehen mussten. Die Kleider der Mädchen tauschte ich ungefähr alle sechs Monate aus, weil die Sachen in den Seesäcken zu klein geworden waren. Diese Seesäcke waren mein Plan B. Ich habe sie weggeworfen, als wir hierher zogen. Ich war zuversichtlich, dass wir für immer in New York bleiben würden. Hier sitze ich nicht auf gepackten Seesäcken, aber ich glaube fast, ich habe unser Leben ganz allmählich zusammengepackt, um mich psychisch darauf vorzubereiten unterzutauchen.«

»Und jetzt haben Sie das Gefühl, bereit zu sein?«

»Ja, zumindest insofern, als ich glaube, der Herausforderung gewachsen zu sein. Aber es fällt mir noch immer schwer zu akzeptieren, dass ich alles zurücklassen muss – meinen Job, meine Wohnung, Jack –«

»Jack würde nicht mitkommen?«

»Nein, zumindest nicht am Anfang. Es wäre nicht sicher. Er wird vermutlich der einzige Mensch hier sein, der weiß, wo ich bin. Wahrscheinlich wird er irgendwann nachkommen. Aber ich glaube nicht, dass er bereit ist, die Opfer zu bringen, die das Untertauchen erfordert.«

»Ich glaube, Sie brauchen eine Menge Informationen und eine Hilfe, die ich Ihnen nicht geben kann. Es ist vermutlich ganz gut, dass Sie mit mir über Ihre Gefühle sprechen können, aber ich verfüge nicht über das nötige Wissen, um Ihnen beim Verschwinden zu helfen. Wenn Sie möchten, rufe ich ein paar Leute an. Ich habe eine Freundin, die Opfer häuslicher Gewalt berät – sie sollte etwas über das Untertauchen von Opfern wissen. Ich werde Sie anrufen und Ihnen sagen, was ich in Erfahrung bringen konnte. Wir sollten diese Sache nicht bis nächste Woche warten lassen.«

»Danke. Und ich werde mich mit einigen Privatdetektiven in Verbindung setzen und mir anhören, was sie zu sagen haben.«

»Gut, und in der Zwischenzeit, Ellen –«

»Sagen Sie's nicht. Ich weiß, was Sie sagen wollen.«

»Was?«

»Sie wollen sagen, ich soll auf mich aufpassen, und dann sage ich, dass ich's versuchen werde, und dann gehe ich vollkommen verheult hier raus und meine Augen sind so voller Tränen, dass ich die Gefahr – oder etwas anderes – nicht erkenne und von einem Taxi überfahren werde oder etwas in der Art. Also sagen Sie bitte nicht, dass ich auf mich aufpassen soll.«

»In Ordnung. Ich werde Sie anrufen. Wir sehen uns dann nächste Woche.«

Ich hoffte, dass sie Recht hatte.

Ich merkte recht schnell, dass der Satz: »Hallo, könnten Sie mich verschwinden lassen?«, nicht gerade der beste Gesprächseinstieg war, selbst wenn man es mit einem Privatdetektiv zu tun hatte. Die ersten beiden Male herrschte Schweigen in der Leitung, dann folgten Fragen über mein Vorstrafenregister. Das dritte Mal hatte ich einen ganz besonders Schlauen am Apparat, der sagte: »Nein, und ich kann auch keine Kaninchen aus dem Zylinder zaubern.«

Ich stellte die Anrufe ein und ging stattdessen dazu über, meine Unterlagen zu faxen, so dass ein interessierter Detektiv die Polizeiberichte, Unterlassungsanordnungen und anderen Dokumente lesen konnte, statt mich auf Spielschulden und Waffenbesitz auszuhorchen. Ein Detektiv erzählte mir, es sei falsch, den Vätern die Kinder wegzunehmen. Ein anderer sagte, er könne mir nicht helfen, empfahl mir aber, einen oder zwei Rottweiler zu adoptieren.

Schließlich meldete sich die Sekretärin einer großen Agentur, die sagte, einige erfahrene Ermittler, ehemalige Beamte der New Yorker Kriminalpolizei, seien an meinem Fall interessiert und hätten Erfahrung darin, Menschen verschwinden zu lassen. Sie könnten für tote Briefkästen, telefonische Mailboxen, berufliche Referenzen und neue Ausweispapiere sorgen – eben alles, was ich brauchte, um in der Versenkung zu verschwinden und verschwunden zu bleiben. Sie gab mir einen Termin für den folgenden Dienstag.

Das Büro war in Brooklyn, und da ich mich nie über mein Viertel hinausgewagt hatte, begleitete Jack mich. In einem großen Konferenzraum trafen wir uns mit drei ehemaligen Kripobeamten und einem Ex-Highschoolcomputerfreak (nur geraten), der uns als ihr Computerexperte vorgestellt wurde. Er war von meinem Fall begeistert und lieferte emsig eine Idee nach der anderen, wie man meine Spuren elektronisch verwischen könne. Viele seiner Vorschläge klangen ansprechend – er konnte einen völlig neuen Lebenslauf, einschließlich der Universitätszeugnisse, für mich zusammenstellen –, aber auf meine kritischen Fragen hin verwarfen die ehemaligen Kripobeamten sie alle. Das Problem war folgendes: Wenn Roger (über seinen Schwiegervater) Zugang zum Polizeicomputer hatte, konnte er elektronische Tricks wie umgeleitete

Telefonanrufe und einen neuen Berufsweg leicht herausbekommen. Möglicherweise verfügte er sogar über ein ebenso ausgedehntes Wissen wie sie selbst.

Der Detektiv an der Stirnseite des Tisches und der Kollege zu seiner Rechten warfen unverdrossen weitere Möglichkeiten in die Diskussion, wie den Namen offiziell ändern zu lassen, doch das war vielleicht eine Alternative gewesen, als Verwaltungsangestellte Unterlagen dieser Art noch in Aktenschränken im Keller verwahrten. Seit der Umstellung auf Computerdatenbanken war die Enthüllung nur einen Tastendruck entfernt.

Der dritte Detektiv, der eine Außenseiterposition drei Stühle zu meiner Rechten einnahm, sagte wenig, dafür verwarf er alle Ideen, die eine genaue Prüfung der beiden anderen passiert hatten. Und wenn ich Einwände gegen einen Vorschlag erhob, bestätigte er meine negative Sichtweise. Die meiste Zeit über hörte er zu und seufzte. Als die computertechnischen Möglichkeiten ausgeschöpft schienen, griff der Detektiv an der Stirnseite des Tisches auf die altmodische Einschüchterungstaktik zurück.

»Was wäre, wenn wir drei nach Michigan fahren, bei diesem Kerl an die Tür klopfen und ihn das Fürchten lehren würden? Wir haben darin einige Erfahrung und sind recht kräftige Kerle. Glauben Sie, das würde ihn abschrecken?«

Er hatte die Frage an mich gerichtet. Trotzdem ergriff der schweigsame Detektiv das Wort.

»Das wird nicht funktionieren. Sicher, wir können ihn einschüchtern, dann wird er aus Angst ein paar Tage Ruhe geben. Aber dann wird er wütend und einen neuen Weg finden, Ellen zuzusetzen.«

»Er hat Recht«, sagte ich. »Roger lässt sich schnell einschüchtern. Er ist weder besonders groß noch kräftig, und er hat ziemlichen Respekt vor Autoritätspersonen. Sie drei würden ihn auf alle Fälle zum Zittern bringen. Aber solange Sie ihn nicht umbringen, wird das seinen Entschluss, mir wehzutun, nur stärken.«

»Jeder von uns kennt diese Typen«, sagte der dritte Detektiv zu den anderen beiden. »Psychopathen, die sich für einige Zeit in ihren Löchern verkriechen, wenn sie Gefahr wittern. Aber sie kommen immer wieder heraus. Und diejenigen, die von einem einzelnen Menschen besessen sind – den sie für alles verantwortlich machen, was in ihrem Leben je schief gegangen ist –, wandeln ihre Angst immer in Wut um.«

Niemand widersprach. Ich unterbrach das ungemütliche Schweigen. »Das klingt fast so, als wollten Sie sagen, dass Sie nichts für mich tun können. Dass Sie nicht wissen, wie Sie mir helfen können, mich vor jemandem wie Roger zu verstecken. Wenn das der Fall ist, was können Sie mir dann noch raten? Was würden Sie an meiner Stelle tun?«

Vier Männer sahen betreten drein. Kein Mangel an Gewissen bei diesen Leuten. Sie sahen aus, als seien sie beschämt über ihre Unfähigkeit, etwas richtig zu machen. Sie konnten mir weder selbst helfen noch mir sagen, wie ich mich retten konnte.

Der ernsthafte Technikfreak versicherte mir, er würde einen Weg finden. Die beiden gesprächigen Detektive sagten, sie würden weitere Nachforschungen anstellen, könnten allerdings nichts versprechen. Dann ergriff der Schweigsame noch einmal das Wort.

»Ich weiß nicht, was ich Ihnen sagen soll. Ich wünschte, ich wüsste es. Ein ziemlich kranker Mensch ist entschlossen, Sie zu bestrafen, und er hat das Geld und das Computerwissen, um Ihnen auf den Fersen zu bleiben. Ich wünsche Ihnen viel Glück.«

Sechs Tage darauf bekam ich den – kompletten – Vorschuss zurück. Es täte ihnen Leid, aber sie könnten nichts für mich tun und würden weder für die Recherchen noch für die Besprechung etwas berechnen. Ich könne mich aber in Zukunft gern wieder an sie wenden.

Organisierten sie auch Beerdigungen?

Der Galgenhumor schien mehr als passend. Bis zu diesem Zeitpunkt hatten zwei weitere Detektivagenturen meinen Fall abgelehnt, ebenso wie Dr. Barrens Freundin, die Beraterin für häusliche Gewalt. Wie sie sagte, könne sie sich zwar mit Leuten in Verbindung setzen, die einen Wohnortwechsel organisierten. Mit Leuten, die völlig untergetaucht waren, hätten sie allerdings auch keine Erfahrung.

Klar, aber tippen konnten sie?

Ich war in ebendieser Stimmung, als ich eine Beratungsstelle für Opfer besuchte, die bequemerweise zwischen meiner Wohnung und den Schulen der Mädchen lag – gleich neben einem Laden, der gebrauchte Comics verkaufte, falls ich einen Superhelden engagieren wollte. Und meine Stimmung sank weiter, als man mir am Empfang der Beratungsstelle sagte, dass Luke, den Dr. Barren meinetwegen kontaktiert hatte, gleich bei mir sein würde.

Mein Gott, wie oft war ich schon an Orten wie diesem gewesen? Wie viele schlecht beleuchtete, schlecht eingerichtete, unterfinanzierte, unterbesetzte Beratungsstellen wie diese hatte ich schon gesehen? Der Fußboden voll mit Spielzeug, damit die in der Eingangshalle abgeladenen Kinder beschäftigt waren, während ihre Mütter erfuhren, wie man sich für Lebensmittelmarken bewarb; die Wände tapeziert mit Infomaterial zum Erwerb beruflicher Fähigkeiten, Wohnungsangeboten und den Angeboten von Anwälten mit Fremdsprachenkenntnissen, die beim Honorar mit sich reden lassen.

Und dann tauchte Luke auf, um mich zu begrüßen. Er wischte sich die Krümel vom Mund und in seine Mähne aus Korkenzieherlocken, die bis zur Hälfte des Rückens herunterhingen und sein schmales Gesicht und zarten Körper fast erdrückten. Er führte mich einen Flur entlang in ein klitzekleines Büro, von dem er sagte, dass es »gut beleuchtet« sei.

Dann überraschte, nein schockierte er mich. Er war mit allen Wassern gewaschen (er hatte als Werbemanager bei einer großen Plattenfirma gearbeitet), hatte Kraft und Disziplin (er unterrichtete verschiedene Kampfsportarten), und sein Verständnis, wie es war, verfolgt zu werden, war unübertroffen. Und er war zum Todlachen witzig. So gar nicht der typische Weltverbesserer auf dem Weg zu seinem Abschluss in Psychologie.

Luke war entschlossen zu helfen. Er schickte mich nicht mit entschuldigenden Worten und einer Hand voll Broschüren wieder fort. Er sagte mir nicht, ich solle mir einen Hund besorgen, einen großen Stock herumtragen oder vor dem Überqueren der Straße nach rechts und links schauen.

Während der nächsten Montage überzog er vermutlich das jährliche Telefonbudget der Beratungsstelle und sorgte auch noch für einen erheblichen Anstieg seiner eigenen Telefonkosten. Luke war freundlich und sorgfältig darum bemüht, gelassen zu erscheinen – er hatte die Füße mehr auf dem Tisch als auf dem Boden –, aber er war hartnäckig, überzeugend und zuversichtlich, dass es ihm gelingen würde, bürokratischen Wirrwarr in Wegweiser zu verwandeln, die mir den Weg in ein Roger-freies Leben zeigen würden.

Unermüdlich suchte er nach Geldquellen, von denen ich nie gehört hatte, und trieb schließlich drei Flugtickets und die Miete für zwei Monate auf, obwohl mein Einkommen keinerlei Bedürftigkeit erkennen ließ. Die Kosten für das Untertauchen, argumentierte er, würden meine Ersparnisse aufzehren, und die beruflichen Veränderungen, die nötig waren, damit wir auch weiterhin sicher waren, könnten mich in die Armut stürzen. Das stimmte, aber für viele Geldgeber war das ein neuer Denkansatz. Sie waren eher mit der Schlange von Leuten vertraut, die um Busfahrscheine und Windeln anstanden. Luke hatte den Großteil des Geldes bereits aufgetrieben, da hatten wir noch nicht einmal einen realistischen – oder überhaupt einen – Fluchtplan.

Nicht, weil wir es nicht versucht hätten. Luke und ich stellten Nachforschungen an, dachten nach, holten uns Ideen, aber eigentlich war das nur eine Art Plan B zu Lukes Vorhaben, Amerikas bekanntesten Stalkingexperten Gavin de Becker für uns zu gewinnen. Damals hatte er zwar noch keinen Bestseller geschrieben, aber er war als Sicherheitsguru der Stars und Politiker bekannt, die es sich leisten konnten, ihn zu engagieren.

Luke hatte das ehrgeizige Ziel, die Gavin-de-Becker-Agentur dazu zu bringen, mein Verschwinden zu planen und ihr Wissen umsonst zur Verfügung zu stellen. Immer wieder wurde er von den Sicherheitsanalysten der Firma abgelehnt, die meinen Fall weder umsonst noch zu einem verhandelbaren Honorar oder gar zu ihrem Standardpreis übernehmen wollten, der bei einem geschätzten *Minimum* von zehntausend Dollar lag.

Aber Luke bewarb meinen Fall mit einer Aggressivität, mit der er wohl früher die Platten unbekannter Künstler bei Radiosendern untergebracht hatte. Nach dem vierten oder fünften Anruf hatte er jemanden davon überzeugt, sich meinen Fall zumindest einmal anzuhören, und ich durfte mit einer Frau aus dem Risikoermittlungsteam der Agentur telefonieren.

»Luke möchte Ihnen wirklich unbedingt helfen«, sagte mir Karen Smith gleich zu Beginn, »aber ich weiß nicht, ob wir das auch können. Gewöhnlich ziehen wir es erst dann in Betracht, jemanden verschwinden zu lassen, wenn alle anderen Möglichkeiten ausgeschöpft wurden und wir eine stabile Beziehung zu dem Kunden aufgebaut haben.«

»Das kann ich verstehen. Ich weiß, Sie kennen mich nicht und Sie wissen auch nicht, wie ich zu der Entscheidung gelangt bin, unterzutauchen. Es war keine plötzliche Sache – ich habe sechs Jahre gebraucht, bis ich eingesehen habe, dass es nötig ist. Ich weiß, Sie können mir nicht einfach so Glauben schenken, und ich habe einen kurzen, detaillierten Bericht, der Ihnen mehr Informationen über meinen Hintergrund liefert, als ich Ihnen hier am Telefon geben kann. Dürfte ich Ihnen diesen Bericht schicken oder faxen? Dann bekämen Sie einen Einblick in die Gesamtsituation, bevor Sie die Entscheidung treffen.«

»Gut, aber Sie sollten wissen, dass wir Ihren Fall nicht umsonst übernehmen können, wie Luke meinte. Gelegentlich helfen wir Kunden, ohne eine Gebühr zu berechnen, aber das kommt selten vor und dann auch nur in einer Auftragsflaute. Aber im Augenblick haben wir sehr viel zu tun. Wir müssten also die Standardgebühr ansetzen, und die ist nicht billig.«

»Wenn Sie sich bereit erklären, mir zu helfen, werde ich das Geld irgendwie auftreiben. Ich bitte Sie nur, meinen Fall ernsthaft in Erwägung zu ziehen. Bitte.«

Sie gab mir eine Chance. Die Agentur erkannte die Notwendigkeit meines Verschwindens und erstellte einen Plan, der mir seit drei Jahren Sicherheit gewährt. Am Ende ließen sie mir sogar mehr als die Hälfte der Gebühr nach. Ich habe weder Gavin de Becker noch einen der Menschen jemals getroffen, die mir halfen, Roger loszuwerden und Frieden zu finden, aber wenn ein weiterer Tag ohne besondere Vorkommnisse zu Ende geht und ich abends einschlafe, ohne die Türschlösser noch einmal überprüft zu haben, denke ich an sie. Und ich denke an Luke, der inzwischen wohl Psychologe ist und eine eigene Praxis hat, und ich hoffe, dass sein Büro gut beleuchtet ist und seine Schuhe auf seinem Schreibtisch bleibende Spuren hinterlassen.

Adieu, Kolumbus

An einem Montagmorgen begrüßten wir wie immer den Portier und spazierten zur Tür unseres Appartementhauses in New York hinaus. Statt Mathebücher und Fruchtsafttüten hatten wir Zahnbürsten, Unterwäsche und die Bilder der Menschen in unsere Rucksäcke gepackt, die wir nie wiedersehen würden. Diese wenigen Dinge und Liberty, dem wir ein Beruhigungsmittel gegeben und dann zwischen die Stofftiere in seinen Tragekorb gesetzt hatten, waren alles, was wir mitnahmen. Wir gaben weder Familie noch Freunden, Arbeitgebern, Vermietern, Lehrern, Ärzten oder den Obdachlosen Bescheid, die auf den Dollar zählten, den wir ihnen jeden Tag gaben. Wer untertaucht, reist mit leichtem Gepäck – und hinterlässt lose Enden.

Wie immer gingen wir die Columbus Avenue entlang zu Allisons Schule, betraten das Gebäude, schlüpften zu einer Seitentür hinaus, winkten ein Taxi heran, nahmen die U-Bahn und zwei weitere Taxis, fuhren mit dem Bus Richtung Stadtrand, durchquerten die Stadt und kehrten zurück ins Zentrum, liefen sechs Blocks zu Fuß, schnappten uns ein Taxi und waren zwei Minuten vor Abfahrt des Zuges am Bahnsteig Penn Station.

Der Zug hatte sich bereits in Bewegung gesetzt, als der Schaffner uns streng mitteilte, Katzen seien nicht erlaubt. Dann warf er einen Blick auf mein Gesicht, sein Ton wurde sanfter, und er fragte, ob er Liberty streicheln durfte.

Ich sah Mitleid erregend aus, aber nicht, weil meine Augen rot geweint waren. Sie waren aufgequollen und beinahe völlig zugeschwollen, der Rest meines Gesichts ein blutiges Mosaik aus blauen Flecken. Nichts hätte mich mehr wie eine Frau aussehen lassen, die geschlagen wurde und vor ihrem gewalttätigen Partner floh, aber diese Verletzungen hatte ich mir bei einem Unfall zugezogen, den ich hätte vermeiden können. Ich war gestolpert und hingefallen (würde Roger diese Ironie nicht lieben?).

Seit Roger 1993 meinen Kopf gegen den Asphalt geschlagen hat, bin ich oft hingefallen. Bei schnellen Bewegungen verkrampfen sich mein Rücken und mein Hals. Ich wusste das, als ich beschloss, beim Abschiedsbasketballspiel von Allison, Erica und Jack mitzuspielen. (Zwei Wochen zuvor war ich über den Randstein gestolpert und der Länge nach auf dem Gehsteig hingeschlagen, hatte mich aber nicht verletzt.) Ich kann nicht besonders gut Basketball spielen, und niemand bat mich, in seiner Mannschaft mitzuspielen. Aber ich war zu traurig, um während unseres vermutlich letzten Familienausflugs in New York am Rand sitzen zu bleiben. Also trabte ich auf das Spielfeld, fing den Ball ein paar Mal und gab ihn wieder ab, dann versuchte ich, Allison zu blocken, als sie Jack den Ball zuwerfen wollte. Ich stolperte über ihren Fuß und schlug mit dem Kopf zuerst auf dem Asphalt auf.

Und so kam es, dass Liberty auf der Zugfahrt nach Philadelphia gestreichelt statt hinausgeworfen wurde.

Die Geschwindigkeit und die Bewegungen eines Zuges laden zum Nachdenken ein, und meine Gedanken verschwammen mit der Landschaft vor meinem Fenster. In meinen ersten beiden Jahren in New York verschickte ich Flugtickets an Freunde und Familie, unter anderem auch an Allisons und Ericas Freundinnen, und lud sie zu ganz besonderen Besuchen ein, randvoll mit Erlebnissen. Offiziell feierten wir sie wie ein Wiedersehen, aber ich glaube, es waren eher Abschiedspartys. Es war meine Art, mich von den Menschen zu verabschieden, die ich zurücklassen musste, wenn ich untertauchte. Außer Jack ahnten nur zwei Menschen, dass ich eines Tages verschwinden würde.

Während des letzten Besuchs in Windsor holte ich meinen Vater aus dem Krankenhaus, damit wir Weihnachten zusammen verbringen konnten. Im November hatte man unheilbaren Lungenkrebs bei ihm festgestellt. Er wusste, dass er sterben würde. Und ich wusste, dass ich untertauchen würde. Es hätte zeitlich nicht schlechter passen können. Ich schloss Frieden mit meinem Vater. Meine Mutter stand noch unter dem Schock der Diagnose meines Vaters, und es brach mir das Herz, ihr sagen zu müssen, dass sie auch noch eine Tochter und zwei Enkel verlieren würde. Ich versprach, irgendwie über Mittelsmänner in Kontakt zu bleiben (was ich hielt), aber auf der Zugfahrt nach Philadelphia war ich mir dieses Versprechens ebenso wenig sicher wie des Lebens, das vor mir lag.

Der andere Mensch, dem ich es erzählt hatte, war Tamara, die Frau, mit der ich während meines zweiten Aufenthalts im Hiatus-Haus Freundschaft geschlossen hatte. Obwohl Beth seit meiner Kindheit meine beste Freundin gewesen war – und meine Töchter, meine Hunde und mich ohne zu fragen aufnehmen würde, wenn wir eines Tages in einem oder auch in zehn Jahren vor ihrer Tür stünden –, war Tamara der einzige Mensch, dem ich zutraute, meine Entscheidung sowohl zu verstehen als auch zu schützen. Und so schickte ich ihr sechs Monate vor unserem Verschwinden ein letztes Mal Flugtickets, und wir verabschiedeten uns verlegen voneinander.

Dass ich gehen würde, stand fest, nur die Details waren noch ungeklärt. Nun hatte die Umsetzung des Plans begonnen, und alles andere war ungewiss.

Vor unserem ersten längeren Halt in Las Vegas reisten wir mit Hilfe der verschiedensten modernen Fortbewegungsmittel sechs Tage im Land umher. Da ich keines davon steuern musste, verlief die Reise weitgehend stressfrei.

Mit zwei Besorgnis erregenden Ausnahmen.

Wir waren gerade vom Bahnhof in Philadelphia zum Flughafen der Stadt gefahren. Unser Flug nach Denver sollte in zehn Minuten aufgerufen werden, und wir hatten uns auf fünf dieser zusammenhängenden Plastiksitze breit gemacht (einer war für Liberty, ein weiterer für die Rucksäcke), als der dunkelhaarige Mann auf dem sechsten ein Gespräch mit Erica anfing.

»Sieht nach Umzug aus«, sagte er.

»Nein, ganz und gar nicht«, unterbrach ich ihn. »Wir nehmen die Katze immer überall mit hin.«

»Und wohin fliegt die glückliche Katze heute?«, fragte er Erica in überfreundlichem Ton.

»Dorthin, wo wir auch hinfliegen«, antwortete ich erneut für sie. »Vielleicht sind wir ja im gleichen Flugzeug. Wo wollen Sie denn hin?«

»Nach Denver«, sagte er. »Ich bin aus Deutschland und gerade auf dem Rückflug, aber ich mache auf dem Heimweg noch einmal in Denver Station.«

Ein Deutscher? *Nicht gut.* Auf dem Heimweg, fliegt aber nach Westen statt nach Osten? *Schlecht.* Mit dem Flugzeug, mit dem wir auch fliegen? *Sehr schlecht.* Fragt, ob wir umziehen? *Sehr, sehr schlecht.*

»Ich wünsche Ihnen noch eine gute Reise. Wenn Sie uns jetzt entschuldigen, wir müssen auf die Toilette. Mädchen, packt eure Sachen zusammen. Wir gehen.«

Ich habe den Mann nie wiedergesehen. Bei der Toilette angekommen, drehte ich mich noch einmal nach ihm um, konnte ihn aber nirgends entdecken. Als wir zurückkamen, war er nicht am Gate. Er stieg auch nicht in das Flugzeug nach Denver. Ich weiß nicht, ob es tatsächlich Claude Stroud oder nur ein unglücklicher Zufall war, aber ich war so verängstigt, dass ich niemandem davon erzählte. Ich betete, dass er fort war und nicht zurückkommen würde. Ich wollte mit dem Verschwinden nicht noch einmal ganz von vorne anfangen müssen.

Das andere Mal blieb uns das Herz an unserem dritten Tag in Nevada fast stehen. Ich hatte eine Woche Las Vegas in unsere Reiseroute eingeplant. Ich war der Ansicht, wir sollten uns zwischen der dramatischen Abreise und der Realität eines neuen Lebens ein paar Tage Ruhe gönnen. Also hatte man für uns unter falschem Namen im Mirage, der Heimat der weißen Tiger, gebucht. Mit der Straßenbahn dauerte es nur eine Minute vom Hotel nach Treasure Island, wo die Mädchen ganze Arme voll Plüschtieren, gewannen. Am dritten Tag waren wir so weit, dass wir das Spieleangebot auf Treasure Island mit dem bei Circus Circus und dem MGM Grand Hotel vergleichen konnten.

Das MGM ist das größte Hotel, das ich je gesehen habe. Dorothy war schneller in Oz, als wir den Parkplatz, die Lobby und das Casino durchquert hatten und bei der virtuellen Tour angelangt waren.

Allison und Erica wollten erst zusehen, bevor sie selbst mitfuhren, und so standen wir ungefähr acht Meter entfernt an einem Souvenir-Kiosk. Wir rätselten noch, warum sich die Kinder vor unsichtbaren Objekten duckten und in die Luft griffen (es war unser erster Kontakt mit virtueller Realität), als Erica den Finger hob und herausplatzte: »Schaut mal! Da ist Onkel Peter.«

Erica hatte immer wieder fälschlicherweise geglaubt, ihren Vater zu sehen, und so hoffte ich, dass sie sich auch diesmal geirrt hatte, doch dann hörte ich, wie Allison nach Luft schnappte und sich hinter ein paar T-Shirts mit der bösen Hexe des Westens versteckte, die vom Dach des Kioskes hingen. Ich packte Erica, und wir versteckten uns hinter den aufgeschichteten Kaffeetassen. Schließlich wagte ich einen Blick über ein Dutzend Porzellanmähnen und sah Tante Catherine, Onkel Peter, einen von Rogers jüngeren Brüdern, und Cousin Bart, der auf seine Reise in die virtuelle Welt wartete.

Im wahrsten Sinn des Wortes mit offenem Mund starrten wir auf die drei Menschen, die unseren Plan vom Untertauchen vereiteln konnten, noch bevor er richtig begonnen hatte. Wir konnten nicht unbemerkt verschwinden, also versteckten wir uns in dem Kiosk, sahen uns Schlüsselanhänger mit dem Blechmann und Toto-Körbe an, während Bart wartete, bis er an der Reihe war, seine Runde drehte, *noch eine* Runde und dann *noch eine* drehte und dann mit seinen Eltern in der dem Kiosk entgegengesetzten Richtung zur nächsten Attraktion weiterging.

Wir kauften schnell ein paar Sachen in dem Kiosk und gingen. Wir warteten nicht auf den kostenlosen Shuttlebus, der uns ins Mirage zurückbringen würde. Wir nahmen das erste Taxi zurück.

Sicher war diese Beinahe-Begegnung mit Rogers Familie ein Zufall. Es musste ein Zufall sein. Das sagte ich den Mädchen und redete es mir selbst ein. Aber in den nächsten Tagen wagten wir es nie, uns weiter von unserem Hotel – oder voneinander – zu entfernen.

Der nächste Teil unserer Reise – per Boot, Flugzeug, Bus, Heißluftballon, Rikscha, Hubschrauber, Lieferwagen, Fallschirm, Fahrrad und Gemüsekarren (vielleicht habe ich hier ein wenig übertrieben) – verlief ohne Zwischenfälle, und schließlich kamen wir an dem Ort an, an dem uns niemand kannte und an dem wir niemanden kannten.

Ich besaß die Schlüssel zu einem Wagen und einer Wohnung, die ich beide nie gesehen hatte, und Stadtpläne, um beides zu finden. Wir brauchten zwei Stunden, um den Wagen zu finden, sieben weitere, bis wir in unserem neuen Heim angelangt waren. Die Wohnung war sauber, aber leer, und wir schliefen ohne Decken und Kissen auf dem Teppichboden. Wir wachten mit steifen Gliedern und der nüchternen Erkenntnis auf, was für eine enorme Aufgabe dieser Neuanfang war. Wir hatten weder Löffel noch Handtücher, weder Glühbirnen noch Erdnussbutter. Ich hatte keine Arbeit, die Mädchen hatten keine Schule, und wir hatten nichts zu essen, weil wir die elf Oreo-Kekse am Abend zuvor gemeinsam aufgegessen hatten.

Das hier war keine Phantasiereise und kein Mutter-Tochter-Urlaub zum besseren Kennenlernen. Das war Ellis Island, bevor es zur Touristenattraktion wurde. Es war ein Grund, in ernste Depressionen zu verfallen. Es wurde mir bewusst, als Erica lautstark in einem Restaurant verkündete, sie würde niemals in einer Stadt frühstücken, in der es keine Bagels gab. Es wurde mir bewusst, als Allison Erica anbrüllte, weil sie eine Haarbürste benutzt hatte, die Allison tags zuvor noch bereitwillig mit ihr geteilt hatte. Und ich wusste, dass ich auf ein Stimmungstief zusteuerte, als ich wegen einer kaputten Glühbirne in Tränen ausbrach.

Wir hatten das Gefühl, uns im Wald verlaufen zu haben – ohne Kompass und ohne Hoffnung auf Rettung. Wir hatten uns tatsächlich verlaufen, waren allein, und uns fehlten die einfachsten Bequemlichkeiten, die ein Heim bot. War das der Lohn für unseren Mut, unsere Opfer? War das der Lohn? Eine leere Hülle von einer Wohnung, in der es nicht mal einen Mülleimer für die kaputten Glühbirnen gab?

Bevor wir beginnen konnten, uns ein neues Leben aufzubauen, musste sich zuerst einmal unsere Stimmung bessern. Aber wie? Ich brauchte einen Plan. Und einen Eistee.

Beides bekam ich in einem sonnendurchfluteten Restaurant, in dem es körbeweise heiße, knusprige Brötchen und Eistee und Wasser im Krug gab. Erica biss in ihr mit Butter bestrichenes Brötchen und vergaß ihren Hungerstreik. Allison probierte die Kartoffelrösti und entschuldigte sich dafür, wegen der Haarbürste herumgeschrien zu haben. Ich wusste, ich konnte einen Ort lieben lernen, an dem ich zum Preis eines Glases so viel Eistee trinken (und so viele Schalen mit Zitronenscheiben bekommen) konnte, wie ich wollte. Wir würden zurechtkommen.

Mit ein paar Möbeln – und etwas Spaß – würde es uns gleich besser gehen. Ich blätterte in der Lokalzeitung, in der Hoffnung, ein Bettengeschäft zu finden, als ich auf die Kleinanzeigen stieß und eine Idee hatte.

»Mädchen, wie ihr wisst, haben wir genügend Geld für alles, was wir brauchen, um uns hier einzurichten. Aber ich habe eine

Idee, wir wir Geld sparen und aus dem Möbelkauf ein Spiel machen können. Seid ihr interessiert? Gut. Hier ist mein Vorschlag. Heute kaufen wir das, was absolut nötig ist, wie Betten und Lebensmittel. Von morgen an suchen wir in der Zeitung nach Umzugsflohmärkten und Ähnlichem und sehen, was wir aus zweiter Hand kaufen können.«

»Wir kaufen doch keinen Müll, oder?«, fragte Erica.

»Natürlich nicht. Denkt an all die Sachen, die wir vor jedem Umzug verkauft oder weggegeben oder hinausgeworfen haben. Die meisten waren so gut wie neu, aber wir haben jedes Mal eine Unmenge Geld verloren. Jetzt haben wir die Chance, tolle Sachen zu finden und auch noch Geld zu sparen.«

»Was machen wir mit dem Geld, das wir sparen?«, wollte Allison wissen.

»Keine Ahnung. Darüber können wir später nachdenken.«

Am nächsten und den dreißig darauf folgenden Tagen spielten wir das Spiel »Wer macht das tollste Schnäppchen?«. Wir begannen jeden Tag im selben Restaurant. Nach dem Frühstück gossen wir uns noch ein Glas unseres Lieblingsgetränks ein und lasen die Kleinanzeigen. Die wichtigste Spielregel lautete: Wenn jemand an einer Sache interessiert war, sahen wir sie uns an, wir kauften aber nur, wenn zwei Leute dafür stimmten.

Wenn wir alle interessanten Kleinanzeigen gekennzeichnet hatten, schickten wir Allison zum Telefon, damit sie sich nach den Adressen erkundigte. Dann brachte Erica eine Adresse nach der anderen zu mir an den Tisch zurück, ich suchte sie auf dem Stadtplan, und sie lief mit neuen Vierteldollarstücken zu Allison zurück. Wenn uns das Kleingeld – oder die Telefonnummern – ausgingen, zahlten wir und machten uns auf die Jagd.

Anfangs hatten wir keine Ahnung, wohin die Reise ging. Wir wussten nicht, welche Viertel gut, welche weniger angesehen waren, und wir wussten nicht, wo sich die einzelnen Adressen im Verhältnis zueinander befanden. Es kamen viele zusätzliche Kilometer zusammen, da wir erst zu einem Haus, dann fünfzehn Kilometer in die entgegengesetzte Richtung zum nächsten und schließlich zu einem dritten fuhren, das praktisch direkt neben dem ersten lag. Meine Töchter waren keine große Hilfe. Sie konnten nicht Kartenlesen. Allion bemühte sich, besonders genau zu sein, aber es fiel ihr schwer, die Quadrate voneinander zu unterscheiden, und wenn sie eine Straße entdeckt hatte, war ich schon zehn Straßen weiter gefahren, und wir mussten noch einmal anfangen. Wenn Erica nicht entdeckte, was sie suchte, erfand sie es einfach, und ich fiel jedes Mal auf ihren überzeugten Ausruf herein: »Ich hab's! Ich hab's! Wir müssen hier rechts und bei der nächsten Kreuzung dann links abbiegen.«

Wir verfuhren uns recht häufig, aber wie sich herausstellte, war das eine gute Sache. Wir fanden immer irgendwann den Weg nach Hause, und wenn wir uns einmal verfahren hatten, nutzten wir die zufälligen Fahrten, machten Picknick auf Bergen, von deren Existenz wir nichts geahnt hatten, und pflückten Blumen, die wir nur aus teuren Sträußen kannten. Diese Erkundungsfahrten lehrten uns, zurechtzukommen und das Unbekannte und Ungeplante aus der Perspektive des Pioniers zu betrachten. Drei Jahre später fragt Erica noch immer: »Mom, wollen wir uns heute verfahren? Das macht so viel Spaß.«

Im September waren wir bescheiden eingerichtet und hatten das Gefühl, ein Zuhause – und eine Geschichte – zu haben. An jedem Haushaltsgerät, jedem Möbelstück, das wir gesammelt hatten, hing eine Erinnerung. Von dem selbst gemachten Tisch, den uns eine Frau für fünf Dollar verkauft und geliefert hatte, »weil ich weiß, dass er es gut bei euch haben wird«, bis hin zu den Kleiderbügeln für zehn Cent das Stück, die den Zehn-Dollar-Bügeln glichen, die wir in unseren Schränken in New York zurückgelassen hatten. Im Herbst hatten wir uns auch an ein paar der Nachteile des Lebens im Untergrund gewöhnt.

Ich konnte weder ein Konto eröffnen noch eine Kreditkarte benutzen, eine Krankenversicherung abschließen oder einer geregelten Arbeit nachgehen. Als für die Mädchen die Schule wieder begann, ging ich auf Arbeitssuche. Offiziell hatte ich keine neue Identität, und ich würde meinem Arbeitgeber meinen richtigen Namen sagen müssen. Die Menschen, die mein Verschwinden geplant haben, haben bezüglich meines Aufenthaltsortes so viele Hürden aufgestellt, dass ich glaubte, eine einfache Arbeit in einer anderen Branche als der annehmen zu können, für die ich ausgebildet worden war, ohne meine Sicherheit aufs Spiel zu setzen. Aber mitten in meine Arbeitssuche platzte ein Bundesgesetz mit dem Ziel, Väter ausfindig zu machen, die ihren Unterhaltszahlungen nicht nachkamen, und die Namen und Adressen aller Angestellten müssen in Computerdateien gespeichert werden. Diese konnte Roger leicht öffnen.

Dieses Gesetz, das man aufgrund seiner guten Absichten nicht verurteilen konnte, machte meiner Arbeitssuche und allmählich auch meiner Beziehung zu Jack ein Ende, dem einzigen Menschen, der meine Vergangenheit und meine Gegenwart kennt. Er hatte vor, zu uns zu kommen, wenn ich mich eingewöhnt und Arbeit gefunden hatte. Die Zeitschrift, für die er arbeitete, wurde vom Markt genommen, und er wollte sich zur Ruhe setzen und von mir versorgt werden. Ich stimmte zu, aber als das neue Gesetz verhinderte, dass ich eine meldepflichtige Arbeit annahm, konnte ich mein Wort nicht halten, und eine unüberwindbare Kluft tat sich zwischen uns auf. Er war wütend. Er hing an seiner romantischen Idealvorstellung von einem tropischen Versteck und einer Frau, die die Papayas nach Hause brachte – als Ausgleich für all die finanzielle Unterstützung, die er geleistet hatte, als die Kosten des Rechtsstreites mein Einkommen und mein Vermögen auffraßen. Ich konnte mich nicht bei ihm revanchieren, und als ich meine Schuldgefühle darüber aufgab, dass ich ihn nicht unterstützen konnte, als ich aufhörte, ihm Gefallen zu tun und seine Bitterkeit zu tolerieren, verlor er das Interesse. Mir fehlt sein Rat, seine Freundschaft, seine Weisheit und sein Humor. Er war ein gutes männliches Vorbild für die Mädchen, weder Held noch Schurke, weder perfekt noch mit einem tödlichen Charakterfehler ausgestattet. Jack hatte meine düstersten Augenblicke mit mir geteilt, war in seinem Glauben unerschütterlich gewesen, dass ich letzten Endes persönlich und beruflich triumphieren würde. Ich wünschte, er wäre bis zum Happy End geblieben. Während ich dankbar war, die Krise in meinem Leben gemeistert zu haben, brauchte Jack offenbar ständigen Aufruhr in seinem. Meine hart erkämpfte Ruhe langweilte ihn, und ich sah sein Verlangen nach Drama als Bedrohung meiner Sicherheit. Doch trotz unserer Trennung weiß ich: Wenn ich ihn mitten in der Nacht anrufen und ihm sagen würde, dass ich in Sambia gestrandet sei, hätte er meine Heimreise bei Tagesanbruch organisiert. Er blüht in der Rolle des Helden auf, aber ich muss nicht mehr gerettet werden, und mein Freund zu sein genügt ihm nicht. Und so machte sich Jack ins Landesinnere auf und fand jemanden, dessen Hilfsbedürftigkeit seinem Verlangen, gebraucht zu werden, besser entsprach. Ich lief den Strand entlang, wo das Meer meine Spuren verwischt und der Horizont eine schönere Aussicht bietet als der Blick in jede andere Richtung.

Ich halte die Armut mit dem Verkauf von Möbeln, die ich auf den Müllhalden der Wohnblöcke finde, in Schach, liefere selbst gekochte Mahlzeiten an Doppelverdiener und mache Vogelkäfige sauber, während ich auf die Häuser von Geschäftsleuten auf Reisen aufpasse. Ich trainiere Hunde und verkaufe Souvenirs. Wir sind arm und können nichts daran finden, aber unsere Probleme – dass wir unsere Autos zurückgeben und unsere Klempnerarbeiten selbst erledigen müssen – sind lösbar. Armut lässt sich rückgängig machen, aber tot ist tot.

Niemand nimmt mehr gern Bargeld, und man misstraut jedem, der mehr als zwanzig Dollar auf den Tisch legt. Ich wechselte drei Mal den Supermarkt, weil die Angestellten an der Kasse mir immer wieder Kundenrabattkarten anboten und wütend wurden, wenn ich ablehnte (auf dem Anmeldeformular wurden Führerschein- und Sozialversicherungsnummer verlangt). Die Kassiererin an Kasse fünf fragte einmal so laut, dass alle Kunden von Kasse eins bis fünf es hören konnten: »Was ist los mit Ihnen? Sie hätten heute fünfundzwanzig Dollar und dreizehn Cent sparen können! Sie haben wohl zu viel Geld, oder was?«

Allmählich gingen mir die Lebensmittelläden aus, also erfand ich schließlich einen Namen und alle Nummern, die auf der Anmeldung verlangt wurden. Nun spare ich Geld, und wenn ich Lebensmittel kaufe, bleiben mir unerwünschte Fragen erspart.

Der Angestellte an der Tankstelle grüßt mich jedes Mal mit einem anzüglichen Grinsen und nach Tabak stinkendem Atem, wenn ich ihn bitte, mein Bargeldhäufchen in Zahlungsanweisungen umzutauschen, damit ich die Miete und die Rechnungen für Gas, Wasser und Strom zahlen kann. (Ich habe versucht, sie in Banken zu bekommen, aber die Schalterbeamten stellten zu viele Fragen.) Mich stört weder das Verhalten noch der Mundgeruch des Tankstellentypen (wer in New York Taxi fährt, wird immun gegen beides), aber dass er mich kennt, beunruhigt mich. Schließlich will ich vor allem anonym bleiben.

In all der Zeit, in der die Rezeptionistin in der Praxis meines Arztes arbeitet, bin ich offenbar die erste Patientin, die je versucht hat, ihre Rechnung mit Papiergeld zu begleichen. In der Kasse war kein Bargeld, und wie sie mir erklärte, hätte keine der von ihr behelligten Arzthelferinnen genügend Kleingeld in ihrer Geldbörse oder Handtasche, um mir herausgeben zu können. Sie gab mir den Zwanzig-Dollar-Schein zurück und sagte, sie würde eine Rechnung schicken. Natürlich gab es keine Jocelyn Jones unter der Adresse, die ich schlechten Gewissens auf dem Formular für neue Patienten angegeben hatte, und bei meinem nächsten Besuch war meine Rechnung mehr als überfällig. Zum Glück werde ich häufiger hungrig als krank, denn in dieser Stadt gibt es mehr Supermärkte als Ärzte.

Nicht aufzufallen hieß auch, dass ich mich an die Verkehrsregeln halten musste, damit mein Name und der Ort des Verstoßes nicht im Polizeicomputer erschienen. Es bedeutet aber auch, dass ich weder Bücher aus der Bücherei leihen noch mich beschweren kann, wenn die Nachbarn bis vier Uhr morgens feiern, noch meinen Vermieter mitten in der Nacht bitten kann, ein kaputtes Rohr zu richten. Ich quittiere schlechten Service mit einem Schulterzucken und ignoriere schlechtes Benehmen. Ich halte mich mit meiner Meinung zurück und vermeide alles, was mich in Gefahr bringen könnte.

Eine besondere Schwierigkeit stellte die Anmeldung meiner Töchter in neuen Schulen dar. Ohne die Einwilligung ihres Vaters darf ich ihre Namen nicht ändern, und in öffentlichen Schulen ist es gesetzlich vorgeschrieben, beiden Elternteilen Einsicht in die Akten zu gewähren. In Privatschulen kann man sich leichter verstecken, aber das Schulgeld ist unbezahlbar. Der Unterricht zu Hause schien eine gute Lösung, aber die Leute werden neugierig, wenn sie schulpflichtige Kinder um zehn Uhr morgens mit ihrer Mutter am Pool sitzen sehen. Ganz egal, dass sie Shaw lesen und sich mit Algebra beschäftigen. Die Nachbarn werden immer schnüffeln. Außerdem brauchten die Mädchen Kontakt zu Gleichaltrigen, und so sprach ich wochenlang mit Direktoren, bis ich jemanden fand, der bereit war, das Risiko auf sich zu nehmen und mir zu helfen.

Ein paar meiner Schwierigkeiten konnte ich überwinden. Mit dem Rest lebe ich. Mein Einkommen bessere ich durch Tauschgeschäfte auf. Ich erledige die Buchhaltung, zahle die Rechnungen und bereite die Steuererklärung für meinen Vermieter vor, dafür erlässt er mir die Miete. Ich befreite im Tausch gegen einen Schreibtisch einen Hundewelpen von seinem Bellproblem – und verdiente mir sogar noch etwas dazu, als ich die Besitzerin davon überzeugte, dass ihr Beagle einsam war und untertags meine Gesellschaft brauchte.

Über ein Jahr lang bestellte ich keine Pizza, weil der Mann am Telefon darauf bestand, Name, Adresse und Telefonnummer in seinen Computer zu hacken, damit er nicht mehr so viel tippen musste, wenn ich das nächste Mal eine große amerikanische Pizza mit Champignons bestellte. Dann dämmerte mir, dass Name und Telefonnummer vermutlich keine Rolle spielten, solange die Adresse stimmte, und ich musste mir den Spaß am Pizzaservice nicht mehr dadurch verderben, dass ich das Haus verließ, um sie zu holen.

Ich habe mich für ein schweres Leben entschieden, und an manchen Tagen beklage ich diese Ungerechtigkeit. Ich werde jedes Mal wütend, wenn eine kecke Moderatorin oder ein abgestumpfter Richter zuversichtlich verspricht, die Trennung von einem gewalttätigen Mann brächte der geschlagenen Frau die Rettung.

Sich von einem gewalttätigen Ehemann zu trennen ist schwierig und gefährlich. Ihm fern und gleichzeitig am Leben zu bleiben, lässt die anfängliche Flucht wie ein Kinderspiel erscheinen. Ich kann jedes Opfer bringen, sofern es Hoffnung verspricht, sofern es mich vor der lebenslangen Strafe durch meinen Peiniger bewahrt. Die Hoffnung, am Leben zu bleiben, ist jeden gepackten Koffer, jeden sauber gemachten Vogelkäfig wert.

Hoffnung und Glück sind weder von unseren Umständen noch dem Ort abhängig, an dem wir leben. Das Leben hat mir so viele Zitronen beschert, dass ich mindestens vier Scheiben in jedes Glas Eistee gebe. Man hat mir den amerikanischen Traum nicht auf dem Silbertablett serviert, aber ich verfüge über die Weitsicht und die Weisheit, mein eigenes Utopia zu erschaffen. Und es wird mir gelingen.

Lattenzaun

Heute habe ich einen Lattenzaun gebaut. Ich wollte schon immer einen, aber zuerst waren es meine Eltern, dann Roger, die Maschendraht bevorzugten, und so fand ich mich damit ab, meinen Nachbarn durch ein rautenförmiges Drahtnetz zuzusehen. Ich bin jetzt seit neun Jahren allein mit den Mädchen, und in der ganzen Zeit besaß ich nie einen Garten, der umzäunt werden musste. Aber ich beschloss, dass ich mangels Grundstück nicht auf meinen Zaun verzichten musste, fuhr in den Baumarkt und kaufte ein paar spitz zulaufende Zaunlatten.

Ich lächelte, als ich die Holzstücke auf dem Wohnzimmerteppich ausbreitete, die Unterkanten in einer Linie und die einzelnen Latten in gleichmäßigen Abständen ausrichtete. Mein Leben ist nicht so, wie ich es geplant hatte, aber ich bastle mit großer Genugtuung daran. Endlich fühle ich mich wohl, so wie ich bin.

Unterzutauchen und unauffindbar zu bleiben machte es erforderlich, dass ich zu- und abnahm und jede Menge Haarfarbe verbrauchte. Ich trug Kleidergröße 34 und 44, war rotblond und kastanienbraun. Die Kleider fallen besser, wenn ich dünn bin, und mein Haar gefällt mir besser, wenn es seinen natürlichen Rotton hat, aber ich mag mich selbst, unabhängig davon, wie schwer ich bin und welche Haarfarbe ich habe. Ich wäre an jedem beliebigen Tag lieber fröhlich, aber ich gestatte mir das gesamte Spektrum an Stimmungen. Ich strebe nach Reichtum, aber die Armut bedrückt mich nicht. Mein Frieden hängt von meinem Schutz vor Roger ab, aber nicht zwingend. Er hat viel mehr mit einem heiligen Versprechen zu tun.

Als ich gelobte, Allison und Erica zu beschützen, konnte ich nicht ahnen, mit welchen Schwierigkeiten oder Gefahren die Einhaltung dieses Versprechens verbunden sein würde. Mein Engagement, nicht mein Mut, trieb mich an die Schreibmaschine und ans Telefon, in Gerichtssäle und vor Klassenzimmer, vor Kameras und hinter das Steuer von Autos. Meine Überzeugung, nicht meine Stärke, veranlasste mich, den Staat herauszufordern und mich der weit größeren Herausforderung des Untertauchens zu stellen. Aber es fiel mir ungleich schwerer, mich an die Regeln zu halten und den Forderungen des Gerichts nachzukommen, das von mir verlangte, Roger meine Töchter zweimal im Monat zu überlassen. Gleichzeitig musste ich ihnen versichern, dass es falsch war, wenn man ihnen sagte, sie seien in seiner Gegenwart sicher. Nichts hat mir jemals so viel Stärke abverlangt, wie auf der Veranda zu bleiben und Allison, die sich in ihren Schoß erbrach, und Erica, die schluchzte und an ihrem Sicherheitsgurt zerrte, zum Abschied zuzuwinken, als Roger aus der Ausfahrt und die Straße entlang schoss.

Nichts kann sich mit der Beherrschung messen, die es mich kostete, reglos stehen zu bleiben, bis der Wagen um die Ecke verschwunden war, und dann, *erst dann*, mit einem gequälten Aufschrei zusammenzubrechen. Es war sehr viel schwieriger, mich zu fügen als mich zu entziehen.

Ich glaube, wir sind alle gleich stark, wenn wir geboren werden. Aber jedes Mal, wenn wir aus Bequemlichkeit lügen, in einem Beruf oder einer Beziehung bleiben, die wir hassen, Missbrauch tolerieren, bei Prüfungen schummeln oder unsere Ehepartner betrügen, schweigen, wenn wir sprechen sollten, und sprechen, wenn wir zuhören sollten, geht ein klein wenig davon verloren. Wir werden schwächer, wenn wir uns streng an die Verhaltensregeln halten, statt auf unser Gewissen zu hören, wenn wir den einfachsten Weg wählen, statt das zu tun, was wir für das Beste halten. Ich habe beinahe meine ganze Macht an einen Sadisten abgegeben, an die Überzeugung, ich könne ihn ändern, an meine Unfähigkeit, einen Fehler einzugestehen, an meine Weigerung, an die Existenz des Bösen zu glauben, an meine alte Angewohnheit, die unangenehmen Dinge des Lebens zu ignorieren oder darüber zu spotten. Aber verwitterte Gartenzäune lassen sich ausbessern und verdorrte Seelen heilen. Der *schlimmste* Tag ohne einen Partner, der dich misshandelt, ist besser als der *beste* Tag mit ihm, denn nur ohne ihn kann die Hoffnung, nur ohne ihn kann die eigene Stärke zurückkehren. Mit allem, was ich tat, und jedem Zugeständnis, das zu machen ich mich weigerte, um mein Versprechen gegenüber Allison und Erica zu halten, kehrte meine Kraft zurück.

Als ich beschloss unterzutauchen, war ich keine verzweifelte Mutter, die in die Wälder floh und deren kleine Kinder im Nachthemd hinter ihr herstolperten. Ich war eine selbstbewusste Frau, die eine wohldurchdachte Wahl traf, und meine Töchter, die sahen, was für eine Frau ihre Mutter geworden war, respektierten diese Entscheidung und vertrauten ihr. Wir liefen nicht weg. Im Gegenteil, wir schritten Arm in Arm in ein neues Leben.

Ich hoffe, Allison und Erica werden das Leben als eine Reihe von Entscheidungen erkennen und akzeptieren und ihre Kraft in die Entscheidungen investieren, die am besten für sie sind. Allisons Berufswünsche reichen von der Schauspielerei über Jura, Schreiben und Kunst bis hin zur Psychologie, und es freut mich sehr, dass sie glaubt, einen davon, alle auf einmal oder auch gar keinen weiterverfolgen zu können. Angesichts meiner Vergangenheit als Einserschülerin und Universitätsdozentin erwarteten meine Töchter – und deren Lehrer –, dass ich sie zu schulischen Erfolgen antreiben und vor dem Versagen bewahren würde. Als Erica im letzten Jahr in drei Fächern auf vier stand – nicht, weil sie es nicht konnte, sondern weil sie nicht lernen wollte –, waren alle überrascht, dass ich sie weder rettete noch bestrafte. Inzwischen schreibt sie hauptsächlich Einser und ein paar Zweier – nicht auf mein Drängen hin, sondern weil sie selbst es so will. Ihre Hausaufgaben erledigt sie jetzt vor dem Abendessen, »weil ich gern gute Noten schreibe«. Sie hat bereits begriffen, wozu ich vier Jahrzehnte brauchte: dass es sowohl schwieriger als auch befriedigender ist, eigene Maßstäbe aufzustellen und danach zu streben – oder dagegen zu verstoßen.

Als ich die Vergangenheit hinter mir ließ, konnte ich noch einmal von vorne anfangen. Ich kann Popcorn zum Frühstück essen, barfuß durch den Schnee laufen, einen Nachbarn beschimpfen oder einem herrenlosen Hund ein neues Zuhause geben, ohne dass irgendjemand sagt: »Aber Ellen, das sieht dir so gar nicht ähnlich«, weil niemand weiß, wie ich zu sein habe. Ich kann durch die Führerscheinprüfung rasseln, einen Durchschnittstypen heiraten, eine Frau küssen oder eine Monatsmiete beim Blackjack verjubeln, ohne mir anhören zu müssen: »Oh, Ellen, wir haben mehr von dir erwartet«, weil ich nur meine Erwartungen erfüllen muss. Ohne den Wunsch, anderen zu gefallen oder ihnen alles recht zu machen, habe ich auch keine Angst mehr vor Misserfolgen – dafür rechne ich mit dem Erfolg. Mit zehn Jahren erzählte ich meinen Eltern, ich wollte *große* Bücher schreiben. Sie sagten, ich solle Steno lernen, und das tat ich. Mit zwanzig erzählte ich meinem Beratungslehrer, ich wollte *wichtige* Bücher schreiben. Er sagte, ich solle Journalismus studieren, und das tat ich. Mit dreißig erzählte ich meinem Mann, ich wollte *ein* Buch schreiben. Er sagte, ich solle abspülen, und das tat ich. Mit vierzig beschloss ich, *dieses* Buch zu schreiben. Und das tat ich.

Ich werde niemals aufhören, auf Roger oder einen Rechtsstaat, von dem ich verraten wurde, wütend zu sein. Doch ich bin nicht verbittert. Meine Wut ist gesund. Ich habe zu hart um mein kleines bisschen Frieden gekämpft, um es mit bitteren Klagen zu entweihen. Aber ich werde laut, deutlich und voll leidenschaftlicher Wut meine Stimme erheben, zu Ehren all jener missbrauchten Frauen, die ihr Leben lassen mussten, bevor sie ihre Geschichte erzählen konnten – und, was noch wichtiger ist, in der Hoffnung, dass andere Frauen mich hören und leben.

Meine Geschichte hat einen ungewöhnlichen Ausgang. Aber der Missbrauch, den ich erlebte, ist das tägliche Schicksal von Millionen von Frauen. Frauen in Ihrer Familie, Ihrem Büro oder Ihrem Klassenzimmer gehen nach Hause zu einem Partner, der sie schlägt, manipuliert und einschüchtert. Täter und Opfer beschränken sich nicht auf eine ethnische Gruppe, eine Klasse, einen Intelligenzquotienten oder einen Ort. Es ist keine Schande, ein Opfer zu sein, aber es gibt nur eine Möglichkeit, dem Missbrauch ein Ende zu setzen: VERLASSEN SIE IHN! Die Einzelheiten können Sie später klären, die Alternativen später abwägen. Einen gewalttätigen Partner können Sie nicht ändern. Ändern können Sie nur sich selbst. Sie können sich zu einem Menschen entwickeln, der sich weigert, sich von einem anderen beherrschen zu lassen. Sie können der Mensch werden, der Sie sein wollen. Sie können alles tun, was Sie tun wollen. Sie können vor Ihrem Haus oder in Ihrer Vorstellung Zäune bauen, einreißen oder reparieren, aber zu allererst müssen Sie ihn verlassen!

Mit glänzenden Nägeln und einem rostigen Hammer befestigte ich die vertikalen Zedernlatten an einem horizontalen Eschenbrett, und die Schreinerarbeiten an meinem knapp drei Meter langen, idyllischen Lattenzaun waren beendet. Zum amerikanischen Ideal fehlen mir Haus, Garten und Mann, und meine Geschichte, die schrecklich genug ist, um die Märchen der Gebrüder Grimm lediglich als etwas verdrießlich erscheinen zu lassen, muss ohne Feenstaub, ohne Prinzen und ein »Sie lebten glücklich und zufrieden bis an ihr Lebensende« auskommen. Aber mein Zuhause ist ein Ort der Hoffnung und der Topf am Ende meines Regenbogens ist gefüllt mit Gelassenheit.

Einen Verrückten zu lieben und zu verlassen hat meine Töchter und mich viel über die richtige Einstellung gelehrt. Für uns ist ein Triumph, was für andere eine Tragödie ist, und wir sehen Katastrophen als Abenteuer. Als bei einem Sturm der Strom ausfiel, machten die Mädchen ihre Hausaufgaben – und erzählten Geistergeschichten – bei Taschenlampenlicht und ich röstete Marshmallows über der Flamme unseres Gasofens. Als der Motor unseres Wagens den Geist aufgab, fuhr ich ruhig auf den Mittelstreifen und Erica berichtete fröhlich: »Wir haben Glück gehabt. Da drüben sind eine Tankstelle und ein McDonald's.« Als wir eine »Abkürzung« nahmen und zwei Stunden zu spät zur Schule kamen, kicherten wir über die verspätete Entschuldigung, die ich schrieb: »Tut uns Leid, sind falsch abgebogen. Müssen Stadtplan kaufen.« Wir sind nicht so leicht unterzukriegen.

Am schwierigsten, befürchtete ich, würde es an den Feiertagen. An unserem ersten Weihnachtsfest im Untergrund backten wir Lebkuchen, und weil wir weder mit uns noch mit zweiundsiebzig würzigen Männlein und Weiblein etwas anzufangen wussten, packten wir sie in einen mit einer Serviette ausgelegten Korb und trugen sie, Weihnachtslieder singend, zu den Nachbarn. Wir verschenkten alle unsere Lebkuchen, dafür kehrten wir mit einem Korb (und zwei Taschen) voller Kürbiskuchen, Truthahn-Sandwiches, Preiselbeerküchlein, Badeöl, Briefpapier, Eierpunsch, selbst gebackenen Plätzchen, dem Polaroidbild von einem schwarzen Labrador, der einen Lebkuchen stibitzt, und den Telefonnummern unserer neuen Freunde heim. Wie viele Weihnachtsfeste mit der Familie verbreiten ebenso viel Freude?

Mein Leben ist ganz und gar nicht so, wie ich es mir bei der Wahl meines Studienfaches vorgestellt hatte, und Allison gedenkt, sich mit dem Aufsatz »Mein Vater, der Psychopath« für die Aufnahme am College zu bewerben. Ihr Aufsatzthema wird an den Eliteuniversitäten sicher mehr Augenbrauen in die Höhe schnellen lassen als ihre beeindruckenden Testergebnisse. Aus einer düsteren, spinnwebenverhangenen Kindheit gehen meine Töchter als Spiderwomen hervor – umwerfend charmant und voll und ganz in der Lage, Gegner beiderlei Geschlechts zu verschlingen. Sie sind zu Recht wütend, dass wir Familie, Freunde und unsere Identität – ganz zu schweigen von einem super Appartement am Central Park – aufgeben mussten, weil der Rechtsstaat uns nicht beschützen konnte. Aber sie sind ehrlich stolz auf sich selbst und eine Mutter, die beschloss, aus dem System auszubrechen, statt weiterhin furchtsam kauernd darin zu verharren. Und allmählich lernen sie mein dreiteiliges Credo schätzen und es für sich selbst anzuwenden:

Das Leben ist schöner, wenn man fröhlich ist. Die eigene Identität aufzugeben (viele Frauen tun das, wenn sie »Ja, ich will« sagen) ist beängstigend, aber häufig auch ein großer Spaß. Wenn Allison sich einem neuen Verehrer als Shirley vorstellt, weiß ich, dass der Junge keine Chance hat (und ich ihn wohl besser nicht zum Abendessen einlade). Ich erfinde Namen nach Lust und Laune und vergesse sie dann. Zum Glück haben Allison und Erica ein besseres Gedächtnis. Wenn sie mich nicht daran erinnern würden, dass man mich in der Reinigung als Nancy kennt, würde ich eine Menge Hemden nie wiedersehen, und ich würde mich ziemlich unbeliebt machen, wenn sie meinen Arm nicht zurückhalten und mir laut zuflüstern würden: »Mom, du heißt hier Judy«, bevor ich über die Theke greife und mir Monicas getoasteten Muffin schnappe. Als die Steuererklärung näher rückte, befürchtete ich eine Identitätskrise (ich konnte die Unterlagen ja schlecht mit einem falschen Namen abgeben), aber die Armut hat auch ihre guten Seiten. Ich verdiene nicht genug, um Steuern zahlen zu müssen, und die Einzige, die dabei draufzahlt, bin ich selbst – eigentlich stünde mir eine Rückzahlung zu, aber ich hoffe, dass man mir die zu viel gezahlten Steuern in ertragreicheren Jahren anrechnet.

Beklage dich nie über etwas, das du nicht ändern kannst oder nicht ändern willst. Dieser Grundsatz verhindert, dass ich in Schuldgefühlen ertrinke, weil ich mich für Roger als Mann und Vater entschieden habe, und er ist eine wirkliche Hilfe im Umgang mit panischen Teenagern: »Was soll ich tun, wenn sie mich an keiner von den guten Unis nehmen?« *Erica, es ist zehn Uhr abends, und du bist in der siebten Klasse.* »Ich weiß, aber ich kann nicht schlafen, weil ich mir Sorgen mache. Wenn ich keinen Platz an einer guten Uni bekomme, ist mein ganzes Leben verpfuscht.« *Willst du aufstehen, aus dem Internet die Bewerbungsunterlagen von ein paar Universitäten runterladen und sie noch heute Abend einreichen?* »Nein, ich bin müde.« *Willst du die Studienplatzvergabe in Harvard anrufen und fragen, ob sie dir einen Platz in sechs Jahren zusichern können?* »Das ist Schwachsinn.« *Willst du nachsehen, ob die zentrale Studienplatzvergabe-Stelle rund um die Uhr geöffnet hat und wir noch vor dem Morgengrauen losfahren können?* »Moommy!« *Kannst du heute Abend noch irgendetwas dafür tun, dass du einen Studienplatz an einer guten Uni bekommst?* »Nein.« *Dann denk jetzt nicht weiter dran und schlaf.*

Hör nie auf zu versuchen, das zu ändern, was du ändern willst und kannst. Diese Einstellung entspricht der klassischen Du-kannst-alles-schaffen-was-du-willst-Philosophie, aber sie bedeutet gleichzeitig, dass ich zu nichts *gezwungen* bin und mein Schlachtfeld selbst wählen kann. Denjenigen unter uns, die immer glauben, sich um alle anderen kümmern zu müssen, die zu viel Verantwortung auf sich nehmen, die sich für alles die Schuld in die Schuhe schieben lassen, wird vor Erleichterung ganz schwindelig werden, wenn sie erkennen, dass sie nur sich selbst retten müssen – nicht die ganze Welt.

Wir sind arm, und ich gebe gern zu, dass ich es leid bin, Möbel zu verkaufen, die ich von Müllkippen rette, und aus Muscheln schnell verkäufliche Souvenirs zu basteln, damit wir Geld für Lebensmittel und Benzin haben. Aber ich werde mich nie an der Geschichte von dem ausrangierten Tisch satt erzählen, den ich für dreihundert Dollar *an die Frau verkaufte, die ihn weggeworfen hatte.* (Ich brauchte zwei Stunden, drei kaputte Teller und eine Tüte Mörtel, um den verkratzten Eichentisch in eine abstrakte

Meereslandschaft zu verwandeln, die seine Besitzerin als »wunderhübsch, einfach wunderhübsch« bezeichnete.)

Wir vermissen den Zimmerservice in Vier-Sterne-Hotels und würden gern einmal wieder stapelweise Bücher bei Barnes & Noble kaufen. Manchmal sehnen wir uns nach dem Klingeln des Telefons und der Bequemlichkeit von Handys oder elektronischen Kalendern. Unsere Finanzen gestatten es uns nicht einzukaufen, aber wir haben bei Garagenflohmärkten schon für zwei Dollar ungetragene Pullis erstanden und mit Freuden festgestellt, dass der Reiz des Schnäppchenschlagens das Fehlen von Seidenpapier und Tragetaschen aufwiegt. Und manchmal hat man mit den schlechtesten Angeboten am meisten Spaß, wie damals, als ein Mann drei Dollar fünfzig das Stück für Gabeln haben wollte, die mit Ei verschmiert waren. In einer anderen Kiste befanden sich laut Aufschrift BHs in großen Größen. Wir riskierten keinen Blick, da wir fürchteten, der Verkäufer würde uns dann lautstark an den Tisch mit den A-Körbchen-BHs auf dem Rasen verweisen.

Aber das sind Kleinigkeiten. Für mich wiegt Sicherheit schwerer als Sparbücher, und meine Töchter sind zuversichtlich, dass die Frau, die dieses magische Verschwinden bewerkstelligte, auch eine Möglichkeit finden wird, Universitätsgebühren zu zahlen und einen DVD-Player zu finanzieren. Noch wichtiger ist allerdings, dass sie nun die Mutter respektieren, die sie immer geliebt haben, und der Frau vergeben, die den Missbrauch ihres Vaters viel zu lange ertrug, aber seither alles opferte, um sie zu schützen.

Ich schmirgelte die sechsunddreißig Zedernlatten ab, bis die Luft schwer war von dem Staub, der mich in der Nase kitzelte und dessen Geruch mich an im Schrank verstaute Wollsachen erinnerte. Auch die scharfen Kanten meiner Vergangenheit zerfallen zu Staub, aber nicht, weil der Zahn der Zeit an ihnen nagt oder der Nebel der Erinnerung sie umhüllt, sondern weil eine befreite Seele sie sanft geglättet hat.

Ich strich die Latten mit einem Nylonpinsel, und Spritzer von Winterweiß zierten meine Haut und meine Haare. Mit dünneren Pinseln und einer Palette von Acrylfarben schuf ich einen in voller Blüte stehenden Garten und Efeuranken auf der Außenseite des Zauns. Die Innenseite bemalten die Mädchen und ich mit Schmetterlingen, Hasen und Regenbogen in unmöglichen Farben und außergewöhnlichen Dimensionen. Unsere Hunde trugen einen Pfotenabdruck und einen Schwanzwischer bei, die wir nicht übermalten – meine Einstellung zur Perfektion hat sich geändert.

Wir stellten den kuriosen Lattenzaun auf unserem Balkon im ersten Stock auf und befestigten ihn mit Ziegelsteinen. Sonne und Wind spitzen durch die Ritzen; Liebe und Lachen hallen von den Latten wider. Die hölzerne Wand ist sowohl Schild als auch Banner. Sie bewahrt unseren Seelenfrieden und verkündet unsere Freiheit.

Epilog

Hoffen, das habe ich gelernt, ist eine Tätigkeit. Hoffnung verbirgt sich nicht zwischen den Erbstücken in einer mit Zedernholz getäfelten Kiste, den Tischdecken und handgenähten Quilts. Man findet sie auch nicht zwischen den Anführungszeichen eines höflichen Gesprächs: »Ich hoffe, es hat Ihnen gefallen.« »Ich hoffe, Sie mögen das Geschenk.« Hoffnung, das ist eine mutige seelische Reise voller Entschlossenheit, voller Opfer und harter Arbeit, die wir in dem Glauben antreten, wir könnten – und würden – schon für ein Happy End sorgen.

Ich habe mich nach zwei Jahrzehnten an der Seite meines Mannes, auf der Flucht vor ihm und verfolgt von ihm für das Exil entschieden. Ich habe dieses Buch in der Hoffnung geschrieben, damit auch anderen Frauen mit gewalttätigen Männern ein Happy End zu ermöglichen. Um in Worte zu fassen, was im Kopf des Opfers vorgeht, wenn ihr Partner sie schlägt oder beschimpft, und um den Menschen, die uns kritisieren, eine Antwort auf die Frage zu geben, warum wir bei ihm bleiben. Warum wir es nicht mit der so oft propagierten Patentlösung halten, und »einfach nein sagen«. Einfach gehen. Ich habe es geschrieben, um die Vorurteile über die Opfer – arm und ungebildet – und das Verhalten der Täter – es war nur eine Ohrfeige im Rausch – zurechtzurücken. Um auf den wesentlich heimtückischeren Umstand hinzuweisen, dass jede Frau das Opfer ihres Partners werden kann und dass seelische Grausamkeit sehr viel größeren Schaden anrichten kann als körperliche Gewalt, wenn die Verletzungen nicht tödlich sind.

Dies ist meine persönliche Geschichte, doch darüber hinaus spiegelt sie sieben Jahre Recherche wider. Sie ist das Ergebnis unzähliger Interviews mit Frauen, die geschlagen wurden; ausgiebiger Gespräche mit Polizeibeamten, Staatsanwälten, Gesetzgebern, Psychologen und Mitarbeitern in Beratungsstellen für häusliche Gewalt; der Besuche in öffentlichen, juristischen und Universitätsbibliotheken und zahlloser Stunden im Internet. Ich schreibe aus der persönlichen Erfahrung und der Einsicht heraus, die ich bei meinen Recherchen gewonnen habe.

Und um der Hoffnung willen. Weil ich an ein Happy End glaube.

Danksagung

Der vorliegende Bericht ist wahr. Namen und besondere charakterliche Kennzeichen wurden geändert, um meine Familie und alle Menschen zu schützen, die uns geholfen haben. Einige geografische und zeitliche Bezüge wurden ebenfalls abgewandelt.

Mein Wunsch, meine Sicherheit nicht zu gefährden, legte uns bei der Veröffentlichung dieses Buches unzählige Steine in den Weg. Aus tiefstem Herzen möchte ich all jenen danken, deren Hingabe und Entschlossenheit das Projekt nicht nur möglich machten, sondern auch angenehm gestalteten. Mein besonderer Dank gilt Aaron LaFlora, meiner literarischen Mittelsfrau, Rechercheurin und guten Freundin, die eine sichere und erfolgreiche Kommunikation mit der Öffentlichkeit ermöglichte, realistische Antworten auf meine vielen, vielen Fragen fand, über unschätzbare Einsicht verfügte und deren Glauben an mich und dieses Projekt durch nichts zu erschüttern war. Ich danke Iris Tupholme, Phyllis Bruce, Marie Campbell und Ian Murray von HarperCollins für ihren Mut, eine umstrittene Geschichte zu veröffentlichen, und ihr Versprechen, die Identität meiner Familie zu schützen. Meiner Lektorin Rebecca Vogan für ihre vorsichtige Kritik, ihre hilfreichen Vorschläge und ihr Einfühlungsvermögen. Scott E. Schwimer, der meine Interessen mit außergewöhnlichem Engagement und der Hartnäckigkeit eines Terriers gewahrt und verfolgt hat. Meinem literarischen Agenten Jerry Kalajian für seine unerschütterliche gute Laune. Simon Beck von der kanadischen Zeitung *Globe and Mail*, der mir mit der Veröffentlichung meiner Geschichte *Exiled in Paradise* landesweit eine Stimme gab.

Darüber hinaus möchte ich Gavin de Becker, Michael Kane, Jack David, Jen Hale, Joe Marich und Judi Lewis danken.

Meine Geschichte hat viele Helden. Menschen, die meiner Familie und mir aus Mitgefühl und ohne Hintergedanken halfen und beistanden. Mein Bedürfnis nach Anonymität macht es leider unmöglich, sie beim Namen zu nennen. Ich hoffe, diese selbstlosen Menschen werden sich auf den Seiten dieses Buches wiedererkennen und nehmen meinen tief empfundenen Dank für ihre Hilfe entgegen, die unsere Sicherheit möglich machte.

Hilfe für Stalking-Opfer

Informationsseiten im Internet

www.liebeswahn.de
www.frauennotruf.de
www.stalkingforschung.de
www.kriminalpsychologie.de/stalking//stalking.html

Rechtliche Beratung

Dr. Volkmar von Pechstaedt, Rechtsanwalt
E-Mail: kanzlei@pechstaedt.de
Kanzleisitz: Weserstraße 20, D-34125 Kassel
Anschrift: Postfach 30 44, D-37020 Göttingen
www.pechstaedt.de/kanzlei/stalking.de

Selbsthilfegruppen

NAKOS
Nationale Kontakt- und Informationsstelle
zur Anregung und Unterstützung
von Selbsthilfegruppen
Wilmersdorfer Str. 39
10627 Berlin
Tel.: 030/31 01 89 60
Fax: 030/31 01 89 70
E-Mail: selbsthilfe@nakos.de

Literatur

Gavin de Becker: *Mut zur Angst. Wie Intuition uns vor Gewalt schützt*, Frankfurt am Main: Krüger 1999 (Sachbuch)

Ian McEwan: *Liebeswahn*, Zürich: Diogenes 1998 (Roman)

J. Reid Meloy: *The Psychology of Stalking: Clinical and Forensic Perspectives*, San Diego: Academic Press 1998 (Fachbuch)

Doreen Orion: *I Know You Really Love Me: A Psychiatrist's Journal of Erotomania, Stalking, and Obsessive Love*, New York: Macmillan 1997 (Sachbuch)

Volkmar von Pechstaedt: *Rechtsschutz gegen Stalking: Rechtliche Grundlagen und Probleme*, Göttingen: Hainholz 2002 (Fachbuch)

Volkmar von Pechstaedt: *Stalking: Strafbarkeit nach englischem und deutschem Recht*, Göttingen: Hainholz 1999 (Fachbuch)

Ruth Morgan Raffaeli: *Wenn die Liebe zur Hölle wird. Eine zerstörerische Beziehung erkennen und ihr entkommen*, Frankfurt am Main: Fischer 2001 (Sachbuch)

Melita Schaum/Karen Parrish: *Stalked: Breaking the Silence on the Crime of Stalking in America*, New York: Pocket Books 1995 (Sachbuch)

Susanne Schumacher: *Liebeswahn. Geliebt, verfolgt, gehetzt*, Köln: vgs 2000 (Sachbuch)

Robert L. Snow: *Stopping a Stalker: A Cop's Guide to Making the System Work for You*, New York: Plenum Trade 1998 (Sachbuch)

Amira Hass

Bericht aus Ramallah

Eine israelische Journalistin im Palästinensergebiet

232 Seiten, gebunden mit Schutzumschlag
ISBN 3-7205-2483-3

Der Spiegel nennt sie »Die Grenzgängerin«. Ihre Reportagen aus dem Zentrum des Nahostkonflikts brachten ihr internationales Renommee ein. Eine todesmutige Frau mit einem selbst gewählten Auftrag: Kein unbeteiligter Zuschauer sein, wenn Menschen unterdrückt werden.

Nach ihrem hochgelobten Werk *Gaza* berichtet Amira Hass aus Ramallah über die jüngsten Entwicklungen innerhalb der besetzten palästinensischen Gebiete. Sie ist die einzige jüdisch-israelische Journalistin, die unter Palästinensern lebt.

Diederichs